中国共产党百年奋进研究丛书

国家出版基金项目
NATIONAL PUBLICATION FOUNDATION

上海市哲学社会科学规划办公室
上海市中国特色社会主义理论体系研究中心　组编

解码社会建设的思想逻辑

李友梅 等 著

上海人民出版社

丛书前言

"领导我们事业的核心力量是中国共产党。"自中国共产党诞生以来，中国大地经历了翻天覆地的历史性变化。中国人民选择了中国共产党，并在党的领导下选择了社会主义。经过长期艰苦卓绝的奋斗，完成了新民主主义革命和社会主义革命，实现了中华民族从"任列强欺凌"到站起来的伟大飞跃；新中国成立以来，特别是改革开放以来，中国共产党带领人民建设中国特色社会主义，使中国大踏步赶上时代，实现了中华民族从站起来到富起来的伟大飞跃；在新时代，中国共产党团结带领人民坚持和发展中国特色社会主义，推动中华民族伟大复兴取得历史性成就，迎来了从富起来到强起来的伟大飞跃。正是中国共产党的领导，中国人民走社会主义道路，从根本上解决了中华民族复兴和中国现代化面临的历史性课题。有了中国共产党，中国人民就有了思想上、政治上的"主心骨"，就有了团结奋斗、勇往直前的指路明灯、核心力量。各族人民跟着中国共产党就能凝聚成不可战胜的磅礴力量，朝着中华民族伟大复兴的奋斗目标奋勇前进。100 年来，中国共产党为了实现中华民族伟大复兴的历史使命，无论是顺境还是逆境，无论是弱小还是强大，都初心不改，矢志不渝。历史和现实雄辩地证明，没有中国共产党就没有中国劳苦大众的翻身解放，就没有社会主义新中国，就没有中华民族的伟大复兴。一百年来，中国共产党为实现国家富强、民族振兴、人民幸福和人类文明进步事业作出的伟大历史贡献永远铭记史册。

站在历史的交汇点，中国共产党带领中国各族人民以习近平新时代中国特色社会主义思想为指导，统筹社会革命和自我革命，始终坚持马克思主义在意识形态领域的指导地位、勇担民族复兴历史大任、扎根广大人民群众、坚持以人民为中心、依靠人民从容应对面临的复杂严峻的挑战和问题。在带领人民进行伟大社会革命的同时，不断进行伟大的自我革命，引导党自身在具有许多新的历史特点的伟大斗争中经受住执政考验、改革开放考验、市场经济考验和外部环境考验，化解精神懈怠、能力不足、脱离群众、消极腐败的危险，始终保持党的先进性和纯洁性，始终与人民心连心，始终走在时代前列，赢得新时代执政党自我净化、自我完善、自我革新、自我提高的新胜利，再次创造出人类发展史上划时代的发展奇迹。

为隆重庆祝中国共产党成立100周年，表达上海理论界对中国共产党领导人民创造的丰功伟绩和宝贵精神财富的高度认同，以及对中国共产党无比深厚的情感；为帮助广大干部群众深入学习中国共产党历史，深入学习贯彻中国共产党宝贵历史经验，深入学习领会中国共产党人不倦探索取得的理论创新成果，在中共上海市委宣传部领导下、上海市哲学社会科学规划办公室以委托课题方式，与上海市中国特色社会主义理论体系研究中心联合组织了"人民至上·中国共产党百年奋进研究丛书"（以下简称"丛书"）的研究和撰写。参加"丛书"研究撰写的是本市哲学社会科学相关领域的著名专家学者。"丛书"由上海人民出版社编辑出版。

"丛书"围绕的主题是系统研究、深刻阐释、正确总结中国共产党领导中国人民百年奋斗历程、伟大成就、历史经验和光辉思想。"丛书"分领域、分战线总结论述中国共产党在领导中国人民夺取新民主主义革命胜利、建立新中国，进行"一化三改造"、建立社会主义经济制度和社会主义赖以发展的物质基础，实行改革开放，开创、坚持和发展中国特色社会主义，全面建成小康社会、开启全面建设社会主义现代化国家新征程形成的理论、路线、重大方针政策和重大战略部署。其中涉及中国共产党的现代化建设思想、治国理政思想、法治思想、制度建设思想、统一战线理论、宣传思想、理论创新、革命精神、群众观和群众路线，涉及党的经济建设思想、政治建设思想、文化建设思想、社会建设思想、生态文明建设思想、科学技术思想、教育思想、"三农"思想、军队和国防建设思想、自身建设思想、国际观等。"丛书"主要有以下特点：

第一，注重以史为据、史论紧密结合，论从史出。"丛书"的每一部论著研究的历史跨度都是百年，每一部论著都努力把历史思维贯彻在整个研究撰写工作中，力求呈现厚重的历史感，做到真正熟悉并实事求是对待所承担研究撰写领域的党的百年历史。研究者首先致力于学习历史、熟悉历史、梳理历史，钻研党的理论、方针、政策的发展史，广泛收集和整理文献，大量地、充分地掌握历史资料，认真总结百年取得的弥足珍贵的历史经验，把握历史进程和规律。在对历史的认真学习、梳理中，去做好中国共产党百年研究系列课题这篇大文章。

第二，注重阐释中国共产党所坚守的以人民为中心的根本立场。中国共产党为人民而生、因人民而兴，始终坚持以人民为中心，把为中国人民谋幸福、为中华民族谋复兴作为初心使命，坚持全心全意为人民服务的根本宗旨，始终代表最广大人民利益。"丛书"作者牢记人民立场是马克思主义的根本政治立场。人民至上、一切为了人民、一切依靠人民是中国共产党的价值理念和认识世界、改造世界的根本要求。可以说，"丛书"的每一种，都致力于揭示中国共产党之所以能历经百年始终保持先进性、始终走在时代前列、团结带领人民创造历史伟业的真谛，这就是中国共产党始终把人民立场作为根本立场，把为人民谋幸福作为根本使命，坚持全心全意为人民服务的根本宗旨，始终保持同人民群众的血肉联系。无论是革命、建设，还是改革，奋进新时代，归根到底都是为了让人民过上好日子。正如习近平总书记强调："为人民谋幸福，是中国共产党人的初心。我们要时刻不忘这个初心，永远把人民对美好生活的向往作为奋斗目标。"研究、撰写"丛书"的专家学者领悟了这一精神，紧紧把握中国共产党全心全意为人民服务的根本宗旨，致力于生动诠释中国共产党的使命之所在、价值之所在、生命之所在，生动诠释新时代中国共产党领导人民建设中国特色社会主义的根本追求。

第三，注重历史逻辑与理论逻辑相统一、思想性与现实针对性相统一。以高度的理论自觉和理论自信研究分析中国共产党百年历史，自觉把习近平新时代中国特色社会主义思想引领贯穿于研究撰写的全过程，用马克思主义立场观点方法观察和解读中国共产党百年历史各种现象，回应现实提出的重大理论和实践问题，揭示蕴含其中的规律，从总结、提炼与升华历史经验中加深对中国共产党理论创新成果的认识，对中国革命、建设、改革的规律性认识，对中国共产党坚持真理、修正错误的政治思想品格的认识。坚持问题导向，立足解决今天的问题去回顾总结历史，注入新的认识、新的观点、新的内容。在理论逻辑与历史逻辑相统一、思想性与现实针对性相统一上进行新探索，取得新成绩。

第四，注重把握时代需求、聆听时代声音、回应时代呼唤。"丛书"坚持问题导向，认真研究相关领域中国共产党执政面临的重大而紧迫的理论和实践问题，用联系的发展的眼光看历史、看现实、看问题，增强时代性、战略性、系统性思维。历史是时代的产物，百年系列研究的成果也是时代产物，"丛书"的研究撰写不是就历史讲历史，不是停留在历史叙述层面，而是努力体现新时代的新要求，回答新问题。

第五，注重以宽广的世界眼光观察研究中国共产党百年发展历史。百年来，中国共产党的每个时期都与世界有千丝万缕的关系，都是在特定的国际环境和国际形势下的历史活动。因此，"丛书"每一种的研究撰写都力求体现宽广的世界眼光，都力求紧密联系特定历史时期世界形势和变化特点研究并展示中国共产党的思想及实践。特别是世界正经历百年未有之大变局，"丛书"作者研究中国共产党百年历史经验，力求放在中国共产党历史活动的世界背景中分析考察。

在这方面，"丛书"做出了可喜的努力。

第六，注重追求读者喜欢的呈现形式。从众多鲜活的事实以及历史和现实的比较中，把中国共产党在领导革命、建设和改革历史长河中为中国人民谋幸福、为中华民族谋复兴、为人类社会谋大同的马克思主义政党品格和初心使命写充分，使其跃然纸上。以"观点鲜明、逻辑严谨、文风朴实、形式清新"的风格，呈现思想，贡献智慧，也是"丛书"努力的方向和探索解决的问题。理论读物如何在保证内容正确的前提下写得清新活泼，吸引广大读者，使广大读者看得懂、用得上，"丛书"研究撰写在这方面也进行了有益的尝试。

"丛书"组织者、作者满怀对中国共产党的无限深情，深刻认识到，中国共产党百年来，领导人民创造了伟大历史，铸就了伟大精神，形成了宝贵经验，创造了中华民族发展史的伟大奇迹，开辟了人类社会进步史上的新纪元，伟大成就举世瞩目，无与伦比。他们把写好"丛书"看成是一种崇高的责任，表示要笔力奋起，写出充分反映中国从站起来、富起来迈向强起来这一历史进程中中国共产党坚强领导的绚丽书篇，为以史明理、以史增信、以史崇德、以史育人、以史咨政做有益的工作。帮助读者深刻认识历史和人民选择中国共产党、选择社会主义道路、选择改革开放、选择马克思主义的客观必然性；深刻认识坚持党的全面领导、坚持和发展中国特色社会主义的极端重要性；深刻认识中国共产党坚持马克思主义在我国意识形态领域指导地位的极端重要性；深刻认识中国共产党百年之后的历史方位、历史使命和对世界历史发展的重要作用，为庆祝中国共产党百年华诞留下浓墨重彩的一笔。

"丛书"的问世，离不开中共上海市委常委、宣传部部长，上海市习近平新时代中国特色社会主义思想研究中心主任，上海市中国特色社会主义理论体系研究中心主任周慧琳的关心和支持；离不开市委宣传部副部长、上海市习近平新时代中国特色社会主义思想研究中心常务副主任、上海市中国特色社会主义理论体系研究中心常务副主任徐炯的具体指导。市委宣传部理论处陈殷华、薛建华、俞厚未，上海市哲学社会科学规划办公室李安方、吴诤、王云飞、徐逸伦、张师慧、徐冲、董卫国，上海市中国特色社会主义理论体系研究中心李明灿等具体策划、组织；上海人民出版社政治与理论读物编辑中心鲍静、罗俊等同志为"丛书"出版付出了辛勤劳动。

"现在，我们比历史上任何时期都更接近中华民族伟大复兴的目标，比历史上任何时期都更有信心、有能力实现这个目标。"希望"丛书"的问世，能够使广大读者对领导我们事业前进的核心力量中国共产党，对我们正在推进的中国特色社会主义伟大事业，对指导我们思想的理论基础马克思主义，对新中国创造彪炳史册的人间奇迹、大踏步赶上时代的壮丽史诗，对我们生活的时代和世界，认识得更加深入，领悟得更加准确，更加坚定道路自信、制度自信、理论自信、文化自信。这是"丛书"组织者、作者的心愿。

目　录

导　论 /1

一、中国共产党的百年社会建设思想及其境界的不断升华 /2

二、社会建设思想在为人民谋幸福实践中不断与时俱进 /11

三、在不断改善人民生活和创新社会治理中推进社会建设 /22

余论：百年社会建设思想的理论思考 /31

第一部分　新民主主义革命：为民族谋独立为人民谋解放（1921—1949）

第一章　以人民为中心的社会建设纲领 /41

第一节　使命与纲领：中国共产党的总体社会建设构想 /41

第二节　社会动员：从工人运动到农民运动 /53

第三节　土地革命时期党的社会建设思想与实践 /67

第二章　"延安道路"与新民主主义 /81

第一节　社会团结：革命目标转换与群众路线的成型 /81

第二节　延安道路：边区的社会建设纲领与实践 /93

第三节　新民主主义：社会建设共识性目标的达成 /105

第二部分 社会主义改造与建设：重积累与平均的工业集体主义（1949—1977）

第三章 新中国 新社会 新风尚 /122

第一节 国家即社会：社会主义的社会蓝图初规划 /122

第二节 工业化与集体主义："总体性"的计划体制初形成 /130

第三节 平等理想与人的解放和社会再造 /140

第四章 劳动至上与工业集体主义 /152

第一节 社会主义建设道路的探索 /152

第二节 劳动至上：重建社会实践主体 /156

第三节 以劳动为中心的分配与福利制度构建 /163

第四节 徘徊前进中的社会建设实践 /169

第三部分 改革开放：活力与秩序相平衡的渐进发展理念（1978—2012）

第五章 "全面搞活"与重视发展 /183

第一节 重启自发性：开创社会主义现代化建设新局面 /183

第二节 流动性激活与"总体性"结构的松动 /193

第三节 "放权让利"下的利益协调与"共识"整合 /201

第六章 社会主义市场经济社会秩序 /213

第一节 社会主义市场经济及其社会秩序 /214

第二节 社会组织管理与社区建设 /222

第三节 探索市场条件下的社会分配与保障机制 /228

第七章 社会主义和谐社会建设思想与实践 /235

第一节 社会主义和谐社会建设思想 /235

第二节 以改善民生为重点的社会建设实践 /249

第三节 以社会管理创新促进社会和谐 /262

第四部分　新时代：为人民更加美好的生活而奋斗〔2012 年至今〕

第八章　新时代社会建设的理念与愿景 /275

　　第一节　新时代与社会主要矛盾的转化 /275

　　第二节　新时代社会建设的理念与原则 /284

　　第三节　社会建设新愿景：从小康社会到社会主义现代化 /298

第九章　全面建成小康社会与民生社会事业新预期 /305

　　第一节　小康社会建设：中国式现代化实践 /306

　　第二节　"五位一体"总体布局下的社会建设 /314

　　第三节　民生社会事业新预期 /324

第十章　社会的全面发展与社会治理制度建设 /333

　　第一节　制度变迁与日常生活互动下的社会发展 /334

　　第二节　社会治理制度创新：秩序与活力的动态平衡 /341

　　第三节　走向共建共治共享的社会治理共同体 /348

结　语 /361

重要活动和文献节点 /367

后　记 /402

导　论

　　回看一个世纪的沧桑巨变、风雨兼程，遭遇过内忧外患和民族危难的中国经历了波澜壮阔的发展巨变历程。百年前，一批具有共产主义理想的先进分子逐步成长起来并创建了伟大的中国共产党。在此之后，一代又一代的中国共产党人坚持最广大人民的根本利益至上、坚持从中国实际出发、坚持马克思主义基本原理，为民族独立和国家富强提供了坚强的领导。其中，不断发展和升华的社会建设思想更是成为党领导中国人民从危难走向复兴的重要观念力量。习近平总书记指出，"中国共产党人的初心和使命，就是为中国人民谋幸福，为中华民族谋复兴"。"永远把人民对美好生活的向往作为奋斗目标。"[①]党的社会建设思想从本质上是团结和凝聚民心的思想，党的百年社会建设历史就是不断为人民谋幸福的历史。中国共产党始终坚持马克思主义和中国实际相结合，不断探寻中国社会发展规律，以人民为中心，实事求是、解放思想、与时俱进，始终把人民的信任和支持作为党的社会建设的动力源，不断推进理想与现实、公平与效率、秩序与活力有机统一，加强理论与实践创新，把实现人民对幸福生活的向往作为党的奋斗目标。适逢中国共产党成立百年之际，我们努力尝试结合对我国社会建设实践历程的观察和回顾，重点围绕党的百年社会建设思想这一主题，在本书中深入讨论和分析党的社会建设思想及其境界在实践中的不断

[①]　参见习近平：《决胜全面建成小康社会　夺取新时代中国特色社会主义伟大胜利——在中国共产党第十九届全国代表大会上的讲话》，人民出版社 2017 年版。

1

升华以及与时俱进的推进方式，概括和揭示中国社会再整合的主要经验逻辑，并以此为基础凸显我国社会建设现代化的重要价值以及中国构建贴合其自身实际的转型理论话语的必要性和重要性。

一、中国共产党的百年社会建设思想及其境界的不断升华

自近代中国大门被西方坚船利炮打开以来，如何从根本上改变旧中国一盘散沙的社会状态，重新组织社会以振兴中华成为当时仁人志士的共同追求。十月革命一声炮响，马克思主义迅速传播到中国，产生巨大影响，并促成了1921年中国共产党的成立。建党伊始，党就开始探索把马克思主义的基本原理与中国实际相结合，让中国成为社会主义革命和建设的重要实践场域。中国共产党关于未来社会建设的构想正诞生于中国社会出现结构性危机的年代，是在实践中对当时各种思想渐进学习、识别和选择的结果。由此，要理解中国共产党百年社会建设思想，不仅要追溯党关于社会建设思想的本源，更要深刻把握其中党理论联系实际的学习总结和应用能力。历史地看，在领导中国革命、建设和改革发展的实践进程中，我们党逐渐形成了坚持以人民为中心、为人民谋幸福的社会建设思想，且党在社会领域的治理能力不断提升。换言之，正是在不同历史时期的不懈探索，党的社会建设思想得以与时俱进，其思想境界不断升华，始终正确地指引着中国经济社会的发展出路。

其一，中国共产党的百年社会建设思想始终以人民为中心、为人民谋幸福，坚持把马克思主义基本原理同中国具体实际相结合，丰富和发展了科学社会主义和世界马克思主义，开创了马克思主义的新境界。

党的百年社会建设思想有其深厚的经典理论基础。中国共产党是用马克思主义武装起来的政党，其全心全意为人民服务的宗旨充分地体现了共产主义理想信仰与最广大人民群众的根本利益的统一与结合。马克思主义经典作家始终强调"人民性"是马克思主义政党最鲜明的品格。马克思、恩格斯在《共产党宣言》中宣告："无产阶级的运动是绝大多数人的，为绝大多数人谋利益的独立的运动。"他们在《神圣家族》中也指出，"历史活动是群众的活动，随着历史

活动的深入，必将是群众队伍的壮大"。马克思主义经典理论中对"现实的人"内在价值的关注，某种意义上就为中国共产党结合中国实际，建构起坚持以人民为中心的发展理念和为人民谋幸福的社会建设实践提供了重要的思想指引。

马克思、恩格斯关于人民群众的历史作用的重要论述，与中国传统文化中的"民本"思想有着较高的契合度。早在商周时期的中国，就有传统"民本"思想的萌芽，后来逐渐又形成和发展出诸如"德法互济""民为邦本""和谐大同"等众多治国理政思想，为古代中国"善政"打下了重要的政治基础，也为当今中国治理现代化提供了重要的思想支撑。① 有研究者认为，在中国共产党成立前后，马克思主义作为一种无产阶级意识形态唤起了中国文化中对大同理想的追求和希望，中国共产党成功地将马克思主义和大同理想相结合，使之成为中国共产党夺取政权、领导中国人民建设现代中国的巨大思想动力。② 从思想起源来看，党的社会建设思想中以人民为中心的价值特质一定程度上也根源于中华民族优秀传统文化的价值精华，③ 它是党在新的社会历史条件下对传统民本思想的创新和发展。习近平指出，"自然是生命之母，人与自然是生命共同体，人类必须敬畏自然、顺应自然、保护自然"。④ 习近平新时代中国特色社会主义思想关于"人与自然是生命共同体"的重要理念就是对天人合一、人与自然和谐共生等传统思想的继承和发展。因而，从实践上可以看到，作为马克思主义信仰者的中国共产党人正是在与中国社会实际相结合的基础上，不断完善和发展了中国化的马克思主义，完成了自身的理论创新和实践转向。

马克思、恩格斯致力于研究社会的有序发展和进步，并把它推向人的"类"本质的新高度，赋予社会建设理论鲜明的实践向度。早在《莱茵报》时期，马

---

① 参见梁治平：《为政：古代中国的治政理念》，生活·读书·新知三联书店 2020 年版。

② 卢汉龙：《小康社会：走中国特色的社会主义发展道路》，《毛泽东邓小平理论研究》2003 年第 1 期。

③ 姜强强、张晓东：《以人民为中心：习近平新时代中国特色社会主义思想的价值核心》，《江西社会科学》2018 年第 12 期。

④ 中共中央宣传部：《习近平新时代中国特色社会主义思想学习纲要》，学习出版社、人民出版社 2019 年版，第 167 页。

克思就意识到不应从黑格尔的理性国家角度探讨社会改造，而应从实践维度去探索社会发展的"钥匙"，由此他提出了"市民社会决定国家"①的社会建设观。马克思和恩格斯指出："在过去一切历史阶段上受生产力所制约同时又制约生产力的交往形式，就是市民社会……这个市民社会是全部历史的真正发源地和舞台。"②从西方实践经验看，市民社会正是社会建设的逻辑起点。在后来的《关于费尔巴哈的提纲》等论著中，马克思又对实践进行了具体的诠释，并认为"全部社会生活在本质上是实践的"。③马克思在实践论的基础上揭示了人类社会发展的规律，在某种意义上为实现社会建设理论的革命性变革提供了方法论基础。

在马克思和恩格斯看来，人是历史活动的主体，也是社会建设的主体，即"主体是人"。"全部人类历史的第一个前提无疑是有生命的个人的存在。"④作为社会建设主体的人，是"现实中的个人"，是处于一定社会交往关系中的人。马克思指出："人的本质并不是单个人所固有的抽象物。在其现实性上，它是一切社会关系的总和……实际上是属于一定的社会形式的。"⑤可见，社会建设具有历史阶段性，"市民社会包括各个人在生产力发展的一定阶段上的一切物质交往"。⑥由此，人的本质是一切社会关系的总和。这一本质属性决定了社会建设的重要任务就是进行社会制度建设。历史地看，20世纪初，马克思主义进入中国后，中国共产党在带领中国人民从革命到建设的实践过程中，始终致力于推动马克思主义理论的中国化，注重对理论的融会贯通以及联系实际的能力提升，尤其是将社会建设的核心概念从阶级转向人民。从理论建构的意涵上来看，这种变化意味着从"冲突论"转向"功能论"，从批判性理论转向建设性理论。

---

① 马克思恩格斯：《马克思恩格斯全集》第21卷，人民出版社1965年版，第345页。
② 马克思恩格斯：《马克思恩格斯选集》第1卷，人民出版社1995年版，第87—88页。
③ 同上书，第56页。
④ 同上书，第67页。
⑤ 同上书，第60页。
⑥ 参见马克思、恩格斯：《德意志意识形态》，人民出版社1961年版。

其二，中国共产党从革命党转变为执政党，对党的执政规律、社会主义建设规律、人类社会发展规律的认识不断深入，从我国国情出发，创立了社会主义初级阶段理论，坚持、完善并发展了中国特色社会主义制度。

党的百年社会建设思想深深地植根于中国社会现实，并不断地与时俱进。在民主革命时期，毛泽东就指出：“认清中国的国情，乃是认清一切革命问题的基本的根据。”① 以毛泽东同志为主要代表的第一代中国共产党人全面、准确地把握了我国处于半殖民地半封建社会这一基本国情，正确地解决了新民主主义革命的对象、任务、性质、动力和前途等一系列基本问题，取得了中国革命的最终胜利。毛泽东思想是马克思主义理论与中国实际的第一次结合。在此之后，党一直坚持从国情出发，在艰苦的探索中进一步推动了马克思主义的中国化，先后发展和形成了包括邓小平理论、“三个代表”重要思想、科学发展观和习近平新时代中国特色社会主义思想在内的中国特色社会主义理论体系。

改革开放后，以邓小平同志为主要代表的中国共产党人，紧紧围绕“什么是社会主义、怎样建设社会主义”这一根本问题，系统回答了社会主义本质的问题，开辟了具有中国特色的社会主义建设道路，丰富和发展了党的执政理念和“为人民服务”的思想。1978 年党的十一届三中全会提出“实行改革开放”的战略决策，肯定了“实践是检验真理的唯一标准”，结束了“以阶级斗争为纲”的思想路线，转向“以经济建设为中心”，逐渐形成了社会主义初级阶段的理论。这一时期，党清醒地认识到要建设社会主义就必须坚持以经济建设为中心，不断解放和发展生产力，改善人民的物质生活水平。党由此将“是否有利于发展社会主义社会的生产力，是否有利于增强社会主义国家的综合国力，是否有利于提高人民的生活水平”，作为衡量自身工作的标准。邓小平指出，“我们的现代化，必须从中国的实际出发”。“把马克思主义的普遍原理同我国的具体实际结合起来，走自己的道路，建设有中国特色的社会主义，这就是我们总结长期历史经验得出的基本结论。”随着改革开放的深入推进，在邓小平理论的

---

① 参见《毛泽东选集》第 2 卷，人民出版社 1991 年版，第 633 页。

基础上，江泽民提出的"三个代表"重要思想、胡锦涛提出的科学发展观，都进一步丰富了社会主义初级阶段的理论内涵。由此，以"五个统筹"为根本方法，以改善民生为重点、以实现"五有"为目标、以实现公平正义为本质要求，以加强社会管理、协调各方面利益关系为关键环节的社会建设总体布局，在这一时期被正式提出。

党的十八大以来，中国经济社会的转型发展进入到更加深化和复杂化的阶段。尤其是在党的十九大上，党更是作出了我国社会主要矛盾发生了关系全局的历史性转换的重大判断：人民日益增长的美好生活需要和不平衡不充分的发展之间的矛盾；我国仍处于并将长期处于社会主义初级阶段的基本国情不变。以习近平同志为核心的党中央将"坚持以人民为中心"作为新时代坚持和发展中国特色社会主义的十四条基本方略之一，并明确把"坚持以人民为中心的发展思想"写入《中国共产党章程》。这既体现对党的群众路线的一以贯之，也凸显了社会主要矛盾发生转变背景下"不忘初心"的重要意涵。新时代坚持以人民为中心的发展思想，就是要建设人人有责、人人尽责、人人享有的社会治理共同体，确保人民安居乐业、社会安定有序，让人民群众有更多获得感、参与感、幸福感、安全感，充分彰显了"人民群众对美好生活的向往就是我们的奋斗目标"，"民心是最大的政治"的执政理念。

中国特色社会主义进入新时代，习近平指出，"中国共产党人的初心和使命，就是为中国人民谋幸福，为中华民族谋复兴"，"必须始终把人民利益摆在至高无上的地位，让改革发展成果更多更公平惠及全体人民，朝着实现全体人民共同富裕不断迈进"。[①] 显然，这些观点和论断进一步将社会建设的内在价值与党的前途命运联系了起来，本质上体现了中国共产党人对"为人民谋幸福"初心的坚守。在实践中，党开始把推进全面建成小康社会，解决发展问题、改善民生作为第一要务，并通过出台全方位、精准化的社会政策来精准对接人民

---

① 参见习近平：《决胜全面建成小康社会　夺取新时代中国特色社会主义伟大胜利——在中国共产党第十九届全国代表大会上的讲话》，人民出版社 2017 年版。

对美好生活的需求，以公平正义理念推动平安中国建设，以国家治理体系与治理能力现代化确保人民安居乐业、社会安定有序、国家长治久安。这些重要的理念创新与具体的制度构建、政策实践紧密呼应，为"两个一百年"目标的实现奠定了坚实的基础。

其三，坚持以人民为中心的发展理念不断为人民谋幸福，大力发展经济促进民生改善，为社会安定和团结构筑起坚实而可持续的基础保障。

党的百年社会建设思想始终聚焦民生发展。民生是最大的政治，始终坚持在发展经济的基础上不断提高人民生活水平，是党和国家一切工作的根本目的。民生是人民幸福之基，社会和谐之本。实践探索中，在推动经济建设的同时，党所领导的社会建设主要以社会资源的配置和各种社会矛盾与问题的解决为主，在以经济建设为中心的基本路线的指引下追求经济发展与社会效益的"比翼齐飞"。社会建设带来的民生改善和经济发展成就也就构成了政治安定与团结的基础和保障。从思想演化及历史实践的角度来看，中国共产党坚持把增进民生福祉作为中国经济社会发展的根本目的，其社会建设始终秉承"以人民为中心"的思想宗旨，在不同的历史时期，这一思想宗旨根据不同的建设任务有不同的表现形式。

以毛泽东同志为主要代表的中国共产党人强调"人民，只有人民，才是创造世界历史的动力"，[1] 认识和解决中国的社会建设问题，必须从人民的切身利益出发，把为广大人民群众谋福利作为社会建设的基本原则和根本价值取向。在革命战争时期，作为"三大法宝"之一的群众路线，就深刻地体现了"全心全意地为人民服务，一刻也不脱离群众"，[2] "共产党人的一切言论行动，必须以合乎最广大人民群众的最大利益，为最广大人民群众所拥护为最高标准"[3] 的理念。在党的信念中，只有站在广大人民群众的立场上，全心全意为人民群众谋福利，才能代表广大人民群众，获得人民群众的支持和拥护。因而，无论是在

---

① 《毛泽东选集》第 3 卷，人民出版社 1991 年版，第 1031 页。

② 同上书，第 1094 页。

③ 同上书，第 1096 页。

土地革命还是在抗日战争、解放战争时期，党领导下的苏区、根据地与解放区，都有针对性地制定和实行了包括改善民生、发展社会事业、保障工农权益以及建政立制、推动社会革命等在内的各种政策举措，并由此为新民主主义革命胜利与中华人民共和国成立奠定了坚实的社会基础。

1949 年中华人民共和国成立时，面对的是民生凋敝、满目疮痍的局面，为恢复国民经济，"中国共产党对土地制度进行了彻底改革，大力恢复农业生产，并不失时机地进行水利建设、交通运输建设和工业建设等"。[①] 这些实践为生产力的恢复和发展扫除了障碍，使经济发展水平得到了显著提高，人民的生活水平较之于新民主主义革命时期有了大幅度提升。在中共八大上，党对社会主要矛盾进行了清晰的界定，提出当时我国社会主要矛盾的实质是先进的社会主义制度同落后的社会生产之间的矛盾，并指出发展是解决这一矛盾的主要手段。由此，党努力将中国社会生活纳入其构想的体制架构及轨道之中，实现对传统社会生活形态和逻辑的社会主义"改造"。[②]

党的十一届三中全会以后，高度集中的计划经济体制严重束缚生产力的问题日益凸显出来，党中央认识到通过改革经济体制发展经济是解决民生问题的前提和根本途径。正如邓小平所言，"社会主义不是为生产而生产，加速发展生产力，就是使人民的物质生活好一些，使人民的文化生活、精神面貌好一些"。[③] 基于这一认识，社会建设的特征开始更多地表现为体制松动后的自主性增长和能动性释放，实践层面表现为在农村推行家庭联产承包责任制和城市经济体制改革。党中央确立了"以经济建设为中心"的基本路线，坚持"发展是硬道理""发展是党执政兴国的第一要务""要实现以人为本、全面协调可持续的科学发展"来满足和提升人民群众的民生福祉。与此同时，市场化改革的深化一度使得泛市场化、泛效率机制的影响渗透到公共服务领域，面对由此可能带

---

① 师吉金：《构建与嬗变——中国共产党与当代中国社会之变迁（1949—1957）》，济南出版社 2003 年版，第 18 页。

② 田毅鹏：《作为"共同体"的单位》，《社会学评论》2014 年第 6 期。

③ 中央文献研究室：《邓小平年谱（1975—1997）》，中央文献出版社 2009 年版，第 308 页。

来的社会风险，党和国家及时地提出要推进以保障和改善民生为重点的社会建设，以回应社会生活领域对公正合理的利益及公共服务的诉求。

如习近平总书记所言，"让老百姓过上好日子是我们一切工作的出发点和落脚点"。① 党的十八大以来，中国经济发展进入新常态，从高速增长转为中低速增长。② 以习近平为核心的党中央坚定不移地贯彻创新、协调、绿色、开放、共享的新发展理念，不断加大对民生事业的支持力度，优化民生资源配置，坚持通过破解民生事业的发展难题和打赢精准扶贫攻坚战来回应人民群众的利益关切需要，使人民的获得感、幸福感、安全感更加充实，推动新时代中国民生事业迈向更高发展阶段。2018 年的中央经济工作会议再次强调："必须从长期大势认识当前形势，认清我国长期向好发展前景"，"必须及时回应社会关切，有针对性主动引导市场预期"。也正是在不断深化改革的过程中，社会红利逐渐趋向广大民众共享，社会自身的自主性和能动性实现了良性的发展。

其四，坚持统筹兼顾的工作方法，促进社会公平正义，推进社会体制改革，加快民生建设领域的体制机制创新，促进社会建设和社会治理高质量、精细化发展。

统筹兼顾是改善民生的根本方法。在新中国社会建设初期，毛泽东在《关于正确处理人民内部矛盾的问题》中指出："要从对全体人民的统筹兼顾这个观点出发，就当时当地的可能条件，同各方面的人协商，做出各种适当的安排。"③ 当社会运行中越来越多的新问题难以在既有的制度体系中得到有效解决时，积压的问题将对社会治理体制提出巨大挑战，这些问题和挑战，都需要新的治理方法来应对，需要变革和创新加以回应。④ 党的十一届三中全会以后，中国共产党坚持以系统思维来把握时代特征，继续坚持运用统筹兼顾的方法解

---

① 习近平：《习近平新时代中国特色社会主义思想学习纲要》，学习出版社、人民出版社 2019 年版，第 157 页。

② 李扬、张晓晶：《"新常态"：经济发展的逻辑与前景》，《经济研究》2015 年第 5 期。

③ 毛泽东：《毛泽东文集》第 7 卷，人民出版社 1999 年版，第 227—228 页。

④ 李友梅等：《中国社会变迁：1949—2019》，社会科学文献出版社 2020 年版，第 87 页。

决民生问题，"按照统筹兼顾的原则来调节各种利益的相互关系"。党的十六大指出："正确反映和兼顾不同方面群众的利益，使全体人民朝着共同富裕的方向稳步前进。"①兼顾不同方面群众的利益，就是要统筹解决不同方面群众的民生问题，这样才能使人民群众的利益得到充分的保证。党的十七大在肯定原有的"五个统筹"的基础上，进一步提出要"统筹中央和地方的关系，统筹个人利益和集体利益、局部利益和整体利益、当前利益和长远利益"②。这体现了统筹兼顾的方针在结合时代国情发展变化的前提下，其统筹范围在不断扩大，兼顾内容在不断丰富。党的十九大报告又明确提出，要"打造共建共治共享的社会治理新格局"。这意味着在党建引领下如何于共治中优化社会治理，在社会主要矛盾转变的情境下形成"秩序与活力"相互支持的新局面，是一个需要审慎面对的深层次的问题。纵观党领导社会建设的实践历程可知，统筹兼顾是长期以来解决民生问题的最优路径。

公平正义是改善民生的基本原则。早在根据地建设时期，由于战争、灾荒等原因，灾民、难民问题非常严重，党就注重加大社会救助力度，维护社会公平正义，强调首先"须切实救济灾荒，安定民生，发展国防经济，解除人民痛苦与改善人民生活"。③毛泽东也多次指出："各解放区有许多灾民、难民、失业者和半失业者，亟待救济，此问题解决的好坏，对各方面影响甚大。"④为此，中国共产党为救济灾民、扶助贫弱先后颁布《陕甘宁边区政府关于安置难民的通令》等一系列条例，使救助弱势群体步入制度化、规范化、常态化轨道，使得根据地的社会救助体系逐渐完善。中华人民共和国成立后，党坚持把社会公平正义作为改善民生的价值取向主要表现在三个方面：一是保障全体公民的民生事业权利达到起点公正，二是通过制定法律和政策保障民生过程中的权益规

---

① 中共中央文献研究室：《十六大以来重要文献选编》下册，中央文献出版社 2011 年版，第 12 页。

② 胡锦涛：《高举中国特色社会主义伟大旗帜，为夺取全面建设小康社会新胜利而奋斗》，人民出版社 2007 年版。

③ 中国共产党中央委员会：《中国共产党为公布国共合作宣言》，1937 年。

④ 江西省档案馆：《湘赣革命根据地史料选编》上册，江西人民出版社 1983 年版，第 327 页。

则公平，三是实施以按劳分配为主的结果公正。改革开放以来，邓小平则提出了要通过不断地解放生产力、发展生产力，消灭剥削，消除两极分化，最终达到共同富裕。换言之，在发展生产力"做大蛋糕"的同时，一定要按照公平正义的基本原则"分好蛋糕"，从而逐渐消灭贫富差距，实现共富的目标。党的十六大强调要在促进发展的同时，把维护社会公平放到更加突出的位置，要把实现社会公平作为社会主义和谐社会的基本特征和重要目标，从而综合运用多种手段使全体人民共享发展成果。党的十八大以来，习近平总书记强调："保证人民平等参与、平等发展权利，维护社会公平正义，在学有所教、劳有所得、病有所医、老有所养、住有所居上持续取得新进展。"① 因此，我们既要从"大社会"着眼，在经济、政治、文化、社会、生态等各个方面落实构建社会主义和谐社会的重要战略任务；又要从"小社会"着手，在改善民生和创新社会管理中加强社会建设，促进社会和谐。

百年来，在中国共产党的领导下，我国在沧桑巨变中经历了人类历史上规模宏大、速度极快、影响深远的社会建设历程。中国共产党的百年奋斗历程，通过社会建设的制度创新发展，极大地改善了社会基础保障，改变了"一穷二白"的社会面貌。2019 年的数据显示，我国经济总量接近 100 万亿元，国内生产总值稳居世界第二位；人均 GDP 超过 1 万美元，人均可支配收入突破 3 万元；城乡融合机制不断完善，城镇化率突破 60%。② 我国社会建设不仅极大地提高了人民生活水平，创造了与"发展奇迹"并驾齐驱的"稳定奇迹"，而且对当前及未来的世界发展和全球治理提供了中国的实践经验，但这个过程并不是轻轻松松、敲锣打鼓就完成的，离不开中国共产党人在为人民谋幸福的事业中与时俱进的思想品格和实践方式。

二、社会建设思想在为人民谋幸福实践中不断与时俱进

百年来，我们党在社会建设的探索历程中，团结和带领全国人民从民族危

---

① 习近平：《在十二届全国人民代表大会第一次会议上的讲话》，《人民日报》2013 年 3 月 17 日。
② 宁吉喆：《中国经济运行呈现十大亮点》，《宏观经济管理》2020 年第 3 期。

亡中"站立起来",实现了民族独立,成立了中华人民共和国,并在较短的时间内把"一盘散沙"的中国社会"组织起来",建立了高效运作的社会组织体制和社会生产机制,为巩固国家政权建设和经济社会建设提供了基础性支撑。改革开放以来,为了满足人民群众不断增长的物质文化需要,国家逐步从大包大揽的社会体制转变到让利放权,不断激发市场和社会发展活力,使得人们的生活实现了从缺衣少食、温饱不足到小康富裕的转变。换言之,从较低水平上满足人民群众对物质文化生活的需求到较高水平上回应人们对日益增长的美好生活向往的重要转变,恰恰凸显了社会主义社会现代化的重要意义即在于把人们对幸福生活的向往变成现实。

按不变价格计算,2018 年我国国内生产总值比 1952 年增长 175 倍。[①] 全国居民人均可支配收入从 1949 年的 49.7 元增加到 2018 年的 2.82 万元,按照 2010 年农村贫困标准,1978 年末我国农村贫困人口 7.7 亿人,2018 年末这个人口数减少至 1660 万人,比 1978 年末减少约 7.5 亿人。[②] 改革开放以来的 40 多年中,我国建成了包括养老、医疗、低保、住房在内的世界最大的社会保障体系,基本养老保险覆盖超过 9 亿人,医疗保险覆盖超过 13 亿人,[③] 居民预期寿命由 1981 年的 67.8 岁提高到 2018 年的 77 岁。[④] 这些变化表明我国中等收入群体持续扩大、人民群众分享到的改革成果不断丰富,也是中国共产党人始终坚守为人民谋幸福的初心,推动中国特色社会主义社会建设不断迈向新阶段的重要体现。

其一,从站起来、富起来走向强起来的伟大征程中,我国社会建设的战略意义不断提升,"五位一体"总体布局下的统筹发展观逐步成熟,推动着中国特色社会主义社会现代化进程。

[①] 国家统计局:《沧桑巨变七十载 民族复兴铸辉煌——新中国成立 70 周年经济社会发展成就系列报告之一》,新华社 2019 年 7 月 1 日。

[②] 国家统计局:《人民生活实现历史性跨越 阔步迈向全面小康——新中国成立 70 周年经济社会发展成就系列报告之十四》,新华社 2019 年 8 月 9 日。

[③] 习近平:《在庆祝改革开放四十周年大会上的讲话》,《求是》2018 年第 24 期。

[④] 国家卫健委:《2018 年我国卫生健康事业发展统计公报》,央广网,https://baijiahao.baidu.com/s?id=1634386978491666347&wfr=spider&for=pc,2019 年 5 月 24 日。

中华人民共和国成立之初，中国共产党的首要任务是恢复国民经济和重建社会秩序，"砸烂一个旧世界，创造一个新世界"。[①] 到 1952 年，我国实现了国民经济的恢复并完成民主革命遗留下的任务，包括土地改革与社会主义改造。根据当时国家发展的现实状况，党在"一五"计划中确定了优先发展重工业的方针，将重工业带动轻工业和农业的发展，同时以集体化为原则，党抓住时机进行了社会主义改造。通过土地改革以及农业、手工业、工商业的社会主义改造，党对依照社会主义理想和逻辑来组织社会、分配与计划生产的目标展开了初步探索。也正是在这一过程中，党的集体主义意识形态逐步渗透到人民群众的日常生产和生活中。

1978 年，通过"真理标准大讨论"，党的十一届三中全会实现了党和国家工作重心的转移，开启了改革开放的新时期。至此，人们对经济文化落后的国家应该如何建设社会主义有了新的认识。随着改革开放和我国参与全球经济体系的进程的不断深化，中国经济社会发展也进入快车道。但是，泛市场化逻辑也快速地向社会福利领域渗透，我国基于传统经济增长的改革共识因此面临挑战，社会心态变得复杂化。21 世纪伊始，以和谐社会建设凝聚新的共识提到了党和国家的重要议事日程。党的十六大明确提出要在 21 世纪头十年全面建设惠及十几亿人口的更高水平的小康社会，同时还提出"经济更加发展、民主更加健全、科教更加进步、文化更加繁荣、社会更加和谐、人民更加殷实"的具体目标，这些都标志着我国社会建设进入了新的发展时期。

2004 年以来，中共中央一系列重大会议都提及社会建设，如党的十六届四中全会提出要带领全国各族人民实现国家富强、民族振兴、社会和谐、人民幸福，同时指出要适应我国社会的深刻变化，把和谐社会建设摆在重要位置。该报告提出的"党委领导、政府负责、社会协同、公众参与"社会管理格局更是蕴含着未来社会建设中的多元主体的合作原则、机制和方式，以及对"国家—社会""政府—市场—社会"关系的政策新意。党的十六届六中全会通过的《关

---

① 《毛泽东选集》第 4 卷，人民出版社 1991 年版。

于构建社会主义和谐社会若干重大问题的决定》提出"构建社会主义和谐社会"的重大议题，并对和谐社会建设的目标任务和原则作出战略判断和部署，凸显了社会和谐是中国特色社会主义的本质属性，是国家富强、民族振兴、人民幸福的重要保障。

党的十七大报告阐明"社会和谐是中国特色社会主义的本质属性"和党的"民生为重点的社会建设"理念，并提出"加快推进以改善民生为重点的社会建设"，包括教育、就业、收入分配、覆盖城乡居民的保障体系、医疗公共卫生体制、完善社会管理，维护社会稳定和团结六个方面。[①]中共中央《关于制定国民经济和社会发展第十二个五年规划的建议》中还强调"加强社会建设，建立健全基本公共服务体系"。党的十八大报告进一步提出"在改善民生和创新管理中加强社会建设"并将社会管理和民生并列为社会建设的重要内容，开启从社会管理格局到社会管理体制的转变。党的十九大报告提出"提高保障和改善民生水平，加强和创新社会治理"，"使人民获得感、幸福感、安全感更加充实、更有保障、更可持续"。党的十九届四中全会提出"坚持和完善共建共治共享的社会治理制度"并对此作了重点部署，该制度建设任务与"坚持和完善统筹城乡的民生保障制度"共同构成新时代社会建设两大工作内容。

"五位一体"总体布局是党在推进现代化建设过程中，依据实践成果和思想成果逐步形成和丰富发展起来的。党的十六大报告提出"三位一体"，即经济建设、政治建设、文化建设；党的十七大报告提出"四位一体"，即经济建设、政治建设、文化建设和社会建设；党的十八大报告提出"五位一体"，即经济建设、政治建设、文化建设、社会建设、生态文明建设。"五位一体"从"三位一体"逐步调整变化和充实发展而来，并走向有机联系的"一体化"，因而对统筹治理、协调治理提出了更高的要求。党的十八届五中全会在深刻总结国内外发展经验教训、分析国内外发展大势的基础上，鲜明提出了"创新、协调、绿色、开放、共享"的新发展理念。新发展理念的提出符合我国国情，顺应时代要求，

---

① 中共中央文献研究室：《十六大以来重要文献选编》下册，中央文献出版社 2011 年版，第 648 页。

在理论和实践上实现了新的突破，对高质量的社会建设具有重大而深远的意义。

其二，小康社会建设实践以不断提升的内涵标准回应民生需求的变化，发挥引领和凝聚内在发展动力的重要作用，体现党和国家引导人民群众对美好生活向往、增强社会信心的一个重要途径。

面对我国经济社会转型以及全球治理环境的变化及其不确定性，不同时期的社会建设目标和任务都对党进行社会革命与自我革命提出更高更新的要求。在应对史无前例的社会转型带来的社会团结挑战、坚守党与人民的紧密联系、团结凝聚形成最大合力的"最大不变"等重大问题上，在社会建设的进程中，小康社会建设的目标和评价标准不断提升，体现党和国家引导人民群众对美好生活向往、增强社会信心的一个重要途径。

20 世纪 80 年代初期提出的"建设小康社会"在当时起到凝聚人心和调试社会共识的重要作用。"小康"自古以来是中国老百姓孜孜以求的社会理想。1979 年邓小平在会见日本首相大平正芳时谈道："我们的四个现代化的概念，不是像你们那样的现代化的概念，而是'小康之家'。"经过 40 多年的努力，我国小康社会建设的内涵历经了从"温饱小康"到"富裕小康"，从"全面建设小康"到"全面建成小康"的变化，这个过程也是从"以经济标准为中心的小康"到"全面发展的小康"推动高质量社会建设的过程。由此而论，改革开放以来中国经济社会发展的主要目标，可以被简约地概括为小康社会建设。1982 年，党的十二大提出到 20 世纪末要使人民生活达到小康水平；党的十三大提出从 1991 年到 20 世纪末，使国民生产总值再增长一倍，人民生活达到小康水平；党的十五大提出 21 世纪第一个十年实现国民生产总值比 2000 年翻一番，使人民的小康生活更加宽裕；党的十六大提出了全面建设惠及十几亿人口的更高水平的小康社会的目标，国内生产总值到 2020 年力争比 2000 年翻两番；党的十七大进一步提出实现人均国内生产总值到 2020 年比 2000 年翻两番的更高目标；党的十八大提出"全面建成小康社会"，要求在发展平衡性、协调性、可持续性明显增强的基础上，到 2020 年实现国内生产总值和城乡居民人均收入比 2010 年翻一番。小康社会建设内涵的发展变化过程，其实是考量中国改革开放以来重大成就的一个主线，"到 2020 年全面建成小康社会，实现第一个百年奋斗目标，是我们党向人民、向历史作出的庄严承诺"。①

中国特色社会主义进入新时代，新时代的一个主要特征是社会主要矛盾转变为"人民日益增长的美好生活需要和不平衡不充分的发展之间的矛盾"。这个转变表明人们的幸福体验已经出现了多样化多层次多方面的特点，正如习近平所说，我们的人民热爱生活，期盼有更好的教育、更稳定的工作、更满意的收入、更可靠的社会保障、更高水平的医疗卫生服务、更舒适的居住条件、更优美的环境、更丰富的精神文化生活。②

我国已经实现全面建成小康社会目标。从综合发展指标看，我国经济实力大幅跃升，2018 年经济总量 90 万亿元，人均国内生产总值折合约 9770 美元，在中等收入国家中位居前列。从人类发展指数看，2017 年在世界 189 个国家和地区中我国排在第 86 位。我国城镇化率接近 60%，高于中等收入国家 52% 的平均水平。我国形成世界上规模最大的中等收入群体，如以家庭年收入 10 万元至 50 万元作为标准，已超过 4 亿人。2018 年全国居民恩格尔系数已降至 28.4%。家电全面普及，汽车快速进入寻常百姓家，2018 年全国居民每百户家用汽车拥有量为 33 辆，城镇和农村居民人均住房建筑面积分别为 39 平方米和 47.3 平方米，③ 高于一些发达国家。从基础设施和公共服务看，九年义务教育全面普及，高等教育正在由大众化阶段进入普及化阶段，毛入学率 2018 年已达 48.1%。覆盖城乡居民的社会保障体系基本建立，人均预期寿命 2018 年达 77 岁。④ 我国农村居民接入电力的比例为 100%，饮用安全水源的人口比例达 95.8%，均远高于 87.4% 和 71% 的世界平均水平。⑤

---

① 习近平：《为决胜全面小康社会实现中国梦而奋斗》，新华社 2017 年 7 月 27 日。

② 中共中央宣传部：《习近平总书记系列重要讲话读本（2014 年版）》，人民出版社 2014 年版，第 108 页。

③ 参见国家统计局：《建筑业持续快速发展城乡面貌显著改善——新中国成立 70 周年经济社会发展成就系列报告之十》，新华社 2019 年 7 月 31 日。

④ 国家卫健委：《2018 年我国卫生健康事业发展统计公报》，央广网，https://baijiahao.baidu.com/s?id=1634386978491666347&wfr=spider&for=pc，2019 年 5 月 24 日。

⑤ 习近平：《关于全面建成小康社会补短板问题》，《求是》2020 年第 11 期。

在我国实现全面建成小康社会的进程中，党中央始终关注的重点是如何使发展的成果让人民共享。"促进社会公平正义，实现好、维护好、发展好最广大人民根本利益，特别是要实现好、维护好、发展好广大普通劳动者根本利益。"① 这也体现了党的社会建设思想和事业始终坚守初心和使命，一以贯之地践行群众路线，以与时俱进的实现方式不断增进党带领的全国人民大团结。中国共产党经历大革命、土地革命、抗日战争和解放战争，直到成立中华人民共和国，以锲而不舍、艰苦卓绝的精神，结合不同阶段的实践任务和需要，适应性地探索出一个能团结社会、动员社会的纲领路线。在此过程中，中国共产党人形成了"一切为了群众，一切依靠群众，从群众中来，到群众中去"的群众路线，成功地赢得了社会的广泛支持，取得了新民主主义革命的胜利。群众路线始终是中国共产党将共产主义理想信念与最广大人民群众的根本利益相结合的有效路径。正如 1956 年毛泽东在《论十大关系》中特别强调的，党之所以能够由小到大，由弱到强，取得了新民主主义革命和社会主义建设的伟大胜利，最根本的就是因为党全心全意依靠工人阶级、农民阶级和知识分子，发挥和调动了他们的积极因素。② 回首百年奋斗历程，可以看到，中国社会建设现代化的实践经验在于中国共产党能够充分调动广大人民创造美好生活的积极性和主动性，凝聚汇合党和国家与人民同心协力谋求发展的巨大合力克服困难，达成共建共享改革发展成果的社会共识。

其三，脱贫攻坚与改革开放形成一种互生性逻辑，先富和共富并不矛盾而是相互统一，让改革发展成果更多更公平惠及全体人民，朝着实现全体人民共同富裕不断迈进，体现中国特色社会主义制度的优越性。

消除贫困、改善民生，逐步实现共同富裕，是社会主义的本质要求，也是我们党的重要使命。中华人民共和国成立后，特别是改革开放以来，中国共产党带领人民经过长期努力，成功走出了一条中国特色扶贫开发道路，使七亿多

---

① 参见习近平：《在庆祝"五一"国际劳动节暨表彰全国劳动模范和先进工作者大会上的讲话》，人民出版社 2015 年版。
② 参见毛泽东：《论十大关系》，《人民日报》1976 年 12 月 26 日。

贫困人口成功脱贫，为全面建成小康社会打下了坚实基础，对世界减贫贡献率超过70％。这表明增进民生福祉是中国经济社会发展的根本目的，也向世界显示了中国特色社会主义的制度优势和鲜明特色。习近平强调，"消除贫困，改善民生，逐步实现共同富裕，是社会主义的本质要求"。2013年11月，习近平在湖南湘西调研扶贫攻坚工作时，首次提出精准扶贫思想，要求扶贫工作必须坚持"科学规划、规模控制、分级负责、精准识别、动态管理"的原则。2015年6月，他在贵州召开的部分省区市党委主要负责同志座谈会上进一步提出扶贫工作的"六个精准"的要求，即"对象精准、项目安排精准、资金使用精准、措施到位精准、因村派人精准、脱贫成效精准"。2015年11月，中共中央、国务院印发《中共中央国务院关于打赢脱贫攻坚战的决定》，该《决定》将精准扶贫上升为全国战略，并明确提出到2020年，稳定实现农村贫困人口不愁吃、不愁穿，义务教育、基本医疗和住房安全有保障（"两不愁三保障"）。党的十九大报告进一步提出：让贫困人口和贫困地区同全国一道进入全面小康社会是我们党的庄严承诺。报告还提出，要动员全党全国全社会力量，坚持精准扶贫、精准脱贫，要深入实施东西部扶贫协作，重点攻克深度贫困地区脱贫任务，确保到2020年我国现行标准下农村贫困人口实现脱贫，贫困县全部摘帽，解决区域性整体贫困，做到脱真贫、真脱贫。这些都充分体现了党解决贫困问题的勇气和决心。

精准扶贫战略实施以来我国脱贫攻坚取得了巨大的成效：2013—2018年我国农村减贫人数分别为1650万、1232万、1442万、1240万、1289万、1386万，每年减贫人数均保持在1000万以上。六年间，农村已累计减贫8239万人，年均减贫1373万人，六年累计减贫幅度达到83.2％，农村贫困发生率也从2012年末的10.2％下降到2018年末的1.7％，中华民族千百年来的绝对贫困问题有望得到历史性解决。① 从世界范围来看，我国通过深化改革和大规模的扶

---

① 国家统计局：《扶贫开发持续强力推进 脱贫攻坚取得历史性重大成就——新中国成立70周年经济社会发展成就系列报告之十五》，新华社2019年8月12日。

贫开发，贫困人口大幅减少，也为全球减贫作出了巨大贡献。按照世界银行每人每天 1.9 美元的国际贫困标准，我国贫困人口从 1981 年末的 8.78 亿人减少到 2018 年末的 1660 万人，累计减少 8.61 亿人，减贫人口占全球减贫总规模超七成；中国贫困发生率从 1981 年末的 88.3% 下降至 2018 年末的 1.7%，累计下降了 86.6 个百分点，[①] 我国减贫速度明显快于全球，贫困发生率也大大低于全球平均水平。中国也成为全球最早实现联合国千年发展目标中减贫目标的发展中国家，为全球减贫事业作出了重大贡献。[②]

贫困现象不仅是单纯的经济社会问题，更是制度认同与政治稳定的重大议题。从根本上说，"打赢脱贫攻坚战"体现了党对社会主义本质认识的升华。共同富裕是马克思主义的一个基本目标。邓小平认为，社会主义的本质是解放生产力、发展生产力，消灭剥削、消除两极分化，最终达到共同富裕。习近平指出，"消除贫困、改善民生、逐步实现共同富裕，是社会主义的本质要求，是我们党的重要使命"。[③] 打赢脱贫攻坚战意味着"此时而不是将来就应当把这一目标提到实现日程"上，这是全面建成小康社会的题中应有之义和深刻理解社会主义本质的核心。[④] 也就是说，脱贫攻坚既是兑现全面建成小康社会的承诺的重要内容，也是推进共同富裕逐步实现的一种具体方法和途径。共同富裕其实有两个对手，一个是平均主义，一个是两极分化。共同富裕把先富作为手段，把共富作为目标，避免了要求同步同时富裕实际上却是同时贫困的局面，有利于克服平均主义的不良影响。[⑤] 在此意义上，脱贫攻坚与改革开放形成一种互生性逻辑，先富和共富并不矛盾而是相互统一，能够让改革发展的成果更多更公平地惠及全体人民，有利于实现全体人民共同富裕。

----

① 国家统计局：《2018 年我国农村贫困人口减少 1386 万人》，新华网，http://www.xinhuanet.com/2019-02/15/c_1124120302.htm，2019 年 2 月 15 日。

② 国家统计局：《扶贫开发成就举世瞩目　脱贫攻坚取得决定性进展——改革开放 40 年经济社会发展成就系列报告之五》，2018 年 9 月 3 日，http://www.gov.cn/xinwen/2018-09/03/content_5318888.htm。

③ 习近平：《习近平总书记系列讲话读本》，学习出版社 2016 年版，第 219 页。

④ 王俊文、俞思念：《论"打赢脱贫攻坚战"的理论与实践意义》，《科学社会主义》2019 年第 1 期。

⑤ 陈培永：《中国改革大逻辑》，广东人民出版社 2018 年版，第 74 页。

其四，围绕社会生活再组织和社会秩序再协调，不断推进从社会管理到社会治理的转型，寻求秩序与活力的平衡之道，发挥社会组织作用，致力于实现政府治理和社会调节、居民自治良性互动。

改革开放以来，党面临着"单位制社会"解体后，从一元社会到多元社会，"新的社会建构""国家的社会再组织"如何实现的重大问题。在这个探索过程中，中国共产党的领导地位始终不变，这是中国社会建设和社会治理结构转型的根本前提。从我国社会建设内容及其与社会治理的关系来看，我国社会建设以改善民生和发展社会事业为主要内涵，而社会治理则主要解决社会建设进程中政府市场社会之间的关系以及由此产生的资源配置等相关问题。因此，民生保障与社会治理共同构成社会建设的一体两面，前者侧重民生福祉的获得感受和实惠效果，后者侧重体制机制的关系厘定和内在机理，二者有机统一。

党的十八大提出"要围绕构建中国特色社会主义社会管理体系，加快形成党委领导、政府负责、社会协同、公众参与、法治保障的社会管理体制，加快形成政府主导、覆盖城乡、可持续的基本公共服务体系，加快形成政社分开、权责明确、依法自治的现代社会组织体制，加快形成源头治理、动态管理、应急处置相结合的社会管理机制"。① 这是党的历史上第一次鲜明地提出"构建中国特色社会主义社会管理体系"的重要战略思想。为此，报告还提出四个"加快"要素，即加快建设社会管理体制、基本公共服务体系、现代社会组织体制、社会管理机制。这四个构成要素的提出标示着党的社会建设理念已经从传统"政府主体"的单一力量建设向"多元主体"力量有序参与建设的重要转变，这为后来党大力推进"社会治理"作出了重要铺垫。以社会组织发展为例，至2018年底，全国依法登记的社会组织有81.6万个，其中社会团体36.6万个、社会服务机构44.3万个、基金会7027个，社会组织在促进经济发展、提供公共服务、保障和改善民生、发展公益慈善事业、创新社会治理、开展对外交流

---

① 中共中央文献研究室：《十八大以来重要文献选编》（上），中央文献出版社2014年版，第27页。

交往等方面发挥了重要作用。① 我国社会组织的数量和质量稳步提高，已经成为中国特色社会主义的重要组成部分。至 2017 年底，全国依法登记的社会组织有 76.15 万个，与 1988 年民政部恢复社会团体登记管理工作时的 4446 个相比，社会组织数量增长超过 100 倍，年均增长率约 53%，"十一五"计划以来保持了 6.5% 左右的年均增长率。全国各类社会组织年收入 4383 亿元，吸纳专职就业人员约 864.7 万人，凝聚 9100 多万名志愿者，我国社会组织整体实力不断增强。②

党的十八届三中全会确定了全面深化改革的总目标，把"完善和发展中国特色社会主义制度，推进国家治理体系和治理能力现代化"作为全面深化改革的总目标，并直接提出"加快形成科学有效的社会治理体制"的任务。③ 至此，"社会管理"将以科学有序的方式向"社会治理"转型，体现了党的治国理政理念的升华，也是对社会建设提出的基本要求。从"管理"到"治理"，虽然仅一字之差，但内涵却发生了质的变化。这一变化强调的是社会建设在党的领导下，实现由政府主体向多元主体的主体性转变、由单向度的自上而下向过程性的多向度协商与合作的转变。习近平在党的十九大报告中提出"打造共建共治共享的社会治理格局"的新理念。其中，"共建共治共享"生动体现了党建引领与以人民为中心的重要思想。④ 从政党和政府角度来说，这就要求着力建设"服务型政党"和"服务型政府"，积极主动推进社会自我组织和自我管理的能力建设，进而形成全社会参与维护社会秩序和社会团结的良好氛围。党的十九届四中全会提出"坚持和完善共建共治共享的社会治理制度"并作出重点部署。该制度

---

① 张霖生：《坚决贯彻中央部署　推进民政事业创新发展——近年来我国民政事业发展成就综述》，《中国社会报》2019 年 3 月 31 日。

② 廖鸿、杨婧：《改革开放以来社会组织的发展与主要成就》，《中国民政》2018 年第 15 期。

③ 中共中央文献研究室：《十八大以来重要文献选编》（上），中央文献出版社 2014 年版，第 513 页。

④ 习近平：《决胜全面建成小康社会夺取新时代中国特色社会主义伟大胜利——在中国共产党第十九次全国代表大会上的报告》，人民出版社 2017 年版，第 11 页。

建设任务与"坚持和完善统筹城乡的民生保障制度"共同构成新时代社会建设的两大工作内容。现代社会有效治理遭遇的最大挑战之一是在面对技术革新和体制变迁时能否维持和维续一定的社会秩序。[1] 社会治理理念的提出，真正实现了从侧重"治已病"转向"治未病"，从"头痛医头"的专项治理向整体系统的辩证施治的深刻转变。

2015 年 5 月，习近平在浙江调研时指出，"社会建设要以共建共享为基本原则，在体制机制、制度政策上系统谋划，从保障和改善民生做起，坚持群众想什么、我们就干什么"。[2]2015 年 10 月召开的党的十八届五中全会深入分析了"十三五"时期我国发展环境的基本特征，将五大发展理念深深地融入社会建设方略之中，以"构建全民共建共享的社会治理格局"作为目标对象，第一次提出"推进社会治理精细化"的理念。[3] 这意味着党和国家不仅关注社会静态秩序的建构，而且注重激发社会成长、培育、发展的内在活力，倡导活力与秩序的有机统一、动态平衡。[4]

三、在不断改善人民生活和创新社会治理中推进社会建设

回顾党的百年社会建设历史，中国共产党团结带领全国各族人民从战乱屈辱走向独立解放，从封闭落后迈向开放进步，从温饱不足迈向全面小康，从积贫积弱迈向繁荣富强，取得经济快速发展奇迹和社会长期稳定奇迹。在这两个奇迹的背后，中国共产党始终坚持人民群众的根本利益至上，坚持在改善人民

---

[1] ［美］弗朗西斯·福山：《大断裂：人类本性与社会秩序的重建》，唐磊译，广西师范大学出版社 2015 年版。

[2] 《习近平在浙江调研时强调干在实处永无止境走在前列要谋新篇》，2015 年 5 月 28 日，人民日报，http://cpc.people.com.cn/n/2015/0528/c64094-27067291.html。

[3] 中国共产党中央委员会：《中共中央关于制定国民经济和社会发展第十三个五年规划的建议》，人民出版社 2015 年版，第 42 页。

[4] 康晓强：《习近平关于社会建设的重要论述：逻辑结构、理论特质及其当代意义》，《经济社会体制比较》2019 年第 5 期。

生活和创新社会治理中推进社会建设。这不仅有力地保障了社会安定和谐、有序运行，而且为经济快速发展提供了稳固而坚实的基础性支持。对此，我们可以从这个过程中得到一些规律性的经验和启示。

（一）始终坚持中国共产党的领导，团结和凝聚各方力量，发挥党建引领社会治理的统筹协调作用，以自我革命推动社会革命，实现自我革命和社会革命的有机结合、辩证统一。

社会建设不是简单地维护社会秩序、保持社会稳定，而是要把党的领导根植于社会治理中，夯实社会治理体系的基石。只有将党建贯穿于社会治理的各方面和全过程，才能从深层次上提升改革的系统性、全局性，并在有效控制风险的基础上推动改革不断前行。①从治理的角度看，我们可以从党领导的社会建设中发现以下一些重要的特质。

首先，健全党建引领社会治理的组织体系。政党组织是整合和动员社会的基础性组织。我们党在革命实践中就积累了"支部建在连上"的组织经验，以连队设立党支部、排上建立党小组、班上发展党员的体系提升了组织战斗力。革命成功后，这样一种高度重视基层党组织建设且带有军队组织属性的党建原则，被引入中国共产党重建社会秩序的过程中，并由此构建出一种以党的基础组织为轴心的高度组织化的单位制社会形态。②改革开放以来，我国在创新社会治理、加强基层建设的实践中，又逐步形成贯穿不同治理层级（如市、区、街镇、居民区）的多级联动党建工作体系，以保障不同层级的社会治理创新形成制度合力。以上海近年来的改革为例：市委把方向、管全局、抓大事，加强总体谋划、统筹协调、改革创新和督促检查，把加强党的建设、引领基层治理等职能集于一体；区委是"一线指挥部"，负有第一责任，负责整体布局和指挥协调；街道党工委是"龙头"，负有直接责任，负责统筹推进和抓好落实；居民区党支部等基层党组织是"战斗堡垒"，负有具体责任，团结带领党员群众积极

---

① 李友梅等：《中国社会治理转型：1978—2018》，社会科学文献出版社 2018 年版，第 231—233 页。
② 林尚立：《两种社会建构：中国共产党与非政府组织》，《中国非盈利评论》2007 年第 1 期。

参与基层社区治理，此外党组织常为一些社会组织提供重要的发展支持。① 这种上下联动、统筹推进的党建工作框架有效增强了不同层级治理主体间的协同性，为不同主体充分发挥治理效能提供了系统支撑，也交出了一份构建现代社会"整体治理结构"的中国答卷。

其次，以"群众路线"实现治理重心下移。中华人民共和国成立后，以毛泽东为主要代表的中国共产党人认为，"我们应当将全中国绝大多数人组织在政治、军事、经济、文化及其他各种组织里，克服旧中国散漫无组织的状态"。② 改革开放以来，从乡村到城市，各地在探索实践中普遍突出了"重心下移""做实基层"的核心思路，尤其在特大城市，以区域化党建为依托，赋予街道党工委统筹资源、协调各方面力量的权限，从而推动基层治理以服务公众需求为导向。改革开放 40 年的基层治理实践中，社区党组织开始在更高层次上探索把握社会空间里的深层活力，进而增强自己的治理能力。③ 比如，一些改革前沿地区按照权责一致的原则，赋予街道党工委对职能部门派出机构负责人的人事考核权和征得同意权、对区域建设规划和公共设施布局的规划参与权、对区域综合性事务的综合管理权、对事关社区民生重大决策项目的建议权，确保街道党工委权责一致、统筹有力。这些改革强化了基层政府"眼睛向下"、以公众需求为着力点的运行模式，为城市治理向"绣花针"式的精细化模式转变提供了重要支持，也是社会治理践行"以人民为中心"发展观的重要体现。

第三，党建与民生项目紧密结合。党建引领社会治理创新的丰富实践表明，各级党组织在推动党建工作时紧密围绕提升人民群众的获得感开展工作，成功地将党建机制嵌入诸如睦邻社区建设、白领驿站、十五分钟生活服务圈等民生

---

① 黄晓春、嵇欣：《非协同治理与策略性应对——社会组织自主性研究的一个理论框架》，《社会学研究》2014 年第 6 期。

② 中共中央文献研究室、中央档案局：《建党以来重要文献选编（1921—1949）》第 26 册，中央文献出版社 2011 年版，第 771 页。

③ 李友梅：《城市基层社会的深层权力秩序》，《江苏社会科学》2003 年第 6 期。

服务项目之中。这些做法、机制有效塑造了现代社会治理中的公共性空间，进一步提升社会力量的参与度，加强了党和人民群众之间的有机联系，更增加了群众对社会治理的认同感。此外，党建作为一种重要的社会治理机制，对于推动跨部门和跨领域的协同治理、引领多元治理结构规范运行，以及推动中国社会公共性的有序生长都具有不可或缺的作用。改革开放 40 年来，国内不同地区在推动社会治理模式创新的过程中不断围绕上述领域探索党建引领社会治理的新做法，所形成的经验对于新时期不断创新社会治理、加强基层建设具有重要意义，也值得学术界进一步从中提炼出相应的制度模式和理论话语。①

第四，社会建设与倒逼式改革。2013 年在征求中共中央关于全面深化改革若干重大问题的决定意见党外人士座谈会上，习近平指出："改革是由问题倒逼而产生，又在不断解决问题中得以深化。"② 在我国改革开放以来的历史进程中，人们不难发现"倒逼"的功用往往与社会改革、制度变迁的诸多现实挑战或历史机遇相联系，进而形成观察中国改革与发展的实践如何被推进的一个重要维度。

近年来，在日益复杂和分化的社会情境下，社会建设中提出的重要问题不断倒逼改革深入推进。这种倒逼式改革容易遭遇较大的阻力，共识较难形成，弹性空间有限，呈现出较明显的被动性和不确定性。③ 这就要求党必须具有自我修复和自我发展的理性和能力，对倒逼机制可能引发的复杂效应具有很强的即时判断、风险预警和反应能力。这也意味着党在运用倒逼机制推进改革的时候需要建立一种倒逼式的"自我革新机制"，即面对倒逼机制下的风险应对问题，迫使自身从实际问题、具体情境和以长远的发展方略出发，思考怎样通过践行党的根本宗旨来巩固党的执政地位，并有效推动改革的深化。为此，党自身就必须具备

---

① 李友梅等：《中国社会治理转型：1978—2018》，社会科学文献出版社 2018 年版，第 221 页。

② 《征求对中共中央关于全面深化改革若干重大问题的决定的意见　中共中央召开党外人士座谈会　习近平主持并发表重要讲话》，《人民日报》2013 年 11 月 14 日，http://cpc.people.com.cn/n/2013/1114/c64094-23534196.html。

③ 吴忠民：《社会矛盾倒逼改革发展的机制分析》，《中国社会科学》2015 年第 5 期。

不断学习与自我革新的能力，从而能够更好地驾驭倒逼机制及其对社会变革的复杂影响。在党的十八届六中全会上，习近平指出，"勇于自我革命，是我们党最鲜明的品格，也是我们党最大的优势"；在党的十九大报告中，他又提出"党在革命性锻造中更加坚强"，并再次强调"勇于自我革命，从严管党治党，是我们党最鲜明的品格"。这表明在新的历史条件下，党已清醒地认识到，必须在进一步的革命性锻造中正视差距和不足，不忘初心，勇于自我革新，自觉提高执政能力，以坚定的决心、更大的胆识和魄力对自身存在的问题"动刀子"。

当我们回顾过去制定每一个重大决策、发生每次重大事件时，始终可以看到挑战与回应的倒逼机制助推着中国改革开放事业向纵深发展。改革开放并不是一个单线程、单任务的机械过程，而是一个在不断地摸索、尝试中螺旋式前进的过程。当然，与人类社会历史出现过的其他类型倒逼机制有所不同，中国式的倒逼机制是在党的顶层设计与宏观规划下主动展开的自我加压过程。在这个过程中，执政党对如何运用倒逼机制具有决定性作用。当前外部环境变化，倒逼机制将会继续成为推进政党自我革新与推动国家进步的重要动力机制。

（二）坚持依法治国，加强社会建设领域的制度和法治建设，坚持和完善统筹城乡的民生保障制度和共建共治共享的社会治理制度，以社会治理现代化推动国家治理体系和治理能力现代化。

面对改革发展过程中"秩序与活力"的平衡问题，社会治理现代化历程就是要在不同时代背景下持续地团结和凝聚人心，在社会分化中实现新的社会整合，在新的征程中再建社会认同，最大限度地激发社会活力且最大限度地协调社会秩序，保持社会和谐安稳、团结有力。为此，坚持依法治国，以法治思维和法治方法调节社会多元利益结构，化解社会矛盾，实现深度、有效的社会团结，便构成我国社会治理转型的一条重要经验。

早在民主革命时期，我们党就开始倡导和重视保护劳动者的合法权益。针对各根据地工人运动的实际情况，党中央先后颁布并实施《关于各抗日根据地劳动政策的初步指示》《中共中央劳动政策提纲》等一系列政策法规，明确规定抗战时期劳动政策的各项原则以及实施办法等，从法律和制度上保障劳动者的权益，调动劳动者的积极性。① 中华人民共和国成立初期，我们首先废除国民党旧法统，启动社会主义新法制建设。1954 年，第一届全国人民代表大会第一次会议审议通过《中华人民共和国宪法》，这是我国的第一部宪法。宪法明确人民民主原则和社会主义原则，把中国人民行使当家作主的政治制度用根本大法的形式确立下来，并指出了为建设社会主义社会继续奋斗的正确道路。党在立足社会主义制度的基础上，还着手建立起一系列为社会主义建设服务的政治制度、经济制度、文化制度、社会制度和其他各种制度，来保障人民群众充分享有在政治、经济、文化、社会等各个方面的权益。

邓小平深刻指出："为了保障人民民主，必须加强法制。必须使民主制度化、法律化，使这种制度和法律不因领导人的改变而改变，不因领导人的看法和注意力的改变而改变。"② 这一时期，现行宪法颁布施行，同时还制定实施刑法、刑事诉讼法、民法通则、民事诉讼法、行政诉讼法、代表法、选举法、国家机关组织法等法律 132 部、行政法规 340 部，从根本上改变了较长一段时期内"无法可依"的局面。③ 1997 年，中国共产党第十五次全国代表大会将"依法治国"确立为治国基本方略，将"建设社会主义法治国家"确定为社会主义现代化的重要目标："依法治国，就是广大人民群众在党的领导下，依照宪法和法律规定，通过各种途径和形式管理国家事务，管理经济文化事务，管理社会事务，保证国家各项工作都依法进行，逐步实现社会主义民主的制度化、法律化，使这种制度和法律不因领导人的改变而改变，不因领导人看法和注意力的改变而改变。"④ 这次大会明确提出了建设中国特色社会主义法律体系的重大任务。1999 年的修宪将"中华人民共和国实行依法治国，建设社会主义法治国家"

---

① 张晓刚：《抗战时期中国共产党推进民生建设的实践及启示》，《南昌大学学报》（人文社会科学版）2016 年第 1 期。

② 邓小平：《解放思想，实事求是，团结一致向前看》，1978 年 12 月 13 日邓小平同志在中共中央工作会议闭幕会上的讲话，http://www.cctv.com/special/756/1/50113.html。

③ 袁曙宏：《改革开放大潮中的全面依法治国壮丽诗篇》，《求是》2018 年第 22 期。

④ 江泽民：《高举邓小平理论伟大旗帜，把建设有中国特色社会主义事业全面推向二十一世纪》，人民出版社 1997 年版，第 30—31 页。

载入宪法第 5 条。中国的法治建设揭开了新篇章。2002 年的中国共产党第十六次全国代表大会，又将社会主义民主更加完善，社会主义法制更加完备，依法治国基本方略得到全面落实，作为全面建设小康社会的重要目标。

党的十八大以来，党中央顺应实践发展要求和人民群众期待，更加重视依法治国，把全面依法治国作为协调推进"四个全面"战略布局的重要方面。党的十九届四中全会提出坚持和完善统筹城乡的民生保障制度和共建共治共享的社会治理制度，并从完善正确新形势下处理人民内部矛盾有效机制、完善社会治安防控体系、健全公共安全体制机制、构建基层社会治理新格局、完善国家安全体系等方面，提出要完善党委领导、政府负责、民主协商、社会协同、公众参与、法治保障、科技支撑的社会治理体系，建设人人有责、人人尽责、人人享有的社会治理共同体，确保人民安居乐业、社会安定有序，建设更高水平的平安中国，为新形势下加强我国社会建设的制度建设指明了方向，具有重要现实意义。在这些法律法规、制度规定的指导下，人们的社会参与方式更为理性，社会治理的效益也得到提升。此外，更加值得关注的是，2020 年 5 月 28 日，十三届全国人大三次会议审议通过了《中华人民共和国民法典》。这是中华人民共和国成立以来第一部以"法典"命名的法律，是新时代我国社会主义法治建设的重大成果。它包括总则编、物权编、合同编、人格权编、婚姻家庭编、继承编和侵权责任编七编正文，以及附则，共 1260 条，涉及每个人从出生到死亡的所有方面权益，被称为"社会生活百科全书"。"民法典在中国特色社会主义法律体系中具有重要地位，是一部固根本、稳预期、利长远的基础性法律，对推进全面依法治国、加快建设社会主义法治国家，对发展社会主义市场经济、巩固社会主义基本经济制度，对坚持以人民为中心的发展思想、依法维护人民权益、推动我国人权事业发展，对推进国家治理体系和治理能力现代化，都具有重大意义。"① 编纂民法典是推进国家治理体系和治理能力现代化的重大举措。

---

① 习近平：《充分认识颁布实施民法典重大意义　依法更好保障人民合法权益》，《求是》2020 年第 12 期。

（三）坚持人民的主体地位，在尊重社会成员自主性的基础上，探索多方参与的社会整合新模式，加快推进人人有责、人人尽责、人人享有的社会治理共同体建设，促进我国社会建设进程中公共性的成长和发展。

社会主义社会是人民的社会，坚持人民主体地位是中国特色社会主义的重要特征。中国共产党一直将"人民期待的民主政治"牢记在心。《新民主主义论》就提出，"要建立一个新中国，这个新中国是一个在无产阶级领导下的一切反帝反封建的人民联合专政的民主共和国"。《新民主主义论》将未来要建设的新社会描绘为：建设统一的、民主自由的，高度工业化的现代化强国。这个新社会蓝图，既包括最广大范围人民民主的实现，也包括社会大众作为个体的人的现代化的改造。"有了人民的国家，人民才有可能在全国范围内和全体规模上，用民主的方法，教育自己和改造自己。"① 这一时期，为努力践行人民民主的伟大理想，实现最广大人民当家做主，党还在制度与组织实践方面进行了诸如各界人民代表会议等的探索。人民代表会议为后来的社会主义实践提供了方向与基础。

中华人民共和国成立后，随着集中计划经济确立，党在全国建立起一套包括单位制、街居制、人民公社制、户籍制、人民信访制度以及集体主义意识形态在内的配置公共资源的社会体制，形成"国家—单位—个人"自上而下的一元社会管理格局或"总体性"社会。② 在这一体制之下，社会成员的主体身份主要强调主人翁意识。主人翁是指当家作主的人，在我们的社会主义社会里，工人、农民、知识分子以及其他劳动者，都属于社会和国家的主人翁，是建设社会主义的基本力量，社会主义主人翁地位是由社会主义所有制关系和民主的政治制度所决定的。

20 世纪 80 年代中期后，我国开始全面推行城市经济体制改革。"单位制"加快解体，"单位人"快速转变为"社会人"，大量社会公共管理事务被引向街

---

① 《毛泽东选集》第 4 卷，人民出版社 1991 年版，第 1476 页。

② 李友梅等：《中国社会治理转型（1978—2018）》，社会科学文献出版社 2018 年版，第 9 页。

道和居委会层面。伴随着市场逻辑渗透到人们社会生活的方方面面，为了规范市场交易行为，我国先后出台公司法、劳动法、土地管理法、物权法、社会保障法等法律。这些法律的出台在规范市场行为的同时，亦使民众拿起法律的武器来维护自己的各项权益。在市场发展的情况下，人们的法权观念亦发展起来，权利维护的需求也增加了，但是解决权利纠纷的社会机制仍然滞后于社会的需要。

改革开放以来，为回应保持社会和谐稳定的需要，党和国家在建设和完善社会体制上进行了大量的探索：一方面，延续发展了以人民信访制度、社会治安综合治理等为主的行政解决方式，强化了纵向秩序整合机制；另一方面，随着法制化进程的发展，城市居民委员会组织法、村民委员会组织法、工会法、物业管理条例等法律法规也成为解决社会问题的方式，法律援助服务也随之出现。但是，在这一时期，促进多元主体进行横向利益协调的社会治理格局仍未形成——虽然工会改革、社区改革、社会组织有所发展，但因为缺乏相应的制度法规进行规范，弱势群体用法律渠道解决问题所需要的各种成本都过高，许多群体利益因缺乏社会性解决方式而无法被纳入法律渠道。结果，大量社会问题的解决仍然进入了行政渠道。①

进入中国特色社会主义的新时代，我国社会建设和社会治理的法治化在"五位一体"总体布局和"四个全面"战略布局下获得新的战略意义和发展，人民作为主人翁的权利和责任也更加清晰。党的十九大报告提出，打造共建共治共享的社会治理格局，加强社会治理制度建设，完善党委领导、政府负责、社会协同、公众参与、法治保障的社会治理体制，提高社会治理社会化、法治化、智能化、专业化水平。党的十九届四中全会提出，加强和创新社会治理，完善党委领导、政府负责、民主协商、社会协同、公众参与、法治保障、科技支撑的社会治理体系，建设人人有责、人人尽责、人人享有的社会治理共同体。这些新理念和新战略更加凸显人人参与的权利和义务共在，显示出党在处理秩序

①　李友梅等：《中国社会变迁（1949—2019）》，社会科学文献出版社 2020 年版，第 188—189 页。

与活力关系方面的认识和实践进一步深入。

党领导的社会建设不仅强调多元主体的参与，还强调社会公共性的生成与发展。改革开放以来，在市场化、全球化以及新技术的共同作用下，我国经济社会经历了快速的转型发展，社会结构加速分化并重新整合，由此促成社会力量的生成和发展，新兴社会阶层和利益群体、社会组织以及线上线下共同体等多种社会力量涌现。[①] 这些多元分化的社会力量在实践中相互影响、相互作用，共同推动了社会公共性的建构。社会生活中的公共性，即一种促使人们从私人领域走到公共空间，就共同关注的问题开展讨论和行动，并有利于生产公共产品的现代精神。

公共性既是社会建设的重要目标又是其支撑性条件之一。从内涵来看，"公共性"至少具有如下基本特点：作为目的和价值取向的"公共性"指涉的是特定空间人们的共同利益和价值；从参与者角度看，"公共性"指涉的是人们从私人领域走出来，就共同关注的问题开展讨论和行动，在公开讨论和行动中实现自己从私人向公众的转化；从参与程序角度看，"公共性"指涉程序的公开、开放和公平，人们在平等对话中达成共识；从精神角度看，"公共性"指涉个体基于理性与符合理性的法律而批判性地参与公共活动，维护公共利益和价值取向的精神。[②] 尽管我国社会建设还面临一些公共性困境，但是近年来的民主制度建设和促进社会组织发育等政策的实施对于公共性的生长产生了明显的积极效果，公共性的生产未来仍将是社会建设再上新台阶的重要目标和任务。

余论：百年社会建设思想的理论思考

2021 年是中国共产党成立 100 周年，党的百年历史与中华民族的命运选择和中国人民幸福生活紧密相连，显得深沉厚重、荡气回肠。20 世纪初，中国社会面临内忧外患、积贫积弱的重重危机，众多仁人志士和爱国组织、团体以各

---

①　李友梅等：《中国社会治理转型（1978—2018）》，社会科学文献出版社 2018 年版，第 115 页。
②　李友梅、肖瑛、黄晓春：《当代中国社会建设的公共性困境及其超越》，《中国社会科学》2012 年第 4 期。

自的方式探索"中国向何处去"的可能性道路。在这些不同的路径中，只有中国共产党人从本国实际出发选择了马克思主义思想作为行动的指导，并坚定地实践了马克思主义的中国化。这是一个由历史和人民作出的选择。如何理解和认知这一选择，今天已经对我们哲学社会科学者提出了必须符合实际需要地构建理论和话语的要求。这个选择凸显了有远见大略的政党领导、国家政权建设以及人民信任支持的重要性。其中，中国共产党人始终坚持"为中国人民谋幸福，为中华民族谋复兴"的初心和使命具有决定性作用；国家的政权建设实现民族独立和解放，为人民谋求幸福生活提供前提条件，因而具有基础性作用；人民的信任和支持则成为党在不同历史发展时期不断奋斗前行的目标和动力。

党的百年社会建设实践深深地嵌入这个历史进程中。中国共产党通过社会建设及其制度建构，不仅改变了"一穷二白"的社会面貌，提高了人民生活水平，而且在史无前例的现代化转型和经济体制改革进程中创造了与"发展奇迹"并驾齐驱的"稳定奇迹"。在发生沧桑巨变的社会建设进程中，党始终坚持依靠群众，团结凝聚广大人民形成社会建设的主体力量，推动中国革命取得胜利，国家建设、改革和发展不断取得新成就，这深刻体现了始终坚持最广大人民群众的根本利益至上、以人民为中心为人民谋幸福的社会建设思想。正如习近平在庆祝中华人民共和国成立 70 周年招待会上的讲话所强调的，"团结是铁，团结是钢，团结就是力量。团结是中国人民和中华民族战胜前进道路上一切风险挑战、不断从胜利走向新的胜利的重要保证"。[①] 由此，我们可以得到如下几点启示，并展开一些延伸性的思考。

（一）中国共产党坚持从实际出发，实事求是地选择了马克思主义中国化的实践路径，使中国特色社会主义制度不断完善和发展，马克思主义中国化不断开辟新的境界、达到新的高度。

从中国近代知识分子的知识生产实践来看，贴近"实际"是一个艰难的认

---

① 习近平：《在庆祝中华人民共和国成立 70 周年招待会上的讲话》，新华社，2019 年 9 月 30 日，http：//www.gov.cn/xinwen/2019-09/30/content_5435499.htm。

识路径选择的过程。①进一步说，贴近"实际"地改变旧社会、建立新社会是更为艰难的实践路径选择的过程。面对内忧外患的中国社会，早期的中国共产党人与众多爱国知识分子一样，把寻求救国良方的目光投向了西方。可以说，在同样的时代召唤和共同的问题意识下，他们是怀着复兴中华民族的坚定信念从实际出发向西方学习，探索西方理论如何与中国实际相结合，以及不同文明文化之间如何相处的问题。从中我们也可以看到，马克思主义中国化与中国社会学本土化的进程几乎同时发生。在学理的层面，我们不仅可以看到知识分子群体如何以实地社会调查，认知劳苦大众生活状况，进而参与到社会建设事业中来，并在这个过程中进行着贴近"实际"的知识生产；而且可以更清晰地看到中国共产党以符合历史潮流的顶层设计和建国大略、组织动员人民群众的强大力量，推动我国社会建设现代化的历程，不断推进马克思主义中国化开辟新的境界、达到新的高度的艰辛历程。

在 20 世纪初，要改变中国社会积贫积弱的状况必然牵涉到方方面面。如何在向世界敞开大门迎接新文明的同时，又不因外来力量的强大而丢失自身民族和文化的主体性，这是时代之问，也是有着深沉家国情怀的中国知识分子的反身自问。面对现代文明，他们不是把中国作为封闭的疆域和固化的历史，而是作为一种"文化基因、民族特性、历史逻辑"，以此为基础来"融通"中西古今，并希望通过对传统中国文化的"自觉"与"认知"来提升文化自主意识和文化适应能力。在现代西方文化与传统中国文化碰撞之际，他们希望以文化知识持有者的身份，为自主性文化的坚守构建新的知识体系，以此回应如何在现代化进程中保持民族文化的自觉和主体性的重大问题。这从深层意义上也就是费孝通在"文化自觉"中所洞察到的文化适应性和文化的"主体性"问题。

今天，我们在对百年来中国社会学的知识生产过程进行反思时发现，任何一种社会学知识都有可能受到时代的局限而产生认识论上的不足，因而越显得

---

① 李友梅、耿敬：《中国社会学的知识生产范式——以晏阳初和费孝通的实践为例》，《学术月刊》2020 年第 6 期。

认识路径的选择艰难。从这个意义上说，中国共产党人所担负的历史使命不仅仅是认识世界的路径选择，而且更是改造世界的实践路径选择。他们正是看到了"实践"这一检验真理的唯一标准，才可以在坚守民族和文化主体性基础之上学习马克思主义基本原理，以与时俱进的发展理念推动马克思主义的中国化，体现中国共产党不仅具有学习、发展和丰富马克思主义理论的能力、总结革命和建设实践经验的能力，而且具备把优秀传统文化和新传统文化思想融会贯通的能力。

马克思曾指出，"从前的一切唯物主义的主要缺点是：对对象、现实、感性，只是从客体的或者直观的形式去理解，而不是把它们当作感性的人的活动，当作实践去理解，不是从主体方面去理解"。[1] 无论西方文化基础上的知识还是源于中国传统文化的知识，只有通过实践加以检验，知识体系才是有意义的。今天，我们对马克思主义最好的发展就是结合实际地继承，马克思主义中国化的过程就是在与中国实际相结合的过程中不断得到发展和丰富的。

（二）中国共产党坚持人民的主体地位，坚信人民是历史的主人，党的百年社会建设思想深刻体现党与人民双向信赖的辩证逻辑。

"中国共产党根基在人民、血脉在人民。党团结带领人民进行革命、建设、改革，根本目的就是为了让人民过上好日子，无论面临多大挑战和压力，无论付出多大牺牲和代价，这一点都始终不渝、毫不动摇。"[2] "让老百姓过上好日子是我们一切工作的出发点和落脚点。"[3] 以人民为中心是习近平新时代中国特色社会主义思想的重要内涵。

从历史的角度看，中国共产党自成立伊始就根植于中国社会，并将维护人民群众根本利益和动员社会积极力量作为一项基本工作和安身立命的根本。《中

---

① 马克思：《关于费尔巴哈的提纲》，《马克思恩格斯选集》第 1 卷，人民出版社 2012 年版，第 133 页。

② 《习近平在参加内蒙古代表团审议时强调：坚持人民至上　不断造福人民　把以人民为中心的发展思想落实到各项决策部署和实际工作之中》，《人民日报》2020 年 5 月 23 日，http://cpc.people.com.cn/n1/2020/0523/c64094-31720349.html。

③ 《习近平谈治国理政》第 3 卷，外文出版社 2020 年版，第 37 页。

国共产党章程》在"总纲"中指出，中国共产党代表中国最广大人民的根本利益。孙中山先生在 20 世纪 20 年代撰写《建国方略》时提出了他的"社会建设"思想，① 强调重民、爱民、救民的民本思想，这些思想理念在中国共产党人的社会建设进程中得到深化并转变为实践。以毛泽东为主要代表的中国共产党人非常重视群众作用，关心群众生活，② 在长期斗争中形成了一切为了群众，一切依靠群众和从群众中来，到群众中去的群众路线。

从现实的角度看，人民群众的利益需求不断增长而且经历了从翻身做主人、过上好日子到美好生活向往的提升与转变。党在推动社会建设的进程中能及时回应这些需求，这不仅体现党与人民群众切身利益和实际生活需要紧密相连、内在统一，同时也不断确证着党和人民群众的双向信赖关系。

（三）党的百年社会建设思想凸显既扎根中国社会文化土壤又向世界开放的中国现代化路径，亟须构建贴近实际的中国范式和中国话语。

百年来党和国家不断探索适合本国国情的现代化路径，凸显了中国特色社会主义制度下社会现代化的重要意义。中国在现代化转型与经济体制快速转型发展的复杂进程中，如何能最大程度地保持社会有序运行并呈现安稳和谐。对这个问题的深刻回答，需要从中国国情出发的知识生产，需要对社会生活的再组织与社会秩序的再协调是如何在一个急剧变迁的复杂历史条件下得以有效实现的重大问题有一个比较清晰的整体性认识。

从现有理论资源来看，西方的实践经验催生了一系列理论分析范式，比如，国家—社会关系理论、理性化与现代化理论，以及全球化与世界体系理论。但是，这些理论有其自身产生的社会文化基础，与中国社会建设与社会治理转型的经验存在着一定的理论及预设"错位"。③ 比如，国家—社会关系的理论预设了二者间的对立关系，这对于我们相互联系、彼此支持的国家与社会关系并不

---

① 参见孙中山：《建国方略》，生活·读书·新知三联书店 2014 年版。

② 毛泽东：《关心群众生活，注意工作方法》，《毛泽东选集》第 1 卷，人民出版社 1991 年版，第 136 页。

③ 李友梅：《当代中国社会治理转型的经验逻辑》，《中国社会科学》2018 年第 11 期。

完全适用，而现代化理论以西方国家的现代化作为发展的目标，把现代化等同于西方化，与中国特色社会主义的实践也不相符。再者，从中国与全球的关系来看，我国社会建设和治理转型受到中国和世界复杂互动过程的影响。在全球信息、技术、人口、资本等要素流动性日益加速的情境下，中国社会治理的问题以及社会治理本身的转型问题具有一种内外因素错综复杂的特征。

可见，百年来我国社会建设和社会治理的转型实践，不仅与西方相关社会理论构成了比较和对话的必要性，同时也在经验意义上提供了一种新的治理逻辑。对此，我们在"国家与社会"的研究范式之外，已经尝试提出"制度与生活"分析框架①，并借助该框架，通过对中国社会治理转型长时段实践经验的分析，阐明了中国共产党是这个实践的核心领导及其与中国政体连续性之间的紧密联系，以及在中国共产党的领导下，制度结构与社会生活之间的互动、调适与互洽逻辑及其可能性，这在一定意义上展现了与西方经典理论进行比较和对话的意义及可能性。

中国社会现代化是在中国共产党总揽全局、协调各方的总体引领下，因应社会发展需要而统筹推进的过程。社会现代化既涉及党和国家在社会领域制度建设的现代化，更在深层次上涉及如何在中国文化之上建立一种关于普遍的公共利益以及个人对其责任的公共性观念，以及观念的转型与制度变革的相互联系。这个问题也是费孝通先生所预见的中国社会转型的巨大困难所在。②换句话说，如何在"差序格局"的文化基础之上生长出现代社会所追求的公共性，这是费先生提出这个理论概念背后的问题意识，也是关系到我们当今社会建设内在困境的症结所在。

站在新的历史起点上，习近平指出，我们要胸怀两个大局，一个是中华民

---

① 相关理论成果参见李友梅、黄晓春、张虎祥等：《从弥散到秩序："制度与生活"视野下的中国社会变迁》，中国大百科全书出版社 2011 年版；肖瑛：《从"国家与社会"到"制度与生活"：中国社会变迁研究的视角转换》，《中国社会科学》2014 年第 9 期；李友梅：《当代中国社会治理转型的经验逻辑》，《中国社会科学》2018 年第 11 期。

② 王斯福：《社会自我主义与个体主义——一位西方的汉学人类学家阅读费孝通"中西对立"观念的惊讶与问题》，《开放时代》2009 年第 3 期。

族伟大复兴的战略全局，一个是世界百年未有之大变局，这是我们谋划工作的基本出发点。[①] 当今世界，百年未有之大变局正加速演进，全球治理体系面临深刻重塑。人们今天对"百年未有之大变局"有着越来越深刻的领悟，并隐隐约约地看到基于千丝万缕关联的新旧复杂性和不确定性所带来的全球新风险，而这些新风险正冲击着中国社会乃至全球社会惯有的运行机制与认同基础。在新的复杂形势下，针对如何保持定力、做好自己的事情，党中央作出了"形成以国内大循环为主体、国内国际双循环相互促进的新发展格局"的重要决策。新发展格局既对内循环为主体的改革和建设提出了更高更新的要求，也对新形势下的社会建设如何更好地发挥团结凝聚内生发展动力的作用寄予了更大的期望。这同时又对我们的理论和话语构建提出了新要求。习近平指出，时代课题是理论创新的驱动力。新时代改革开放和社会主义现代化建设的丰富实践是理论和政策研究的"富矿"，我国经济社会领域理论工作者大有可为。[②] 100 年前我们开始碰到了中西两种不同文化的相遇和共处问题，100 年后的今天，我们是否可以更加从容地面对古今中西之问，社会学以及广义的人文社会科学应当抓紧这个理论创新大有可为的时代契机。

---

①　习近平:《胸怀两个大局，做好自己的事情》,《习近平谈治国理政》第 3 卷，外文出版社 2020 年版，第 77 页。

②　《习近平在经济社会领域专家座谈会上的讲话》,《人民日报》2020 年 8 月 25 日。

第一部分　新民主主义革命：
为民族谋独立为人民谋解放（1921—1949）

正如习近平总书记反复强调的，我们需要"不忘初心"。要理解中国共产党百年社会建设思想脉络，有必要追溯党关于中国社会总体建设构想的本源。中国共产党关于未来社会建设的构想诞生于中国社会出现结构性危机的年代，是在实践中对当时各种思想渐进学习的成果。中国共产党成立前后，当时先进的知识分子都在奋力为中国社会寻找出路，包括毛泽东在内的中国共产党人发现了马克思主义对于中国发展的深远意义，他们立足于历史唯物观，真正将人民视为历史变革的主体，将共产主义确立为未来中国发展的远大目标。在新民主主义革命时期，中国共产党在革命与建设实践中逐步形成和发展出了有关社会建设的系列思想。从工人运动到土地革命，从联合战线到统一战线，从新三民主义到新民主主义，中国共产党关于社会建设的思想始终根据不同革命阶段的形势变化而不断改进发展，是将马克思主义基本原理与中国实践相结合而产生的理论创新。

从中国共产党的成立，经历大革命、土地革命、抗日战争和解放战争，直到成立中华人民共和国，中国共产党以锲而不舍、艰苦卓绝的精神，结合不同阶段的革命实践，不断探索一条能团结社会、动员社会的纲领路线。在此过程中，中国共产党确立了将共产主义理想信念与最广大的人民群众的根本利益相结合的有效路径，即群众路线。以毛泽东同志为主要代表的中国共产党人在长期斗争中形成"一切为了群众，一切依靠群众，从群众中来，到群众中去"的群众路线，亦即党的根本工作路线。中国共产党通过这一更具完整性的理论纲领以及更具动员性的革命实践成功赢得人民的支持，取得新民主主义革命的胜利。

这一部分回顾了中国共产党在新民主主义革命时期的社会建设实践，概括了党在新民主主义革命时期的社会建设思想，其意义在于展现党对于中国社会总体建设的"初心"。无论是对于中国社会国情和主要矛盾的分析，还是对人民群众的广泛组织动员；无论是寻求在最大范围内团结社会的统一战线纲领，还是不同时期以保障民权、改善民生为重点的社会建设实践，都与我们党"为人民谋幸福、为民族谋复兴"的初心不可分割。历史证明，中国共产党对于社会建设思想的早期探索影响深远，这一"初心"为中华人民共和国成立后，以至改革开放后的社会建设实践提供了历史唯物主义的认识论基础，其最新体现即新时代"以人民为中心"的发展思想。

第一章　以人民为中心的社会建设纲领

中国共产党成立后，确立了反帝反封建的最低纲领和实现共产主义的最高纲领，这是基于近代以来无数仁人志士救国图存的抱负、基于对中国社会主要矛盾的分析、基于对西方不同发展道路的比较而作出的慎重选择。自此以后，中国共产党就以为人民谋幸福为己任，虽历经磨难而初心不改。大革命时期，在马克思列宁主义思想指引下，中国共产党积极推动国共合作，并主要以群众运动的方式推动革命发展，广泛开展工人运动、农民运动，使自己迅速成为国内不容忽视的革命力量，并在对大革命失败的反思中承担起新民主主义革命的领导重任。土地革命时期，中国共产党致力于将马克思主义基本原理与中国的具体实际相结合，在艰难曲折中努力探索马克思主义中国化的道路，以土地革命作为改变农村社会阶级结构、动员广大农民支持革命的基本路径，并在根据地和苏区开展以保障民权、改善民生为主要内容的社会建设实践，为革命发展提供了强有力的社会支持，其建设思想与实践也延续到了延安时期乃至新中国成立以后。

第一节　使命与纲领：中国共产党的总体社会建设构想

习近平总书记在党的十九大报告中指出，中国共产党人的初心和使命就是为中国人民谋幸福，为中华民族谋复兴。1921 年中国共产党的成立是晚清以来无数仁人志士掀起的一波波救亡图存、奋发图强潮流的一部分，也有其独特的历史、时代背景和特定的思想、组织与社会基础条件。党的成立不仅意味着一幅崭新的以共产主义为方向的美好社会图景出现在中国人民面前，而且意味着以维护劳动大众根本利益为核心的社会动员方式得以确立。马克思主义所追求的更为彻底的自由、平等、民主等理念成为中国共产党提出改造社会的主张或开展社会建设实践的基本原则，同时，一个以公有制为基础、消灭剥削与阶级差别、实现共同富裕的共产主义社会成为中华民族长期为之奋斗的理想社会目标。

一、"以俄为师"：新的社会革命与建设道路的浮现

1840年以来，中国逐步沦为半殖民地半封建社会，国家积贫积弱，人民困苦不堪。鸦片战争前后，部分知识精英开始意识到"睁眼看世界"的必要性，一次次的战败屈辱与国内民众生活的愈益艰难，更是激发中国的知识分子苦苦努力，试图向西方国家寻找救亡图存的道路。这期间，从太平天国起义到义和团运动，从洋务运动到戊戌变法，不同阶级的反抗或自救的努力都以失败告终。辛亥革命推翻了清朝专制统治，建立了中华民国，但并未从根本上改变中国半殖民地半封建社会的性质。中华民国成立后，宪法不彰、国会无力、复辟丑剧接连上演，军阀混战、内乱频仍，有识之士对资产阶级民主政治不免失望。同时，第一次世界大战的爆发充分暴露了西方资本主义国家的内在弊端和掠夺本性。这些都更使人们陷入了深深的绝望、苦闷和彷徨之中。

1915年陈独秀创办《青年杂志》(后更名为《新青年》)，成为新文化运动的主要阵地，一部分中国知识分子决心发动一场新的启蒙运动，以廓清蒙昧、启发理智，将中国大众从封建思想的束缚即蒙昧状态中解放出来。1917年，俄国爆发十月革命，为世界提供了一条前所未有的社会发展道路，也给中国带来了新的希望。李大钊较早关注到十月革命的历史意义，从1918年7月开始，他先后发表《法俄革命之比较观》《庶民的胜利》《Bolshevism的胜利》等文章，认为十月革命的胜利乃是"劳工主义的胜利"，是"二十世纪中世界革命的先声"，

是"世界人类全体的新曙光"。1919 年元旦，李大钊在《新纪元》一文中提出，十月革命开辟了人类历史的"新纪元"，它将"带来新生活、新文明、新世界"，中国人民应当走十月革命的道路。陈独秀也认为十月革命展示了"人民有直接行动的希望"。①

在十月革命的影响下，1919 年中国爆发五四运动。6 月 3 日，上海工人举行罢工，第一次参与到反对帝国主义的爱国运动大潮之中。五四运动不仅使中国人民进一步看清了帝国主义对中国利益的无视态度，更是展现了青年学生、工人、商人等爱国民众的巨大革命力量。五四运动发生在第一次世界大战和十月革命之后，"这时的世界殖民地半殖民地革命运动，已不是世界资产阶级革命的后备军，而是世界无产阶级革命后备军了"。② 这次事件意味着中国无产阶级开始有了觉悟，标志着无产阶级第一次登上历史舞台，意味着无产阶级政党的组织条件和俄式革命在中国发生的阶级条件已经浮现。

新文化运动所倡导的西方思想主要是资产阶级革命时期的自由、民主、科学等，十月革命在反对帝国主义的旗号下助长了中国的民族主义思潮，五四运动则进一步带来马克思主义、社会主义思想的广泛传播。在一部分中国知识分子的积极推动和苏俄的影响下，中国对西方的效仿从"以欧美为师"转向"以俄为师"，从自由主义转向社会主义，中国革命的性质从旧民主主义转向新民主主义革命，中国社会建设的未来图景也从资本主义社会转向了社会主义、共产主义社会。有学者指出，马克思列宁主义之所以在五四运动时期广泛传播，并能被一部分知识分子迅速接受，既有其与中国古代大同思想相契合的一面，又有其完全适合当时中国民族主义激情的一面。③ 具体而言，中国的效仿对象在当时发生改变的原因包括：中国曾多次屈辱地战败，需要迅速实现工业化；中国是一个以合作而非个人主义为基础的社会，具有崇尚权威的政治传统，社会

---

① 陈独秀：《五四运动的精神是什么？》，《时事新报》1920 年 4 月 22 日。

② 毛泽东：《如何研究中共党史》（1942 年 3 月 30 日），载中共中央文献研究室、中央档案馆编：《建党以来重要文献选编（1921—1949）》第 19 册，中央文献出版社 2011 年版，第 172 页。

③ ［美］石约翰：《中国革命的历史透视》，王国良译，东方出版中心 1998 年版，第 185 页。

主义理想因而拥有更大的吸引力；国民党在五四运动期间及其后所实行的各种政策一定程度上令人失望等。① 简言之，从新文化运动开始，经十月革命到五四运动再到中国共产党的成立，中国先进分子对于马克思主义思想、无产阶级革命道路以及共产主义社会理想的接受，既有与传统文化相契合的一面，又有适应当时国际国内形势的一面，是当时中国社会阶级结构与思想文化条件下的必然产物。

十月革命后，李大钊的积极宣传使马克思主义在中国的影响迅速扩大。李大钊对马克思主义的热情倡导既有其理想化的一面，如对社会主义社会可消除一切不平等的想象②，也有人道主义的一面，将马克思主义视为解救劳苦大众的良药。更难能可贵的是，李大钊虽然热情倡导马克思主义，但并不是对马克思的学说全盘照搬。李大钊在相关文章中，不仅对马克思思想体系的内在不足毫不讳言，而且最早提出了马克思主义的一般原理需要与本国实际相结合的思想。1919 年，李大钊发表《我的马克思主义观》一文，较为全面地介绍了马克思社会主义的理论。同年，胡适发表《多研究些问题、少谈些"主义"！》，对马克思主义的引进提出质疑。李大钊以《再论问题与主义》一文作答，他认为宣传主义和解决问题是交相为用、并行不悖的。"一个社会主义者，为使他的主义在世界上发生一些影响，必须要研究怎么可以把他的理想尽量应用于环绕着他的实境。""我们只要把这个那个的主义，拿来作工具，用以为实际的运动，他会因时、因所、因事的性质情形生一种适应环境的变化"③，初步表述了马克思主义的一般原理必须与本国实际相结合并在结合过程中得到发展的思想。

除了"问题与主义"之争，马克思主义的传播热潮同时伴随着来自无政府主义、改良式社会主义等思想的质疑与挑战。无政府主义者通常鼓吹个人的绝对自由，反对一切权威、一切国家，反对任何组织纪律，主张绝对平均主义。

---

① ［美］周策纵：《五四运动：现代中国的思想革命》，周子平等译，江苏人民出版社 1996 年版，第 16—17 页。

② 李大钊：《平民政治与工人政治》，《新青年》第 9 卷第 6 号（1922 年 7 月 1 日）。

③ 李大钊：《再论问题与主义》，《每周评论》第 35 号（1919 年 8 月 17 日）。

陈独秀在《谈政治》一文中重点论述了作为阶级斗争工具的国家之必要性。在对无政府主义者的反驳基础上，阐明了马克思主义的立场，"我承认用革命的手段建设劳动阶级（即生产阶级）的国家，创造那禁止对内对外一切掠夺的政治、法律，为现代社会第一需要"。① 1921年初，《改造》杂志2月号组织"社会主义研究"专栏，梁启超作《复张东荪书论社会主义运动》，体现了其改良式的社会主义思想。李达专门作文回应。他同意梁启超所说的开发生产事业非常重要，但社会主义和资本主义所采用的生产方法截然不同。李达批评温情主义和社会政策论，认为这只是缓和社会问题，而不是从根本上解决社会问题。社会主义运动是要把自由竞争和私有财产两个原则（万恶之源）从根本上废除。② 毛泽东也针对改良派的主张明确表示反对，认为"改良是补缀办法，应主张大规模改造"。与社会民主主义、温和方法的共产主义等道路相比，"激烈方法的共产主义，即所谓劳农主义，用阶级专政的方法，是可以预计效果的，故最宜采用"。③

　　概括而言，中国共产党成立之前，部分先进知识分子从改变贫苦大众的悲惨命运这一朴素的人道主义愿望出发，自觉运用马克思主义的思想武器，认识到中国人民被剥削、被压迫的事实，意识到只有通过无产阶级革命才能够实现人民的彻底解放。解民倒悬、济民解困是第一批马克思主义者的初心。由此出发，马克思主义作为外来思想，是服务于中国革命和社会建设需要、致力于解决中国现实问题的武器与工具；而之所以接受马克思主义，主要原因在于它适合当时形势并且能够实现真正、彻底地解放中国人民的最终目标。中国最早接受马克思主义思想的一批知识分子自觉地将马克思主义作为思想武器运用于根本解决中国问题的实践，初步提出将外来思想与中国实际相结合，并在与其他

① 陈独秀：《谈政治》，《新青年》第8卷第1号（1920年9月1日）。
② 李达：《讨论社会主义并质梁任公》，《新青年》第9卷第1号（1921年4月8日）。
③ 毛泽东：《在新民学会长沙会员大会上的发言》（1921年1月1—2日），载中共中央文献研究室、中央档案馆编：《建党以来重要文献选编（1921—1949）》第1册，中央文献出版社2011年版，第511页。

思想的论辩中进一步澄清了自己的主张，从而为中国共产党的成立提供了思想、队伍上的准备。

二、共产主义：中国社会理想愿景的提出

如李大钊所言，十月革命是"庶民的胜利"，是"劳工主义的胜利"，中国少数先进分子首次感受到了人民大众、劳动者尤其是工人阶级在革命斗争中的决定性力量。五四运动以学生运动为开端，以工人罢工、商人罢市等全国性各阶级的联合抗争运动为高潮，具有广大的群众性，自发形成了"资产阶级、小资产阶级和无产阶级"的统一战线①，展示了工人阶级和人民大众的巨大革命力量。此后，最早的一批马克思主义者在十月革命和五四运动的精神感召下，按照历史唯物论"人民是历史主体"的思想原则，积极投入到组织、动员民众尤其是工人阶级的实践中。同时，为了更有效地动员民众，马克思主义者自身的组织化进程也迅速发展，并最终在共产国际的帮助下成立了无产阶级的先锋队——中国共产党。

在马克思主义者的积极推动下，全国各地的共产主义小组先后建立，动员民众的各项工作也陆续展开。在北京大学任教的李大钊很早就鼓励学生走到工人、农民之中，在与群众的接触交流中开展组织动员工作。北京的共产主义早期组织大量吸收京汉铁路修配厂的铁路工人，工会会员有340多人。在长辛店创办劳动补习学校，至1921年5月1日，有学员150名。1920年5月1日，在长辛店举行示威游行，游行队伍有1500多人，口号是"增加工资、缩短工时"。1920年11月，共产党领导的第一个工会——上海机器工会成立。同年，广州召开五金工会代表大会。至1921年5月，已有近500名会员。在宣传方面，党的早期组织出版了一系列工人运动周刊，如上海的《劳动界》、广东的《劳动者》、北京的《劳动音》周刊，还有《来报》周报。为工人印行宣传册和传单，如《一个士兵

---

① 毛泽东：《如何研究中共党史》（1942年3月30日），载中共中央文献研究室、中央档案馆编：《建党以来重要文献选编（1921—1949）》第19册，中央文献出版社2011年版，第172页。

的故事》《工人的对话》《工会》《共产党人是什么样的人》等。[①]

随着马克思主义思想的传播、党在各地的早期组织先后建立以及工人运动的初步开展，组织全国统一的中国共产党也提上议事日程。1920年11月，党在上海的早期组织通过了第一份《中国共产党宣言》，提出了共产主义者的革命理想、目的和方法。共产主义者的理想是：经济方面，主张将生产工具——机器工厂、原料、土地、交通机关等——收归社会公有，社会共用；政治方面，主张废除现存政权；社会方面，"共产主义者要使社会上只有一个阶级（就是没有阶级）——就是劳动群众的阶级"。共产主义者的目的是要按照共产主义者的理想，创造一个新的社会。斗争的方法即无产阶级以产业组合方式组织的大罢工。[②]

1921年7月，中国共产党第一次全国代表大会在上海和浙江嘉兴举行，来自上海、北京、长沙、武汉、济南、广州以及留日学生七个共产主义小组的13名代表参加会议。会议宣布了中国共产党的成立，通过了中国共产党的纲领，规定了党的奋斗目标、民主集中制的组织原则和党的纪律，通过了当前实际工作的决议，确定了党成立后的中心任务。一大通过《中国共产党第一个纲领》，内容包括：

（1）革命军队必须与无产阶级一起推翻资本家阶级的政权，必须支援工人阶级，直到社会的阶级区分消除为止；

（2）承认无产阶级专政，直到阶级斗争结束，即直到消灭社会的阶级区分；

（3）消灭资本家私有制，没收机器、土地、厂房和半成品等生产资料，归社会公有；

（4）联合第三国际。

这一纲领与之前的《中国共产党宣言》等文件一致，将消灭私有制和阶级

---

① 张太雷：《中国的共产主义运动》（1921年6月10日），载中共中央文献研究室、中央档案馆编：《建党以来重要文献选编（1921—1949）》第1册，中央文献出版社2011年版，第533页。

② 《中国共产党宣言》（1920年11月），载中共中央文献研究室、中央档案馆编：《建党以来重要文献选编（1921—1949）》第1册，中央文献出版社2011年版，第485页。

分化、推翻资产阶级统治、实行无产阶级专政、建立以公有制为基础的共产主义社会作为中国共产党的奋斗目标。这一纲领的提出意味着中国共产党人认定，废除了私有制、终结了阶级压迫的共产主义社会最符合中国人民的根本利益，是长期不懈追求民族复兴、人民幸福的最终结果。以此为旗帜，在不同的革命与建设阶段，中国共产党凝聚起最为坚定的革命力量、团结起最大多数的人民群众，为反对帝国主义、封建主义、官僚资本主义的压迫，为实现以公有制为基础的社会主义改造，为建设富强、民主、文明、和谐、美丽的社会主义现代化中国而持续奋斗，在艰难曲折中不断反思、努力奋进，取得了一个又一个的伟大胜利。

中国共产党的成立是中国历史上开天辟地的大事。共产党人以马克思主义为理论指导，以共产主义社会为奋斗目标，担负起领导无产阶级革命的重任。中国共产党面对帝国主义和中华民族、封建主义和人民大众的两大主要社会矛盾，为了使中国在世界上站立起来，为了使中国人民摆脱贫穷落后的境遇，过上自由、富裕和幸福的生活，并在此基础上实现中华民族的伟大复兴，勇敢地承担起争取民族独立和人民解放、实现国家繁荣富强和人民共同富裕的历史任务。就此而言，为人民谋幸福、为民族谋复兴就是中国共产党社会建设思想的核心，改造旧社会、建设新社会是革命与建设的基本任务，而根本路径就是动员民众。

三、反帝反封建：民主革命与社会建设总体纲领的明确

从中国共产党的成立到大革命时期，中国共产党不断深化对中国社会阶级状况的认识，并结合革命形势的发展变化提出一以贯之但又动态调整的革命纲领与奋斗目标，并贯穿整个新民主主义革命时期。这一时期，中国人民最大的痛苦就是遭受帝国主义、封建主义的剥削和压迫，中国人民最根本的利益诉求就是改变被剥削、被压迫的结构性地位，从而翻身解放、当家作主。就此而言，人民备受压迫就是当时最主要的社会问题，以人民解放为目标的革命就是当时最根本的社会建设。一定意义上，新民主主义革命纲领也是党所主张的社会建

设纲领，一方面民族独立、民权平等、民生改善等革命目标也是总体性的社会建设目标，另一方面革命纲领切实指导了党在不同时期、从局部到全国的社会建设实践。

中共一大确立了共产主义的远大奋斗纲领，但较为简略，尤其是缺乏对于当时形势下革命方向与任务的明确表述。1922 年 7 月，中国共产党第二次全国代表大会在上海举行。会议分析中国经济政治状况，揭示中国社会的半殖民地半封建性质。"各种事实证明，加给中国人民（无论是资产阶级、工人或农人）最大的痛苦的是资本帝国主义和军阀官僚的封建势力。"会议对中国社会各阶级的状况进行分析，认为农民、小资产阶级、民族资产阶级、工人阶级都是革命的力量，工人阶级是革命领袖军，农民则是"革命运动中的最大要素"。会议提出："中国共产党为工人和贫农的目前利益计，引导工人们帮助民主主义的革命运动，使工人和贫农与小资产阶级建立民主主义的联合战线"①，并提出与国民党等团体联合斗争，构建"民主的联合战线"，组织"民主主义大同盟"。在民众动员方面，会议专门通过了关于工会运动、少年运动、妇女运动的决议案，积极组织开展群众运动。《关于共产党的组织章程决议案》提出："我们既然是为无产阶级奋斗的政党，我们便要'到群众中去'，要组成一个大的'群众党'"，并将"党的一切运动都必须深入到广大的群众里面去"作为两个重要原则之一。

中共二大更为重要的意义是明确了党的最低革命纲领，即民主革命纲领。会议提出在当时的历史条件下，党的奋斗目标是：消除内乱，打倒军阀，建设国内和平；推翻国际帝国主义的压迫，达到中华民族完全独立；统一中国为真正的民主共和国。此即党的最低纲领。党的目的是要"组织无产阶级，用阶级斗争的手段，建立劳农专政的政治，铲除私有财产制度，渐次达到一个共产主义的社会"，亦即党的最高纲领。

---

① 《中国共产党第二次全国代表大会宣言》(1922 年 7 月)，载中共中央文献研究室、中央档案馆编：《建党以来重要文献选编（1921—1949）》第 1 册，中央文献出版社 2011 年版，第 120 页。

中共二大所提出的民主革命纲领贯穿整个新民主主义革命时期，尽管在不同阶段根据社会主要矛盾的变化而有所调整，但主旨不变，指引着中国共产党人前仆后继，为打破帝国主义、封建主义对人民大众的残酷压迫格局，为实现纲领中的民族独立、民权平等、民生改善等美好愿景而艰苦奋斗，并在土地革命时期的苏区、抗日战争时期的边区、解放战争时期的解放区根据纲领要求开展局部的社会建设实践，为中华人民共和国的全方位社会建设打下了基础。

不仅如此，中共二大还深化了对于中国国情尤其是社会阶级阶层结构的认识，区分了革命对象和主要的革命力量，尤其是明确提出将贫苦农民作为工人阶级的同盟军，可视为"工农联盟"思想的雏形。同时提出，小资产阶级、民族资产阶级都是革命力量，需要建立各阶级参与的民主主义的联合战线，可视为作为党的三大法宝之一的"统一战线"的前身。此外，大会发出的"到群众中去"、建立"群众党"的号召也显示了党的群众路线的深远渊源。与民主革命纲领相似，工农联盟、联合战线、发动群众的思想同样贯穿整个新民主主义革命时期，并在当时有效促成了国共合作，有力推动了轰轰烈烈的大革命的兴起。

四、"新三民主义"：国共合作的理念共识

中共二大以后，中国共产党按照既定策略，积极推动与国民党的合作。1923 年 6 月在广州举行的中国共产党第三次全国代表大会提出，在资产阶级、无产阶级均不能充分发展的条件下，第一步须推动资产阶级性质的反帝反封建军阀的国民革命。会议提出，无产阶级要"以革命的方法建立真正平民的民权，取得一切政治上的自由及完全的真正的民族独立"。[①] 在这一认识的基础上，中共三大《关于国民运动及国民党问题的决议案》提出，以共产党员个人加入国民党的方式与国民党开展合作，努力扩大国民党的组织，使全中国革命分子集中于国民党。

---

① 《中国共产党党纲草案》(1923 年 6 月)，载中共中央文献研究室、中央档案馆编：《建党以来重要文献选编（1921—1949）》第 1 册，中央文献出版社 2011 年版，第 248 页。

共产党员加入国民党，意味着要认可国民党自身的革命纲领，这一纲领即中国国民党第一次全国代表大会所提出的新三民主义。1924 年 1 月，改组后的国民党一大在广州召开，在事实上确立了联俄、联共、扶助农工的三大革命政策，标志着国共合作正式开启。大会宣言对于孙中山所提出的三民主义作出了新的解释：在民族主义中突出了反对帝国主义的内容，提出民族主义的两方面内容分别是"中国民族之自求解放"和"中国境内各民族一律平等"；在民权主义中强调民主权利应"为一般平民所共有，非少数者所得而私"，民权既有间接民权，又有直接民权，包括选举、创制、复决、罢官各种权利；民生主义则以"平均地权""节制资本"为两大根本原则，前者强调"耕者有其田"，对于缺乏田地的农民"国家当给以土地"，"私人所有土地，由地主估价呈报政府，国家就价征税，并于必要时依报价收买之"，后者的关键则是"使私有资本制度不能操纵国民之生计"，并采取措施改良工人生活、救济工人失业等。大会公布的《国民党之政纲》包括"取消一切不平等的条约""废止厘金及协定关税""恢复全国工会""严定田赋地税的法定额，禁止一切额外的征收，严惩鱼肉农民的土豪"等内容。[①] 除了彻底实现人民权利、八小时工作制和彻底的土地革命纲领等内容之外，新三民主义与中国共产党反帝反封建的最低革命纲领基本一致 [②]，体现了中国共产党维护工农权益的立场，因而成为国共合作的理念基础和国民革命的思想指南。

国民党一大之后，国共两党在政治、军事等方面的合作迅速展开，共产党还发起了国民会议运动，希望国民党能促成国民会议的召开，倡导人民拥护经国民会议成立的临时政府。1925 年 1 月，中国共产党第四次全国代表大会在上海召开，继续坚决贯彻国共合作的方针。此后，从 1925 年的五卅运动到 1926 年的国民革命军誓师北伐，由国共合作所掀起的反帝反封建热潮达到顶峰，工

① 《国民党之政纲（节选）》（1924 年 1 月），载中共中央文献研究室、中央档案馆编：《建党以来重要文献选编（1921—1949）》第 2 册，中央文献出版社 2011 年版，第 2 页。

② 毛泽东：《新民主主义论》（1940 年 1 月），载中共中央文献研究室、中央档案馆编：《建党以来重要文献选编（1921—1949）》第 17 册，中央文献出版社 2011 年版，第 11 页。

农运动也此起彼伏，有力支持了军事斗争。

但另一方面，国民党内部派系林立，真正支持孙中山"新三民主义"主张的左派党员并不占优势，从西山会议派到戴季陶主义，从蒋介石叛变革命到汪精卫发起清共，以国共合作为基础的轰轰烈烈的大革命最终归于失败，国共最终决裂的关键之一在于是否真正贯彻新三民主义尤其是"平均地权""节制资本"的民生主义政策。"平均地权"意在改变土地占有严重不平等的现状，有利于维护广大贫苦农民的根本利益；"节制资本"则一定程度上限制了资产阶级的经营活动，强调改善工人的工作条件和生活状况。因而，民生主义总体上是站在无产阶级和广大劳动者的立场上，维护其经济利益，改善其社会地位，但也因此触动了地主与资本家的利益，遭到地主阶级、资本家及其在国民党内代言人的极力反对，并最终导致了国共合作的破裂。事实上，在国共合作期间，国民党并不积极贯彻"平均地权""节制资本"两大原则，工人运动、农民运动更多是由共产党组织发动。1927 年 4 月，国民党中央拒绝公布土地委员会关于土地制度改良的决议草案，而劳动法的制定也遭遇诸多阻碍。7 月，在反共高潮迭起、国共决裂已成定局之时，中共中央发布宣言，宣告撤回参加国民政府的共产党员，并将继续坚持三民主义三大政策——民族解放、民权政治、民生改善，以及联俄、联共、扶助工农的三大政策。①

概括而言，孙中山先生提出的联俄、联共、扶助农工的新三民主义之所以能够成为国共合作的思想基础，关键在于其能够适应中国当时反帝反封建的社会形势，适合于解决中国当时的社会主要矛盾和重大问题，因而能够凝聚共识，动员广大民众，掀起了新民主主义时期的第一波革命高潮。但由于阶级利益的分化与对立，中国社会不同阶级对于三民主义的主张持不同态度，尤其是旨在扶助农工的"平均地权""节制资本"的民生主义政策激化了阶级矛盾，遭到了既得利益者的极力反对和反扑，最终导致革命共识的破裂和大革命的失败。历史证明，只有中国共产党在新民主主义革命时期坚持贯彻新三民主义的思想主

---

① 《中共中央对政局宣言》(1927 年 7 月 13 日)，载中共中央文献研究室、中央档案馆编：《建党以来重要文献选编（1921—1949）》第 4 册，中央文献出版社 2011 年版，第 333 页。

张，坚决维护工农劳动者的根本利益，由此得到广大人民的支持，保证了革命的胜利。

此外，大革命失败的一个重大教训是中国共产党放弃了对于革命的领导权，无力扭转合作破裂、革命失败的局势。正如瞿秋白在 1927 年 3 月反思党的政策时指出的，党默认了国民党的领导地位，却并未对国民党左派形成强有力的支持，且多与右派妥协，从而放弃了对领导权的争夺。[①] 本质上，革命领导权的问题同样与中国共产党为人民谋幸福的初心密切相关。党的领导地位来自无产阶级最为坚定的革命性，来自对于人民根本利益的维护和人民大众的真心支持。大革命时期，党在领导权问题上存在失误，但这并不是说党失去了工农大众的支持。恰恰相反，中国共产党一直坚决贯彻其"到群众中去"的方针，一直以维护工农利益、争取工农权利为使命，因而自始至终保持着党与工农大众的紧密联系，自始至终得到群众的积极支持。中国共产党在血的教训中当仁不让地承担起新民主主义革命的领导责任，这种领导地位不是自封的，不是伸手要来的，也不是强迫得来的，"而是要在实际利益上、在群众的政治经验上，使群众懂得哪一个党好，跟哪一个党走他们才有出路，这样来实现的"。[②] 反过来，也可以说，中国共产党只有始终保持立党初心，始终维护人民根本利益，始终与人民群众血肉相连，始终最为坚定地推进民族复兴大业，才能更好地担负领导重任。

第二节 社会动员：从工人运动到农民运动

中国共产党作为无产阶级先锋队组织，以维护工人阶级的根本利益为出发

---

① 瞿秋白：《中国革命中之争论问题（节选）》（1927 年 3 月），载中共中央文献研究室、中央档案馆编：《建党以来重要文献选编（1921—1949）》第 4 册，中央文献出版社 2011 年版，第 42 页。

② 毛泽东：《在中央党校第二部开学典礼上的讲话》（1943 年 8 月 8 日），载中共中央文献研究室、中央档案馆编：《建党以来重要文献选编（1921—1949）》第 20 册，中央文献出版社 2011 年版，第 518 页。

点，积极组建工会组织，宣传发动广大劳动者参与到罢工、示威、游行等工人运动中，这成为党成立初期以至大革命时期的主要工作。随着对中国国情认识的不断深化，占人口绝大多数的农民在中国民主革命中的重要性不断提升，中国共产党越来越重视农民问题，逐步开展农民运动，并在大革命后期掀起了农民运动的高潮。坚定维护工农大众的根本利益，是中国共产党能够得到工农大众支持的关键；围绕民众的利益诉求开展组织动员，是中国共产党能够有效开展群众运动的主要原因。这种对广大民众的有效动员，从建党伊始就确立为党的重要工作方针和组织优势，贯穿整个新民主主义革命阶段，并延续至中华人民共和国成立以后。组织民众的方针与党的群众路线相结合，是中国共产党开展革命斗争与社会建设的根本路径。

一、工人运动：利益与观念的双重动员

从建党前后到大革命期间，中国共产党按照马克思主义关于无产阶级革命思想的要求，将组织工人运动作为党的主要工作。对工人的组织动员往往以改变工人的底层悲苦生活为号召，组建具有阶级普遍性的、超越地域和小群体利益的工会组织，开展罢工斗争，逐步启发和塑造无产阶级的阶级意识。与农民阶级相比，工人阶级在国内的数量不是很多，但却是革命性最强、斗争最坚决，因而也是最可依赖的阶级。随着革命形势的发展，党领导的工人运动从罢工斗争演变为武装斗争，以1927年上海工人的三次武装起义和广州苏维埃政府的建立为其高峰。此后，党的工作重心由城市转入农村，由农民运动发展而来的土地革命成为党的中心任务，工人运动在完成其阶段性历史使命后暂时转入低潮。然而，一方面，城市中对于工人的组织工作并未终止，不同时期苏区、边区、解放区的工会组织依然活跃；另一方面，组织动员无产阶级的一系列策略、经验也传承到了农民运动、抗日救国运动、人民民主运动之中，凝练成党的群众路线，发展出统一战线方针，保障了革命与建设的胜利。

建党之前，最早的一批马克思主义者就积极投身到组织、动员工人阶级的实践中。中共一大通过的第一个决议规定，党在当前的"基本任务是成立产业工会”，由于党员人数太少，决定集中精力组织工厂工人。1921 年 8 月，党推动成立中国劳动组合书记部，作为公开开展职工运动的总机关。书记部于 1922 年 5 月在广州召开第一次全国劳动大会，出版《劳动周刊》，举办工人学校，组织产业工会，开展罢工斗争。中共二大提出"组织无产阶级，用阶级斗争的手段，建立劳农专政的政治，铲除私有财产制度，渐次达到一个共产主义的社会"的最高革命纲领，指出工人阶级是革命领袖军，发出"到群众中去"的号召。在党的领导下，香港海员罢工、安源路矿工人罢工、开滦煤矿工人罢工、京汉铁路工人罢工等震动全国的工人运动迭相兴起。在三大召开之前，由中国共产党领导的全国大小罢工 100 余次，参加人数在 30 万人以上。

中共三大作出国共合作的决定，同时强调，"对于工人农民之宣传与组织，是我们特殊的责任；引导工人农民参加国民革命，更是我们的中心工作"。[①] 在中国共产党的积极推动下，国民党一大宣言中强调了民生主义中的"平均地权""节制资本"两大原则，确立了扶助农工的革命政策。国共合作掀起了民众运动的新高潮，从广州沙面工人罢工、五卅运动、省港大罢工，到与北伐战争相配合的各种工农群众运动连绵不断。至 1927 年 1 月，湖南、湖北两省的工会会员发展到 70 万人。在湖南、湖北、江西等省，相继成立省总工会，并组织了武装的工人纠察队。1927 年 3 月 21 日，上海工人成功发动第三次武装起义，次日举行市民代表会议，选举产生上海特别市临时市政府。到大革命失败之前，中国共产党领导的工人队伍数量已达 280 多万。[②]

党对于工人阶级的组织动员是围绕其切身利益展开的，从改变其被剥削、被压迫的悲苦命运开始，将工人普遍地组织起来，参与到罢工等斗争中。《中国劳动组合书记部宣言》中概括了男女工人和童工的悲惨生活，"一班男女劳工在这种新式的生产制度下面的工作情况，简直是和牛马一样"，"还有千万的小孩

---

① 《中国共产党第三次全国代表大会宣言》(1923 年 6 月)，载中共中央文献研究室、中央档案馆编：《建党以来重要文献选编（1921—1949）》第 1 册，中央文献出版社 2011 年版，第 276 页。

② 中共中央党史研究室：《中国共产党的九十年：新民主主义革命时期》，中共党史出版社、党建读物出版社 2016 年版，第 95 页。

子们……他们从极年幼的时候，就变成了本国或外国资本家的富源开发者并变成了资本家的新式奴隶"。① 但劳动者在无组织的情况下，对于自己的命运是无力反抗的。劳动者需要组织起来，但这种组织不是"宁波帮、广东帮、江北帮"等分裂的旧式团体，"只有把一个产业底下的劳动者，不分地域，不分男女老少，都组织起来，做成一个产业组合"，才是有力的团体，才可能改变自身的地位。在江西萍乡安源路矿工人的罢工斗争中，工人喊出"我们要命！我们要饭吃！"的口号，提出改良待遇、增加工资、组织团体——俱乐部的具体要求 ②，都是最为迫切的利益诉求。

尽管工人运动以利益动员为基础，但更根本的应是观念动员，即阶级意识的觉醒，使工人阶级从"自发"走向"自为"。在对湖南劳工组织的一次讲话中，毛泽东提出，"劳动组合的目的，不仅在团结劳动者以罢工的手段取得优益的工资和缩短工作时间，尤在养成阶级的自觉，以全阶级的大同团结，谋全阶级的根本利益"。③ 刘少奇则指出，社会改造首先是"使无产阶级团结起来，养成无产阶级支配社会的潜伏势力"，具体又分为几个步骤：一是"由争得工人直接的利益——加工资——使各个工场的工人团结起来"；二是"由争得工人第二步本身利益——减少工作时间——使各地同产业的工人形成产业的大联合"；三是"以过去奋斗的经验切实教育工人，使工人明了自己阶级在现在及将来社会上的地位，工团终极的目的与达到这个目的的方法，养成极健全的奋斗者，成功无产阶级有方法的支配社会的潜伏势力的大组合" ④。增加工资、减少工作时间都与工人的切身利益相关，而在此基础上针对工人的阶级教育才可以促成

---

① 《中国劳动组合书记部宣言》(1921 年 8 月)，载中共中央文献研究室、中央档案馆编：《建党以来重要文献选编（1921—1949）》第 1 册，中央文献出版社 2011 年版，第 45 页。

② 《萍乡安源路矿工人罢工宣言》(1922 年 9 月 14 日)，载中共中央文献研究室、中央档案馆编：《建党以来重要文献选编（1921—1949）》第 1 册，中央文献出版社 2011 年版，第 183 页。

③ 毛泽东：《所希望于劳工会的》(1921 年 11 月 21 日)，载中共中央文献研究室、中央档案馆编：《建党以来重要文献选编（1921—1949）》第 1 册，中央文献出版社 2011 年版，第 49 页。

④ 刘少奇：《对俱乐部工作的回顾》(1923 年 8 月 20 日)，载中共中央文献研究室、中央档案馆编：《建党以来重要文献选编（1921—1949）》第 1 册，中央文献出版社 2011 年版，第 291 页。

无产阶级更大范围内、更为紧密的团结。

随着革命形势的起伏变化，中国共产党对于无产阶级的革命地位和工人运动作用的认识也在发生改变。国民党一大以后，国共合作深入发展，国内各阶级广泛参与的反帝爱国运动轰轰烈烈地展开，无产阶级在其中的领导地位问题更为凸显。党的第四次全国代表大会强调了无产阶级在民族运动中的领导地位，提出了工农联盟问题，通过了有关职工运动、农民运动、青年运动、妇女运动的决议案，继续积极推动对于革命群众的组织动员工作。1925 年 5 月召开的第二次全国劳动大会提出工人阶级目前最迫切的要求是"加资减时运动、集会、结社、言论、出版自由运动，罢工自由运动，普选运动等"[①]，并不局限于工人自身的利益诉求，而是包括人民大众普遍性的权利诉求。当国共合作出现危机、大革命面临失败危险的时候，中国共产党对于工人运动一度寄予厚望，期望以工人阶级的坚定革命性继续推进革命，彻底实现无产阶级革命的目标。1927 年 4 月底召开的党的第五次全国代表大会提出了职工运动的新方针，要求"极力从政治上经济上向资产阶级勇猛的进攻，一直到要求没收一切银行、矿山、铁路、轮船、大企业、大工厂等归国有的实现"，同时要求职工参加国有产业的生产管理，要求政府实行高度劳工政策、实施社会保险、设立国家商店等，"发展全国一致的政治的经济的总的争斗"。[②]此时党所提出的职工运动目标已不限于资产阶级革命，而是更高层次的无产阶级革命目标了。

概括而言，在整个新民主主义革命时期，基本上只有从 1921 年至 1927 年的这段时间内，工人运动才是中国共产党的工作重心所在，之后党的工作重心由城市转到农村，由农民运动发展而来的土地革命成为党的中心任务。这一战略转变是中国共产党根据对中国国情的深入分析，是从革命实践和血的教训中作出的合理调整，是马克思主义中国化的重要体现。在党对无产阶级进行组织

---

① 《工人阶级与政治争斗的决议案》(1925 年 5 月)，载中共中央文献研究室、中央档案馆编：《建党以来重要文献选编（1921—1949）》第 2 册，中央文献出版社 2011 年版，第 351 页。

② 《职工运动议决案》(1927 年 4 月 27 日—5 月 9 日)，载中共中央文献研究室、中央档案馆编：《建党以来重要文献选编（1921—1949）》第 4 册，中央文献出版社 2011 年版，第 195 页。

动员的过程中，工人的民生利益诉求是首要的切入点，从改善工人待遇、保障工人权利、维护工人利益出发，组建超越地域和小群体利益的现代工会组织，开展罢工斗争，同时在斗争实践中教育工人，激发其阶级意识，在观念共识的基础上实现更大范围内工人阶级的大联合，锻造更加坚定的革命队伍，推动无产阶级革命向前发展。这种利益与观念的双重动员不仅在同时期的农民运动、青年运动、妇女运动上同样有所体现，而且作为组织动员民众的重要经验延续到土地革命、抗日战争、解放战争以至成立中华人民共和国之后的不同阶段，一定意义上也是社会主义中国对民众进行组织管理和深入动员的源头基因。

二、农民运动："耕者有其田"的斗争实践

旧中国是一个农业大国，农民一直是中国人口的主体。没有农村的发展和广大农民在经济社会地位上的改变，为人民谋幸福、为民族谋复兴就难以成为现实。中国早期的马克思主义者是清醒地认识到这一基本国情的，李大钊在建党之前就曾动员学生到农村开展动员工作。中共一大期间，由于党员力量十分有限，故党决定集中精力于工人运动，但组织农民的工作也有进展。1921年9月27日，浙江萧山衙前村召开农民大会，成立了中国第一个新型农民组织。中共二大提出农民、小资产阶级、民族资产阶级、工人阶级都是革命的力量。同期，澎湃在广东海丰县成立了第一个秘密农会。1922年11月，党的有关文件论及农民问题，指出佃农是工人阶级最有力的友军，"中国共产党若离开了农民，便很难成功一个大的群众党"。[①] 中共三大将工人农民并称，强调拥护工人农民的自身利益，并首次通过有关农民问题的专题决议案，表明党将农民运动置于同工人运动、青年运动、妇女运动同等重要的位置。国民党一大通过的新三民主义成为国共合作的共识基础，"平均地权"的民生主义原则得到了共产党

---

① 《中国共产党对于目前实际问题之计划》（1922年11月），载中共中央文献研究室、中央档案馆编：《建党以来重要文献选编（1921—1949）》第1册，中央文献出版社2011年版，第194页。

的积极拥护，并且也主要由共产党人真正贯彻执行。1924 年 7 月，中国共产党领导开办农民运动讲习所，培养了大批农民运动骨干。1925 年 1 月召开的中共四大进一步明确提出工农联盟问题，指出农民"天然是工人阶级之同盟者"，同时提出反封建的任务不仅仅是反对军阀政治，还要"反对封建的经济关系"，这成为农民运动以至土地革命的重要理论依据。1926 年，伴随着国民革命军的北伐进军，工农群众运动进入高潮，4 月召开了第一次全国农民大会。从 1926 年夏到 1927 年 1 月，仅湖南一省的农民协会会员就从 40 万人增加到 200 万人，能直接领导的农村群众增加到 1000 万人。[①] 伴随着大革命的受挫与最终失败，中共五大将土地革命作为革命的主要任务提出，八七会议则进一步反思了农民运动的保守和中央方针的动摇，提出了更为彻底的土地革命目标，并作出发动农民武装暴动的决定。

与大革命时期农民运动的发展相伴随的，是党对于农民问题认识的不断深化，而这种认识的深化又是基于对中国国情和革命实践的深入分析，是将马克思主义基本原理与中国实际紧密结合的产物。1922 年 11 月的文件强调了农民的重要性，但对于农民痛苦根源的分析主要谈到了帝国主义剥削、灾荒兵乱、高利贷等因素，尚未提及地主土地所有制问题，所提议的对策也主要是限制租额运动、限田运动等，即"限制私人地权在若干亩之内，以此等大地主、中等地主限外之地改归耕种该地之佃农所有"[②]。限田运动是一种有限的土地再分配政策，显示出党对于土地革命问题的认识尚待深入。陈独秀于 1923 年 7 月发表的《中国农民问题》是党内较早的系统论述农民问题的文章。文章对农村的阶级状况进行详细分析，初步统计了各类人群的数量比例，提出了对农民进行教育、宣传、组织、运动的具体策略。在农民组织方面，陈独秀提出改造旧有的农会与乡自治公所、组建佃农协会、雇农协会等新型组织，而佃农协会主要的

①　中共中央党史研究室：《中国共产党的九十年：新民主主义革命时期》，中共党史出版社、党建读物出版社 2016 年版，第 78 页。

②　《中国共产党对于目前实际问题之计划》（1922 年 11 月），载中共中央文献研究室、中央档案馆编：《建党以来重要文献选编（1921—1949）》第 1 册，中央文献出版社 2011 年版，第 194 页。

工作任务依然是开展"限田""限租"运动。[①]同年 11 月，在中共第三届第一次中央执行委员会全体会议制定的《国民运动进行计划决议案》中，有关农民运动的看法是，"运动策略以教育及自治入手，以'全农民利益'为号召，如水利、防匪、排洋货、抗苛税等，不宜开始即鼓吹佃农的经济争斗致招中农之反抗"[②]。12 月，陈独秀撰文分析了在当前阶段不适合对农民开展共产的社会革命的原因，认为中国农民运动，"必须国民革命完全成功，然后国内产业勃兴，然后普遍的农业资本化，然后农业的无产阶级发达集中起来，然后农村间才有真的共产的社会革命之需要与可能"。[③] 陈独秀的观点一定程度上代表了党内当时对于农民问题相对保守的认识，尽管共产性质的农村社会革命确实不具备条件，但地主和农民之间在土地占有方面的两极分化、封建地主土地所有制对于农业生产力的束缚同样极为严重。在土地私有基础上，以相对平均化的土地分配为目标，是可能动员广大农民开展反封建斗争的，这也是土地革命时期、解放战争时期共产党领导的土地革命的主要内容。

国共合作正式开展以后，各地遵循"平均地权"的原则推进农民运动。"平均地权"强调"耕者有其田"，由国家对于私人占有、分配不均的土地在一定范围内进行调剂，有利于改善土地占有两极分化的状况，具有民主革命反封建的重要意义。1924 年 5 月，中共中央执行委员会扩大会议通过决议，对农民运动的工作要求首先是在经济利益方面切实减轻农民负担，其次是推进农民自治，"在农民之中宣传选举代表农民机关的主张（乡村自治会）"。此外，从反对封建统治、推动农民自治的角度出发，还要开展"反对土豪劣绅"的斗争，"这种前清官僚的遗孽大半是乡村里实际上的政府"。[④] 1925 年 10 月中共中央执行委员会扩大会议发布的《告农民书》重申了组织农民协会、选举产生乡村自治机

---

① 陈独秀：《中国农民问题》，《前锋》第 1 期（1923 年 7 月 1 日）。

② 《国民运动进行计划决议案》（1923 年 11 月），载中共中央文献研究室、中央档案馆编：《建党以来重要文献选编（1921—1949）》第 1 册，中央文献出版社 2011 年版，第 348 页。

③ 陈独秀：《中国国民革命和社会各阶级》，《前锋》第 2 期（1923 年 12 月 1 日）。

④ 《农民兵士间的工作问题议决案》（1924 年 5 月），载中共中央文献研究室、中央档案馆编：《建党以来重要文献选编（1921—1949）》第 2 册，中央文献出版社 2011 年版，第 75 页。

关、由农民协会与乡村自治机关议定最高租额与最低谷价、反对苛捐杂税及预征钱粮等主张。1926 年 7 月中共中央执行委员会扩大会议通过《农民运动议决案》，提出"全体农民起来反抗贪官污吏劣绅土豪，反抗军阀政府的苛税勒捐"的口号，要求用全体农民联合的口号，团结佃农雇农自耕农与中小地主，使不积极作恶的大地主中立，只攻击极反动的大地主，如成为劣绅土豪者。① 大致而言，在国民革命军北伐之前，农民运动相对来说较为保守，革命对象只集中于极少数大地主，运动内容主要是组建农民自治组织、维护农民经济利益两方面。

随着北伐进军与工农群众运动的高涨，长期从事农民运动的毛泽东最早突破既有的认识，将农民问题提高到"国民革命的中心问题"的高度。农民运动的重要性不仅在于农民阶级数量庞大、占中国人口的绝大多数，而且在于农民是工人阶级的天然同盟军，没有农民的参加和拥护，国民革命就不会成功，更是因为，封建地主阶级是帝国主义、封建主义统治的基础，农民运动本身就是反帝反封建的核心任务。毛泽东指出，"经济落后之半殖民地，外而帝国主义内而统治阶级，对于其地压迫榨取的对象主要是农民，求所以实现其压迫与榨取，则全靠那封建地主阶级给他们以死力的拥护，否则无法行其压榨"。"经济落后之半殖民地的农村封建阶级，乃其国内统治阶级国外帝国主义之唯一坚实的基础，不动摇这个基础，便万万不能动摇这个基础的上层建筑物。"② 就此而言，农民运动不是工人运动的补充，甚至二者也不是同等重要，农村反帝反封建的斗争在当时阶段要比工人运动更为关键。

与此同时，党内有关农民运动的政策主张也更为明确，并逐步呈现出武装化、激进化的特征。1926 年 11 月，中国共产党提出的农民政纲草案中，除了

---

① 《农民运动议决案》（1926 年 7 月），载中共中央文献研究室、中央档案馆编：《建党以来重要文献选编（1921—1949）》第 3 册，中央文献出版社 2011 年版，第 299 页。

② 毛泽东：《国民革命与农民运动——〈农民问题丛刊〉序》（1926 年 9 月 1 日），载中共中央文献研究室、中央档案馆编：《建党以来重要文献选编（1921—1949）》第 3 册，中央文献出版社 2011 年版，第 384 页。

之前的组织农民、减轻负担等政策外，还包括"推翻农村中劣绅的政权，并要由革命的农民建立平民的政权；革命的农民参加县政府组织；武装农民，乡村中一切武装势力受乡村的革命民众政权所指挥；没收大地主、军阀、劣绅及国家、宗祠的土地，归给农民；保证佃户在其所耕种地上有无限期租佃的权利"等①，已经涉及农村政治、经济、军事等多方面的改造。在部分地区的农民运动实践中，也发生了一些过激行动。毛泽东为此专门赴湖南开展了一个多月的调查，并于1927年3月写成《湖南农民运动考察报告》，明确提出需要坚决支持农民运动的意见。《报告》指出，农会的主要攻击目标是土豪劣绅，不法地主，旁及各种宗法思想和制度，城里的贪官污吏，乡村的恶劣习惯，并认为农民运动做成了十四件大事：将农民组织在农会里；政治上打击地主；经济上打击地主；推翻土豪劣绅的封建统治；推翻地主武装，建立农民武装；推翻县官老爷衙门差役的政权；推翻祠堂族长的族权和城隍土地菩萨的神权以至丈夫的男权；普及政治宣传；禁牌、禁赌、禁鸦片等；清匪；废苛捐；开展文化运动，大办夜学；开展合作社运动；修道路，修塘坝。②湖南的农民运动真正"唤起民众"，已经发展成为包括推翻封建统治、建立农民武装、打倒地主阶级、推动文化改造、进行生产合作、开展社会建设等在内的政治、经济、社会、文化、军事、组织等全方位的农村社会改造运动，一定程度上已经具有土地革命时期根据地和苏区开展社会革命与社会建设的雏形。

蒋介石叛变革命以后，1927年4月底召开的中国共产党第五次全国代表大会将土地革命作为当前阶段的主要任务提出，认为"这个时期里革命的主要任务，是除去反动根基，以巩固革命"，而要做这件事，必须执行急进的土地改良政纲和创造乡村的革命民主政权。土地革命即土地问题的急进的解决，是推

① 《中国共产党关于农民政纲草案》（1926年11月4—5日），载中共中央文献研究室、中央档案馆编：《建党以来重要文献选编（1921—1949）》第3册，中央文献出版社2011年版，第442页。

② 毛泽东：《湖南农民运动考察报告》（1927年3月），载中共中央文献研究室、中央档案馆编：《建党以来重要文献选编（1921—1949）》第4册，中央文献出版社2011年版，第109页。

翻封建宗法的革命，无产阶级需要领导农民去实行推翻封建专制主义的斗争。[1]中共五大通过的《土地问题议决案》提出，"必须要在平均享用地权的原则之下，彻底将土地再行分配，方能使土地问题解决，欲实现此步骤必须土地国有"。具体策略包括：没收一切所谓公有的田地以及祠堂、学校、寺庙、外国教堂及农业公司的土地，由土地委员会管理，交给农民耕种；取消地主绅士所有的一切政权及权利，建立农民的乡村自治政府，农民协会并当参加民权的县政府之创造；解除乡村中反动势力的武装，组织农民自卫军；限制重利盘剥，建立国家农业银行及农民的消费、生产、信用合作社，改良水利等。[2]除了社会文化方面的改造举措，湖南农民运动的大部分做法都得到了认可。

在汪精卫的武汉国民政府尚未暴露反共面目之前，中国共产党为了挽救国共合作危局，对于农民运动的发展仍是有所约束的，尤其是在革命对象方面。即使是将土地革命视为革命主要任务的中共五大，也特别提出小地主和革命军人的土地不允许没收，所没收的主要是大地主、土豪劣绅的土地及各类作为公产的土地。湖南农民运动中出现了均分土地、均分财产、逮捕土豪劣绅、罚款、宗教道德革命等相对过激的行动，引起了小资产阶级、小地主尤其是军人的剧烈反对，1927 年 5 月的中央政治局决议称之为"贫农幼稚行动"[3]，并在 6 月初的有关农民运动的中央通告中指出，"均分田地的口号，现在尚不能提出（至于均分财产，则根本上不应当宣传）"。[4]此后的一系列全国农民协会训令或中央通告均持类似的主张，要求纠正农民无组织行动，注意小商人、革命军人等革

① 《政治形势与党的任务议决案》(1927 年 4 月 27 日—5 月 9 日)，载中共中央文献研究室、中央档案馆编：《建党以来重要文献选编（1921—1949）》第 4 册，中央文献出版社 2011 年版，第 176 页。

② 《土地问题议决案》(1927 年 4 月 27 日—5 月 9 日)，载中共中央文献研究室、中央档案馆编：《建党以来重要文献选编（1921—1949）》第 4 册，中央文献出版社 2011 年版，第 186 页。

③ 《对于湖南工农运动的态度》(1927 年 5 月 25 日中共中央政治局决议)，载中共中央文献研究室、中央档案馆编：《建党以来重要文献选编（1921—1949）》第 4 册，中央文献出版社 2011 年版，第 258 页。

④ 《中央通告农字第五号——农运策略》(1927 年 6 月初)，载中共中央文献研究室、中央档案馆编：《建党以来重要文献选编（1921—1949）》第 4 册，中央文献出版社 2011 年版，第 279 页。

命同盟者的利益①，要使小地主、革命军官保持中立②等。7月15日，汪精卫正式"分共"，国共同盟彻底破裂，中国共产党对于农民运动的态度发生了更为激进的转变。中共八七会议反思了党对于工农运动的自我限制，反思之前"共产党对于农民运动指导的摇动不定"，提出以土豪劣绅、一切反革命分子、重利盘剥者为斗争对象，没收大地主、中地主的土地和公产，分给佃农等，小田主则实行减租③，同时决定组织农民暴动。从中共五大到八七会议，中国共产党完成了从农民运动到土地革命的认知转变，标志着大革命阶段的结束与土地革命阶段的开始。此后，党对于土地革命的方针政策根据形势的变化依然不断调整，中共六大将小地主也列为斗争对象，抗日战争时期则暂时中止了消灭地主阶级的政策而改行减租减息，解放战争时期又恢复土地革命方针直至解放后全国土地革命任务的完成。

从组织动员方式的角度来看，对农民的动员与工人运动相似，都是以农民迫切的民生利益需求为切入点，首先体现为一种利益的动员。早期农民运动的主要内容是降低农民的税赋、利息负担，使得农民拒缴各种苛捐杂税，是直接减轻农民经济负担的举措。后期没收公田和土豪劣绅的土地分配给农民，更是坚决维护贫农、佃农根本利益的体现。但利益动员只是第一步的组织动员，类似于启发工人的阶级意识，党非常重视对于农民的教育，关键在于使农民了解其所处的阶级地位以及阶级压迫的根源所在。毛泽东在广州农民运动讲习所授课时指出，工人、农民往往"只知切身的利益，即经济的解放"。"今后的教育，应该以农民之需要而定。这种教育，应该指示各种农民问题之来源及内容。"④

① 《全国农民协会之重要训令——农运新规划五项》（1927年6月7日），载中共中央文献研究室、中央档案馆编：《建党以来重要文献选编（1921—1949）》第4册，中央文献出版社2011年版，第298页。

② 《中央通告农字第八号——农运策略的说明》（1927年6月14日），载中共中央文献研究室、中央档案馆编：《建党以来重要文献选编（1921—1949）》第4册，中央文献出版社2011年版，第317页。

③ 《最近农民斗争的议决案》（1927年8月7日），载中共中央文献研究室、中央档案馆编：《建党以来重要文献选编（1921—1949）》第4册，中央文献出版社2011年版，第441页。

④ 毛泽东：《农村教育》（1926年6月），载中共中央文献研究室、中央档案馆编：《建党以来重要文献选编（1921—1949）》第3册，中央文献出版社2011年版，第236页。

要教育农民，需要将农民团结起来，即组织农民协会。有了具体的农民组织，辅以明确的以经济利益为核心的动员方针，农民的阶级教育就有了充实的基础。

总体而言，大革命时期中国共产党领导的农民运动既是党的群众性的体现，也是在新三民主义尤其是"平均地权"原则指导下主动开展的反帝反封建斗争。党对于农民问题的认识、对于农民运动的定位经历了一个不断深化、调整的过程。从早期陈独秀主张的限田运动到国共合作后的有限度的分田运动，再到后期全方位的农村社会改造运动以至于武装斗争，这种转变是在党对于中国国情的深入分析和对于革命实践的深刻反思的基础上发生的，是党将马克思主义有关阶级压迫的基本原理、反帝反封建的根本任务以及对于革命形势与实践的动态认识相结合，不断推进马克思主义中国化的结果。以毛泽东将农民运动视作"国民革命的中心问题"为起点，以中共五大和八七会议将土地革命作为革命的主要任务为标志，中国新民主主义革命的重心由城市转到农村，从工人运动转向土地革命，中国革命"农村包围城市"的独特道路开始形成，新的革命阶段也正式开启。

三、联合战线：最广大范围内的社会动员

无产阶级是革命性最强、最可依赖的阶级，也是无产阶级革命胜利后的领导阶级；农民阶级是人数最多、力量最强大的阶级，也是工人阶级的天然同盟军。从建党到大革命期间，除了分别针对工人、农民两大阶级的工人运动、农民运动之外，中国共产党还领导了青年运动、妇女运动、少年运动以及更大范围内的反帝爱国运动以及民主运动等。一方面组织针对特定群体、特定诉求的具体斗争，另一方面开展面向全国、代表人民总体利益的社会运动。中国共产党既强调不同运动之间的相互支持配合，也关注不同阶级、不同群体之间的统一战线问题，后者在一定意义上对于中国革命与建设的价值更为重大。

五四运动首次展示了国内不同阶级在联合反对帝国主义斗争中的巨大力量。中国共产党成立以后，由于力量有限，起初只集中精力开展工人运动。但中共二大就明确提出了"联合战线"的问题，要"使工人和贫农与小资产阶级建立

民主主义的联合战线"，并提出要与国民党等团体联合斗争，构建"民主的联合战线"，组织"民主主义大同盟"。中共三大正式提出推动国共合作，并以国民党一大的召开为标志，共产党员同样在新三民主义的旗帜下推进革命事业。中共四大提出工农联盟问题，认为农民"天然是工人阶级之同盟者"。五卅运动期间，中国共产党领导的工人阶级走在斗争的最前列，掀起了全国人民的反帝爱国热潮。1925 年 12 月，毛泽东在《中国社会各阶级的分析》一文中，提出了"谁是我们的敌人？谁是我们的朋友？"这一革命的首要问题，明确了联合所有革命力量、集中打击少数敌人的战略思路。大革命时期，国民党右派及反动派不断挑起反共事端，中国共产党多次以合作大局为重，一定程度上对工人运动、农民运动进行自我限制，以争取最大可能团结大多数革命力量。尽管由于反动派的力量过于强大、党自身也犯了右倾机会主义错误，国共合作最终破裂，大革命归于失败，但中国共产党追求建立统一战线的思想和努力是正确的。这一战略思想也延续到之后新民主主义革命的各个阶段以至中华人民共和国成立后，成为中国共产党克敌制胜的三大法宝之一。

从联合战线到后来的统一战线，中国共产党的这一思想首先来自马克思主义有关人民主体的历史唯物论，同时也是党作为"群众党"之性质的体现。中国共产党谋求全体人民之幸福、谋求中华民族之复兴，必须要"唤起民众"，动员全国人民的伟大力量共同努力。统一战线的思想在不同时期一脉相承，但团结范围和组织方式则根据社会主要矛盾和国内外形势的变化而变化。抗日战争期间，毛泽东回顾了中国共产党二十多年的历史，认为五四运动已经显示了统一战线的雏形，而党所领导的各个阶段革命也都有建立统一战线的努力。① 统一战线思想在新民主主义革命时期发展起来，不仅是各阶段革命胜利的重要保障，也是根据地、苏区、边区以至解放区社会建设成效不断巩固的保障。从抗日民族统一战线到人民民主统一战线，再到中华人民共和国成立后以至今天的

---

① 毛泽东：《如何研究中共党史》（1942 年 3 月 30 日），载中共中央文献研究室、中央档案馆编：《建党以来重要文献选编（1921—1949）》第 19 册，中央文献出版社 2011 年版，第 172 页。

爱国统一战线，这一思想是中国共产党以最大共识凝聚人心、在最大范围内团结中国社会的长期实践的结晶，是党的社会建设思想的重要组成部分。

第三节　土地革命时期党的社会建设思想与实践

1927 年至 1937 年的土地革命时期，中国共产党在深刻反思大革命失败教训的基础上，走上开辟革命根据地、开展军事斗争的"农村包围城市、武装夺取政权"的新道路，独立承担起领导中国新民主主义革命的重任。在这一时期，中国共产党尝试过在大城市举行武装起义，但终告失败。毛泽东领导创建了井冈山革命根据地，以星星之火掀起燎原之势，全国先后建立了十多个农村革命根据地，并于 1931 年 11 月成立了中华苏维埃共和国。苏维埃政权的建立使中国共产党有机会贯彻实施自建党以来就一直主张的有关社会革命与建设的一系列方针政策。这一时期，党的社会建设思想也延续大革命时期的思想脉络并有所发展，苏区的土地革命与社会建设实践反映了维护人民根本利益的立党初心思想、追求人人权利平等的人民民主思想和以民生诉求为本的社会动员思想，尤其是密切联系群众、紧紧依靠人民的群众路线思想在土地革命时期更为成熟，而联合一切抗日力量的统一战线思想也逐渐成形，最终以抗日民族统一战线的方式为中华民族取得抗日战争的伟大胜利提供了根本保障。

一、土地革命与国家建设：苏维埃的总体社会改造

大革命失败后，中国共产党领导发动了南昌起义、秋收起义、广州起义等多次武装起义反抗国民党反动统治，部分地区建立了苏维埃政权，为各地革命根据地的创建打下了基础。1927 年 11 月中旬，澎湃领导建立了海丰、陆丰两县的苏维埃政府。12 月 11 日，张太雷、叶挺等领导发动广州起义，随后成立广州苏维埃政府，被誉为中国的"巴黎公社"。此后至 1928 年间，广东、江西、湖南、福建、陕西等地纷纷通过武装起义建立起苏维埃政权，在农村革命根据

地内开启了将党的革命主张进行贯彻落实的实践探索。中华苏维埃共和国建立以后，中央苏区颁布一系列法规条例，在政治、经济、社会、文化等各个方面推进总体性的社会改造，为抗日战争时期延安边区政府乃至中华人民共和国的经济社会建设积累了宝贵经验。

1927年12月成立的广州苏维埃政府是中国共产党在大城市领导建立的第一个苏维埃政权，尽管存在时间很短，但意义重大。广州苏维埃政府成立以后，提出"打倒帝国主义""打倒军阀""镇压地主豪绅"的政治纲领，平民行政委员会立刻实现工人阶级及农民的政治经济要求，反对剥削者的复辟。对于工人阶级，实行八小时工作制，对于手工小企业的工人也规定工作时间，由国家照原薪津贴失业工人，一切工人都增加工资；对于农民，宣布一切土地收归国有，完全由农民耕种，杀尽一切土豪劣绅，销毁一切田契租约债券，消灭一切田界，各村各区即日成立苏维埃政权；对于一般劳动民众以及小资产阶级城市贫民，公布没收资产阶级的房屋给贫民住，没收其财产救济贫民，对于贫民取消一切税捐，取消一切债务，取消一切房租，全市房屋收归市有，没收一切当铺，将贫民的质物无价发还；对于兵士，宣布国有的土地分给兵士失业人民自由耕种，组织兵士委员会。[①] 广州苏维埃针对工农劳动者颁布的系列政策是大革命时期党的革命与建设纲领的具体贯彻，具有无产阶级革命的性质。广州起义的失败使党意识到在当时敌我力量悬殊的情况下，不可能通过进攻大城市来夺取革命的胜利，建立苏维埃政权、全面推行革命政纲的希望寄托在了农村根据地上。

1928年6月召开的中国共产党第六次全国代表大会提出党的总路线是争取群众，党的中心工作不是组织暴动，而是做艰苦的群众工作，积蓄力量。中共六大指出，当前革命的两大任务是推翻帝国主义及土地革命，"彻底的平民式的推翻地主阶级私有土地的制度，实行土地革命，中国的农民（小私有者）要将

---

① 《广州暴动之意义与教训》（1928年1月3日中共中央临时政治局会议通过的议决案），载中共中央文献研究室、中央档案馆编，《建党以来重要文献选编（1921—1949）》第5册，中央文献出版社2011年版，第1页。

土地制度之中的一切半封建束缚完全摧毁"。① 同时，还要力争建立工农兵代表会议（苏维埃）的政权。中共六大延续了五大、八七会议将土地革命作为当前革命主要任务的思想。这一时期，全国各地的农村革命根据地都将土地革命作为中心工作推进，以此动员广大农民参与、支持革命斗争。在井冈山革命根据地，1928 年 5 月至 7 月，边界各县掀起了分田高潮，并于年底颁布了《井冈山土地法》。根据地广大贫苦农民在土地革命中分得了土地，踊跃参军，从多方面支持革命战争。到 1930 年夏，全国已建立十几块农村革命根据地，红军发展到约 7 万人，连同地方武装共约 10 万人。②

旨在消灭地主土地所有制，实现"耕者有其田"的土地革命，是中国共产党在农村进行的最重大的社会变革。土地革命战略的提出是党将马克思主义基本原理与中国国情相结合、推进马克思主义中国化的结果，其主要根据在于党对中国农村各阶级的土地占有状况的了解与分析。建党至大革命期间，陈独秀、瞿秋白、毛泽东等领导者都对农民问题有所思考，但在不同时期得出了不同的结论，总体上体现了理论认识的不断深化。对于中国农村土地占有的不平等问题，由 20 世纪 30 年代前期广东省的情况可见一斑。根据陈瀚笙的调查，广东约三分之一的农户每户拥有的土地不到五亩，将近半数的农户完全没有土地，地主则占有 60% 以上的耕地。广东 35% 的耕地是族田和其他各种公田，但这种族田制度只是加强了地主等垄断者的地位。通常用谷物偿付的地租，要占全部收成的 50%—57%。此外，在全省各个地区，60%—90% 的农户有高利贷的负债。③ 中共六大通过的《土地问题议决案》指出，土地革命的必要性正在于土地集中程度严重，"中国农民之中至少有四分之三是无地的农民和地少的农民"。由于"物产地租"现象普遍存在，地主阶级的中小地主比大地主更占优势，而

① 《政治议决案》(1928 年 7 月 9 日)，载中共中央文献研究室、中央档案馆编：《建党以来重要文献选编（1921—1949）》第 5 册，中央文献出版社 2011 年版，第 374 页。

② 中共中央党史研究室：《中国共产党的九十年：新民主主义革命时期》，中共党史出版社、党建读物出版社 2016 年版，第 124 页。

③ 陈瀚笙：《解放前的地主与农民——华南农村危机研究》，冯峰译，中国社会科学出版社 1984 年版，第 2—3 页。

小地主对农民的剥削尤为严重。中国资产阶级式的土地所有方式和半封建式的剥削农民的方式互相勾结，中国农业因此而衰落，农民由此破产，无法实行"重复生产"，以至不能生存。[①] 毛泽东的兴国调查了解到，一方面地主、富农以百分之六的人口占有土地百分之八十，一方面中农、贫农以百分之八十的人口仅占有土地百分之二十。[②] 因此，只有实行土地革命，才能根本改变广大无地少地农民被剥削、被压迫的命运，才能解放农业生产力，推动农村发展。

这一时期的土地革命政策，根据形势的变化亦有调整。井冈山时期，毛泽东起草的土地法规定"没收一切土地归苏维埃政府所有"，主要分配给农民个别耕种，并禁止买卖；分配原则主要是"以人口为标准，男女老幼平均分配"；征收 15％的土地税，遇天灾则免交。[③] 1929 年 4 月，毛泽东主持制定《兴国县土地法》，将《井冈山土地法》中规定的"没收一切土地"改为"没收一切公共土地及地主阶级的土地"。1930 年颁布的《苏维埃土地法》则规定"没收一切私人的或团体的——豪绅、地主、祠堂、庙宇、会社、富农——田地、山林、池塘、房屋，归苏维埃政府公有，分配给无地、少地的农民及其他需要的贫民使用"[④]，富农的土地也在没收之列。经过持续探索，党领导土地革命的路线、政策和方法最终确定为：依靠贫农、雇农，联合中农，限制富农，消灭地主阶级，变封建土地所有制为农民土地所有制；以乡为单位，按人口平均分配土地，在原耕地基础上，抽多补少，抽肥补瘦等。

延续大革命时期湖南农民运动的传统，苏区的土地革命不仅是重新分配土地、减轻农民经济负担，而且也是农村社会全方位、总体性的社会变革。但与

---

① 《土地问题议决案》(1928 年 7 月 9 日)，载中共中央文献研究室、中央档案馆编：《建党以来重要文献选编（1921—1949）》第 5 册，中央文献出版社 2011 年版，第 403 页。

② 毛泽东：《关于农村调查》(1941 年 9 月 13 日)，载中共中央文献研究室、中央档案馆编：《建党以来重要文献选编（1921—1949）》第 18 册，中央文献出版社 2011 年版，第 601 页。

③ 毛泽东：《井冈山土地法》(1928 年 12 月)，载中共中央文献研究室、中央档案馆编：《建党以来重要文献选编（1921—1949）》第 5 册，中央文献出版社 2011 年版，第 814 页。

④ 《苏维埃土地法》(1930 年中国革命军事委员会颁布)，载中共中央文献研究室、中央档案馆编：《建党以来重要文献选编（1921—1949）》第 7 册，中央文献出版社 2011 年版，第 759 页。

湖南农民运动"一切权力归农会"不同，土地革命时期的农村总体性社会变革是在苏维埃政权的推动下开展的。从根据地的地方性苏维埃到中华全国苏维埃的成立，这种总体社会变革的范围与领域不断拓展，已经具有新民主主义国家建设的雏形。

1930年5月，中国共产党中央提出，中国工农兵会议第一次全国代表大会中准委员会全体会议通过《中华苏维埃共和国国家根本法（宪法）大纲草案》。《草案》提出苏维埃国家根本法的各项最大原则，包括：实现代表广大民众真正的民权主义，保障劳动群众的一切自由与平等；真正实现劳动群众自己的政权，使政治的权力握在最大多数工农群众自己手里；彻底地实行妇女解放，实行各种保护女性和母性的办法，保障青年的一切权利和教育；彻底地承认并且实行民族自决，帮助弱小民族发展其文化与经济；推翻帝国主义对于中国的统治，争取并且确立中国经济上政治上真正的解放；实行工农民权的革命独裁；彻底拥护工人利益，实行土地革命，消灭一切封建残余，坚决执行八小时工作制及劳动保护法等。①

1931年11月，中华苏维埃第一次全国代表大会在瑞金召开，宣布成立中华苏维埃共和国临时中央政府。大会通过的《中华苏维埃共和国宪法大纲》规定，"建设的是工人和农民的民主专政的国家"。在苏维埃政权领域内的工人、农民、红军兵士及一切劳苦群众和他们的家属，不分男女、种族、宗教，"在苏维埃法律前一律平等，皆为苏维埃共和国的公民"。在工人阶级利益保护方面，"制定劳动法，宣布八小时工作制，规定最低限度的工资标准，创立社会保险制度与国家的失业津贴，并宣布工人有监督生产之权"。对于农民阶级来说，主要是颁布土地法，重新分配土地，"并以实现土地国有为目的"。在经济方面，中国苏维埃政权"以保障工农利益，限制资本主义的发展，更使劳苦群众脱离资本主义的剥削，走向社会主义制度去为目的"，取消一切苛捐杂税，征收统一的

---

① 《中华苏维埃共和国国家根本法（宪法）大纲草案》（1930年5月），载中共中央文献研究室、中央档案馆编：《建党以来重要文献选编（1921—1949）》第7册，中央文献出版社2011年版，第222页。

累进税，严厉镇压中外资本家的怠工和破坏阴谋，采取一切有利于工农群众走向社会主义去的经济政策。在民众权利方面，保证工农劳苦民众有言论、出版、集会、结社的自由，主张工人农民的民主，去除反动社会束缚劳动者和农民自由的一切障碍；彻底实行妇女解放，承认婚姻自由；施行完全免费的普及教育，保障青年劳动群众的一切权利；保证信教自由等。此外，《宪法大纲》还提出了反对帝国主义压迫、实行普遍的兵役制度、承认少数民族的民族自决权等相关内容。[1]

从 1921 年建党开始，中国共产党一直以谋求人民幸福和民族复兴为己任，在历届党代会上，在有关时局的多次声明中，党对于反帝反封建的革命纲领、对于未来理想社会的美好图景、对于维护工人、农民及人民大众平等权利与核心利益的政策主张从来都是公开宣告，且基本原则和主要内容也一以贯之、初心不改。经过艰苦的武装斗争，随着革命根据地的发展和中华苏维埃共和国的成立，中国共产党拥有了将理想图景变为现实、将政策主张付诸实践的机会，这种涉及政治、经济、社会、文化等各方面的全方位的总体社会改造实践为党检验其方针政策、在更大范围内动员民众、以社会建设支持武装斗争提供了宝贵经验。

二、民权与民生：苏区的社会建设实践

尽管长期处于反"围剿"的战争环境之中，苏维埃区域的社会建设实践还是在许多方面取得了值得称道的成就。同时，苏区的社会建设成就也有力地支持了红军的武装斗争。苏维埃政权的最大问题是生存和壮大自身，其首要任务是取得对敌斗争的全国性胜利，一定意义上，苏区实施的各种政策是服务于武装斗争这一首要任务的。以苏区开展的拥军优属工作为例，围绕这一方面所实施的相关政策包括：将红军战士的社会地位提高到最光荣的标准，给予红军战

---

① 《中华苏维埃共和国宪法大纲》（1931 年 11 月 7 日中华苏维埃第一次全国代表大会通过），载中共中央文献研究室、中央档案馆编：《建党以来重要文献选编（1921—1949）》第 8 册，中央文献出版社 2011 年版，第 649 页。

士各种精神上与物质上的待遇，给外籍红军分配土地并发动群众替他们耕种，帮助红军家属耕种土地，消费合作社对于红军家属给予优惠，为红军家属开办专门的日用品商店，将国家企业与合作社 10% 的盈利供给红军家属，号召群众为红军家属的疾病困难募捐，号召群众对于红军战士及其家属给予精神上、物质上的慰问等。所有这些政策方法，"是保证红军踊跃的上前线去及巩固其在前线上的战斗决心的必要与重要的步骤"。①

《中华苏维埃共和国宪法大纲》规定了苏区在政治、经济、社会、文化、外交、军事、民族、宗教等各方面全方位的建设任务。新民主主义革命时期，社会建设的核心内容是保障人民权利、改善人民生活。从保障民权、改善民生的角度出发，苏区在社会建设方面的实践主要涉及劳动保护、土地分配、民主选举、男女平等、文化教育等方面。

在工人的劳动保护方面，1931 年 11 月中华苏维埃第一次全国代表大会通过《中华苏维埃共和国劳动法》，涉及雇佣手续、集体合同和劳动合同、工作时间、休息时间、工资、女工、青工及童工、劳动保护、工会组织、社会保险等内容，详细规定了工人的一系列劳动保护政策。具体的实践做法包括：实行八小时工作制，订立劳动合同和集体合同；普遍建立劳动检查所与检查员，检查雇主是否有违背苏维埃劳动法的行为；设立专门的劳动法庭，裁制雇主犯法行为；由苏维埃垄断劳动介绍权，设立劳动介绍所，资本家请工必须通过劳动介绍所；推广设立失业救济机关；农村工人分配土地；确立社会保险制度；保护女工，实行同工同酬、产前产后休息，禁止 14 岁以下童工；保护学徒，缩短其年限，增加其待遇，扫除对学徒的封建压迫。在苏区，95% 的工人加入了工会，工人工资也在革命后普遍得到提高。②

对于农民来说，最重要的政策是土地重新分配，获益最大的是贫农、雇农。毛泽东在《兴国调查》中列举了贫农在土地革命中所获得的诸多利益：根本利

———————

①② 毛泽东：《在第二次全国苏维埃代表大会上的报告》（1934 年 1 月 24 日—25 日），载中共中央文献研究室、中央档案馆编：《建党以来重要文献选编（1921—1949）》第 11 册，中央文献出版社 2011 年版，第 87 页。

益是分了田，同时还分了山，分了地主及反革命富农的谷子；旧债一概不还；吃米便宜，可以吃肉，牛价也便宜了；可以娶亲，家人过世不需要用钱，取消了应酬、迷信的费用；没有了烟赌和盗贼；主要是取得了政权。① 分田之后，农民的负担大大减轻，广大贫苦农民的生活大大改善。

在民主政权建设方面，苏区实行工农兵代表大会制度，分为乡（市）、区、县、省和全国五级。各级苏维埃政府广泛吸收工农群众参加政权管理，行使当家作主的权利。从 1931 年 11 月到 1934 年 1 月，中央苏区进行了三次民主选举。许多地方参加选举的人占选民总数的 80％以上，一些地方达到了 90％以上。妇女享有与男子平等的权利，在代表中一般占 20％以上。② 选举时，为保证无产阶级的领导，工人及其家属一般十三人选举代表一人，农民及贫民约五十人选举代表一人。通常以居民 30—70 人置于一个代表的领导下，代表会议组织各种委员会，如优待红军委员会、水利委员会、教育委员会、粮食委员会、卫生委员会等，吸引群众积极分子参加其工作。给予一切革命民众以完全的集会、结社、言论、出版与罢工自由。重新划分行政区域，改小了从省到乡各级苏维埃的管辖范围，"这是使苏维埃密切接近于民众，使苏维埃因管辖地方不大得以周知民众的要求，使民众的意见迅速反映到苏维埃来，迅速得到讨论与解决，使动员民众为了战争为了苏维埃建设成为十分的便利"。③ 概言之，苏区采取了限制代表范围、促进群众参与、缩小行政边界等诸多有效举措，着力推动人民民主，切实保障了工农大众在选举、监督、参与等方面的民主权利。

在推动男女平等、保障妇女权益方面，中共中央于 1930 年 11 月发布《苏区妇女工作计划》，提出"废除和毁灭旧社会的法令，反对封建家庭的压迫与剥削的关系，保障劳动妇女在政治上参加政权——选举权及被选举权，在经济上经济

---

① 中共中央党史研究室：《中国共产党的九十年：新民主主义革命时期》，中共党史出版社、党建读物出版社 2016 年版，第 138 页。

② 同上书，第 138—139 页。

③ 毛泽东：《在第二次全国苏维埃代表大会上的报告》（1934 年 1 月 24 日—25 日），载中共中央文献研究室、中央档案馆编：《建党以来重要文献选编（1921—1949）》第 11 册，中央文献出版社 2011 年版，第 87 页。

独立，得到土地权；在法律上男女平等得到公民权，在婚姻上得到男女婚姻自由权；在劳动法上得到女工保护法以及一切母性的保护，设立儿童院等"①，保障妇女各方面的平等权利。1931年11月，中央执行委员会颁布苏维埃婚姻条例，确立结婚与离婚的完全自由，废除包办强迫买卖的婚姻制度，禁止蓄带童养媳。总体上，以上主张在实践中都得到一定程度的贯彻，支持妇女参加政权，经常按月召集农妇女工代表会议，女性政治教育水平和文化程度也有所提高。

苏区还特别注重文化教育事业的发展，提高群众文化水平。根据地普遍建立了各种夜校、半日制学校、补习学校或识字班，扫除文盲。创办了马克思共产主义学校、列宁师范学校、中央农业学校、高尔基戏剧学校等。根据中华苏维埃共和国江西、福建、粤赣三省统计，在2932个乡中，有列宁小学3052所，学生89710人，有补习夜学6462所，学生94517人；江西、粤赣两省的识字组有32388组，组员155371人，有俱乐部1656个，工作人员49668人。在江西兴国县，学龄儿童总数20969人，其中进入列宁小学的12806人，入学比例约60%。在乡村设立识字运动委员会，兴国县有130个乡的识字运动总会，561个村的识字运动分会，3387个识字小组，组员22519人。在文化宣传方面，中央苏区有大小报纸34种，其中，《红色中华》发行4万份，《青年实话》发行28000份，《斗争》发行27100份，《红星》发行17300份。文化艺术方面，设有工农剧社，并开展蓝衫团运动、农村的俱乐部运动等。苏维埃文化建设的中心任务是，"厉行全部的义务教育，发展广泛的社会教育，努力扫除文盲，创造大批领导斗争的高级干部"；苏维埃文化教育的总方针则"在于以共产主义的精神教育广大的劳苦民众，在于使文化教育为革命战争与阶级斗争服务，在于使教育与劳动联系起来"。②即使在艰苦的战争条件下，苏区的文化教育事业依

---

① 《中共中央关于苏区妇女工作计划》（1930年11月28日），载中共中央文献研究室、中央档案馆编：《建党以来重要文献选编（1921—1949）》第7册，中央文献出版社2011年版，第699页。

② 毛泽东：《在第二次全国苏维埃代表大会上的报告》（1934年1月24日—25日），载中共中央文献研究室、中央档案馆编：《建党以来重要文献选编（1921—1949）》第11册，中央文献出版社2011年版，第87页。

然取得了很大进步。

苏区的社会建设实践是党主动贯彻执行新民主主义革命纲领的体现。对照以"新三民主义",苏区的社会建设实践主要反映了民权主义、民生主义两大思想。在民权主义方面,除了地主阶级等革命专政对象,苏区工农大众不分男女,普遍平等地享有选举、参政、监督等政治权利和劳动、教育、保障等经济社会权利;在民生主义方面,"节制资本""平均地权"两大原则都得到了彻底的执行,工人的工资有所提升,农民的生活大大改善,人民的文化教育生活日益丰富。对于土地革命时期的首要任务——武装斗争而言,苏区以保障民权、改善民生为主要内容的社会建设还具有社会动员的重要意义。无数翻身解放的工农大众投身军事斗争与苏区建设,为革命发展提供了源源不绝的动力。苏区各方面的社会建设实践作为一种制度经验延续到了抗日战争、解放战争以至中华人民共和国成立后的不同时期,并根据社会主要矛盾和国内外形势的变化有所调整,很好地发挥了动员民众、支持革命的积极作用。

三、以民为本:党的群众路线的持续发展

秉持着为人民谋幸福的初心,中国共产党一直将人民大众视为自身最根本的力量来源,群众工作是党的基本工作。中共二大提出"到群众中去"的号召;国共合作期间,党将主要精力用于组织动员工农大众参与革命,并根据形势的变化和农民的需求实事求是地将工作重心转移到土地革命方面。在更为艰苦的武装斗争时期,党需要更加紧密地联系群众,需要更加充分地依靠群众,也需要更为有效地动员群众。1928年7月召开的中共六大指出,"党的总路线是争取群众,党要用一切力量去加紧团结收集统一无产阶级的群众,使他们围绕党的主要口号,做极巨大的组织工作,以巩固革命工会、农民协会,尽可能地领导日常经济政治斗争,以发展工农群众组织"。[①]同年12月发布的一份中央通

---

① 《政治议决案》(1928年7月9日),载中共中央文献研究室、中央档案馆编:《建党以来重要文献选编(1921—1949)》第5册,中央文献出版社2011年版,第374页。

告提出，首要的工作是"党必须坚守'深入群众'的口号，指导每个党员俱能从群众生活中、群众斗争中锻炼出来，健强他的阶级意识和对革命的信念，使党真正生长在群众中而不是架空和脱离群众的组织"。[1] 在此背景下，党开展群众工作的重要性更加突出，党的群众路线思想也得到持续发展。

党的群众工作需要建立正确的党与群众组织之间的关系，要谨防"党管一切"。党与群众组织是需要划清界限的，如果混杂不清，既不利于党的领导，也不利于群众组织的发展和发挥作用。"工会、农会苏维埃是群众的组织，党只能在其中起党团的作用而不能混淆"，"党与群众组织的划分，使着群众组织有更大的普及群众的可能，而党只吸收其中之先进的分子以提高党的质量"。[2] 周恩来则在一封信中批评了"党管一切"的口号，认为"如将此口号放在群众中、群众组织中宣传，则必与国民党的'以党治国'的精神无异，必阻碍了群众自己建立政权的决心，而认党尤其是红军，是天外飞来的'救苦观音'"。[3]

对群众的宣传动员需要从群众的迫切要求着手，要充分尊重群众的需求和意见。一份中共中央决议提出，"党要实现动员广大群众的任务，必须坚决的领导群众的日常斗争，提出群众一切迫切要求的口号，反对捐税、反对民团、反对高利贷，减租、抗租、借粮、分粮、改良待遇、增加工资、反对拉夫拉车、反对摊派军饷等，来发动一切被剥削压迫的群众的斗争"。[4] 开展城市贫民运动须宣传贫民的痛苦生活，将"要饭吃""要工作""反对高抬物价""反抗苛捐杂

① 《中央通告第二十一号——关于党员自首与叛变》（1928 年 12 月 4 日），载中共中央文献研究室、中央档案馆编：《建党以来重要文献选编（1921—1949）》第 5 册，中央文献出版社 2011 年版，第 789 页。

② 《中共中央关于湖北问题决议案》（1929 年 4 月 24 日），载中共中央文献研究室、中央档案馆编：《建党以来重要文献选编（1921—1949）》第 6 册，中央文献出版社 2011 年版，第 157 页。

③ 《中共中央给红四军前委的指示信》（1929 年 8 月 21 日），载中共中央文献研究室、中央档案馆编：《建党以来重要文献选编（1921—1949）》第 6 册，中央文献出版社 2011 年版，第 391 页。

④ 《中共中央关于接受共产国际对于农民问题之指示的决议》（1929 年 8 月），载中共中央文献研究室、中央档案馆编：《建党以来重要文献选编（1921—1949）》第 6 册，中央文献出版社 2011 年版，第 425 页。

税""反对警察巡捕打人""要自由"等作为动员贫民群众的中心口号。[①] 1931年春，毛泽东注意到分田后的农民并不积极开展春耕的问题，发现原因在于耕地没有分定，土地归苏维埃所有，农民只有使用权，因而积极性不高。他为此提出，必须明确"过去分好了的田即算分定，得田的人，即由他管所分得的田，这田由他私有，别人不得侵犯"。毛泽东提出，这不是恢复地主制度，而是"民权革命时代应该有的过程"，"共产主义不是一天做得起来的"。[②] 这一意见承认了农民土地私人所有，是充分尊重群众需求和意见而作出的实事求是的决定。

民生是动员之本，只有切实解决群众的实际生活问题，才可能获得群众的支持。1934年1月，毛泽东撰文指出，如果只是动员人民进行战争，却不做其他工作，就不能达到战胜敌人的目的。从分土地给农民到发展农业生产，从保障工人的利益到发展对外贸易，包括解决"群众的穿衣问题，吃饭问题，住房问题，柴米油盐问题，疾病卫生问题，婚姻问题"，"一切群众的实际生活问题，都是我们应当注意的问题"。只有解决了这些问题、满足了群众需要，只有关心群众的痛痒，"真心实意地为群众谋利益"，党才能够真正成为群众生活的组织者，"群众就会真正围绕在我们的周围，热烈地拥护我们"。[③] 进而，就需要反对官僚主义的工作方法，抛弃命令主义的工作方法。

官僚主义是开展群众工作的大敌，走群众路线一定要坚决反对官僚主义。1932年11月，中央人民委员会通过一项紧急决议，主旨即反对官僚主义作风。决议提出，"官僚主义是脱离群众，破坏苏维埃与群众的关系，对于苏维埃胜利和发展有莫大危害。照例敷衍、强迫命令是官僚主义的重要表现，这是苏维埃政府中绝对不允许出现的"。"苏维埃的工作作风是群众化、实际化、组织

① 《中央通告第七十七号——关于城市贫民运动》（1930年5月21日），载中共中央文献研究室、中央档案馆编：《建党以来重要文献选编（1921—1949）》第7册，中央文献出版社2011年版，第202页。

② 毛泽东：《关于加强春耕工作的意见》（1931年2月28日），载中共中央文献研究室、中央档案馆编：《建党以来重要文献选编（1921—1949）》第8册，中央文献出版社2011年版，第90页。

③ 毛泽东：《关心群众生活，注意工作方法》（1934年1月27日），载中共中央文献研究室、中央档案馆编：《建党以来重要文献选编（1921—1949）》第11册，中央文献出版社2011年版，第149页。

化、纪律化，是具有艰苦斗争的坚忍性，一切脱离群众的办法都是官僚主义的作风。"反对官僚主义，需要将"一切工作要建筑在动员群众的基础上"，需要"不单靠命令，主要还是依靠提高群众阶级觉悟与热情，来拥护法令的实施"，需要"运用苏维埃各种组织以及一切群众团体来发动群众"，需要使"每一个决定要合于实际能够实行"，执行命令"要注意发动群众的方法，同时要注意群众中的意见"，不要随便发文件，不要随便开会，要使"每一个政治鼓动必要适合群众的要求，联系群众本身的利益"等。① 决议详细罗列了官僚主义的表现和开展群众工作的方法，亦可视为对群众路线思想的总结。刘少奇同样表达了反对官僚主义的立场，认为"民主的工作方式，是群众工作的基本方式"。"我们只用说服群众的方法使群众自愿的接受党的政治主张，而绝不采用强迫的手段压迫群众依照党的方向行动。"② 只有尊重群众、依靠群众，才能和群众打成一片，才能获得群众对党的信任和尊重。

群众路线思想还有其马克思列宁主义的思想渊源，与人民群众保持紧密联系是布尔什维克政党区别于其他政党的根本标志。列宁在联共十一次党大会上提出，"在群众之中，共产党不过如汪洋大海中的一滴，所以除非我们正确地代表群众的意识，我们就不能管理"。斯大林也指出，"党必须天天得到无产阶级群众的信仰，党的策略，党的行动，必须得到群众的拥护。党不应命令群众，而要说服群众，帮助群众用他们自己的经验，能够体验出党的政策是正确的"。张闻天由此提出，"官僚主义的旧的领导方法是脱离群众的，命令群众的，新的布尔什维克的领导方式是同群众在一起的，说服群众的，领导群众的"。③

---

① 《中央人民委员会紧急决议——关于战争动员和工作方式》(1932 年 11 月 29 日)，载中共中央文献研究室、中央档案馆编：《建党以来重要文献选编（1921—1949）》第 9 册，中央文献出版社 2011 年版，第 594 页。

② 刘少奇：《怎样进行群众工作——给群众工作的同志们一封信》，《火线》第 63 期（1936 年 10 月 15 日）。

③ 张闻天：《学习领导群众的艺术》(1933 年 7 月 27 日、9 月 24 日)，载中共中央文献研究室、中央档案馆编：《建党以来重要文献选编（1921—1949）》第 10 册，中央文献出版社 2011 年版，第 396 页。前引列宁、斯大林的讲话亦出自该选编。

概括而言，土地革命时期党的群众路线思想有了很大的发展。在长期的革命实践中，中国共产党意识到要与群众组织保持正确的关系，要从群众的民生需求出发进行宣传动员，要充分尊重群众的意见和诉求，还要坚决反对官僚主义和强迫命令。这些思想结晶不断凝聚、汇流，构成抗日战争时期最终成形的"一切为了群众，一切依靠群众，从群众中来，到群众中去"的群众路线思想的基础依据。群众路线思想的持续发展也为中国共产党有效动员广大民众并最终取得革命胜利提供了坚实保障。

第二章 "延安道路"与新民主主义

抗日民族统一战线的形成为全民族团结抗战提供了基本的观念共识和合作基础，从思想、组织两个方面为抗日战争的最终胜利提供了根本保障。在民族独立与复兴的旗帜下，第二次国共合作再次掀起了反帝爱国运动的高潮，极大地加强了中华民族的全民团结与凝聚力。抗战过程中，国民党领导了战略防御阶段的英勇抗战，但仅仅依靠政府和军队难以取得战争的胜利。中国共产党坚决贯彻全民抗战和人民战争的思想，放手发动群众，在敌后建立根据地，站在了抗日战争的最前沿，成为民族抗战的中流砥柱。在延安边区和各个根据地，中国共产党采取了一系列有利于抗日民族统一战线的政策措施，团结广大人民，开展以保障民权、改善民生为主要内容的社会建设实践，明确提出作为党的根本政治路线和组织路线的群众路线，形成了有效动员民众参与革命与建设的延安道路。党在抗日战争后期提出了新民主主义中国的光明前途，作为抗战胜利后新中国总体社会建设的理想目标，凝聚了最广泛的社会共识，领导建立了人民民主统一战线，在全国人民的支持下取得了解放战争的胜利。

第一节 社会团结：革命目标转换与群众路线的成型

随着中国社会主要矛盾由国内矛盾转变为民族矛盾，中国共产党的革命目标从以反封建为主的土地革命转换为以反对日本帝国主义为主的全民抗战。党在土地革命后期逐步形成并提出了抗日民族统一战线的战略方针，明确承担起统一战线的领导责任，积极推动第二次国共合作，坚决推进全民族共同抗战。与国民党主要依靠政府与军队的片面抗战方针不同，中国共产党坚持全面抗战方针，积极动员、紧密依靠广大人民群众，建设敌后根据地，开展艰苦卓绝的敌后斗争，为取得抗日战争的最终胜利打下了坚实基础。以团结抗战、动员民众为核心，中国共产党发展出一切为了人民群众、一切向人民群众负责、相信群众自己解放自己、向人民群众学习等一系列群众观点，并在 1945 年中国共产党第七次全国代表大会上正式提出了作为党的根本政治路线和组织路线的群众路线。

一、社会团结：领导和坚持抗日民族统一战线

土地革命时期，随着日本对中国的侵略步伐不断加快，中国共产党坚决维护中华民族和中国人民的根本利益，根据社会主要矛盾的改变和国际国内形势的变化，最早提出并不断完善了抗日民族统一战线的战略思想与方针政策。这一思想逐步发展的过程，也是党对各方面政策进行调整的过程：从反蒋抗日到逼蒋抗日，再到联蒋抗日；从苏维埃工农共和国到苏维埃人民共和国，再到中华民国特区政府；从改变对富农的政策，到停止没收地主阶级的土地，等等。抗日民族统一战线思想的提出，是中国共产党"为中国人民谋幸福、为中华民族谋复兴"之初心的典型体现，也正是从这一初心出发，党才凝聚起全民族的共识、赢得全民族的信任，使自己在更大范围内真正成为众望所归的新民主主义革命领导者。

从五三事变到九一八事变、一·二八事变，中国共产党多次重申坚决反对日本帝国主义和国民党反动派的立场，积极倡导建立反帝统一战线。1935 年 8 月 1 日，还在长征途中的中共中央发布告全体同胞书，即著名的"八一宣言"，呼吁各党派放下分歧，本着"'兄弟阋墙外御其侮'的真诚觉悟"，停止内战，团结抗日。[①] 1935 年 12 月召开的瓦窑堡会议，提出"党的策略路线，是在发

---

① 《中华苏维埃政府、中国共产党中央为抗日救国告全体同胞书》(1935 年 8 月 1 日)，载中共中央文献研究室、中央档案馆编：《建党以来重要文献选编（1921—1949）》第 12 册，中央文献出版社 2011 年版，第 262 页。

动、团聚与组织全中国全民族一切革命力量去反对当前主要的敌人：日本帝国主义与卖国贼头子蒋介石"。为了使民族统一战线得到更加广大的与强有力的基础，苏维埃工农共和国及其中央政府宣告改为苏维埃人民共和国，同时调整原有政策，使其更加适合反对日本帝国主义变中国为殖民地的情况。①

瓦窑堡会议后，中国共产党为实现全民族团结抗日继续不懈努力。1936 年 8 月，党致书中国国民党，正式提出在孙中山先生三民主义旗帜下开展第二次国共合作的主张。西安事变发生后，中国共产党主张和平解决，并以此为契机动员全党和全国人民巩固和平、争取民主，早日实现全民族共同抗战。1937 年 2 月，中共中央致电国民党五届三中全会，提出国共合作的五项要求和四项保证。5 月 3 日，毛泽东在《中国共产党在抗日时期的任务》一文中指出，当前中日矛盾成为主要矛盾，国内矛盾降到次要和服从的地位，党可以在三民主义的基础上开展第二次国共合作，即"对外争取独立解放的民族主义、对内实现民主自由的民权主义和增进人民幸福的民生主义"。同时，在抗日民族统一战线中，党必须担负起领导责任。②至此，全民族团结抗日的大局已定，中国共产党领导的抗日民族统一战线方针构成了第二次国共合作和全民族共同抗战的理念与组织基础，为抗日战争的胜利提供了保障。

1937 年 7 月 7 日，"卢沟桥事变"爆发，揭开了中国全面抗日的序幕。7 月 8 日，中国共产党发布《中共中央为日军进攻卢沟桥通电》，向全国发出号召，"只有民族实行抗战，才是我们的出路！""全中国同胞，政府，与军队，团结起来，筑成民族统一战线的坚固长城，抵抗日寇的侵掠！"7 月 15 日，由周恩来起草的《中共中央为公布国共合作宣言》正式交付国民党，其中提出中国共产党的奋斗总目标，即争取中华民族之独立自由与解放，实现民权政治，实现中

---

① 《中共中央关于目前政治形势与党的任务的决议》(1935 年 12 月 25 日中央政治局瓦窑堡会议通过)，载中共中央文献研究室、中央档案馆编：《建党以来重要文献选编（1921—1949）》第 12 册，中央文献出版社 2011 年版，第 531 页。

② 毛泽东：《中国共产党在抗日时期的任务》(1937 年 5 月 3 日)，载中共中央文献研究室、中央档案馆编：《建党以来重要文献选编（1921—1949）》第 14 册，中央文献出版社 2011 年版，第 178 页。

国人民之幸福与愉悦的生活，"首先须切实救济灾荒，安定民生，发展国防经济，解除人民痛苦与改善人民生活"。①同时，再次郑重向全国宣言，愿为孙中山先生三民主义的彻底实现而奋斗。

1937 年 8 月 25 日，洛川会议通过《中共中央关于目前形势与党的任务的决定》，指出争取抗战胜利的关键，在于使已经发动的抗战发展为全面的、全民族的抗战。"共产党员及其所领导的民众和武装力量，应该最积极的站在斗争的最前线，应该使自己成为全国抗战的核心。"②洛川会议提出《中国共产党抗日救国十大纲领》，内容包括：打倒日本帝国主义；全国军事的总动员；全国人民的总动员；改革政治机构；抗日的外交政策；战时的财政经济政策；改良人民生活；抗日的教育政策；肃清汉奸卖国贼亲日派，巩固后方；抗日的民族团结。党号召在国民党统治区广泛发动群众性的抗日救亡运动，并以减租减息作为抗日战争时期解决农民问题的基本政策，一切工作围绕团结全国各阶层人民共同抗战这一核心展开。

中国共产党从一开始提出抗日民族统一战线政策，就坚持主张动员民众、全民抗战的基本方略。在日本步步紧逼、全国人民反日热情高涨的形势下，国民党接受了共产党提出的以国共合作为基础进行抗战的主张，在战争前期领导了全国军队的英勇抗战，先后组织了淞沪会战、忻口会战、徐州会战、武汉会战等大规模战役，宣示了中华民族不惧牺牲、坚决抗战的决心。与共产党的全民抗战路线不同，国民党实行片面抗战路线，坚持一党专政，单纯依靠政府和军队抗战，而不愿意实行民主、改善民生，不敢发动和依靠人民大众。这种片面抗战路线很大程度上造成前期抗战的失利和大片国土的沦丧。中国共产党则与此相反，认为必须充分动员和依靠群众，才能坚持抗战和争取抗战的胜利。

---

① 《中共中央为公布国共合作宣言》(1937 年 7 月 15 日)，载中共中央文献研究室、中央档案馆编：《建党以来重要文献选编（1921—1949）》第 14 册，中央文献出版社 2011 年版，第 369 页。

② 《中共中央关于目前形势与党的任务的决定》(1937 年 8 月 25 日)，载中共中央文献研究室、中央档案馆编：《建党以来重要文献选编（1921—1949）》第 14 册，中央文献出版社 2011 年版，第 473 页。

1937 年 9 月，张闻天撰文指出，"今天中国抗日民族革命战争胜利的关键，是动员全中国人民参加全面的抗战。……单面的政府抗战，是十分危险的。它在抗战过程中可能取得局部的军事上的胜利，然而它不能取得最后的胜利"。①11 月，彭德怀提出依靠持久抗战才能取得胜利，而胜利的关键在于能否将中国民众动员起来。"在持久抗战中，我们能够在宽大的民主政治与改善人民生活的条件下，高度地发挥整个民族的力量。向来被认为一盘散沙的中国民众，将会很快地凝固起来，形成钢铁一般的力量。"②董必武也认为，抗战以来军事失利的一个极重要的原因是，"广大的群众没有积极起来参加这次神圣的民族自卫战争"。③

早在 1936 年 7 月在延安与埃德加·斯诺谈话时，毛泽东就提出了抗日战争是持久战的基本判断。1938 年 5 月，毛泽东发表《论持久战》，反驳速胜论、亡国论，明确提出持久抗战的三个阶段，系统总结了抗日民族统一战线和全民动员的思想，提出政治动员军民最为重要，认为"抗日民族统一战线是全军全民的统一战线，绝不仅仅是几个党派的党部和党员们的统一战线；动员全军全民参加统一战线，才是发起抗日民族统一战线的根本目的"。④同年 11 月，中共六届六中全会扩大会议确立抗日战争时期，全中华民族的基本任务是：坚持抗战，坚持持久战，巩固和扩大抗日民族统一战线，以便克服困难，增加力量，停止敌之进攻，实行我之反攻，以取得最后驱逐日寇出境和建立独立、自由、幸福的三民主义新中国的光荣胜利。⑤1939 年 10 月，毛泽东在《共产党人》发刊词中将统一战线作为中国共产党在中国革命中战胜敌人的三个法宝之一郑重

---

① 张闻天：《论抗日民族革命战争的持久性》（1937 年 9 月 18 日），载中共中央文献研究室、中央档案馆编：《建党以来重要文献选编（1921—1949）》第 14 册，中央文献出版社 2011 年版，第 510 页。

② 彭德怀：《争取持久抗战胜利的几个先决问题》，《解放》第 1 卷第 25 期（1937 年 11 月 27 日）。

③ 董必武：《怎样动员群众积极参战》，《群众》第 1 卷第 4 期（1938 年 1 月 1 日）。

④ 毛泽东：《论持久战》（1938 年 5 月），载中共中央文献研究室、中央档案馆编：《建党以来重要文献选编（1921—1949）》第 15 册，中央文献出版社 2011 年版，第 381 页。

⑤ 《中共扩大的六届六中全会政治决议案》（1938 年 11 月 6 日），载中共中央文献研究室、中央档案馆编：《建党以来重要文献选编（1921—1949）》第 15 册，中央文献出版社 2011 年版，第 755 页。

提出，统一战线和武装斗争，是党成立十八年来战胜敌人的两个基本武器，这就将统一战线思想提升到更为重要的高度。在边区和各抗日根据地，党领导创建了"三三制"政权。这种政权"是一切赞成抗日又赞成民主的人们的政权，是几个革命阶级联合起来对于汉奸和反动派的民主专政"①，具有鲜明的抗日民族统一战线的性质。

总而言之，中国共产党最先提出抗日民族统一战线的思想和具体方针，促成了跨越阶级的全民族团结抗战的局面，为抗日战争的最终胜利构建了坚实保障。抗日战争期间，中国共产党坚持对抗日民族统一战线的领导，对于国民党破坏统一战线的行为予以坚决回击，打退了国民党的三次反共高潮，有效维护了团结抗战局势，不仅以统一战线为核心大大加强了中华民族的凝聚力，而且作为最坚决的抗日力量艰苦奋斗，以自身实际行动在更大范围内赢得了民心，为构建解放战争时期的人民民主统一战线创造了条件。统一战线思想贯穿建党百年的各个阶段，是党加强社会团结、增进社会认同、巩固自身社会基础的重要方式。

二、"组织起来"：发动广大人民的伟大力量

抗日民族统一战线有助于团结、发动全国各个阶级阶层共同参与抗战，尤为重要的是把广大普通民众组织动员起来，构建持久抗战的坚实基础。对民众的组织动员是中国共产党自成立以来就一直极为重视的基础工作，从大革命时期组织工人运动、农民运动等各类运动，到土地革命时期以"打土豪、分田地"的方式动员贫苦农民参与革命，再到抗日战争时期对人民大众的普遍组织动员，构成了党依靠群众推动革命与建设的悠久传统，而人民群众的积极支持也是党之所以能够取得一系列革命与建设成就的深厚社会基础。

卢沟桥事变爆发后，中共北平市委领导组织北平各界抗敌后援会，发动群

---

① 毛泽东：《抗日根据地的政权问题》（1940 年 3 月 6 日），载中共中央文献研究室、中央档案馆编：《建党以来重要文献选编（1921—1949）》第 17 册，中央文献出版社 2011 年版，第 169 页。

众开展各项救亡工作，援助第二十九军抗战。在沦陷区，党组织开展抗日宣传教育，并领导人民同日本侵略者展开针锋相对的斗争。针对日军掠夺中国资源实行"以战养战"的企图，党组织领导沦陷区的工人以怠工、罢工等斗争形式，干扰和破坏敌人的部署。1939年，上海工潮达147次，参加者有20万人。1940年，上海工潮达到427次，参加人数26.6万人。在党的领导下，部分沦陷区人民以武装暴动的方式直接打击日军。1941年元旦，大同煤矿工人举行罢工和暴动，一部分工人参加了八路军。1942年，河北井陉煤矿、河南安阳六河沟煤矿、南京浦口三井煤矿等地工人举行武装暴动，后撤到抗日根据地，参加了八路军和新四军。[①]

与沦陷区相比，延安边区和各抗日根据地对民众的动员更加深入，也更为广泛，这种对人民的充分、有效动员是保障根据地持续存在和不断壮大的根本条件，构成了对党所领导的对敌斗争的基本支撑。毛泽东在《论持久战》中提出，"兵民是胜利之本"，"战争的伟力之最深厚的根源，存在于民众之中"。[②]根据地创建"三三制"政权的重要目标是为了争取广大的小资产阶级群众、中等资产阶级和开明绅士。边区创设了民众抗敌后援会、西北青年救国会、职工会、农民协会、学生会、妇女协会、商会、儿童团等各种群众团体和合作社等经济组织。边区政府成立后，仅一年时间，就有95％的工人加入工会，农民全体加入农会，70％以上的妇女加入妇女救国会，绝大多数青年参加青年救国会。[③]

在1941年至1942年间，面对日军的扫荡和国民党军的封锁，各抗日根据地的处境极为困难。中共中央制定了对敌斗争、精兵简政、统一领导、拥政爱民、发展生产、整顿三风、审查干部、时事教育、"三三制"、减租减息十大政

---

① 中共中央党史研究室：《中国共产党历史》第一卷（1921—1949）下册，中共党史出版社2002年版，第609—610页。

② 毛泽东：《论持久战》（1938年5月），载中共中央文献研究室、中央档案馆编：《建党以来重要文献选编（1921—1949）》第15册，中央文献出版社2011年版，第381页。

③ 林伯渠：《陕甘宁边区政府一年来的政况》（1938年7月7日），载中共中央文献研究室、中央档案馆编：《建党以来重要文献选编（1921—1949）》第15册，中央文献出版社2011年版，第497页。

策，一方面减轻人民负担，另一方面更加紧密地团结、动员人民群众，成功地渡过难关，坚持了联合抗战、持久抗战的方针，巩固并壮大了抗日根据地。1941 年 5 月，中共中央华中局作出决定，要求华中各根据地在当年组织数百万群众，特别是工农、青年、妇女、儿童、劳苦群众，要组织到百分之八十以上，并组织与训练二百万以上的自卫军。同时，动员过程中要"尽一切可能改善工农劳苦群众的生活"。① 在半年多的时间内，仅华中地区的根据地就可能动员数百万群众，显示了党与人民的紧密联系和强大的组织动员能力。

　　基于对民众进行组织动员的大量实践，党内领导人也在不断进行概括、反思与总结，提出了组织民众的相关经验、工作原则等理论认识。1939 年 5 月，刘少奇撰文概括了组织民众的基本原则，最重要的是两条原则，一是要在民众的自动性上去组织民众，二是要在民众的要求上去组织民众。刘少奇提出，"我们去组织民众，必须首先去启发民众的自动性，使民众了解他们有互相组织的必要，然后根据民众的这种自动性，给以推动、协助和引导，才能真正的组织民众"。启发民众的自动性需要在民众团体中实行民主生活，尊重民众的意志，同时，"应该教育民众、说服民众、启发民众的要求与自动性，并协助民众组织起来"。民众运动也需要有严格的纪律，但这种纪律的强迫性，一是要建筑在民众自觉的基础之上，二是依靠民众的大多数对于极少数人的某种程度上的强迫，即"少数服从多数"。刘少奇将民众的要求视为民众组织的目标与目的，其中，经济要求是民众自己最直接、最容易有获得感的要求。"要组织真正广大的民众，必须注意在民众各种经济要求上去组织他们。"他郑重提出，抗战期间，"如果一方面要求民众在他们领导下起来抗战，同时又不为民众的切身要求而斗争，甚至反对民众的要求，那即使你再加强你们的统制，民众永远也不会在你们领导之下抗战的。相反，你们将会变为民众的敌人"。② 概言之，既要在充分民主

---

　　① 《中共中央华中局关于组织根据地内人民大多数的决定》(1941 年 5 月 30 日)，载中共中央文献研究室、中央档案馆编：《建党以来重要文献选编（1921—1949）》第 18 册，中央文献出版社 2011 年版，第 316 页。

　　② 刘少奇：《论组织民众的几个基本原则》，《解放》第 70 期（1939 年 5 月 1 日）。

的基础上启发民众组织起来的自动性，又要以满足居民要求（尤其是经济要求）为目标组织民众。这是中国共产党之所以能够有效动员民众并取得民众支持的主要原因，也是党的宝贵经验。

抗日战争时期，正是由于中国共产党能够从维护各阶层人民的切身利益出发，有效地组织动员起绝大多数的根据地群众参与到对敌斗争和各项建设中，才能克服战略防御和相持阶段抗日军民所面临的无数艰难困苦，延续并壮大了抗日力量，为开展战略反攻、赢得最终胜利提供了最为坚实的社会基础。1943年11月，毛泽东提出，"把群众力量组织起来，这是一种方针"。[1] 1945年4月，抗战胜利前夕，毛泽东在中国共产党第七次全国代表大会的开幕词中宣告，"我们的任务不是别的，就是放手发动群众，壮大人民力量，团结全国一切可能团结的力量，在我们党领导之下，为着打败日本侵略者，建设一个光明的新中国，建设一个独立的、自由的、民主的、统一的、富强的新中国而奋斗"。[2] 有研究指出，抗日战争期间，共产党的政权建设表现为根据地中党、政府和民众组织的迅速扩大，特别是党与政府机关延伸到乡镇以至自然村，国家政权的延伸使中国共产党广泛地建立起新的社会经济网络，这也正是中共的抗战力量得以生存和发展的秘密所在。[3] 关于延安时期党的土地政策和对于农村社会的改造，有研究认为，由于共产党人有效地将行政措施与农村的社会改革紧密结合起来，才能够动员广大农民起来抵抗日军的侵略，也正是因为成功获得了民众的广泛支持，中国的共产主义革命才能够对农村问题作出有效的、创造性的回应。[4] 中国共产党将原本一盘散沙的民众有效组织起来，发动群众力量进行革

---

[1] 毛泽东：《组织起来》(1943年11月29日)，载中共中央文献研究室、中央档案馆编：《建党以来重要文献选编（1921—1949）》第20册，中央文献出版社2011年版，第638页。

[2] 毛泽东：《两个中国之命运》(1945年4月23日)，载中共中央文献研究室、中央档案馆编：《建党以来重要文献选编（1921—1949）》第22册，中央文献出版社2011年版，第127页。

[3] 参见［美］弗里曼、毕克伟和赛尔登：《中国乡村，社会主义国家》，陶鹤山译，社会科学文献出版社2002年版。

[4] ［美］马克·塞尔登：《革命中的中国：延安道路》，魏晓明、冯崇义译，社会科学文献出版社2002年版，第262页。

命斗争和社会建设，贯穿于党的历史的各个阶段，是党的群众路线的基本体现，也是党的社会建设思想的重要组成部分。

三、人民至上：党的群众路线的最终提出

基于马克思主义政党"群众性"的本质，历经大革命时期、土地革命时期、抗日战争时期广泛组织动员群众的实践，中国共产党不断总结经验、提升认识，坚持群众观点，将群众工作置于最基础、最根本的地位，最终在抗战胜利前夕中国共产党第七次全国代表大会上正式提出群众路线并写入《中国共产党章程》，群众路线被正式确立为党的根本政治路线和组织路线。

1939 年 11 月，中共中央就深入群众工作发布专门决定，要求"认真的研究群众生活，群众情绪，群众要求"，并在不同的环境、不同的时间、不同的具体口号之下，"一步一步的组织他们，教育他们，领导他们改良生活，发动他们的积极性"，这对于克服投降反共危险、对于巩固和建设中国共产党具有决定性的意义。① 1940 年 6 月，张闻天较为系统地论述了党的群众工作的原则，认为"只有关心与解决群众的切身问题，才能动员群众积极参加革命战争"。他针对许多人只知道动员群众，甚至不惜强迫命令却对于群众的要求、情绪、生活漠不关心的现象，提出严正批评，认为这是一种"脱离群众、同群众对立、把党所领导的组织当作凌驾群众的'办差机关''官僚机关'，而党员变成了站在群众头顶上的'党老爷''党官'的严重现象"。张闻天提出，党必须同这种官僚主义与军阀主义倾向进行坚决斗争，"每一件违反群众利益的举动，都必须给以最大的警觉与注意"，对于那些压迫民众的"官僚、老爷们"，必须给以严厉的革命纪律的制裁。为防止脱离群众，"党必须大胆的发展党内与群众中的民主作风，建立各种组织的民主制度，发扬党内党外的自我批评，以揭发与清除各种组织内所存在的这些违反群众利益的严重现象"；"党必须坚持教育全党同志，

---

① 《中共中央关于深入群众工作的决定》（1939 年 11 月 1 日），载中共中央文献研究室、中央档案馆编：《建党以来重要文献选编（1921—1949）》第 16 册，中央文献出版社 2011 年版，第 736 页。

要善于经常保持同群众的密切联系，同他们打成一片，迅速的反映他们的要求与意见，经常关心与解决他们的切身问题"；"党必须坚决纠正党内把动员工作当做党的全部工作的片面思想与习惯"，必须经常讨论当时当地群众中所发生的一切问题。张闻天提出，"不关心群众的切身问题的党部与党员，同群众隔绝的官僚主义的党部与党员，是最坏的党部与党员"，是党的最大耻辱。①

1941 年 3 月，毛泽东在为《农村调查》一书撰写的序言中，表达了向群众学习的观点，提出"群众是真正的英雄"，认为"没有调查就没有发言权"，而开展调查"没有满腔的热忱，没有眼睛向下的决心，没有求知的渴望，没有放下臭架子、甘当小学生的精神，是一定不能做，也一定做不好的"。② 1942 年 12 月，刘少奇提出，革命是为了人民群众的解放，"一切为了群众，否则，革命就毫无意义"。"如果对群众利益不关心，妨害群众利益，以官僚主义对待群众，就不是共产党员，应该受到严厉批评。"③ 1943 年 1 月，任弼时再次强调反对官僚主义，官僚主义倾向的根本原因"在于与群众脱节，不是真正关心群众，不是把群众中所发生的问题、所迫切急需解决的问题，提出来用具体的办法加以解决"。要克服官僚主义，唯一的办法就是发扬党内民主和人民民主，开展批评和自我批评。④ 同年 10 月，毛泽东在论及合作社问题时指出，"有无群众观点是我们同国民党的根本区别，群众观点是共产党员革命的出发点与归宿"。群众观点是"从群众中来，到群众中去，想问题从群众出发就好办"⑤。11 月，毛泽东再次强调，"我们共产党员，无论在什么问题上，一定要能够同群众相结

① 张闻天：《更多的关心群众的切身问题》（1940 年 6 月 20 日），载中共中央文献研究室、中央档案馆编：《建党以来重要文献选编（1921—1949）》第 17 册，中央文献出版社 2011 年版，第 352 页。

② 毛泽东：《〈农村调查〉的序言和跋》（1941 年 3—4 月），载中共中央文献研究室、中央档案馆编：《建党以来重要文献选编（1921—1949）》第 18 册，中央文献出版社 2011 年版，第 183 页。

③ 刘少奇：《关于减租减息的群众运动》（1942 年 12 月 9 日），载中共中央文献研究室、中央档案馆编：《建党以来重要文献选编（1921—1949）》第 19 册，中央文献出版社 2011 年版，第 561 页。

④ 任弼时：《领导方法和领导作风》（1943 年 1 月 7 日），载中共中央文献研究室、中央档案馆编：《建党以来重要文献选编（1921—1949）》第 20 册，中央文献出版社 2011 年版，第 26 页。

⑤ 毛泽东：《切实执行十大政策》（1943 年 10 月 14 日），载中共中央文献研究室、中央档案馆编：《建党以来重要文献选编（1921—1949）》第 20 册，中央文献出版社 2011 年版，第 603 页。

合"。共产党员应该经风雨、见世面，"这个风雨，就是群众斗争的大风雨，这个世面，就是群众斗争的大世面"。①

在毛泽东等多位党内领导人有关群众工作、群众观点思想发展的基础上，1945年4月23日正式召开的中国共产党第七次全国代表大会正式提出了党的群众路线，并将之视为党的根本政治路线和组织路线。毛泽东在《论联合政府》的报告中，首次提出了党的三大作风，即理论和实践相结合的作风、和人民群众紧密联系在一起的作风、自我批评的作风。毛泽东提出，共产党人区别于其他任何政党的一个显著的标志，就是和最广大的人民群众取得最密切的联系。"全心全意地为人民服务，一刻也不脱离群众；一切从人民的利益出发，而不是从个人或小集团的利益出发；向人民负责和向党的领导机关负责的一致性；这些就是我们的出发点。"②中共七大通过了新的《中国共产党章程》，概括了"全心全意为人民服务""与工人群众、农民群众及其他革命人民建立广泛的联系""用心倾听人民群众的呼声和了解他们的迫切需要""向人民群众学习"等主要群众观点，以及组织群众、教育群众、谨防脱离群众的思想。③刘少奇在报告中对党的群众路线进行了详细说明，提出群众路线是党的根本政治路线和根本组织路线，党的群众观点是"一切为了人民群众的观点，一切向人民群众负责的观点，相信群众自己解放自己的观点，向人民群众学习的观点"。"我们要照顾全体，照顾多数，不要关门主义与宗派主义。我们要密切联系群众，不要官僚主义和军阀主义。我们要领导群众前进，但是不要命令主义。我们要密切联系群众，但是不要尾巴主义。我们要从群众原来的水准出发，去提高群众的觉悟，率领群众前进。我们要在自己的工作中，把最高的原则性和与群众最大

---

① 毛泽东：《组织起来》（1943年11月29日），载中共中央文献研究室、中央档案馆编：《建党以来重要文献选编（1921—1949）》第20册，中央文献出版社2011年版，第638页。

② 毛泽东：《论联合政府》（1945年4月24日），载中共中央文献研究室、中央档案馆编：《建党以来重要文献选编（1921—1949）》第22册，中央文献出版社2011年版，第131页。

③ 《中国共产党党章》（1945年6月11日中国共产党第七次全国代表大会通过），载中共中央文献研究室、中央档案馆编：《建党以来重要文献选编（1921—1949）》第22册，中央文献出版社2011年版，第533页。

限度的联系相配合。这就是我们的群众路线。"①

群众工作是中国共产党一切工作的基础，群众观点是党有关自身和人民群众之间关系的一系列认知，群众路线则明确限定了这种关系，并以此作为党领导群众开展革命斗争与社会建设的根本准则。群众路线是中国共产党"为人民谋幸福"之立党初心的体现，党的奋斗目标与群众根本利益高度一致，没有任何自身私利。群众路线的核心是人民至上、党群一体，通过密切联系群众、代表群众利益、发动依靠群众、领导教育群众而保持党和人民密不可分的关系。人民群众是党的力量之源，是党开展一切工作并取得胜利的最为可靠的基础力量。从建党到大革命，从土地革命到抗日战争，历史证明，只有保持党和人民之间的血肉相连，中国共产党才能够战胜各种敌人，领导和推动新民主主义革命不断前进。抗战胜利以后，也正是在全国各阶层人民的广泛支持下，中国共产党才能够在短短几年里以摧枯拉朽之势赢得解放战争的胜利，并于 1949 年领导全国人民建立了新民主主义性质的中华人民共和国。

第二节　延安道路：边区的社会建设纲领与实践

第二次国共合作实现以后，中国共产党领导的苏维埃政府易名为陕甘宁边区政府，在边区和各抗日根据地以"三三制"为原则建立了抗日民族统一战线性质的民主政权，实施了一系列保障民权、促进民主、改善民生、发展社会事业的政策措施，形成了以陕甘宁边区为主的"延安道路"，有效团结起有志抗战的各个阶级阶层，充分动员起广大人民群众，为长期艰苦抗战并最终赢得胜利提供了组织条件。边区所开展的社会建设实践，既是党的新民主主义革命纲领的一贯坚持和落实，也与土地革命时期苏区的建设实践一脉相承，同时又根据

---

① 刘少奇：《论党》（1945 年 5 月 14 日），载中共中央文献研究室、中央档案馆编：《建党以来重要文献选编（1921—1949）》第 22 册，中央文献出版社 2011 年版，第 373 页。

社会主要矛盾和国际国内形势的变化进行灵活调整，体现了马克思主义中国化的持续发展。

一、重归"新三民主义"：边区的总体施政纲领

与大革命时期相似，孙中山先生提出的新三民主义名义上依然是第二次国共合作期间国共双方的共识基础。随着日本侵华步伐的不断加快，中国共产党最先提出了抗日民族统一战线与国共合作的主张，并多次申明愿为孙中山三民主义在今日中国的彻底实现而奋斗。新三民主义与党的新民主主义革命纲领基本一致，这是中国共产党之所以接受新三民主义并积极推进国共合作的根本原因。抗日战争时期，在陕甘宁边区和其他十多个抗日根据地，中国共产党坚持贯彻革命的三民主义即新三民主义的思想，并以此为核心提出了总体的施政纲领，证明了"中国共产党人是革命三民主义的最忠诚最彻底的实现者"[①]。

1939 年 4 月 4 日，陕甘宁边区政府公布抗战时期施政纲领，分为民族主义、民权主义、民生主义三个部分。在民族主义部分，以中华民族团结抗战为核心，主要内容包括坚持巩固与扩大抗日民族统一战线、实现汉族与其他少数民族各方面的权利平等、尊重并扶助少数民族文化的发展等。在民权主义部分，以保障人民民主、自由和各方面的平等权利为核心，同时服务于抗战的总目标，主要包括以下内容[②]：

（1）发扬民主政治，采用直接、普遍、平等、不记名的选举制，健全民主集中制的政治机构，增强人民之自治能力；

（2）保障人民言论、出版、集会、结社、信仰、居住、迁徙与通信之自由，扶助人民抗日团体与民众武装之发展，提高人民抗战的积极性；

---

① 毛泽东：《论联合政府》（1945 年 4 月 24 日），载中共中央文献研究室、中央档案馆编：《建党以来重要文献选编（1921—1949）》第 22 册，中央文献出版社 2011 年版，第 131 页。

② 《陕甘宁边区抗战时期施政纲领》（1939 年 4 月 4 日边区政府公布），载中共中央文献研究室、中央档案馆编：《建党以来重要文献选编（1921—1949）》第 16 册，中央文献出版社 2011 年版，第 158 页。所引内容有所选择，并非全部条目，文字有少数删减，序号也作了重新编排。

（3）充实抗日地方武装力量，发展与健全人民抗日自卫军、抗日少先队；

（4）以政治工作与组织力量的配合，实行兵役与参战的动员；

（5）发扬艰苦作风，厉行廉洁政治，肃清贪污腐化，铲除鸦片赌博；

（6）实行男女平等，提高妇女在政治上、经济上、社会上的地位，实行自愿的婚姻制度，禁止买卖婚姻与童养媳；

（7）建立便利人民的司法制度，保障人民有检举与告发任何工作人员的罪行之自由；

（8）实行普及免费的儿童教育，以民族精神与生活知识教育儿童；

（9）发展民众教育，消灭文盲，提高边区成年人民之民族意识与政治文化水平；

（10）实行干部教育，培养抗战人才。

在民生主义部分，主要以发展生产、减轻负担、改善生活、保护工人农民利益、发展福利保障事业为核心，内容包括：

（1）确定私人财产所有权，保护边区人民由土地改革所得之利益；

（2）开垦荒地，兴修水利，改良耕种，增加农业生产，组织春耕秋收运动；

（3）发展手工业及其他可能开办之工业，奖励商人投资，提高工业生产；

（4）实行统一累进税，废除苛捐杂税；

（5）保护商人自由营业，发展边区商业；

（6）厉行有效的开源节流办法，在各机关、学校、部队中，提倡生产运动与节约运动，增加收入，减少支出，以解决战时财政经济之困难；

（7）确定八小时工作制度，改善劳动待遇，保护工人利益，同时提高劳动热忱，增加生产效能；

（8）优待抗日军人与工作人员之家属，使抗战军人安心作战，工作人员安心工作；

（9）废止高利贷，政府举办低利借贷，奖励合作社之发展；

（10）保育儿童，禁止对于儿童的虐待；

（11）抚恤老弱孤寡，救济难民灾民，不使流离失所。

不仅陕甘宁边区，其他抗日根据地也是按照新三民主义的要求开展各项建设的。1941年4月，中共中央北方局针对晋冀豫边区根据地建设提出了15项主张，明确提出要"为彻底实现三民主义与抗战建国纲领而奋斗"。各项主张的内容与陕甘宁边区的施政纲领基本一致，同样涉及民族、民权、民生三方面的举措，体现了新三民主义的基本要求。1942年1月1日，陕甘宁边区政府发布保障人权财权的专门条例，更为细致地规定边区人民平等的自由、民主权利和私有财产权利，并特别提出，"在土地已经分配区域，保证一切取得土地的农民之私有土地权，于土地未经分配之区域，保证地主的土地所有权及债主的债权"。①

抗日战争时期，边区政府以民族团结、民权平等、民生改善为目标的总体施政纲领为各根据地的社会建设实践提供了指南。按照新三民主义的基本要求，边区的社会建设实践在促进民族团结、保障民权平等、推动民生改善方面取得了实实在在的成效，与国民党统治区形成了鲜明对比。以推进男女平等为例，在华北各根据地，妇女获得了与男子完全平等的民主自由和权利，提高了广大妇女参政的热情，培养和锻炼了大批优秀妇女干部。晋察冀妇女的参政工作，全区妇女当选参加政权的，有1454人。在晋东南，也有了女村长、女区长和女县长。政府采取措施保障婚姻自由，禁止买卖婚姻和童养媳，禁止虐待妇女，普遍开展了提高妇女知识、消灭文盲的运动，广泛组织了妇女训练班、识字班、夜校等组织。通过发动妇女参加各种社会活动和生产运动，加强了其经济地位，建立了她们在家庭中的威信，提高了她们的社会地位。②

与中共二大提出的反帝反封建的最低革命纲领和土地革命时期苏区的社会建设实践相比，抗战时期的边区施政纲领在追求民族独立、各民族一律平等、保障人民的充分自由和平等的民主权利、废除苛捐杂税、实行八小时工作制、保障工农利益、实现男女平等、发展文化教育等社会事业方面主要是延续了之

---

① 《陕甘宁边区政府保障人权财权条例》（1942年1月1日），载中共中央文献研究室、中央档案馆编：《建党以来重要文献选编（1921—1949）》第19册，中央文献出版社2011年版，第5页。

② 康克清：《三年来的华北妇女运动（节选）》（1940年7月），载中共中央文献研究室、中央档案馆编：《建党以来重要文献选编（1921—1949）》第17册，中央文献出版社2011年版，第422页。

前的一贯主张。同时，当民族矛盾上升为社会主要矛盾，党对于某些之前的政策进行了调整，主要包括：改变工农专政的政权性质，建立抗日民族统一战线性质的三三制政权；停止针对地主阶级的土地改革，实行地主减租减息、农民交租交息的新政策；使各种组织民众、改善民生、发展社会事业的工作服务于抗日战争这一中心工作等。以下将重点从民生改善和社会事业发展两个方面进行介绍。

二、民生改善：土地政策与劳工政策的调整

土地革命时期"打土豪，分田地"的土地政策对于彻底推翻农村的封建地主土地所有制、对于充分调动广大贫农、中农的革命积极性具有根本性的意义。但在抗日民族统一战线的旗帜下，这一彻底"平均地权"的政策不利于团结爱国的地主和富农阶级，中国共产党适时作出了重要调整，在边区实行"减租减息、交租交息"的土地政策，在团结抗战的基础上改善了农民生活，提高了农民抗日与生产的积极性。同时，党对于土地革命时期的劳工政策也有所调整，既支持资本家的生产经营活动，又适度增加工人工资，改善工人工作、生活条件。以民生改善为目标，中国共产党还废除各种苛捐杂税、开展大生产运动，有效减轻了边区人民负担，在极为艰苦的条件下努力提高人民生活水平，根据地人民的抗战热情高涨，为夺取全民抗战的胜利打下了坚实基础。

伴随着抗日民族统一战线思想的发展，中国共产党调整富农、地主相关政策的主张在 1937 年之前就已经提出。边区政府成立后，制定颁布减租减息条例，重新界定地主与农民的关系，停止没收地主的土地，规定：凡地主土地在苏维埃时代未被没收的，不再没收，土地所有权仍属地主；已被没收了土地和房屋的地主回到边区，可由政府分给与一般农民一样的土地和房屋，并享有公民权利；出租土地给农民，只要地租不苛刻，政府不加以任何干涉。[①] 这一政

---

① 林伯渠：《两年来陕甘宁边区政府在保卫边区和全中国的抗战中所做的工作》（1939 年 1 月），载中共中央文献研究室、中央档案馆编，《建党以来重要文献选编（1921—1949）》第 16 册，中央文献出版社 2011 年版，第 48 页。

策出台后，许多之前离开边区的地主、富农、有产者又返回边区。1939 年冬开始，各根据地相继实行减租减息。减租是"二五减租"（减少原租额的 25%）；减息是规定年利率一般为一分（即 10%），最高不得超过一分半（15%）。正租以外的杂租、劳役和各种形式的高利贷一律取缔。[1] 新的土地政策坚持三条基本原则：一是承认农民（包括雇农）是抗日与生产的基本力量，因此党的政策是扶助农民，减轻地主的封建剥削，实行减租减息，保证农民的人权、政权、地权、财权，借以改善农民的生活，提高农民抗日的与生产的积极性；二是承认地主的大多数是有抗日要求的，一部分开明绅士是赞成民主改革的，因此保障地主的人权、政权、地权、财权；三是承认资本主义生产方式是中国现时比较进步的生产方式，而资产阶级特别是小资产阶级和民族资产阶级，是中国现时比较进步的社会成分与政治力量，因而在适当地改善工人生活条件之下，同时奖励资本主义生产与联合资产阶级，奖励富农（作为农村的资产阶级）生产与联合富农。[2] 这一政策兼顾农民、地主和富农的利益，在农民生活改善、阶级矛盾缓和的基础上推动团结抗战，调动了各方的积极性。

在劳工政策方面，边区政府同样作出有利于坚持抗日民族统一战线的调整，承认资产阶级是中国现时比较进步的政治力量，支持资本主义生产，并颁布改善工人生活条例，适当改善工人生活条件。1940 年 12 月，毛泽东提出，"必须改良工人的生活，才能发动工人的抗日积极性。但是切忌过左，加薪减时，均不应过多"。同时，劳资间在订立契约后，工人必须遵守劳动纪律，必须使资本家有利可图。[3] 有关雇主和工人的关系，陕甘宁边区废止了苏维埃时期的劳动保护法，取消了对资本家、富农经营生产事业的各种限制。同时严禁高利贷，严禁操纵市

---

[1] 中共中央党史研究室：《中国共产党的九十年：新民主主义革命时期》，中共党史出版社、党建读物出版社 2016 年版，第 232 页。

[2] 《中共中央关于抗日根据地土地政策的决定》（1942 年 1 月 28 日中共中央政治局通过），载中共中央文献研究室、中央档案馆编：《建党以来重要文献选编（1921—1949）》第 19 册，中央文献出版社 2011 年版，第 19 页。

[3] 毛泽东：《论政策》（1940 年 12 月 25 日），载中共中央文献研究室、中央档案馆编：《建党以来重要文献选编（1921—1949）》第 17 册，中央文献出版社 2011 年版，第 699 页。

价垄断投机；实行一种中介制度，在政府中介之下，劳资双方订立劳动契约，根据各地不同的生活条件，酌量增加工资，减少工作时间，改良工人生活待遇。①

此外，中国共产党所领导的边区政府还积极发展农业、工业生产和商业贸易，并废除苛捐杂税，实行统一税制，降低税率，以减轻人民负担，改善人民生活。以合作社运动为例，至 1938 年 7 月，仅一年左右，陕甘宁边区的农村贷款合作社已有基金 20 万元，消费合作社共 155 个，股金总数达到 79470 元，包括社员 8 万多人，延安还有缝被服、制鞋、木料、瓷器、制糖等各种生产合作社。② 在税费负担方面，据陕甘宁边区新正县在 1939 年 1 月的统计，由于取消了过去的 42 种苛捐杂税，革命后的负担仅占革命前的 43%，减少了将近六成的负担（见表 2.1）。面对 1941 年至 1942 年间的艰难处境，党发起了"自力更生、丰衣足食"的军民大生产运动，同时接受爱国士绅李鼎铭的建议，实行精兵简政政策，进一步降低了根据地人民的税费负担，成功渡过难关，坚持和发展了根据地的抗战斗争。

表 2.1　陕甘宁边区新正县革命前后的负担比较（元）

	革命前的负担	革命后的负担
善兴区	8200	3971
怀兴区	2850	942
太和区	7640	3437
底庙区	7430	2502
交　区	8430	3721
总　计	34360	14754

资料来源：林伯渠：《两年来陕甘宁边区政府在保卫边区和全中国的抗战中所做的工作》（1939 年 1 月），中共中央文献研究室、中央档案馆编：《建党以来重要文献选编（1921—1949）》第 16 册，中央文献出版社 2011 年版。

----

① 林伯渠：《两年来陕甘宁边区政府在保卫边区和全中国的抗战中所做的工作》（1939 年 1 月），载中共中央文献研究室、中央档案馆编：《建党以来重要文献选编（1921—1949）》第 16 册，中央文献出版社 2011 年版，第 48 页。

② 林伯渠：《陕甘宁边区政府一年来的政况》（1938 年 7 月 7 日），载中共中央文献研究室、中央档案馆编：《建党以来重要文献选编（1921—1949）》第 15 册，中央文献出版社 2011 年版，第 497 页。

由于实行了以团结抗战、改善民生为目标的正确的各项政策，边区人民的生活水平得到了切实提高。1939年1月，林伯渠在陕甘宁边区政府工作报告中提及，农民的生活大大改善，六口之家的一般农民，每年消耗十五石粮食，平均有十石以上的剩余粮食。[①]工人的工资也大大提高，边区各类工人的工资水平比革命前增加了至少15%，煤矿工人的工资更是增加了30%（见表2.2）。抗战中后期，在日军扫荡和国民党军封锁的重压下，边区军民面临极大困境，但即使在这种情况下，通过大生产运动，根据地人民依然能基本维持温饱的生活水平。

表2.2　陕甘宁边区各类工人在革命后增加的工资比例

工人分类	与革命前比增加的百分数
煤矿工人	30%
制造工人	15%—20%
泥木工人	25%
雇工零工	25%
店　　员	15%—20%

资料来源：林伯渠：《两年来陕甘宁边区政府在保卫边区和全中国的抗战中所做的工作》（1939年1月），中共中央文献研究室、中央档案馆编：《建党以来重要文献选编（1921—1949）》第16册，中央文献出版社2011年版。

三、改造社会：边区社会事业的发展

除了民生发展工作，中国共产党领导的边区政府还积极探索社会建设之路，在社会、文化领域掀起了改造社会的运动浪潮。作为模范边区，晋察冀边区在抗战期间开展的社会建设事业包括：领导广大军民救灾治水，救济灾民；改善公共卫生，预防疾病流行；保护妇女的社会权益，提倡男女婚姻自主；制定社会保险政策；拥军优属，抚恤烈士遗属和因公致伤、致残人员；积极开展社会

---

① 林伯渠：《两年来陕甘宁边区政府在保卫边区和全中国的抗战中所做的工作》（1939年1月），载中共中央文献研究室、中央档案馆编：《建党以来重要文献选编（1921—1949）》第16册，中央文献出版社2011年版，第48页。

教育工作,提高民众的文化知识水平。① 实际上,不仅晋察冀边区,其他边区也积极发展文化教育、医疗卫生、优抚救助等各项社会事业,尤其是在教育、文化、卫生、军属优抚方面成绩显著。

边区教育事业的发展涉及小学教育、成人教育、高等教育三个方面。在小学教育方面,边区政府积极开办小学,提高学校数量,推动学生免费入学。1940 年 3 月,中共中央书记处发出指示,要求"尽可能地恢复与重新建立各地小学校,达到每村有一个初级小学校,每乡(或每编村)有一个中心小学或模范初级小学,每个中心区有一个两级小学或完全小学,以建立广泛的小学网"。② 据 1939 年 1 月的统计,陕甘宁边区在两年时间内,小学数量从 120 所增加到 773 所,学生人数达到 16725 人(见表 2.3)。有研究指出,延安边区小学生的数量到 1939 年下半年达到 22000 人,1944 年上半年又增加到 29500 人。③

表 2.3　陕甘宁边区小学发展情况

	学校数量	学生人数
未成边区以前	120	不详
1937 年春季	320	5000
1937 年秋季	545	10396
1938 年春季	706	14207
1938 年秋季	773	16725

资料来源:林伯渠:《两年来陕甘宁边区政府在保卫边区和全中国的抗战中所做的工作》(1939 年 1 月),中共中央文献研究室、中央档案馆编:《建党以来重要文献选编(1921—1949)》第 16 册,中央文献出版社 2011 年版。

在成人教育方面,边区积极推动以扫除文盲为目标的大规模教育运动,强

---

① 中共中央党史研究室:《中国共产党的九十年:新民主主义革命时期》,中共党史出版社、党建读物出版社 2016 年版,第 234 页。

② 《中共中央书记处关于开展抗日民主地区的国民教育的指示》(1940 年 3 月 18 日),载中共中央文献研究室、中央档案馆编:《建党以来重要文献选编(1921—1949)》第 17 册,中央文献出版社 2011 年版,第 212 页。

③ 〔美〕马克·塞尔登:《革命中的中国:延安道路》,魏晓明、冯崇义译,社会科学文献出版社 2002 年版,第 254 页。

调大众教育而不是精英教育，并强调教育与社会经济生活的统一。[①]边区建立普遍的平等教育制度，凡不识字的成年男女，都需要进入补习小学，目标是消灭文盲。陕甘宁边区设立了鲁迅师范学校、边区中学等学校，鲁迅师范至1938年年底毕业180多人，在校200多人，边区中学则在校200多人。1937年冬季，鲁迅师范开展冬学运动，原计划设立400所学校，招收6000名学生，结果短期内成立了600所学校，招收了10000名学生。妇女教育方面，边区的抗属学校先后招收了300多名学生。1939年1月，陕甘宁边区共有识字组5834个，组员39983人；夜校208个，学生1917人；半日校61所，学生919人。[②]1944年11月，李维汉提出边区文教工作的发展规划，在五年至十年之内，"消灭男子四十岁与女子三十五岁以下的文盲，大家能读能写，健康愉快，享有新文化生活，从而有充分能力向前发展政治经济"。[③]

在高等教育及干部教育方面，陕甘宁边区创办了中国人民抗日军事政治大学、陕北公学、青年干部训练班、鲁迅艺术学院、马列学院、中共中央党校、职工学校、中国女子大学、民族学院、卫生学校等一系列学校，培养了大批人才。此外，1940年9月创办延安自然科学院，这是中国共产党历史上第一个开展自然科学教学和研究的专门机构。同年成立陕甘宁边区自然科学研究会，推动了边区科学研究事业的发展。

与教育事业尤其是扫盲运动密切相关的是群众文化事业的发展。1940年3月，中共中央书记处发布指示，提出在小学之外，建立民革室、救亡室、俱乐部一类的文化教育活动中心。开办各种民众学校、夜学、识字班，组织各种识字组、大众黑板、读报、演讲、娱乐体育、壁报、戏剧等一切适合于民众需要

---

① ［美］马克·塞尔登：《革命中的中国：延安道路》，魏晓明、冯崇义译，社会科学文献出版社2002年版，第256页。

② 林伯渠：《两年来陕甘宁边区政府在保卫边区和全中国的抗战中所做的工作》(1939年1月)，载中共中央文献研究室、中央档案馆编：《建党以来重要文献选编（1921—1949）》第16册，中央文献出版社2011年版，第48页。

③ 李维汉：《开展大规模的群众文教运动》(1944年11月15日)，载中共中央文献研究室、中央档案馆编：《建党以来重要文献选编（1921—1949）》第21册，中央文献出版社2011年版，第614页。

及为民众所喜欢参加的活动。在每县的中心市镇设立民众教育馆,大力发展农村中的戏剧歌咏运动。①1942 年 5 月,毛泽东在延安文艺座谈会上提出文艺为工农兵服务的方针。1944 年 11 月,陕甘宁边区召开文教大会,作出关于发展群众艺术的专门决议,提出发展和改造农民艺术,既要在群众中发展新文学、新美术、新音乐、新舞蹈和新的艺术组织,又要团结和教育群众中旧有的艺人,为人民的新生活服务。②

在保障人民身体健康方面,边区政府积极发展医疗卫生事业,改善边区医疗卫生条件,采取各种措施防止疾病的传播。面对眼疫、霍乱、天花等传染病疫情,一方面封锁疫区,控制疫情,组织医疗队进行救治,另一方面搞好卫生防疫活动,开展卫生防疫宣传,改善公共卫生设施条件,做好疾病的预防工作。③在 1944 年 11 月召开的陕甘宁边区文教大会上,李维汉谈到边区医疗卫生问题的严峻性,在若干地区成年人的死亡率高达百分之三、婴儿死亡率则高达百分之六十,提出在五到十年内,"消灭百分之三与百分之六十的死亡率,大大增加人口繁殖率"④,切实保障人民健康。大会通过有关开展群众卫生医药工作的决议,要求普遍开展卫生运动,宣传卫生知识,预防各种因喝生水、吃腐败食物、剪脐带不洁、常年不洗澡等引起的传染病。同时加强医疗工作,动员部队、机关中的西医下乡为群众服务,推动中医科学化,大量培养卫生医药人才,在中学开设卫生医药常识课等。⑤

---

① 《中共中央书记处关于开展抗日民主地区的国民教育的指示》(1940 年 3 月 18 日),载中共中央文献研究室、中央档案馆编:《建党以来重要文献选编(1921—1949)》第 17 册,中央文献出版社 2011 年版,第 212 页。

② 《陕甘宁边区文教大会关于发展群众艺术的决议》(1944 年 11 月 16 日),载中共中央文献研究室、中央档案馆编:《建党以来重要文献选编(1921—1949)》第 21 册,中央文献出版社 2011 年版,第 625 页。

③ 潘嘉:《中国共产党社会建设思想研究》,中共中央党校 2009 年博士学位论文,第 55 页。

④ 李维汉:《开展大规模的群众文教运动》(1944 年 11 月 15 日),载中共中央文献研究室、中央档案馆编:《建党以来重要文献选编(1921—1949)》第 21 册,中央文献出版社 2011 年版,第 614 页。

⑤ 《陕甘宁边区文教大会关于开展群众卫生医药工作的决议》(1944 年 11 月),载中共中央文献研究室、中央档案馆编:《建党以来重要文献选编(1921—1949)》第 21 册,中央文献出版社 2011 年版,第 630 页。

在社会优抚方面，边区最为主要的是对于抗日军人家属的优待扶助，与土地革命时期优待红军家属的政策一脉相承。在陕甘宁边区，各种义务劳动队会在周六下午的义务劳动日为抗属提供劳动帮助。抗属如有困难，如缺粮少盐、生病婚丧等事，区乡政府可动员民众或进行募捐、进行帮助。消费合作社的物品对抗属一律九折。①组织代耕队，代替抗日军人家属种地。妥善安置边区以外逃难来的抗日军人家属。制定法令规定抗属免纳捐税，创办抗属学校，创造抗属模范，提高其社会地位。②1943年初，党在各抗日根据地推广陕甘宁边区"拥军优抗，拥政爱民"运动的做法，为抗日军人前线作战提供了巩固的后方。

此外，边区还积极开展社会救助、社会服务、社会保障等项工作。陕甘宁地区自然灾害频繁，边区政府坚持以生产自救和群众的团结互助为主、以政府直接救济为辅的基本方针开展救灾工作，采取发放急赈、互相调剂、组织募捐、建立义仓、厉行节约、减轻负担等方法直接救灾。③根据林伯渠1939年1月的工作报告，陕甘宁边区两年来救济外来难民在三万人以上，同时进行抚恤残疾、保育儿童等工作，成立托儿所，后改为陕甘宁边区儿童保育分院。在养老服务方面，1941年6月，边区政府公布《陕甘宁边区养老院组织规程（草案）》，设立养老院，60岁以上的革命工作者不能继续服务的、抗属老人不能维持生活的、有功于国家社会的边区老人不能维持生活的可以申请入住。④

从新三民主义性质的总体施政纲领，到边区以促进民主、保障民权、改善民生为主要内容的社会建设实践，都直接体现出中国共产党以人民为中心、为人民谋幸福的核心思想。在国共合作、全民抗战的形势下，陕甘宁边区得以公

---

① 林伯渠：《陕甘宁边区政府一年来的政况》（1938年7月7日），载中共中央文献研究室、中央档案馆编：《建党以来重要文献选编（1921—1949）》第15册，中央文献出版社2011年版，第497页。

② 林伯渠：《两年来陕甘宁边区政府在保卫边区和全中国的抗战中所做的工作》（1939年1月），载中共中央文献研究室、中央档案馆编：《建党以来重要文献选编（1921—1949）》第16册，中央文献出版社2011年版，第48页。

③ 欧瑞：《抗日战争时期陕甘宁边区社会保障问题研究》，吉林大学2019年博士学位论文，第68—69页。

④ 同上书，第111页。

开、合法存在，边区政府得以全面实施经济发展和社会建设的各项方针政策，形成了"延安道路"，取得了积极成效，人民的自由、民主、人权、财权得到充分保障，生活不断改善，精神积极向上，与国统区形成了鲜明对比。延安成为革命圣地，陕甘宁等边区成为革命青年和广大人民向往的乐土。一定程度上，边区的社会建设实践也成为抗战胜利后新民主主义中国建设的雏形和样板。

第三节 新民主主义：社会建设共识性目标的达成

为促成第二次国共合作，中国共产党提出以彻底实现新三民主义为中国社会革命与建设的共识性纲领。抗日战争时期，党多次提出抗战胜利后建设新中国的纲领性主张，将新三民主义发展为新民主主义思想，以此凝聚社会共识，增进社会团结，并在日本投降后积极推动和平建国的谈判与协商。解放战争时期，以建设新民主主义中国为号召，中国共产党领导建立了广泛的人民民主统一战线，紧密团结小资产阶级、民族资产阶级与民主党派，同时恢复土地革命时期彻底反封建的"耕者有其田"的土地政策，为解放战争的迅速胜利提供了最广大的社会支持和最深厚的社会动力。1949年中国人民政治协商会议的召开意味着这种社会共识与社会团结达到前所未有的高度，团结起来的中国人民取得反帝反封建的新民主主义革命的胜利，从此以崭新姿态屹立于世界民族之林。

一、新中国的美好愿景：从新三民主义到新民主主义

孙中山先生提出的新三民主义与中国共产党新民主主义革命纲领基本一致，成为大革命时期、抗日战争时期两次国共合作的基础共识，党所领导的边区政府以之作为总体的施政纲领，彻底实现三民主义、建设新中国也是党在新民主主义革命阶段的奋斗目标。1938年11月，中共扩大的六届六中全会提出抗日战争时期中华民族的基本任务是：坚持抗战，坚持持久战，巩固和扩大抗日民族统一战线，以便克服困难，增加力量，停止敌之进攻，实行我之反攻，以取

得最后驱逐日寇出境和建立独立、自由、幸福的三民主义新中国的光荣胜利。[①]

全面抗战期间，党的新民主主义思想发展成熟，其标志是毛泽东于1940年1月发表的《新民主主义论》一文。毛泽东明确提出中国共产党在新民主主义革命阶段的基本纲领，主要包括政治、经济、文化三个方面。在政治上，建立"无产阶级领导下的一切反帝反封建的人们联合专政的民主共和国"，即新民主主义的共和国。在经济上，要使"大银行、大工业、大商业归这个共和国的国家所有"；"这个共和国并不没收其他资本主义的私有财产，并不禁止'不能操纵国民生计'的资本主义生产的发展"；"这个共和国将采取某种必要的方法，没收地主的土地，分配给无地和少地的农民"，"农村的富农经济，也是容许其存在的"。在文化上，要挣脱帝国主义、封建主义文化思想的奴役，实行人民大众的反帝反封建的文化，即"民族的科学的大众的文化"。新民主主义的政治、经济纲领是符合三民主义的，民权制度"为一般平民所共有"，经济则要坚持"节制资本"和"平均地权"，新民主主义的共和国就是"三大政策的新三民主义的共和国"。新民主主义是现在的纲领，社会主义则是将来的纲领，"这是有机构成的两部分"，因此，新民主主义革命的发展前途必然是社会主义。[②]

抗战胜利前夕召开的中国共产党第七次全国代表大会提出党的政治路线，即，"放手发动群众，壮大人民力量，在我党的领导下，打败日本侵略者，解放全国人民，建立一个新民主主义的中国"，认为当前最重要的是要求立即废止国民党一党专政，建立民主联合政府。毛泽东在《两个中国之命运》中提出了建设新中国的光明前途，要为"建设一个独立的、自由的、民主的、统一的、富强的新中国而奋斗"[③]。在《论联合政府》的报告中，毛泽东再次申明新民主主义的政治、经济和文化纲领：政治上"建立一个联合一切民主阶级的统一战线

---

① 《中共扩大的六届六中全会政治决议案》（1938年11月6日），载中共中央文献研究室、中央档案馆编：《建党以来重要文献选编（1921—1949）》第15册，中央文献出版社2011年版，第755页。

② 毛泽东：《新民主主义论》（1940年1月），载中共中央文献研究室、中央档案馆编：《建党以来重要文献选编（1921—1949）》第17册，中央文献出版社2011年版，第11页。

③ 毛泽东：《两个中国之命运》（1945年4月23日），载中共中央文献研究室、中央档案馆编：《建党以来重要文献选编（1921—1949）》第22册，中央文献出版社2011年版，第127页。

的政治制度",政权组织采取民主集中制,由各级人民代表大会决定大政方针,选举政府;经济上,国家经营、私人经营和合作社经营三者并存,"发展有益于国民生计的私人资本主义经济,保障一切正当的私有财产";文化上,发展民族的、科学的、大众的文化。毛泽东提出,党的最高纲领,"是要将中国推进到社会主义社会和共产主义社会去",同时列举了数十条现阶段的具体纲领,涉及民族独立、民主政治、民权保障、民生改善、社会发展等[①],诸多内容是边区政府已经实施的政策。毛泽东还专门就建立民主联合政府、人民的自由、人民的统一、土地问题、工业问题以及文化、教育、知识分子问题进行分析,为未来的新中国如何开展总体性的社会建设作了充分的思想准备。

抗战胜利以后,中国共产党顺应人民和平建国的热切期望,积极开展与国民党的协商、谈判,并于1945年10月签订"双十协定"。"双十协定"确立了"和平建国的基本方针",提出国共双方"长期合作,坚决避免内战,建设独立、自由和富强的新中国",同时结束国民党的"训政","积极推行地方自治,实行自下而上的普选",并召开有各党派代表和社会贤达出席、讨论和平建国方案的政治协商会议。[②]1946年1月10日,被全国人民寄予厚望的政治协商会议召开,中共代表团于1月16日提出《和平建国纲领草案》,期望"以和平、民主、团结、统一为基础,在蒋主席领导下,迅速结束训政,实施宪政,彻底实行三民主义,建设独立、自由和富强的新中国"[③]。草案提出政治民主化、军队国家化、党派平等合法等要求,具体内容涉及人民权利、中央机构、国民大会、地方自治、军事改革、复员善后、财政经济改革、文化教育改革、国际和平及保侨等诸多方面。1月31日,政协第十次会议一致通过《和平建国纲领》,提出:遵奉三民主义为建国之最高指导原则,团结一致,"建设统一自由民主之新中国",

---

① 毛泽东:《论联合政府》(1945年4月24日),载中共中央文献研究室、中央档案馆编:《建党以来重要文献选编(1921—1949)》第22册,中央文献出版社2011年版,第131页。

② 中共中央党史研究室:《中国共产党的九十年:新民主主义革命时期》,中共党史出版社、党建读物出版社2016年版,第271—272页。

③ 《和平建国纲领草案》(1946年1月16日),载中共中央文献研究室、中央档案馆编:《建党以来重要文献选编(1921—1949)》第23册,中央文献出版社2011年版,第51页。

"确保人民享有身体、思想、宗教、信仰、言论、出版、集会、结社、居住、迁移、通讯之自由"，保障男女平等，实行减租减息，改善劳动条件，普及国民教育与社会教育，奖励儿童保育事业，增进国民健康，赈济战灾，防治疾疫等①，基本上是中国共产党所提草案的修改版，反映了新民主主义的主要原则。

国民党发起全面内战后，依靠国共合作和平建国的希望彻底落空，中国共产党再次承担起新民主主义革命的领导重任。随着解放战争的胜利推进，召开新政治协商会议、成立民主联合政府、建立新中国的光明前途日渐清晰。1949年3月，中国共产党召开七届二中全会，毛泽东在报告中提出，"我们不但善于破坏一个旧世界，我们还将善于建设一个新世界。中国人民不但可以不要向帝国主义者讨乞也能活下去，而且还将活得比帝国主义国家要好些"。②6月30日，毛泽东发表《论人民民主专政》，回溯中国革命的历史，指出"资产阶级的民主主义让位给工人阶级领导的人民民主主义，资产阶级共和国让位给人民共和国"是历史的必然。人民在现阶段包括工人阶级、农民阶级、城市小资产阶级和民族资产阶级，向帝国主义的走狗即地主阶级和官僚资产阶级以及代表这些阶级的国民党反动派及其帮凶们实行专政。③毛泽东提出新民主主义革命胜利后要对民族资产阶级进行社会主义改造、推进农业社会化等问题，基本上指明了新中国成立后要走的道路。

1949年9月21日，中国人民政治协商会议第一届全体会议在北京召开。9月27日，会议通过《中国人民政治协商会议组织法》《中华人民共和国中央人民政府组织法》以及《关于中华人民共和国国都、纪年、国歌、国旗的四个决议案》。9月29日，会议通过了《中国人民政治协商会议共同纲领》，提出"以

①《和平建国纲领》（1946年1月31日），载中共中央文献研究室、中央档案馆编：《建党以来重要文献选编（1921—1949）》第23册，中央文献出版社2011年版，第57页。

② 毛泽东：《在中国共产党第七届中央委员会第二次全体会议上的报告》（1949年3月5日），载中共中央文献研究室、中央档案馆编：《建党以来重要文献选编（1921—1949）》第26册，中央文献出版社2011年版，第158页。

③ 毛泽东：《论人民民主专政》（1949年6月30日），载中共中央文献研究室、中央档案馆编：《建党以来重要文献选编（1921—1949）》第26册，中央文献出版社2011年版，第501页。

新民主主义即人民民主主义为中华人民共和国建国的政治基础"。《共同纲领》规定，中华人民共和国为新民主主义即人民民主主义的国家，实行工人阶级领导的、以工农联盟为基础的、团结各民主阶级和国内各民族的人民民主专政，反对帝国主义、封建主义和官僚资本主义，为中国的独立、民主、和平、统一和富强而奋斗。《共同纲领》提出，中华人民共和国必须取消帝国主义国家在中国的一切特权，没收官僚资本归人民的国家所有，有步骤地将封建半封建的土地所有制改变为农民的土地所有制，保护国家的公共财产和合作社的财产，保护工人、农民、小资产阶级和民族资产阶级的经济利益及其私有财产，发展新民主主义的人民经济，稳步地变农业国为工业国。《共同纲领》还规定了人民拥有选举权和被选举权，拥有思想、言论、出版、集会、结社、通讯、人身、居住、迁徙、宗教信仰及示威游行的自由权，要求废除束缚妇女的封建制度、实行民族平等，并规定了国民在保卫祖国、遵守法律、缴纳赋税等方面的义务。《共同纲领》明确了新中国的经济政策、文化教育政策、民族政策等，在文化教育方面提出实行普及教育、加强中等教育和高等教育、注重技术教育、发展科学研究和文学艺术、提倡国民体育、推广卫生医药事业、保护新闻自由等具体内容，① 全面规划了中华人民共和国的建国方略。

1949 年 10 月 1 日，中华人民共和国正式成立，标志着无产阶级领导的反帝反封建的新民主主义革命终于取得胜利，中国人民获得了翻身解放，中华民族从此站了起来。中国共产党成立以来，秉持"为人民谋幸福、为民族谋复兴"的初心，经过 28 年艰苦卓绝的奋斗，战胜了无数困难、挫折，立足中国实际积极探寻马克思主义中国化的道路，根据形势变化灵活调整自身的目标与政策，凝聚起全国人民的磅礴力量，推翻了帝国主义、封建主义、官僚资本主义三座大山，最终建立了新民主主义的中华人民共和国。从新三民主义到新民主主义，中国共产党在不同阶段的具体政策虽然有所调整，但反帝反封建的革命纲领和

①《中国人民政治协商会议共同纲领》（1949 年 9 月 29 日中国人民政治协商会议第一届全体会议通过），载中共中央文献研究室、中央档案馆编：《建党以来重要文献选编（1921—1949）》第 26 册，中央文献出版社 2011 年版，第 758 页。

基本要求一脉相承。从新三民主义到新民主主义，中国共产党为全国人民摹画了新中国独立、自由、民主、平等、富足、强盛的美好图景，尤其关注工农大众和广大人民的切身利益，凝聚起全国人民为新中国的光明前途而奋斗。从新三民主义到新民主主义，中国共产党努力在最大范围内追求共识，团结一切革命力量，构建最为广泛的统一战线，为革命胜利提供了坚实保障。

二、最广大的社会团结：人民民主统一战线的形成与发展

抗日战争期间，中国共产党领导并坚持了抗日民族统一战线，在反对日本帝国主义的旗帜下团结起全民族的爱国力量，大大增强了中华民族的凝聚力。抗战胜利后，在统一战线的基础上兴起了和平建国的热潮，但最终归于失败。1946 年 6 月，全面内战爆发。7 月，李公朴、闻一多先后被暗杀，全国范围内反对国民党反动统治的运动此起彼伏。在这一形势下，中国共产党领导建立了最广泛的人民民主统一战线，有力支持了解放战争的胜利推进。

1946 年 11 月，毛泽东提出"要胜利就要搞好统一战线"，"统一战线是一个基本的问题，无论如何要团结最大多数的人"。统一战线对于争取民心极为重要，"打起仗来，人心如不属我，我就输了。教育人民历来是我们党的任务，要一直坚持下去"。[1] 12 月 30 日，北平学生发起抗暴运动，国统区的地下党组织发动群众积极响应。到 1947 年 1 月 10 日，抗暴斗争已扩展到 14 个省 26 个城市，参加罢课、游行等的学生总数达 50 万人。[2] 1947 年 5 月至 6 月，党还积极参与并领导了国统区学生的反饥饿、反内战、反迫害运动，这是中国学生运动史上规模最大的一次运动，沉重打击了国民党的反动统治。1947 年 7 月 1 日，新华社发表纪念建党 26 周年的社论，指出"蒋介石反动派的滔天罪恶，迫得全国人民团结起来，坚决走上爱国自卫战争和走上救死求生的反饥饿反内战反独

---

① 毛泽东：《要胜利就要搞好统一战线》（1946 年 11 月 21 日），载中共中央文献研究室、中央档案馆编：《建党以来重要文献选编（1921—1949）》第 23 册，中央文献出版社 2011 年版，第 561 页。

② 中共中央党史研究室：《中国共产党的九十年：新民主主义革命时期》，中共党史出版社、党建读物出版社 2016 年版，第 290 页。

裁的斗争道路"。"我们有个伟大的民族统一战线，这个统一战线包括工人、农民、知识分子、小资产者、爱国的民族资本家、开明绅士、少数民族及海外华侨，这就是全中国的人民大众。"① 至 1948 年 1 月，民盟、民革等纷纷表示承认中国共产党的领导地位，共产党领导的多党合作局面逐步形成。

围绕新民主主义的建国愿景，按照人民民主统一战线的要求，中国共产党加强和改进了青年团、妇女组织等群团组织的建设工作。1946 年 10 月，中国共产党提议建立中国新民主主义青年团，各地区纷纷试办。1949 年 1 月 1 日，中共中央通过决议，建立中国新民主主义青年团，将青年团视为"在中国共产党的政治领导之下坚决地为新民主主义而斗争的先进青年们的群众性的组织，是党去团结与领导广大青年群众的核心，是党以马克思列宁主义教育青年的学校"。② 相比过去的共产主义青年团，新民主主义青年团积极吸收各民主阶层中的青年积极分子入团，拥有更为广泛的青年群众基础。在此基础上，4 月召开中国新民主主义青年团第一次全国代表大会。同一时间，党领导的中国妇女第一次全国代表大会召开，通过《中国妇女运动当前任务的决议》，提出解放区的妇女应继续积极支援人民解放战争，城市妇女运动则"应以女工为基础，团结其他劳动妇女，争取知识妇女、自由职业妇女及其他各阶层妇女"，并"发动和组织一切劳动的民主的妇女大众，积极参加民主运动，运用民主权利，废除封建压迫，参加国家政权各方面的工作，以提高并保障妇女在政治上和社会上的地位"③，同样体现了人民民主统一战线的基本原则。

随着解放战争的胜利推进，至 1949 年 3 月的中共七届二中全会时，人民民

---

① 《努力奋斗　迎接胜利——纪念中国共产党创立二十六周年》(1947 年 7 月 1 日新华社社论)，载中共中央文献研究室、中央档案馆编：《建党以来重要文献选编（1921—1949）》第 24 册，中央文献出版社 2011 年版，第 218 页。

② 《中共中央关于建立中国新民主主义青年团的决议》(1949 年 1 月 1 日)，载中共中央文献研究室、中央档案馆编：《建党以来重要文献选编（1921—1949）》第 26 册，中央文献出版社 2011 年版，第 1 页。

③ 《中国妇女运动当前任务的决议》(1949 年 4 月 1 日中国妇女第一次全国代表大会通过)，载中共中央文献研究室、中央档案馆编：《建党以来重要文献选编（1921—1949）》第 26 册，中央文献出版社 2011 年版，第 240 页。

主统一战线得到极大巩固，各民主党派、人民团体和无党派民主人士都站在共产党一方，"召集政治协商会议和成立民主联合政府的一切条件，均已成熟"。[①] 6月15日，毛泽东在新政治协商会议筹备会上发表讲话，对统一战线进行概括，指出中国的革命是全民族人民大众的革命，"除了帝国主义者、封建主义者、官僚资产阶级分子、国民党反动派及其帮凶们而外，其余的一切人都是我们的朋友，我们有一个广大的和巩固的革命统一战线"。"这个统一战线是如此广大，它包含了工人阶级、农民阶级、城市小资产阶级和民族资产阶级。"[②] 基于人民民主统一战线广泛的阶级基础，新政协筹备会周密规定了参会单位的范围及其代表名额，包括14个单位的党派代表142人、9个单位的区域代表102人、6个单位的军队代表60人、16个单位的团体代表206人，共计510位代表。[③] 6月30日，毛泽东发表《论人民民主专政》，将中国革命的基本经验概括为两条，即孙中山先生遗嘱中的"唤起民众"和"联合世界上以平等待我之民族"，建立国内、国外两条统一战线，共同奋斗。

中国人民政治协商会议是人民民主统一战线发展的必然结果，也是其正式组织形式。1949年9月7日，周恩来指出，中国人民政治协商会议是一个包含工人阶级、农民阶级、城市小资产阶级、民族资产阶级和一切爱国民主人士的统一战线组织，应该长期存在。政协会议的任务是团结工人阶级、农民阶级、小资产阶级、民族资产阶级以及一切爱国民主人士、国内少数民族和海外华侨，共同反对帝国主义、封建主义和官僚资本主义，建设新民主主义的新中国。[④]

---

① 毛泽东：《在中国共产党第七届中央委员会第二次全体会议上的报告》（1949年3月5日），载中共中央文献研究室、中央档案馆编：《建党以来重要文献选编（1921—1949）》第26册，中央文献出版社2011年版，第158页。

② 毛泽东：《在新政治协商会议筹备会上的讲话》（1949年6月15日），载中共中央文献研究室、中央档案馆编：《建党以来重要文献选编（1921—1949）》第26册，中央文献出版社2011年版，第463页。

③ 《关于参加新政治协商会议的单位及其代表名额的规定》（1949年6月19日新政治协商会议筹备会第一次全体会议通过），载中共中央文献研究室、中央档案馆编：《建党以来重要文献选编（1921—1949）》第26册，中央文献出版社2011年版，第474页。

④ 周恩来：《关于人民政协的几个问题》（1949年9月7日），载中共中央文献研究室、中央档案馆编：《建党以来重要文献选编（1921—1949）》第26册，中央文献出版社2011年版，第693页。

9月27日通过的《中国人民政治协商会议组织法》规定，中国人民政治协商会议为全中国人民民主统一战线的组织，旨在经过各民主党派及人民团体的团结，去团结全中国各民主阶级、各民族，共同努力，实行新民主主义，反对帝国主义、封建主义及官僚资本主义，推翻国民党的反动统治，肃清公开的及暗藏的反革命残余力量，医治战争创伤，恢复并发展人民的经济事业及文化教育事业，巩固国防，并联合世界上以平等待我之民族及国家，以建立及巩固由工人阶级领导的以工农联盟为基础的人民民主专政的独立、民主、和平、统一及富强的中华人民共和国。[1]

以新民主主义理念为号召，以人民民主统一战线为具体方略，中国共产党组织民众、凝聚人心，实现了中华民族的空前团结，领导建立了全新的中华人民共和国。此后，统一战线思想继续发展，以社会主义和共产主义为方向，中国共产党将全国人民有效团结、组织起来，持续推进新民主主义建设、社会主义改造和建设，延续了党组织动员广大民众的悠久传统，形成了社会主义"集中力量办大事"的组织和制度优势并延续至今。正如1949年9月30日毛泽东以《中国人民大团结万岁》为题发表的政协会议闭幕讲话中所说，"全国同胞们，我们应当进一步组织起来。我们应当将全中国绝大多数人组织在政治、军事、经济、文化及其他各种组织里，克服旧中国散漫无组织的状态，用伟大的人民群众的集体力量，拥护人民政府和人民解放军，建设独立民主和平统一富强的新中国"。[2]

三、最深厚的社会动力：从土地改革到城市工作

中国的新民主主义革命很大程度上是农民革命，如何动员广大农民参与革

---

[1] 《中国人民政治协商会议组织法》（1949年9月27日中国人民政治协商会议第一届全体会议通过），载中共中央文献研究室、中央档案馆编：《建党以来重要文献选编（1921—1949）》第26册，中央文献出版社2011年版，第745页。

[2] 毛泽东：《中国人民大团结万岁》（1949年9月30日），载中共中央文献研究室、中央档案馆编：《建党以来重要文献选编（1921—1949）》第26册，中央文献出版社2011年版，第770页。

命、如何获得农民的广泛支持和拥护，是革命能否胜利的关键。针对中国人数最多、受封建压迫最重的农民阶级，中国共产党一直坚持按照新三民主义中"平均地权"和"耕者有其田"的基本要求，在农村开展反封建的土地斗争，但具体的土地政策则会根据形势的变化进行调整。从大革命后期轰轰烈烈的农民运动，到土地革命时期的"打土豪，分田地"，再到抗日战争时期的减租减息，革命的对象、范围和方式在不同时期均有变化。抗战胜利后，中国共产党的土地政策逐渐从减租减息转变为"耕者有其田"，一定程度上恢复了之前更为彻底的土地革命纲领，由此更充分地动员起解放区无地少地的贫农、雇农与中农，为解放战争的胜利提供了最为深厚的社会动力。同时，解放战争的胜利意味着中国共产党之前"农村包围城市、武装夺取政权"的道路已完成其历史使命，党的工作重心也从农村转移到了城市，由此开启了城市领导农村、农业支持工业、加快推进工业化的新征程。

抗战胜利后的一段时间内，与国共和谈相适应，中国共产党继续执行减租减息的土地政策。1945 年 12 月，毛泽东提出，1946 年在一切新解放区，"发动大规模的、群众性的、但是有领导的减租减息运动"，工人则酌量增加工资，"使广大群众，在此运动中翻过身来，并组织起来，成为解放区自觉的主人翁"。① 1946 年 1 月 9 日的《解放日报》社论指出，必须在干部中进行关于放手发动群众这一方针的思想动员，而"大规模有领导的减租运动，是发动群众最重要的关键，是农民群众翻身的必经之途，是开展生产运动的必要前提"。②

随着和平建国进程受阻、国民党发动内战的图谋日益明显，党的土地政策渐趋激进，重新回归到土地革命时期的分田政策。1946 年 5 月 4 日，中共中央发出有关解决农民土地问题的指示，即"五四指示"，把减租减息政策调整为

---

① 毛泽东：《一九四六年解放区工作的方针》（1945 年 12 月 15 日），载中共中央文献研究室、中央档案馆编：《建党以来重要文献选编（1921—1949）》第 22 册，中央文献出版社 2011 年版，第 860 页。

② 《努力发动解放区群众》（1946 年 1 月 9 日《解放日报》社论），载中共中央文献研究室、中央档案馆编：《建党以来重要文献选编（1921—1949）》第 23 册，中央文献出版社 2011 年版，第 15 页。

"耕者有其田"政策，掀起了解放区的土地制度改革运动。但在 1947 年 7 月之前，党一直比较重视对于开明士绅、地主和富农的团结问题，注意区分豪绅恶霸和一般中小地主，采取较为缓和的举措，防止左倾错误。1946 年 8 月，中共中央发出指示，为了巩固解放区，更广泛动员各阶层群众，在土地政策方面，"必须自觉的向富农让步，坚持中央不变动富农自耕土地的原则"，同时，"对待一般中小地主亦应与对待汉奸豪绅恶霸有所区别"。在土地问题已经解决的地方，应保障一切地主必需生活，除少数反对分子外，应对一切地主采取缓和态度。①11 月，毛泽东也谈到，"搞土地改革并不影响我们团结地主"，"在土地改革完成后，明年也可以对地主拉一把，照顾他们的生活，学延安地区对待地主的经验，让他们和农民一样可以进行生产，富足起来"②。

1947 年 7 月，中共中央工作委员会在西柏坡村召开全国土地会议，并于 9 月 13 日通过《中国土地法大纲》(10 月 10 日公布)。会议明确规定"废除封建性及半封建性剥削的土地制度，实行耕者有其田的土地制度"，执行平均分配土地的政策，并着力纠正针对地主的某些过激做法。9 月 6 日，中共中央就彻底平分土地方针复电中央工委，认为"平分土地，利益极多，办法简单，群众拥护，外界亦很难找出理由反对此种公平办法"，建议"土地会议应该采取彻底平分土地的方针"，"不但土地、山林、水利平均分配，而且要将地主、富农两阶级多余的粮食、耕牛、农具、房屋及其他财富拿出来，适当地分配给农民中缺乏这些东西的人们，地主、富农所得的土地财产不超过也不低于农民所得"。③9 月 13 日，刘少奇在报告中指出，"实行这样的彻底平分土地的政策，整顿党，整

---

① 《中共中央关于对富农及中小地主的土地政策给华中局等的指示》(1946 年 8 月 8 日)，载中共中央文献研究室、中央档案馆编：《建党以来重要文献选编（1921—1949）》第 23 册，中央文献出版社 2011 年版，第 389 页。

② 毛泽东：《要胜利就要搞好统一战线》(1946 年 11 月 21 日)，载中共中央文献研究室、中央档案馆编：《建党以来重要文献选编（1921—1949）》第 23 册，中央文献出版社 2011 年版，第 561 页。

③ 《中共中央关于彻底平分土地的方针给中央工委的复电》(1947 年 9 月 6 日)，载中共中央文献研究室、中央档案馆编：《建党以来重要文献选编（1921—1949）》第 24 册，中央文献出版社 2011 年版，第 343 页。

顿作风，直接的目的是为了广大农民的利益，为了把土地改革这一基本任务完成"。解决土地问题是直接关系到几百万几千万人的问题，就全中国来说，是几万万人的问题。这直接是农民的利益，同时也是全民族的利益，是中国人民最大的最长远的利益，是中国革命的基本任务。①

9月13日，全国土地会议通过《中国土地法大纲》，明确土地制度改革的根本任务，要求废除一切地主的土地所有权，废除一切祠堂、庙宇、寺院、学校、机关及团体的土地所有权，废除一切乡村中在土地制度改革以前的债务，"乡村中一切地主的土地及公地，由乡村农会接收，连同乡村中其他一切土地，按乡村全部人口，不分男女老幼，统一平均分配，在土地数量上抽多补少，质量上抽肥补瘦，使全乡村人民均获得同等的土地，并归各人所有"。同时，乡村农会接收地主的牲畜、农具、房屋、粮食及其他财产，并征收富农的上述财产的多余部分，分给缺乏这些财产的农民及其他贫民，并分给地主同样的一份。此外，为保证土地改革中一切措施符合于绝大多数人民的利益及意志，政府负责切实保障人民的民主权利，保障农民及其代表有全权得在各种会议上自由批评及弹劾各方各级的一切干部，有全权得在各种相当会议上自由撤换及选举政府及农民团体中的一切干部。②10月10日，中共中央通过决议，公布《中国土地法大纲》，用以指导全国的土地改革工作。

《中国土地法大纲》的公布意味着中国共产党多年来有关农村、农民问题如何解决的探索有了最终的确定方案，而解放战争的快速推进则意味着党多年坚持的"农村包围城市、武装夺取政权"的方针即将取得最后的胜利，其历史使命也将告终结。与此相适应，中国共产党开始了如何有效开展城市工作的积极探索，逐步将工作重心从农村转向城市。1948年2月，中共中央批转《中央工

---

① 刘少奇：《在全国土地会议上的结论》（1947年9月13日），载中共中央文献研究室、中央档案馆编：《建党以来重要文献选编（1921—1949）》第24册，中央文献出版社2011年版，第363页。

② 《中国土地法大纲》（1947年9月13日中国共产党全国土地会议通过），载中共中央文献研究室、中央档案馆编：《建党以来重要文献选编（1921—1949）》第24册，中央文献出版社2011年版，第417页。

委关于收复石家庄的城市工作经验》，指出在城市工作中的"方针是建设，而不是破坏"。12 月，批转陈云《接收沈阳的经验》，具体办法是"各按系统，自上而下，原封不动，先接后分"，"要保证接收得好，最重要的还必须入城部队有良好的纪律教育"。1949 年 1 月，彭真在讲话中较早关注城市管理秩序，涉及对国民党遗留的保甲制度和保甲长如何处置的问题。① 1949 年 3 月召开的七届二中全会标志着党的工作重心从农村到城市的正式转移，全会提出党在领导城市工作时，必须全心全意依靠工人阶级，吸收大量工人入党，团结其他劳动群众，争取知识分子，争取民族资产阶级及其代表人物，并要将恢复和发展城市中的生产作为中心任务。毛泽东在报告中指出，"党和军队的工作重心必须放在城市，必须用极大的努力去学会管理城市和建设城市"，城市工作的中心任务是恢复生产，避免工人失业和生活水平降低。② 刘少奇重点谈到依靠工人、发展生产的问题，依靠工人要做到三点，即"尽可能保障工人的生活水平勿使之过低；深入广泛地教育工人；组织工人"。"当物资匮乏时，除保障军队生活外，第一就是保障工人生活，要使他们的生活水平比我们后方机关职员较高。"同时注意宣传，"到将来一有可能，即要改善工人的生活"。③

从工人运动到农民运动，从土地革命到减租减息再到土地改革，从农村到城市，中国共产党建立以后 28 年的历史展现了这一艰难曲折的发展历程。基于马克思主义基本原理，党在成立初期的主要任务是组织发动城市中的工人阶级，开展工人运动。大革命时期，基于对中国国情的认识，农民运动开始兴起，并在大革命失败后发展成为中国革命的唯一正确道路，由此确立了"农村包围城

① 彭真：《掌握党的基本政策，做好入城后的工作》(1949 年 1 月 6 日)，载中共中央文献研究室、中央档案馆编：《建党以来重要文献选编（1921—1949）》第 26 册，中央文献出版社 2011 年版，第 16 页。

② 毛泽东：《在中国共产党第七届中央委员会第二次全体会议上的报告》(1949 年 3 月 5 日)，载中共中央文献研究室、中央档案馆编：《建党以来重要文献选编（1921—1949）》第 26 册，中央文献出版社 2011 年版，第 158 页。

③ 刘少奇：《关于城市工作的几个问题》(1949 年 3 月 12 日)，载中共中央文献研究室、中央档案馆编：《建党以来重要文献选编（1921—1949）》第 26 册，中央文献出版社 2011 年版，第 172 页。

市"的根本战略。从土地革命到抗日战争，无论是苏维埃革命根据地还是边区抗日根据地，广大农民阶级始终是党最为深厚的社会支持力量，为党所领导的武装斗争与社会建设提供了最有力的支持。随着全中国的胜利解放，农村的土地问题得以彻底解决，党的工作重心由农村转向城市，工人阶级重新成为党在城市工作中最重要的依靠力量。这一发展历程是中国共产党将马克思主义基本原理与中国革命实践紧密结合的过程，是马克思主义中国化的直接体现。在不同时期，无论是依靠工人阶级还是依靠农民阶级，中国共产党都能够紧紧抓住人民的根本利益需求，保持同群众的血肉联系，把民众有效组织起来，团结带领广大人民开展革命与建设。这是新民主主义革命最为宝贵的经验，也为"工人阶级领导的、以工农联盟为基础的"中华人民共和国的社会建设提供了最重要的思想支撑。

第二部分　社会主义改造与建设：重积累与平均的工业集体主义（1949—1977）

中国共产党百年社会建设思想一以贯之的核心是"以人民为中心、为人民谋幸福"。这一部分将要讨论的是，中国共产党如何"以人民为中心"，在实践中践行始终为人民谋幸福的理想信念，将共产主义理想与最广大的人民群众的根本利益结合起来。

1949年到1977年，这是百年中国共产党历史上非常重要的发展阶段。在这一阶段，中国共产党领导中国人民建立和巩固了工人阶级领导的、以工农联盟为基础的人民民主专政即无产阶级专政的国家政权。在社会建设方面，中国共产党有效地整合了社会，形成了强大的组织与动员体系与机制，建立了集体主义的社会主义价值体系，以及体系庞大、非常有效的社会福利制度，同时还相应地建立起不同部分之间高度匹配的社会管理制度。社会主义制度的建立，实现了我国历史上最深刻最伟大的社会变革，是我国今后一切进步和发展的基础。

中国共产党领导下的政权是建设社会主义的富强民主文明的现代化国家的根本保证，这是中国历史上从来没有过的人民当家作主的新型政权，中国共产党开创并践行的共产主义事业也是前所未有的伟大事业。这一时期，中国共产党始终坚持人民群众的根本利益至上推动社会建设，在社会建设思想上留下了很多具有历史意义的成就。1956年，中国共产党第八次全国代表大会提出，我国社会主义改造完成后，国内的主要矛盾不再是工人阶级和资产阶级之间的矛盾，而是人民对于建立先进的工业国的要求同落后的农业国的现实之间的矛盾，是人民对于经济文化迅速发展的需要同当前经济文化不能满足人民需要的状况之间的矛盾。[①] 解决这个矛盾的办法是发展社会生产力，实行大规模的经济建设。在对国情的认识上，党的领导人作出《论十大关系》《关于正确处理人民内部矛盾的问题》等重要著述。毛泽东在《论十大关系》中指出，"一定要努力把党内党外、国内国外一切积极的因素，直接的、间接的积极因素，全部调动起来，把我国建设成为一个强大的社会主义国家"。[②] 团结一切积极的因素就是要凝聚最广大人民群众的力量，党群关系尤为重要。毛泽东在《一九五七年夏季的形势》一文中指出，党群关系好比鱼水关系。如果党群关系搞不好，社会主义制度就不可能建成；社会主义制度建成了，也不可能巩固。党关于社会建设的这些思想扎根中国社会文化土壤，坚持把马克思主义基本原理同中国具体实际相结合，丰富和发展了科学社会主义和世界马克思主义。

---

① 中共中央文献研究室：《建国以来重要文献选编》第9册，中央文献出版社1994年版。
② 毛泽东：《论十大关系》，《人民日报》1976年12月26日。

1949—1977年党的社会建设思想产生于新中国社会主义现代化建设的探索阶段。1949年中华人民共和国成立之初，常年战乱对工业、农业、铁路等经济造成了极大的破坏，加之连年水旱等灾荒，整个社会经济凋敝，物资短缺，工业水平低，城镇劳动力多数处于失业状态，整个社会长期处于分裂的散漫状态，全国5亿多人口中有超过4亿的人口是文盲，文盲率高达约80%。因此，推翻帝国主义，实现民族独立，建立一个强大的现代化国家一直是百年来中国人民为之奋斗的理想，在此背景下，党关于社会建设的思想，主要是"大社会"建设的思想。中国共产党关于社会建设的理解是，建立一个独立、民主、和平、统一和富强的现代化国家。

从恢复国民经济和重建社会秩序着手，中国共产党逐渐形成关于这一时期社会建设的认识，那就是：工业化是人民共同体一切福祉获得的基础，集体化是社会主义现代化建设的思想与组织保障。实现社会的工业化、现代化是19世纪中叶以来中国人的"强国梦"，相应地，把中国由落后的农业国变成先进的工业国就成了共产党人建立新中国实现国家富强的承诺。基于这一思想，党在"一五"计划（1953—1957）中确定了优先发展重工业的方针，以及发展国家的重工业作为实现社会主义工业化的中心环节，以重工业带动轻工业和农业的发展。同时，党以集体化为原则开始进行社会主义改造。通过土地改革以及农业、手工业、工商业的社会主义改造，中国共产党对按照社会主义理想和逻辑来组织社会、进行生产计划与分配展开了初步探索，在这一过程中党倡导的集体主义、共产主义、社会主义的意识形态一步步渗透到了大众的日常生产模式中。

以此为基础，中国共产党在社会建设方面进行了全面的制度重建，在较短的时间里就建立起高度集中的计划经济体制以及与其相适应的一套社会管理制度，包括单位制、人民公社制、户籍制、街居制、信访制度及阶级分类制度等。这套制度体现于社会的组织方式、福利模式和意义系统，几乎涉及人们最基本的生产和生活资源，与公共产品的配置领域直接相关。它们的运行在一元意识形态下遵循集体主义工作伦理和近乎平均主义的分配原则。由于管理制度、分配原则与指导思想之间相互匹配、彼此支持、运行高效，社会生产与生活被有序地组织起来，并达成高度一致的社会认同。然而，这种"有效"的重要后果是，社会一定程度上失去了流动和活力，社会的自主性和权益意识也被遮蔽，自我调节的机能比较弱。

第三章　新中国　新社会　新风尚

　　1949 年前后，"救亡图存"这一特定的认知与思考模式得以延续，在大叙事体例下，国家、民族与社会成为一个同构性概念，国家等于社会整体，民族亦如此，都是基于特定地域／疆域的人口群体。1949 年后，中国共产党希望通过对中国社会进行全面彻底的组织改造，将整个社会有序组织起来，建设一个独立民主和平统一富强的新中国。社会、国家、民族，犹如一个同心圆，而中国共产党自诞生起，在历史和人民的选择中渐渐走进了这个同心圆的核心，成为这个同心圆的领导者。在 1949 年新政权刚刚建立之际，那些源于前政权体系下的诸多党派、社会力量、民族资产阶级等，借由《共同纲领》成为共产党领导下的新中国建设统一战线的一部分。此后，中国共产党通过新的国家即社会的蓝图构建，通过不断的社会主义实践，渐渐成为中国社会开展社会主义建设的设计者、领导者、组织者。

第一节　国家即社会：社会主义的社会蓝图初规划

一、社会主义：人心所向的社会建设蓝图

　　马克思列宁主义传入中国以后，中国共产党根据实际情况不断推进社会主义社会建设。1940 年初，在《新民主主义论》中，毛泽东描绘出新中国的美丽

图景，即"建设一个中华民族的新社会和新国家"。① 在这个新社会和新国家里，不但有新政治、新经济，而且有新文化。我们不但要把一个政治上受压迫、经济上受剥削的中国，变为一个政治上自由和经济上繁荣的中国，而且要把一个被旧文化统治而愚昧落后的中国，变为一个被新文化统治因而文明先进的中国。中国共产党的目标就是要为中华民族推翻帝国主义和国内反动政府的压迫。这是一个革命的范畴，也是一个文化的范畴，之所以是革命的，因为它正如斯科切波所讨论的，革命涉及的不仅仅是政权的变化，还有社会结构的变革，对中国共产党而言，一旦掌握政权，必然要通过改造以形成强大的现代化力量，这既是回应西方挑战的手段，也是自身发展的目标，因而必然是一场涵盖多个领域的重要社会变革。

1949 年 10 月，取得了与国民党之间的解放战争胜利的中国共产党宣告了中华人民共和国的成立。当毛泽东在天安门城楼上庄严宣告"中国人民从此站起来了"时，全国上下沉浸于胜利的喜悦和欢腾之中。这一时刻，"站"在世界面前的，是新中国的广大人民！这一时刻，是万千民众的众望所归，是亿万人民对民族独立自主、人民当家作主的所有期待。它意味着"无产阶级领导的人民民主专政"理想的胜利。这一宣言向世界表明，中国共产党领导的新政权是人民的政权，是一个推翻帝国主义、封建主义、官僚资本主义统治的，人民当家作主、民族独立自主的新政权。"中华民族的伟大复兴将从此掀开新的篇章。"

推翻帝国主义，实现民族独立，开启了"中华民族的伟大复兴"，以及建立人民当家作主的社会主义社会建设的伟大历程。这一社会建设的构想帮助新中国、新政权赢得了广泛的社会拥护，它是中华民族这个历经长期分裂的社会实现整合与统一的旗帜。中华人民共和国的成立是一百多年来中国人民革命斗争的结果。1949 年 9 月 21 日，在全国政协会议第一届全体会议上毛泽东说："一百多年以来，我们的先人以不屈不挠的斗争反对内外压迫者，从来没有停止过，其中包括伟大的中国革命先行者孙中山先生所领导的辛亥革命在内。我们

---

① 《毛泽东选集》第 2 卷，人民出版社 1991 年版，第 663 页。

的先人指示我们，叫我们完成他们的遗志。我们现在是这样做了。我们团结起来，以人民解放战争和人民大革命打倒了内外压迫者，宣布中华人民共和国成立了。"①

在 1949 年 9 月 21 日，在为迎接新中国召开的中国人民政治协商会议上通过了具有临时宪法性质的《中国人民政治协商会议共同纲领》(简称《共同纲领》)。在《共同纲领》的总纲中，第 1 条和第 3 条分别是，"中华人民共和国为新民主主义即人民民主主义的国家，实行工人阶级领导的、以工农联盟为基础的、团结各民主阶级和国内各民族的人民民主专政，反对帝国主义、封建主义和官僚资本主义，为中国的独立、民主、和平、统一和富强而奋斗"；"中华人民共和国必须取消帝国主义国家在中国的一切特权，没收官僚资本归人民的国家所有，有步骤地将封建半封建的土地所有制改变为农民的土地所有制，保护国家的公共财产和合作社的财产，保护工人、农民、小资产阶级和民族资产阶级的经济利益及其私有财产，发展新民主主义的人民经济，稳步地变农业国为工业国"。

建设社会主义是在社会认同和期待的基础上建设新中国、新社会的理想。但是，在《共同纲领》这一"人民革命建国纲领"和"全国人民的大宪章"中，却并没有写入"社会主义"。对此，毛泽东、刘少奇、周恩来等领导人都先后有过解释。1949 年 8 月 26 日，毛泽东在政协筹备会常务委员会上对这个问题进行了回应，他说纲领中只说现阶段的任务，如果再说得远一点就变得空洞了。②就是说，纲领是带有时间性、有变动的。它是行动纲领，是为着规范当时的行动而规定的；它不同于宣言，不是描绘新中国社会发展前途的图画。1949 年 9 月 21 日，刘少奇代表中国共产党在人民政协第一届全体会议上的讲话中也指出："有些代表提议把中国社会主义的前途写进共同纲领中去，但是我们认为这还是不妥当的。因为要在中国采取相当严重的社会主义的步骤，还是相当长久

---

① 《毛泽东文集》第 5 卷，人民出版社 1996 年版，第 344 页。

② 肖存良：《新民主主义与社会主义之间——重读〈中国人民政治协商会议〉》，《中央党史研究》2019 年第 5 期。

的将来的事情，如在共同纲领上写上这一个目标，很容易混淆我们在今天所要采取的实际步骤。"①9 月 22 日，周恩来在人民政协第一届全体会议上作《关于〈中国人民政治协商会议共同纲领〉草案的起草经过和特点》报告时也表达了类似意思。他说，由新民主主义进入社会主义这一发展前途是毫无疑问的，"但应该经过解释、宣传特别是实践来证明给全国人民看。只有全国人民在自己的实践中认识到这是唯一的最好的前途，才会真正承认它，并愿意全心全意为它而奋斗。所以现在暂时不写出来，不是否定它，而是更加郑重地看待它。而且这个纲领中经济的部分里面，已经规定要在实际上保证向这个前途走去"。②

中华人民共和国成立后，全国财政经济状况很快得到好转，并迅速取得土地改革、镇压反革命、抗美援朝这三大运动的胜利。1952 年 9 月，在中央书记处会议上，毛泽东率先提出了如何过渡到社会主义的新的设想。③为了做到真正从实际出发，对中国过渡到社会主义这一思想达成共识，1952 年底至 1953 年初，毛泽东对新民主主义的时代定位作出了新的认识。1953 年 6 月，在党的中央政治局会议上毛泽东提出，要把实现"一化、三改造"作为党在过渡时期的总路线和总任务，同时，毛泽东提出用逐步过渡的方法走向社会主义："我们提出逐步过渡到社会主义，这比较好。基本上完成社会主义改造，是用逐步过渡的方法。"④1953 年 12 月，最终形成关于社会主义过渡时期总路线的完整表述："从中华人民共和国成立，到社会主义改造基本完成，这是一个过渡时期。党在这个过渡时期的总路线和总任务，是要在一个相当长的时期内，逐步实现国家的社会主义工业化，并逐步实现国家对农业、对手工业和对资本主义工商业的社会主义改造。这条总路线是照耀我们各项工作的灯塔，各项工作离开它，就要犯右倾或'左倾'的错误。"⑤

---

①　刘少奇：《加强全国人民的革命大团结》，《人民日报》1949 年 9 月 12 日。

②　肖存良：《新民主主义与社会主义之间——重读〈中国人民政治协商会议〉》，《中央党史研究》2019 年第 5 期。

③　薄一波：《若干重大决策与事件的回顾》上卷，中共中央党校出版社 1991 年版，第 213 页。

④　毛泽东：《在中央政治局会议上的讲话》，《党的文献》2003 年第 4 期。

⑤　《毛泽东著作选读》(下)，人民出版社 1986 年版，第 704 页。

过渡时期总路线的提出为接下来全国人民代表大会的召开以及宪法的制定提供了指导思想和基本依据。1952 年 11 月，党中央作出决定，立即着手准备召开全国人民代表大会，制定宪法。这意味着，中国共产党希望通过发挥在宪法起草中的领导作用，以宪法这一形式将社会主义发展目标确定下来，形成一个更具前瞻性的秩序构建。

这一时期党和国家领导人多次听取各部委负责人的工作汇报，了解我国经济社会发展的最新情况、最新问题。从 1956 年 2 月 14 日至 4 月 24 日，毛泽东总共听取了 43 天的汇报，这些报告中，有专业性的和综合性的。这次听取各经济部门的汇报，是毛泽东"1949 年后乃至在他一生中所作的规模最大、时间最长、周密而系统的经济工作调查"。经由这些报告，毛泽东对新时期的认识与判断不断深化、发展，不断进行归纳总结与理论概括。4 月 25 日，由各省、直辖市、自治区党委书记参加的中共中央政治局扩大会议召开。这次政治局扩大会议的原定议题是讨论农业生产合作社等问题，但毛泽东在这次会上发表了《论十大关系》的讲话。5 月 2 日，在最高国务会议第七次会议上，毛泽东又一次对十大关系作了系统的阐述。

1956 年 9 月，中国共产党第八次全国代表大会在北京举行，这是党执政以后召开的第一次全国代表大会，以毛泽东关于处理十大关系的方针政策为基础，大会指出，中国的社会主义改造已经取得了决定性的胜利。这表明，我国无产阶级同资产阶级之间的矛盾已经基本解决，在客观分析了国内形势和主要矛盾变化的基础上，大会提出，国内的主要矛盾，已经是人民对于建立先进的工业国的要求同落后的农业国的现实之间的矛盾，已经是人民对于经济文化迅速发展的需要同当前经济文化不能满足人民需要的状况之间的矛盾。这一矛盾的实质是，在我国社会主义制度已经建立的情况下，也就是先进的社会主义制度同落后的社会生产力之间的矛盾，因此，党在今后的根本任务就是保护和发展生产力。[①] 以毛泽东《论十大关系》和中共八大为标志，探索中国自己的建设社

---

① 中共中央文献研究室：《建国以来重要文献选编》第 9 册，中央文献出版社 1994 年版。

会主义道路有了一个良好开端。

二、民主的人民共同体：社会主义社会建设理想的新内涵

从 19 世纪中叶开始，西方国家的坚船利炮使中国精英猛然醒悟，认识到要从社会制度、政治制度上进行改革以挽救民族危机，自此，实现民主成为部分中国人关于未来社会的理想与向往。在民主共和—君主理想—民主共和这一曲折前进的理想发展路线中，以孙中山为代表的资产阶级革命派最终确立了以民主共和建构新社会的理想方案。而按照马克思所言，"共和国是无产阶级将来进行统治的现成的政治形式"。① 所以，民主共和也是社会主义、马克思主义的内在要求。

中国共产党经过 20 多年艰苦探索，渐渐明确，中国要走向民主共和，就要进行比资产阶级民主革命更为彻底的民主革命，而要在资产阶级力量比较薄弱的条件下进行更为彻底的民主革命，就必须通过新的阶级力量来推动，因此，必须找到中国的无产阶级。"在今日，谁能领导人民驱逐日本帝国主义，并实施民主政治，谁就是人民的救星。"② 那么，人民期待的民主政治应该是怎样的？在《新民主主义论》中，毛泽东明确提出，要建立一个新中国，这个新中国是一个在无产阶级领导下的一切反帝反封建的人民联合专政的民主共和国。《新民主主义论》将未来将要建设的新社会描绘为，建设统一的、民主自由的、高度工业化的现代化强国。这个新社会蓝图，既包括了最广大范围人民民主的实现，也包括了社会大众作为个体的人的现代化的改造，通过人民联盟之外的专政，人民内部的改造，进而实现人的现代化。③ 简言之，建设一个人民民主的现代文明，它包括三个层面：建设富裕的社会主义国家；构建民主、平等的社会关系；培养社会主义新人。

在为迎接新中国而发表的《论人民民主专政》这篇重要文章中，毛泽东对

① 《马克思恩格斯选集》第 4 卷，人民出版社 1995 年版，第 734 页。
② 《毛泽东选集》第 2 卷，人民出版社 1991 年版，第 674 页。
③ 《毛泽东选集》第 2 卷，人民出版社 1991 年版，第 662—711 页。

于中国共产党的人民民主共和理想进行了进一步的阐述，"人民是什么？在中国，在现阶段，是工人阶级，农民阶级，城市小资产阶级和民族资产阶级。……对于人民内部，则实行民主制度，人民有言论集会结社等项的自由权。选举权，只给人民，不给反动派。这两个方面，对人民内部的民主方面和对反动派的专政方面，互相结合起来，就是人民民主专政"。[①]

人民民主，就是在新的国家、新的社会里，主权在民，是劳动人民的统治，人民当家作主，人民掌握权力。"有了人民的国家，人民才有可能在全国范围内和全体规模上，用民主的方法，教育自己和改造自己。"[②] 然而，当社会还处于革命阶段时，人民要用革命的手段将领导权从剥削阶级手中夺过来，这就出现了民主的另一层面——"专制"。因此，在共产党人的设想中，新中国成立后，我们确立"人民民主专政"的国体。"专制"的概念既来自马克思主义，同时也是对此前百年现代化进程探索的总结与升华，"民主"与"专制"的结合就是"民主集中制"，这一原则有利于结束此前分裂已久而不能达成共识的状态，它强调了"统一"与"效率"的一面。此后，这一内涵在社会主义实践中得到不断的反思与丰富。

人民的民主，当然也体现于党与人民的关系中。在中国人民政治协商会议第一届全体会议开幕式上，毛泽东说，我们的会议是一个全国人民大团结的会议，现在的中国人民政治协商会议是在完全新的基础之上召开的，它具有代表全国人民的性质，它获得全国人民的信任和拥护。特邀代表宋庆龄则认为，"这是一个历史的跃进，一个建设的巨力，一个新中国的诞生！我们达到今天的历史地位，是由于中国共产党的领导。这是唯一拥有人民大众力量的政党"。[③]

1952 年，随着国民经济的恢复和大规模经济建设的进行，召开全国人民大会和制定宪法便提到日程上来。按照中国共产党的惯例，毛泽东和其他中央领导人在召开会议前便开始向党外人士通气、听取意见。这时被反映出来说有人

---

① 《毛泽东选集》第 2 卷，人民出版社 1991 年版，第 662—711 页。
② 《毛泽东选集》第 4 卷，人民出版社 1991 年版，第 1476 页。
③ 中共中央文献研究室：《毛泽东传》，中央文献出版社 2005 年版，第 1811 页。

对召开全国人民代表大会和制定宪法心存顾虑，对此，毛泽东和周恩来分别予以解释和说明。毛泽东说，"大陆上军事行动已经结束，土地改革已经基本完成，各界人民已经组织起来……这是中国人民流血牺牲，为民主奋斗历数十年之久才得到的胜利。召开人民代表大会，可以更加发扬人民民主，加强国家建设和加强抗美援朝的斗争"。他特别强调，"人民代表大会制的政府，仍将是全国各民族、各民主阶级、各民主党派和各人民团体统一战线的政府，它是对全国人民都有利的"。他还说，"我们的重点是照顾多数，同时照顾少数。……"谈到争民主的问题，他说，"中国人民从清朝末年起，五六十年来就是争这个民主。从中日甲午战争到辛亥革命这个期间是一个高潮。那个时候说向清朝政府要民主，以后是向北洋军阀要民主，再以后就是向蒋介石国民党政府要民主"。①

为努力在实践中践行人民民主的伟大理想，从 1953 年开始，召开由人民普选方法产生的乡、县、省（市）各级人民代表大会，并为此颁布《全国人民代表大会及地方各级人民代表大会选举法》，1954 年召开的第一次全国人民代表大会也在实践中践行了人民民主的理想。该法将普选——这一中国共产党从诞生之日起长期为之奋斗的重要目标之一——定为选举法的最重要原则，这是理想付诸实践的巨大历史进步。据统计，当时参与选民登记的人口占到人口普查中 18 周岁以上人口的 97.18%，而在全国基层单位选举中，参加投票的选民占到了登记选民的 85.88%，有近三亿人参加了基层选举。

要获得人民的信任、拥护，"就要为人民的利益坚持好的"，就要正视人民的期待。1954 年，中华人民共和国第一部宪法颁布，已全面领导新中国的中国共产党将为人民服务这一原则转变为国家的最高原则。1954 年《宪法》第 17、18 条表达了这一原则："一切国家机关必须依靠人民群众，经常保持同群众的密切联系，倾听群众的意见，接受群众的监督"，"一切国家机关工作人员必须效忠于人民民主制度，服从宪法和法律，努力为人民服务"。

---

① 中共中央文献研究室：《毛泽东传》，中央文献出版社 2005 年版，第 2387 页。

从 1949 年到 1956 年，从为实现财政经济状况的基本好转，巩固政权，到通过一化三改造实现社会主义改造，这一过程中，党依靠人民，服务人民，不断克服和解决实践中遇到的困难，并在实践中不断提出新的发展方向，不断践行、探索着关于人民民主的思想内核。在人民民主这一理想背后，中国共产党始终坚持的是中国化马克思主义，并对马克思那句名言"劳动创造了人本身"进行很好的回应，进一步看，随后所有政策的演绎，也是这一逻辑的合理展开。也就是，随后所有政治经济社会文化等制度设计背后，实际上都指向了这一更具本质意义的内涵：必须充分尊重劳动，使每一份劳动与实践都获得意义。

总体来看，新中国第一阶段关于人民民主的探索为后来的社会主义实践提供了方向与基础。2014 年，在庆祝中国人民政治协商会议成立 65 周年大会上，习近平对人民民主的"全方位性"给出了更进一步、更清晰的阐述。他强调："社会主义协商民主，应该是实实在在的、而不是做样子的，应该是全方位的、而不是局限在某个方面的，应该是全国上上下下都要做的、而不是局限在某一级的，必须构建程序合理、环节完整的社会主义协商民主体系，确保协商民主有制可依、有规可守、有章可循、有序可遵。"[1] 2019 年，习近平在上海考察期间再次强调，"中国的民主是一种全过程的民主"，[2] 重申并发展了我党对于人民民主内涵的深刻认识。

第二节　工业化与集体主义："总体性"的计划体制初形成

中华人民共和国成立之前，整个社会长期处于分裂的散漫状态，将社会组织、整合成一个有机、有序的共同体是党和人民的共同愿望。对此，毛泽东指出："我们应当进一步组织起来。我们应当将全中国绝大多数人组织在政治、军

---

[1]　习近平：《在庆祝中国人民政治协商会议成立 65 周年大会上的讲话》，新华社 2014 年 9 月 21 日。

[2]　习近平：《中国的民主是一种全过程的民主》，央广网，https://baijiahao.baidu.com/s?id=164916164 6272129267&wfr=spider&for=pc，2019 年 11 月 3 日。

事、经济、文化及其他各种组织里，克服旧中国散漫无组织的状态，用伟大的人民群众的集体力量，拥护政府和人民解放军，建设独立民主和平统一富强的新中国"。[①]

把社会组织起来的努力首先来自应对危机、巩固政权的需要。中华人民共和国成立后，中国共产党从谋求政权的"革命党"转变为要代表中国最广大人民利益的承担着国家、社会建设与发展的领导党。这时，经济凋敝，物价飞涨，经济乱象横生，整个市场为投机势力所控制，一些工商业家参与到囤积居奇、贪取暴利的活动中。因此，新政权成立之初，它首先面临的核心任务是"为争取国家财政经济状况的基本好转"。这包括三个方面的内容：统一全国财政收支，重点是财政收入；统一全国物资调度；统一全国现金管理。为有效指挥财经统一、稳定物价的斗争，中央成立了中央财政经济委员会，下辖财政部、贸易部、重工业部、燃料工业部、纺织工业部、食品工业部、轻工业部、铁道部、邮电部、交通部、农业部、林垦部、水利部、劳动部、人民银行、海关总署等，并通过这些部门，迅速实现了对财政税收、物资调拨、物价管理、邮电、铁路、轮船交通等涉经济生活各方面的统一规定、计划与管理。

新政权还采取系列措施稳定物价，除了策略性技术的使用，中央还通过没收官僚资本，壮大国有经济，增强同投机资本斗争的足够的经济力量。中央在财政经济方面取得的快速成就进一步增强了党的领导信心。在总结中华人民共和国成立以后第一年财政和经济工作经验时，陈云说："一年的事实证明，恰当地估计中国人与物两方面的潜力，在人民政权的保证下，我们有极大的创造性的成就的可能"。[②]

应对危机与巩固政权的社会情势使得中国共产党组织动员资源的能力迅速提升。尽管这时中国整体上还是五种经济成分并存的过渡性经济体制，但党和国家已基本掌握整个经济命脉，确立了国营经济对国民经济的领导地位。1953

---

① 《毛泽东文集》第 5 卷，人民出版社 1996 年版，第 348 页。
② 陈云：《中华人民共和国过去一年财政和经济工作的状况》，《人民日报》1950 年 10 月 1 日。

年，国家宣布，通过社会主义改造向社会主义过渡，与此同时，开始实施第一个五年计划。由于建设经验不足，"一五"计划在"边计划、边执行、边修改"中进行并完成。1955 年"一五"计划草案正式编出。按照"一五"计划，"一五"期间要集中力量建立初具规模的工业体系，建立我国社会主义工业化的初步基础，发展部分集体所有制的农业生产合作社，并发展手工业合作社，建立农业和手工业的社会主义改造的初步基础；基本上把资本主义工商业纳入各种形式的国家资本主义轨道，建立对于私营工商业社会主义改造的初步基础。这一计划意味着五年内全国经济建设和文化建设支出总数达 766.4 亿元，其中属于基本建设投资的占 55.8%。

实现社会的工业化、现代化是 19 世纪中叶以来中国人的"强国梦"，相应地，把中国由落后的农业国变成先进的工业国就成为共产党人建立新中国的承诺。从《新民主主义论》的形成到新中国的成立，对于中国社会发展道路，党中央起初的判断是，经过相当长时期的新民主主义建设，在国家经济事业和文化事业有了大的发展后，在条件具备时再采取社会主义步骤，最终实现社会主义。这意味着在新民主主义阶段实现工业化的"先建设后转变"策略。但在完成镇压反革命、并要动员巨大人力财力支持抗美援朝战争的同时，恢复国民经济的任务奇迹般地提前完成，这给予中国共产党投身建设的巨大信心和激励。向社会主义过渡的过渡时期总路线提出后，党中央随后在"一五"计划中确定了优先发展重工业的方针，以及发展国家的重工业作为实现社会主义工业化的中心环节，以重工业为重点，带动轻工业和农业的发展。

1951 年初，刘少奇在参加北京市第三届人民代表大会的讲话中说："经济建设现已成为我们国家和人民的中心任务。""我们的基本口号是：民主化与工业化。"党的发展策略中，无论是"先建设后转变"，还是"向社会主义过渡"，都坚持了工业化的道路，但显然，工业化可以有不同的实现道路，当"向社会主义过渡"成为党的总路线时，这意味着，工业化进程对集体主义精神的塑造的意义被强调，而集体主义精神的不断提升反过来又强化了社会发展的计划性与集中管理。

一、调整公私关系

当国家财政情况出现好转时，城市中的私营工商业却出现普遍困难，对此，中央着手落实调整工商业的措施，包括：调整公私关系、调整劳资关系、调整产销关系。其中，重点是调整公私关系，一方面确立国营经济的领导地位，另一方面使私人资本主义经济在国营经济领导下能够发展。党中央提出"在统筹兼顾的方针下，逐步地消灭经济中的盲目性和无政府状态，合理地调整现有工商业，切实而妥善地改善公私关系和劳资关系，使各种生活经济成分，在具有社会主义性质的国营经济领导之下，分工合作，各得其所，以促进整个社会经济的恢复和发展"。随之开展的"三反""五反"进一步使私营工商业开始接受国营经济的领导，出现了加工订货、经销代售、统购包销、公私合营等一系列从低级到高级的国家资本主义形式。在工业和商业流通领域中，一场深刻的社会变革悄然发生。

早期强调新民主主义阶段时的思路是等到具备一定的经济基础后，再通过国家引导、经济竞争、赎买等和平手段，有步骤地进入社会主义。为此，刘少奇曾有多次的相关讲话。在 1950 年的《国家的工业化和人民生活水平的提高》这篇手稿中，刘少奇认为，"在恢复中国的经济并尽可能发挥已有的生产能力之后，第一步发展经济的计划，应以发展农业和轻工业为重心"。一年后他的讲话中又指出，"经济建设步骤——首先恢复农业及一切可能恢复的工业；其次发展农业和轻工业以及少数必要的重工业；然后发挥重工业；然后倚靠已经建立起来的重工业，进一步发展农业和轻工业"。[1] "如果目前即采取社会主义的步骤，对人民是无益的。伤害私人工业生产的积极性，无疑地是破坏目前的社会生产力的发展。"[2] "经济建设要有步骤，先搞什么，后搞什么，总要有个先轻后重。"[3]

---

[1]　刘少奇：《中国共产党今后的历史任务》，《党的文献》1989 年第 6 期。

[2]　刘少奇：《在政协全国委员会民主人士学校座谈会上的讲话》，1951 年 5 月 13 日。

[3]　《刘少奇论新中国经济建设》，中央文献出版社 1993 年版，第 203 页。

党的过渡时期总路线提出后，经济建设的发展战略为重工业发展优先，这被写进《宪法》。被写进《宪法》的还有，"国家依照法律保护资本家的生产资料所有权和其他资本所有权。国家对资本主义工商业采取利用、限制和改造的政策。国家通过国家行政机关的管理、国营经济的领导和工人群众的监督，利用资本主义工商业的有利于国计民生的积极作用，限制它们的不利于国计民生的消极作用。鼓励和指导它们转变为各种不同形式的国家资本主义经济，逐步以全民所有制代替资本家所有制"。

作为对资本主义工商业改造的高级形式也是对资本主义的终结形式，公私合营在 1953 年后被加速大力推行。为了有计划推进以扩展公私合营为主要形式的对资本主义工商业的社会主义改造，中央决定各级党委要加强统一领导，并责成中央统战部分管该项工作，中央统战部部长李维汉担任中财委副主任，协助周恩来、陈云主持这一工作。1954 年 1 月，中央以中财委（资）的名义，召开全国扩展公私合营工业计划会议，为扩展公私合营具体计划及政策的制定，以及 1954 年全国范围内的实施拉开序幕。1956 年，公私合营达到高潮，其中一些部分向全社会全部行业发展，总体上以公有制为基础的国营经济占主导的基本经济制度形成。

二、推进互助合作

中国共产党领导的革命在很大程度上就是一场农民革命运动，革命的主体是广大的农民同盟者，而且革命的一个重要目标就是要改变原有的社会结构与政治秩序，实现共产主义"大同"社会的目标。"耕者有其田"是中国共产党动员贫苦的农民阶级积极参与革命的一个重要话语，反映了革命的需要和人民的需求。土地改革与共产党的发展相伴相随，经过多年努力，到 1949 年上半年，东北、华北、西北及华东的山东、苏北等老解放区及其包围的小块新解放区，土地已基本平均分配，原有的土地占有关系得到彻底变革；在中原等新解放区，通过减租减息，削弱了旧有乡村组织的力量，也争取到尽可能多的政治支持。这样，到解放前夕，老解放区已有约 1.2 亿农业人口（占全国农业人口的 26.7%）的地区实行了土地改革，废除了封建剥削的土地所有制，建立了农民的土地所有制。

1950 年 6 月，《中华人民共和国土地改革法》公布实行。土地改革法在总则中规定，"废除地主阶级封建剥削的土地所有制，实行农民的土地所有制，借以解放农村生产力，发展农业生产，为新中国的工业化开辟道路"。由于新老解放区存在较大差异，在新解放区，土地改革具体政策上有一些很重要的修改。比如，对富农征收多余土地财产，改为保存富农经济；对富农只没收他们的土地、耕畜、农具、多余的粮食及其在农村中多余的房屋。其他财产不与没收；对中农，则采取团结和保护的政策。实施土地改革使得占农村人口 52.2% 的贫雇农获得 47.1% 的耕地，而此前，他们的耕地只有约 14.28%，中农的人口与土地都略有增加，原 33.13% 的中农占有的耕地为 30.94%，土改后，39.9% 的中农获得 44.3% 的耕地。[1] 土地改革重构了基层社会秩序，确立了党对农民掌握的基层政权的领导。

获得土地和其他生产资料的农民生产积极性被前所未有地激发出来，到 1950 年，全国农业生产量已超过战前的最高产量，农民的剩余粮食、自有的其他生产资料都有所增加。农民生活改善以后，一些农民开始对旧式富农感兴趣，对"被组织"感到苦恼；一些农民甚至党员开始雇长工。应该如何看待农村这一新的发展趋势？鉴于发展农业生产合作社出现了一些争论，1952 年，中共中央转发《东北局关于推行农业合作化的决议（草案）》，提出在未来的方向上走组织起来互助合作的道路，中国农村开始出现农业互助合作的热潮。

毛泽东坚信，多数农民会拥护互助合作的方针，"农民在土改后发扬起来的积极性，表现在两个方面：一方面是个体经济的积极性，另一方面是互助合作的积极性。农民的这些生产积极性，是迅速恢复和发展国民经济和促进国家工业化的基本因素之一"。据薄一波的回忆，1953 年，中共中央成立农村工作部，当时毛泽东给农村工作部的任务就是，在十年至十五年或更长一点时间内完成

---

[1] 苏星：《新中国经济史》，中共中央党校出版社 1999 年版，第 149—150 页。

农业社会化，配合国家工业化，实现农业集体化，即，把农民组织起来，经过互助合作，过渡到集体农庄。"农民的基本出路是社会主义，由互助组进到大合作社（不一定叫集体农庄）。"① "办好农业生产合作社，即可带动互助组大发展。""各级农村工作部要把互助合作这件事看作极为重要的事。个体农民，增产有限，必须发展互助合作。对于农村的阵地，社会主义如果不去占领，资本主义就必然会去占领。难道可以说既不走资本主义的道路，又不走社会主义的道路吗？资本主义道路，也可增产，但时间要长，而且是痛苦的道路。我们不搞资本主义，这是定了的，如果又不搞社会主义，那就要两头落空。""'确保私有财产'，'四大自由'，都是有利于富农和富裕中农的。""合作社不能搞大的，搞中的；不能搞中的，搞小的；但能搞中的就应当搞中的，能搞大的就应当搞大的，不要看见大的就不高兴。"②

数据显示，1952 年，参加互助合作组织的农户占全国总农户的比重，已从 1951 年的 19.2％上升到 40％，其中，常年互助组占比达 10.1％，农业生产合作社为 0.1％，有合作社 3600 个，发展快的东北地区，组织起来的农户已占总农户的 68.73％。1953 年年底到 1954 年初，农村再一次出现互助合作运动的高潮，1955 年，农业合作化的速度明显加快，到 12 月底，农业生产合作社从 6 月底的 63 万多个增加到 190 多万个，入社农户占总农户的比重从 14.2％增长到 63.3％，其中，高级社已发展到 1.7 万个，入社农户占总农户的 4％。

初级农业生产合作社的快速发展，使初级社向高级社过渡提上日程。根据中央精神，1956 年春，各地农村争先恐后，大力兴办高级社，许多刚刚建立不久的初级社，有的还没有经历一个生产季节，就合并、升级为高级社。到 1956 年年底，高级农业生产合作社已发展到 54 万个，参加社的达 10742.2 万户，占总农户的 87.8％。原计划要用 15 年时间完成的农业社会主义改造，在短短 4 年时间内基本完成。农业合作化道路，把农民个体经济改造成为社会主义集体

---

① 《邓子恢传》编辑委员会：《邓子恢传》，人民出版社 1996 年版，第 452、465 页。

② 中共中央文献研究室编：《毛泽东文集》第 6 卷，人民出版社 1999 年版，第 298—299 页。

经济。

农村的社会主义高潮带动了资本主义工商业改造的高潮，其中也包括对个体手工业者的改造。个体手工业的合作化在国民经济恢复时期处于试办、典型示范阶段，1953年党的过渡时期总路线公布以后，我国手工业合作化进入了普遍发展阶段，原来独立生产、分散经营的个体手工业逐渐由推选的组长代表小组，统一向国营企业或供销合作社、消费合作社购买原料，推销产品或接受加工订货。这种小组的组织形式把手工业者组织起来，解决他们分散经营的问题。与资本主义工商业改造类似，起先松散的合约性组织不但加强其纵向一体化过程，还出现了手工业供销生产合作社、手工业生产合作社，后者是手工业社会主义改造的高级形式，1956年，手工业社会主义改造高潮与农业、资本主义工商业改造的高潮汇成一体。一部分分散在农村的个体手工业者和约1000多万农村兼营手工业的人员参加了农业合作化，其他则随同私营工业、商业参加了公司合营。

三、集体主义的计划分配体制

通过土地改革以及农业、手工业、工商业的社会主义改造，中国共产党对按照社会主义理想和逻辑来组织社会、进行生产规划和分配进行了初步探索，这一过程中党倡导的集体主义、共产主义、社会主义的意识形态一步步渗透到了群众的日常生产模式中。

在农村土地改革过程中，面对部分乡村农民在有了财产和生产资料剩余后想走"私有"道路的倾向，以毛泽东同志为主要代表的中国共产党人果断把新民主主义发展方向调整为直接向社会主义过渡，通过制度构建、群众工作、舆论宣传等多管齐下，加快了农业合作化的步伐。由于到1952年下半年，国营商业和合作社商业在国民经济中占到比重越来越大，加工订货、代购代销等经营方式也在扩大，这情况相对减少了社会中的交易与买卖，减少了税收。为此，财政部提出修改税制，为抢在春节前一个半月的销售旺季多收税，修正税制的案例仓促公布，在《人民日报》发布的《通告》中原本的一句话"国营企业和私营企业都要按照修改的税制纳税",薄一波在修改时,把它简化为"公私一律平等纳税"。新税制在社会上引起了一些波动,出现了预料之外的物价上涨、抢购商品、私商观望,包括思想上的困惑。毛泽东认为这实际上是有利于资本主义、不利于社会主义的。后来陈云对新税制问题作了进一步的分析,"修改税制的错误,归纳起来主要有两个:一个是'公私一律',一个是变更了纳税环节。……'公私一律'的提法是错误的,因为国营商业和私营商业是不同性质的……国营商业不仅是为了做买卖、赚钱,更重要的是为了维持生产,稳定市场……"。①

1951年,中共中央开始准备第一个五年计划的编制工作。在全国工业会议上,朱德着重讲了编制五年计划的问题。他说,"中国工业要走上计划经济,中央已决定自1953年起实行五年计划"。② 根据苏联经验,计划经济必须有计划按比例地协调发展。因此,以优先发展重工业为方针,我国的第一个五年计划也提出了工业和农业、重工业和轻工业、重工业各部门之间、工业与交通运输之间的比例关系。在组织上,根据计划经济需要,建立了管理国民经济的机构——计划委员会(由于分管内容多、涉及部门多,计划委员会当时被戏称为"经济内阁")。从1953年起,对关系国计民生的通用物资由国家计划委员会平衡分配(称统配物资),专用物资由各主管部门平衡分配(称部管物资)。不仅中央政府加强了经济管理职能,地方政府的经济管理职能也得到加强,成立了与中央各经济部门相对应的经济管理机构。

兴办国营企业,就需要为企业编制经济核算制度,企业一些收支都要纳入财务计划管理,并按照批准的计划上缴利润、税收等,同时,按计划下拨资金,弥补亏损,或按计划用利润抵扣支出。国营企业的财务管理由财政部负责统一管理,财政部下设专门机构统一管理各行业的国营企业财务。以国营企业的发展为核心,基于"集中力量办大事"的认识,社会主义中国逐渐形成以高积累

---

① 中共中央文献研究室:《陈云传》,中央文献出版社2005年版,第883页。
② 苏星:《新中国经济史》,中共中央党校出版社1999年版,第197页。

加快发展工业尤其是重工业的发展战略，党的领导人相信，只有迅速发展了以重工业为龙头的现代化工业体系，人民才会有持久的较高水平生活。与此同时，企业的高度组织化、计划化也相应地伴随了包括基本建设项目、原材料在内的生产资料、流通领域与渠道的集中。

1949 年后土改政策使农村粮食不断增产，人口增长迅速。1953 年后，随着以重工业为核心的城市工业化体系建设加快，城镇、工矿区的人口也都出现了快速增长。与此同时，粮食短缺问题出现，经过反复权衡比较，党中央最后推出了关于粮食计划收购、计划供应即统购统销的政策。面对统购统销政策在实行过程中出现的问题，1955 年，中央对粮食统购统销政策作了相应调整，实行粮食定产、定购、定销（简称"三定"），新的政策得到多数农民的认可。此后，除了粮食、油料，其他包括棉花、纱布等也实行了统购统销。实行统购统销基本上排除、代替了私商（主要是批发商）对粮食、油料、棉花、纱布等重要物质的经营。这些领域切断了与城乡资产阶级的联系，加速了工业化的资金积累。

这一时期，党和国家通过以企事业单位为核心的"单位"或"团体""协会"等方式来组织群众，由此党加强了对城市社会的控制与管理。城市党委的工作中心由原来的区街转向了工厂企业部门，由贫民转向了工人阶级。以企事业机构为核心的"单位"在城市确立了"中心地位"。① 由此，在国家支配的制度结构下，新中国建立起了国家、单位、个人之间的紧密联系纽带，而且在很长一段时期内，这一纽带牢不可破，如统一的工资制度、普遍就业制度等。② 可以说，单位制是党建构的组织和整合社会生活的一种总体性制度安排，这是在经济生活物资短缺时代建立起的一种理想的生活组织形态，不仅建构起社会成员在福利获取、组织归属上对国家体制的依赖，而且形成高度的社会认同，有效解决"一盘散沙"的弱组织化问题。

---

① 田毅鹏：《"典型单位制"的起源和形成》，《吉林大学学报》（社会科学版）2007 年第 4 期。

② 满永、葛玲：《单位制与城市社会整合研究——以 20 世纪 50 年代为背景的分析》，《唯实》2008 年第 8 期。

第三节　平等理想与人的解放和社会再造

平等概念曾是资产阶级反对封建等级制度的旗帜。马克思主义提出，资产阶级社会的平等都是抽象的，难以实现，只有在社会主义社会，通过消灭私有制，消除资产阶级的剥削和压迫，才能为实现真正的平等创造条件。无产阶级"是一个若不从其他一切领域解放出来，并同时解放其他一切社会领域，就不能解放自己的领域，总之是这样一个领域，它本身表现了人的完全丧失，因而只有通过人的完全恢复才能恢复自己"。无产阶级只有解放全人类才能最终解放自己，这意味着，无产阶级应由政治平等引申出社会平等，把平等扩大到社会生活领域。

按照马克思主义理论原则，在社会主义的发展阶段，一是实行公有制，二是消灭阶级。在此基础上，按照社会主义公有制基础，以"各尽所能、按劳分配"的原则实现社会平等。中国共产党领导正是按照这一理想与原则开始了新中国的社会建设实践。而这一理想，从一开始便立足于中国现实，它同时表现着中国共产党的"群众观"，表现着我们党坚持全心全意为人民服务的根本宗旨。因此，刚刚赢得新政权的中国共产党领导下的社会建设包含了两个层面的内涵：第一，按照"各尽所能、按劳分配"的新型劳动观建立新型劳动关系以及新型劳动分配关系，第二，按照马克思主义人的发展理论实现人的解放，"解放"意味着走出旧有关系与体制以及人的全面发展。

一、改善人民生活，探索社会主义福利体系

在发展生产、实现国家强盛的基础上实现人民生活的富足，这是中国共产党人探索社会主义社会建设的着力点和落脚点。毛泽东把不断改善群众生活提到政权建设的高度，他说："如果我们在生产工作上无知，不能很快地学会生产工作，不能使生产事业尽可能迅速地恢复和发展，获得确实的成绩，首先使工

人生活有所改善，并使一般人民的生活有所改善，那我们就不能维持政权，我们就会站不住脚，我们就会要失败。"①

　　新中国成立前夕，刘少奇说，"迅速恢复与发展国民经济的目的，是要供给目前人民革命战争的需要及改善人民生活"。②1950年，刘少奇写了一篇题为《国家的工业化和人民生活水平的提高》的手稿，指出人民最大的要求是提高生活水平。文章开篇指出，"直到现在，中国劳动人民的生活水平和世界许多先进国家比较起来，还是很低的。他们还很贫困，他们迫切需要提高生活水平，过富裕的和有文化的生活。这是全国最大多数人民最大的要求和希望，也是中国共产党和人民政府力求实现的最基本的任务"。怎么才能使中国劳动人民从贫困、痛苦和被侮辱的生活中解放出来，并不断提高他们的生活水平，使他们能够过富裕和有文化的生活呢？答案有二：一是必须推翻外国帝国主义和中国封建地主、官僚、买办阶级的统治，建立人民民主专政的政权，实现中国的独立、统一中国。二是利用已经建立并且巩固起来的人民民主专政作为主要的工具，并利用其他各种条件，来发展一切有益于人民的生产及其他经济事业。③因此，以后关于发展生产、发展重工业的最终目的，从根本上还在于让广大人民群众过上富裕的、有文化的美好生活。

　　对此，毛泽东指出，生产和生活必须兼顾，虽然重点应放在生产上，但同时不能忽视人民群众的生活，并应逐步改善群众生活。1956年，在《论十大关系》一文中，毛泽东指出不能只顾积累，而把农民搞得很苦。这样只会"建设了社会主义，丢了人民，建立了重工业，丢了人民，这是不成的"。他特别强调，党之所以能够由小到大，由弱到强，取得了新民主主义革命和社会主义建设的伟大胜利，最根本的就是因为党全心全意依靠工人阶级、农民阶级和知识分子，发挥和调动了他们的积极因素，首先是调动了他们的积极性和创造性。

---

　　① 《毛泽东选集》第4卷，人民出版社1991年版，第1428页。

　　② 刘少奇：《中国人民革命军事委员会关于国家财政经济机构的组织大纲（草案）》，1949年4月24日。

　　③ 《刘少奇选集》下卷，人民出版社1985年版，第1、4、60页。

平抑物价。新中国成立前后，社会恶性通货膨胀不断出现，物价飞涨，先后出现了四次大的物价大波动，给人民生活带来重大损失，严重影响了新中国的社会稳定。这是中国共产党掌握政权后面临的第一个"大考"。面对严峻的经济形势，党中央确定了把平抑物价作为稳定经济、稳定社会、稳定人心的中心环节。1949 年，以陈云为主任的中央财政经济委员会成立，经过"银元之战""粮棉之战"，和及时采取物资与现金等的统一调度、统一计划，于 1950 年3 月快速实现了平抑物价、控制通货膨胀的胜利。

解决就业。新中国成立之初，百废待兴，其中失业状况十分严重。在中共七届三中全会上，毛泽东提出，"我们要合理地调整工商业，使工厂开工，解决失业问题，并且拿出 20 亿斤粮食解决失业工人的吃饭问题，使失业工人拥护我们"。根据 1950 年 11 月 21 日中共中央所发的《关于失业救济问题的总结及指示》，1950 年 9 月底，据不完全统计，全国失业工人和失业知识分子计 140 万人，此外，还有大量人员随时会失业。对此，党和政府首先全面开展失业救济工作。政策上，党和政府先后出台《工会法》《救济失业工人暂行办法》《劳动保险条例》等。1954 年《宪法》以根本大法的形式，确立了社会保障在国家生活中的地位和作用。《宪法》规定："中华人民共和国劳动者在年老、疾病或者在丧失劳动能力的时候，有获得物质帮助的权利，国家举办社会保险、社会救济和群众卫生事业，并且逐步扩大这些设施，以保证劳动者享受这种权利。"

解放初，作为十里洋场的上海的失业情况更加突出，市长陈毅亲自担任失业工人救济委员会的主任，指挥开展失业救济工作，在让失业工人再就业的途径中，包括由政府组织失业工人参加有关市政建设工程等的"以工代赈"；组织失业工人创办生产自救工厂；进行专业训练等。在短短几年时间里，党和政府解决了数十万失业工人的就业问题。[①]

1952 年，政务院出台《关于劳动就业问题的决定》，指出："一切公私企

---

① 袁志平：《解放初期中国共产党在上海加强社会管理的基本经验》，《上海党史与党建》2012 年第 3 期。

业，均应遵守共同纲领和人民政府的政策法令，积极发展生产和营业。在国家即将开始的大规模经济建设中，一切适合国家和人民需要的公私企业都是有前途的。某些企业即令一时发生困难，也应从积极发展生产和营业中来克服本身的困难，不得从解雇职工上想办法，以保障职工的利益。""一切公私企业，对于因实行生产改革、合理地提高了劳动效率而多余出来的职工，均应采取包下来的政策，仍由原企业单位发给原工资，不得解雇。并应利用这种条件，进行分批轮训，提高他们的业务技术与政治文化水平，以备本企业扩大时使用或听候国家统一调配。"

改善劳动群众的居住与生活条件。毛泽东指出，"现在大城市房屋缺乏，已引起人民很大不满，必须有计划地建筑新房，修理旧房，满足人们的需要"。[①]国家在上海和北京等大城市，主导建造了一批工人新村，以改善城市工人的居住状况。在上海，在当时财政经济还十分困难的状况下，上海一方面集中力量改善蕃瓜弄、药水弄等劳动人民聚居区的路灯、给水站、下水道等市政设施；另一方面投入巨资从 1951 年起大规模修建居民住房，兴建了全国第一个工人新村——曹杨新村。

为方便单位职工的生活，减轻职工家务劳动，国家鼓励单位建设各种集体福利设施，包括职工宿舍、食堂、浴室、理发室、托儿所、幼儿园等。1953 年 1 月劳动部公布的《劳动保险条例实施细则修正草案》规定：实行劳动保险的企业应根据工人职员的需要及企业经济情况，单独或联合其他企业设立疗养所、营养食堂、托儿所等，其房屋设备、工作人员的工资及一切经常费用，完全由企业行政方面或资方负担。1956 年教育部、卫生部、内务部联合发出通知，指出"为了帮助母亲们解决照顾和教育自己的孩子的问题，托儿所和幼儿园必须有相应的增加"。单位组织也会为减轻职工生活开支而给予各种类型的福利补贴，比如生活困难补助、冬季取暖补贴、探亲补贴等。1953 年，财政部、人事

① 毛泽东：《大城市必须有计划地修建居民住房》，载《毛泽东文集》第 6 卷，人民出版社 1999 年版，第 148 页。

部发布《关于统一掌管多子女补助与家属福利等问题的联合通知》，初步确立面向城镇居民家庭的津贴政策。同年，政务院财政经济委员会规定，国营企业可按工资总额 2.5% 提取福利补助金，用于一切有关福利方面的经常补助和浴室、理发室、洗衣房、哺乳室、托儿所、食堂的开支除去收入的差额；1954 年，政务院发布《关于各级人民政府工作人员福利费掌管使用办法的通知》，对机关事业单位工作人员的福利待遇及经费来源、管理和使用作出规定；1955 年，财政部、卫生部、国务院人事局联合发出《关于国家机关工作人员子女医疗问题的通知》，家属享受半费医疗待遇成为新的福利政策；1956 年，国务院发布《关于国家机关和事业、企业单位 1956 年职工冬季宿舍取暖补贴的通知》，确立城镇职工家庭的冬季取暖福利政策；1956 年，全国总工会向各级工会发出《职工生活困难补助办法》，对有关职工困难补助的原则、补助对象、经费来源、补助办法等都有明确的规定。为丰富职工生活，国家鼓励单位建立文化福利设施和组织相关活动，如文化宫、俱乐部，以及开展各种文娱体育活动等。1950 年 6 月颁布的《中华人民共和国工会法》规定：工会有改善工人、职员群众的物质生活与文化生活的各种设施之责任，各级政府应拨给工会以必要的房屋与设备，作为工会办公、会议、教育、娱乐及举办集体事业等之用。同时，国家还会提供相关的福利经费补贴，1950 年全国总工会规定基层组织工会会费收入的 20% 用作会员困难补助费。1953 年财经委员会规定国营企业可按工资总额 2% 提取工会经费，其中 1% 作为文娱体育费及业余文化补习学校经费。[①]

二、建立新型民主劳动关系

新中国成立前后，企业劳资关系紧张，资本家、私营雇主思想顾虑多。1949 年 9 月召开的中国人民政治协商会议第一次全体会议接受了中国共产党的建议，把"公私兼顾、劳资两利"政策作为新中国经济政策的主要内容，并用法律的形式规定下来。"公私兼顾"，就是在政府的统筹安排下，使具有社会主

---

① 宋士云：《新中国社会福利制度发展的历史考察》，《中国经济史研究》2009 年第 3 期。

义性质的国营企业，和具有私人性质的资本主义企业，在有利于国计民生的基础上得到协调发展。按照"有所不同、一视同仁"的原则，国家在经营范围、原料市场、财政政策等方面给私人经济以照顾，使其在一定范围内存在和发展。所谓"劳资两利"，是指受雇于资本主义企业中的工人，和私人资本主义企业的所有者，即资本家，以发展生产为目的，正确处理私营企业中劳资之间的关系，在两利的原则下缓和双方矛盾。

为贯彻实施"公私兼顾、劳资两利"方针，刘少奇、陈云等领导人在各地结合当地实际，创造性地开展调处工作。陈云在上海发表讲话，要求工人阶级认识到私营资本是中国新民主主义经济不可缺少的部分。在1953年前，党和国家领导人多次强调公私兼顾，并积极帮助私人经济解决经济困难。

就在执行"公私兼顾"政策的同时，随着工作重心转向城市，工会工作和国营工厂的管理问题提到了党的工作范畴。1951年，刘少奇提到"人民内部矛盾"这一概念，并指出要正确区分和处理两类不同性质的矛盾，"工会工作必须从普通工人的要求出发，力求实现他们一切合理的能够实现的要求，然后逐步地提高工人们的觉悟，来实现我们党的要求和目的"。[①] 刘少奇提到工人的工资改革问题时强调："工资问题对于工人阶级来说，犹如土地问题对于农民一样，是一个十分重要的基本问题。如果我们党的一切组织不认真地研究这个问题，就不能正确处理这个问题，而如果不正确处理这个问题，我们就不能建立与工人阶级的密切联系，就不能取得工人阶级对于我们党的全心全意的支持，就使我们不能依靠工人阶级去搞好生产并搞好其他各种工作。"[②]

1953年，我们党公布了以"一化三改"为内容的过渡时期总路线，并完整地提出了对资本主义经济实行"利用、限制、改造"的政策。"公私兼顾、劳资两利"政策也逐步为对资本主义经济进行全面社会主义改造的政策所代替。工

---

① 刘少奇：《共产党员在工会工作中的基本任务》，1951年，中国共产党新闻网，http://cpc.people.com.cn/GB/69112/73583/73601/74108/5039692.html。

② 中共中央转批李立三《关于调整工资情况的综合报告》，1951年7月4日，新华网，http://www.ce.cn/xwzx/gnsz/szyw/200705/28/t20070528_11515329.shtml。

人的主人翁地位进一步提升，首先涉及的是工资问题。

新中国成立之初，党和政府同时使用供给制与工资制。当时，全国的工资等级没有统一体系，并行的工资标准多达数百种。待遇反差与实际要求，使供给制越来越不适应现实生活。后来就有了从"纯"供给制演变出的一种工资模式：包干制。包干制，即由国家发给一定数量的实物和货币，把伙食、津贴、服装、子女保育、保姆费的供给标准折成米或款额发给个人包干支配使用，剩余归己。[①]1954年后，随着国内经济形势继续好转，国家决定先行在国家机关及所属事业单位废除工资分，改行货币工资制，从而拉开全国工资改革的序幕。1956年，国务院通过《关于工资改革的决定》。这是具有划时代意义的一次改革，它奠定了此后中国长达三十年之久的劳动工资基础。这次工资改革，将已有的一部分工作人员所实行的包干制待遇一律改为工资制待遇，以统一国家机关工作人员的待遇。改革后，工作人员及其家属的一切生活费用均由个人负担。现行的包干费、老年优待费、家属招待费等一律废除。改行工资制待遇后，工作人员住用公家房屋和使用公家家具、水电，一律缴租、纳费。[②]

工资改革是一次对劳动分配关系的改造，它使城市中的个体从属于按照职业技能、身份、绩效等划分的关系格局中。国营企业的增长扩大带来了企业管理与工人地位问题。解放初期，作为国营企业的前身，大都是官僚资本主义企业，虽然所有制变了，但仍然不可避免地保留着比较多的旧痕迹。同时，许多私营企业也仍执行着不合理的管理制度。根据党中央的部署，从1951年起，党在上海开展了一年多的企业民主改革运动，废除了旧中国遗留下来的"包身工""拿摩温"等歧视、欺压工人的旧制度，工人阶级真正成为工厂的主人。企业民主改革、土改，使工人和农民在经济、政治上翻身，他们从切身利益和社会地位的巨大变化着眼，发自内心地拥护党和政府。

在此基础上，党和政府推动建构同志式的平等关系。新中国成立后，为稳定政权以及推动政权财政经济状况好转，党中央号召实行"四面八方"的经济

---

①② 黄新原：《真情如歌：五十年代的中国往事》，中国青年出版社2007年版。

政策，即，"公私兼顾、劳资两利、城乡互助、内外交流"，以充分调动社会各阶层投入经济建设的热情。为了更好地发挥工人作为社会主义人民民主专政的领导阶级的主人翁精神，党中央提出，要在工厂开始搞生产运动，要召集工人开会，把工人群众发动起来。1950年5月，在中华全国总工会召开的全国工会生产会议上，朱德代表中共中央向全国发出开展生产（劳动）竞赛的号召，在随后的中国电业工会第一次全国代表大会上，中共中央要求各级党组织通过工会组织生产（劳动）竞赛。

1951年，齐齐哈尔第二机床厂马恒昌小组向全国工人阶级发起开展爱国主义劳动竞赛的倡议，1952年，青岛国棉六厂郝建秀小组向全国纺织战线的细纱工人发出"挑战书"。1953年8月，中共中央发出《关于增加生产、增加收入、厉行节约、紧缩开支、平衡国家预算的紧急通知》。一个群众性的增产节约运动高潮迅速在全国掀起。在增产节约运动中，鞍钢机械总厂青年工人王崇伦先后8次改进工具，创造了"万能工具胎"，大大提高了生产效率。1954年，王崇伦、张明山等7名全国工业劳动模范向全国总工会提出在全国范围内开展技术革新运动的建议书，全国总工会报请中央同意作出《中华全国总工会关于在全国范围内开展技术革新运动的决定》。此后，劳动竞赛运动迅速发展成为全国范围的技术革新运动。到了1955年，劳动竞赛逐步越出了企业的范围，发展为一个地区乃至全国范围内的厂际竞赛。

劳动竞赛不断掀起新的高潮，这与党所提倡的建立新型平等的社会主义劳动关系相一致。中国革命的巨大胜利，结束了中华民族自鸦片战争以来近百年的屈辱和苦难，这极大地激发了中国人民的民族自信心和民族自豪感，在中国共产党的引导下，广大人民群众精神振奋，他们从事劳动生产和工作的主人翁精神被激发出来。当时上海中纺六厂工人在清理物资时提出，"自己当家，参加清点；人人有权，提供意见；样样要查，件件清点；认真负责，追根到底；实事求是，不讲情面；找出缺点，力求改进"。① 北京的"工人群众热烈欢庆自己

---

① 司维：《回眸：共和国的50年》，人民出版社1999年版，第101页。

的解放，更加爱护自己的工厂，更加增强了国家主人翁的意识，提高了生产积极性"。①

三、再造社会主义新人

马克思和恩格斯在《共产党宣言》中说，在未来的新社会里，"每个人的自由发展是一切人的自由发展的条件"。显然，社会主义社会的基本特征最终是以人的发展为条件的。1940年，毛泽东在《论联合政府》中指出，"没有一个新民主主义的联合统一的国家，没有新民主主义的国家经济的发展，没有私人资本主义经济和合作社经济的发展，没有民族的科学的大众的文化即新民主主义文化的发展，没有几万万人民的个性的解放和个性的发展，一句话，没有一个由共产党领导的新式的资产阶级性质的彻底的民主革命，要想在殖民地半殖民地半封建的废墟上建立起社会主义社会来，那只是完全的空想"。因此，新社会"民族的科学的大众的文化"的获得必须以"几万万人民的个性的解放和个性的发展"为条件。

但作为社会建设目标，对于落后的农民占绝大多数的新中国而言，要建设社会主义文化并不容易，因此，在广大农村，一方面通过土地改革，使农民真正实现了"耕者有其田"的愿望。但是，获得了土地并不意味着农民自由选择权利的自动获得，而且，让农民成为独立自由的个体并不是社会构建的最终目标，因此，还需要另一方面的工作，也就是通过再组织化，通过发展教育，尤其以农村为主的扫盲教育，通过推动男女平等、妇女解放等运动，使广大人民群众成为社会主义新人。

新中国成立后最早的重要国家法律是《婚姻法》和《土地法》。关于个人的解放，首要的是个人从家庭关系中解放出来，而在家庭中获得解放的受益者首要的是妇女，妇女将获得反缠足、婚姻自由、工作自由等权利。从1949年到1954年，妇女解放主要体现在：女性作为"人"的公民权利从根本上得到承

---

① 《中国资本主义工商业的社会主义改造》（北京卷），中共党史出版社1991年版，第144页。

认，国家和政府赋权给女性，通过立法来保障女性享有与男性同等的经济、政治、文化和社会权利。

新中国成立不久，《中国人民政治协商会议共同纲领》第 6 条明确规定，"中华人民共和国废除束缚妇女的封建制度。妇女在政治的、经济的、文化教育的、社会生活的各方面，均有与男子平等的权利。实行男女婚姻自由"。1950 年 4 月，中央人民政府委员会第七次会议通过《婚姻法》。为保证该法的贯彻实施，在该法通过的同时，中共中央发出《关于保证执行婚姻法给全党的通知》。1951 年 9 月，又由政务院总理周恩来署名发布《中央人民政府政务院关于检查婚姻法执行情况的指示》。同年 9 月 29 日，《人民日报》发表文章，强调"切实执行婚姻法，保护妇女合法权益"。此后，中国共产党继续通过国家政策及法律法规的颁布施行为妇女的解放，为妇女权益的保障提供制度性的保障。与此同时，在运用国家立法、行政手段的基础上，中国共产党还通过妇女解放运动，通过经济、教育等资源，赋权给妇女，以改变长期以来女性处于劣势的社会地位。1953 年，政务院将 3 月定为贯彻婚姻法运动月，在全国各地都成立了贯彻婚姻法运动委员会，并相继发布文件，对运动的任务、方针、方法和各种具体的政策界限作了明确的规定。在运动中，全国进行了几千个典型试验，训练了几百万个基层干部和大批宣传员、积极分子，利用广播、座谈、文艺活动等多种形式广泛深入宣传婚姻法，以达到家喻户晓、深入人心的效果。一时间，"妇女解放""男女平等"成为社会主流话语。妇女被广泛地动员起来，在短时间内完成了从家庭领域走向社会化生产的过程。1949 年中华人民共和国成立时，全国 5 亿多人口中有超过 4 亿人口是文盲，文盲率高达约 80%。其中绝大多数是工农，妇女文盲又是工农文盲中的大多数。例如 1949 年上海市（当时中国最大的城市）郊外黄渡地区的青壮年中，81.4% 为文盲。在贫农、下中农家中找不到识字的人。[①] 1945 年中国共产党第七次全国代表大会上，毛泽东在《论联合政府》中提出："从百分之八十的人口中扫除文盲，是新中国的一项重要工作。"

---

① 额尔瑾：《新中国扫盲路起步艰难，曾差点折戟沉沙》，观察者网，2016 年 10 月 10 日。

在 1949 年以前，中国共产党领导的各解放区也都开展了扫盲工作。当时，解放区每到冬季农闲时节，便组织农民读书、识字。这种学习只在冬季进行，故称"冬学"。1950 年 9 月，在教育部和中华全国总工会联合召开的第一次全国工农教育工作会议上，教育部部长马叙伦在开幕词中指出，工农教育应以识字教育为主。会上讨论了工农教育的实施方针、领导关系等问题，提出了"推行识字教育，逐步减少文盲"的口号，以及"政府领导、依靠群众组织、各方面配合"的原则。会议决定着重以工农干部、积极分子为主要教育对象，分别以文化教育、政策时事教育为主要教育内容。党中央高度重视这次会议，党的领导人毛泽东、邓小平、朱德、刘少奇等都出席了会议。

1951 年底，全国各地都开办起识字班。据统计，1951 年就有 170 多万工人参加识字班。20 世纪 50 年代，歌曲《夫妻识字》伴随着扫盲运动在全国各地识字班传唱一时，中国人民解放军西南军区某部文化教育指导员祁建华在部队开展文化教育的过程中发明了"速成识字法"，这一方法在 1952 年被号召向全国推广。政策出台后，通过宣传和动员，工人、农民大规模报名进识字班。由此，全国各地迅速办起"速成识字法"实验班。20 世纪 50 年代的乡村扫盲是以农民"识字"教育的形式展开的，当然，识字的文化教育也有一些内在的政治期待，那就是，根据地区差异，因时因地制宜地提高农民的觉悟，以推进国家建设事业。在土地改革向农业合作化方向发展的过程中，"识字"教育的内容也在丰富。比如，随着原本的"家户经营"到"合作社经营"的过渡，不仅是生产组织方式的变化，还包括对农民原有生活经验的根本颠覆。如果说在家户经营时代，农民只需通过经验传承掌握必要的生产技巧，劳动收益因与别人无涉，可以是一笔"糊涂账"，但到了合作化时期，为了保障收益，必须精打细算。于是，"识字"教育中增加了记账教育。[①] 1955 年 6 月，国务院颁布的《关于加强农民业余文化教育的指示》，不仅强调了政治教育的重要性，而且指出即

---

① 满永：《文本中的"社会主义新人"塑造——1950 年代乡村扫盲文献中的政治认同建构》，《安徽史学》2013 年第 4 期。

便"在文化课中，也应当有政治思想内容和生产知识内容"，拥护中国共产党、爱祖国、反封建、爱岗敬业等思想政治教育也是课本中的必要内容。

　　与此同时，城市中的同志式关系改造也带来了社会组织方式的变迁。新的基层社会管理组织体系在这样一个社会改造的过程中渐渐成型。1951 年 4 月 20 日，上海市召开街道里弄代表会议，决定加强里弄组织，将原有的人民冬防服务队，改组为街道里弄居委会。1952 年，全市 80% 的里弄已建立居委会，将占市区人口 70% 的 324 万余居民组织于其中。再过一年，也就是 1953 年，全市 11555 条里弄已建有居委会 1961 个，居民小组 36000 余个，居委会委员 95284 人，下设福利、文教、治保、卫生、调解、优抚、妇女等专门委员会 23115 个，委员 72169 人。居委会组织基本做到全覆盖，形成一个自上而下的社会基层的组织网络。1952 年 6 月，当 80% 的里弄建立居委会时，9000 多个居民读报组、青年政治学习班、妇女儿童识字班以及夜校等各类政治教育组织进入居民的日常生活，用以宣传党和国家的各项方针政策，宣讲国内外时事政治，激发居民的政治热情。居委会的前身冬防队就是维系千家万户财产与人身安全的群众组织，而作为"由居民自行成立的群众自治组织"，其成立之初的宗旨是"解决居民的公共福利问题"。最初的居民组织较为普遍使用的名称是"居民福利委员会"。在居委会承担的任务中，居民的公共福利被置于重要的位置。① 1954 年一届全国人大四次会议通过《城市居民委员会组织条例》，第一次以法律的形式确认城市居民委员会的地位。②

---

　　① 张济顺：《远去的都市》，社会科学文献出版社 2015 年版。
　　② 郭圣莉：《阶级净化机制：国家政权的城市基层社会组织构建——以解放初期上海居委会的整顿与制度建设为例》，《甘肃社会科学》2007 年第 4 期；杨辰：《日常生活空间的制度化——20 世纪 50 年代上海工人新村的空间分析框架》，《同济大学学报》(社会科学版) 2009 年第 6 期。

第四章　劳动至上与工业集体主义

1956 年是中国共产党发展历史上的一个分水岭。由此开启了党领导全面建设社会主义的时期。这一阶段，党以现代化作为社会发展的目标，全面启动了现代化建设尤其是现代工业体系的建设，与此同时，党也开始了对现代化建设的艰辛探索，这一时期的这些探索为后来的建设积累了大量经验，形成了一些至今仍然具有指导意义的理论成果。这一时期的探索性建设表明社会主义建设实践的丰富性在前进中不断呈现，使得党的社会建设呈现出一定程度的徘徊、激进与平衡。

第一节　社会主义建设道路的探索

社会主义改造完成后，我国国内的主要矛盾不再是工人阶级和资产阶级之间的矛盾，而是人民对于建立先进的工业国的要求同落后的农业国的现实之间的矛盾，是人民对于经济文化迅速发展的需要同当前经济文化不能满足人民需要的状况之间的矛盾。[1] 社会主义在中华人民共和国成立后，社会主义的经济、政治、文化应该怎样建设？社会主义应当如何巩固和发展？全党和全国人民精神振奋，急切地想做出一番新的伟大事业，努力探索社会主义建设道路。[2] 这

---

① 中共中央文献研究室：《建国以来重要文献选编》第 9 册，中央文献出版社 1994 年版。

② 中共中央党史研究室：《中国共产党的九十年——社会主义革命和建设时期》，中共党史出版社 2016 年版，第 465 页。

一时期党和国家领导人多次听取各部委负责人的工作汇报，了解我国经济社会发展的最新情况、最新问题。1956年春，毛泽东、刘少奇等中央领导人进行了大量周密而系统的调查研究。先是1955年12月至1956年3月，刘少奇为准备起草八大的政治报告，分别与中央和国务院37个部门的负责人座谈。接着，1956年2月14日至4月24日，毛泽东总共听取了43天的汇报，这些报告中，分为具有专业性的和综合性的两种。这次听取各经济部门的汇报，是毛泽东"1949年后乃至在他一生中所作的规模最大、时间最长、周密而系统的经济工作调查"。经由这些报告，毛泽东对新时期的认识与判断不断深化、发展，不断进行归纳总结与理论概括。正是在这些调查的基础上，毛泽东形成了对中国社会主义建设有全局性长远性指导意义的报告《论十大关系》。1956年4月25日，毛泽东在中央政治局扩大会议上发表了《论十大关系》的讲话，经政治局同意后，又于5月2日向最高国务会议作了报告，对十大关系作了系统的阐述。

《论十大关系》形成于新中国发展的一个非常重要的年份，一方面国际形势趋缓，另一方面，国内的三大改造运动接近基本完成，作为中国最后一个剥削阶级的资产阶级也将不再存在，中国正在进入一个新的历史阶段。由此，这一时期的《论十大关系》实际上是对新变化的适应，乃至预判。为更好地向着社会主义建设转变，《论十大关系》对社会（国家）整体发展的多个重要方面的新型关系予以分析、预判，并以此为基础提出了新的发展方针。《论十大关系》开宗明义指出，在新的阶段，要进行社会主义革命，建设社会主义国家，就迫切需要想办法把国内外一切积极因素调动起来。"什么是国内外的积极因素？在国内，工人和农民是基本力量。中间势力是可以争取的力量。反动势力虽是一种消极因素，但是我们仍然要作好工作，尽量争取化消极因素为积极因素。在国际上，一切可以团结的力量都要团结，不中立的可以争取为中立，反动的也可以分化和利用。总之，我们要调动一切直接的和间接的力量，为把我国建设成为一个强大的社会主义国家而奋斗。"这一提问实际上是对毛泽东20年前的《中国社会各阶级的分析》的再现与升华，是对新时期的社会结构、利益关系作出新的认识、判断。

在《论十大关系》中，无论是第一重要的"重工业和轻工业、农业的关系"，还是后面的"沿海工业和内地工业的关系""国家、生产单位和生产者个人的关系""中央和地方的关系""汉族和少数民族的关系""党和非党的关系""革命和反革命的关系""是非关系"等，都包含了关于社会结构调整与重构、社会利益关系协调机制和利益表达机制、产业与区域多方面的协调与平衡发展机制等深刻的社会建设原理，包含了"以人为本"的社会建设基石。《论十大关系》的发表标志着毛泽东对中国社会主义建设道路的探索开始形成一个初步的比较系统的思路，它包含了认识中国社会发展的整体性框架，以及方法论，也是中国共产党探寻区别于苏联的自主发展中国式社会主义的一个新的里程碑。

《论十大关系》对中国发展现代化道路探索的深远意义在于，较早形成了关于中国现代化道路发展的较为全面的认识，其注意到，基于中国这样的国情，现代化的发展应该是全局性的、平衡的、持续的以及根本性的。20 世纪 70 年代后，拉美国家、其他一些发展中国家与新兴经济体，先后在现代化的发展道路上遭遇了"中等收入陷阱"，贫富不均，两极分化，城市化失衡造成环境恶化、失业人口较多、公共服务不足等等，过度城市化不仅没有推动经济持续发展，没有解决其农村农业问题，反而带来更多的危机与社会问题。显然，为构建一个更加全面而平衡的发展图景，《论十大关系》对发展中需要面对的各种结构关系进行了深度探讨。

1956 年 9 月 15 日至 27 日，中国共产党第八次全国代表大会在北京全国政协礼堂隆重举行。这是党执政以后召开的第一次全国代表大会，是实现了党的团结和党的事业兴旺发达的大会。出席会议的代表 1026 人，代表着全国 1073 万党员。大会指出，中国的社会主义改造已经取得了决定性的胜利，这表明，我国无产阶级同资产阶级之间的矛盾已经基本解决。在客观分析了国内形势和主要矛盾变化的基础上，大会提出，国内的主要矛盾，已经是人民对于建立先进的工业国的要求同落后的农业国的现实之间的矛盾，已经是人民对于经济文化迅速发展的需要同当前经济文化不能满足人民需要的状况之间的矛盾。这一矛盾的实质是，在我国社会主义制度已经建立的情况下，也就是先进的社会主义制度同落后的社会生产力之间的矛盾，因此，党在今后的根本任务就是保护和发展生产力。① 以毛泽东《论十大关系》和中共八大为标志，探索中国自己的建设社会主义道路有了一个良好开端。

邓小平曾说，"从 1957 年下半年开始，我们就犯了'左'的错误"。② 这是指党在现代化发展道路上出现的判断与方向变化：1957 年下半年开始了反右派运动，并开始批判"反冒进"的发展政策，这实际上从两个方面为 1958 年开始的"大跃进"作了准备。进一步看，这一改变反映了党在应对国内外形势中形成的对现代化发展的内涵、性质、速度等方面的探索与不同判断。

对毛泽东而言，让中国摆脱贫穷落后是他一生的愿望。毛泽东提出了要用 15 年左右时间，在钢铁等主要工业产品等产量上赶上和超过英国等目标。1961 年，毛泽东在接见外宾时说，"中国准备用 50 年到 100 年来解决工业、农业生产问题。大跃进也需要几十年到 100 年时间来解决问题，使很穷的国家变成一个很富的国家"。③ 这之后，我们党提出了"两步走"的设想，第一步，从第三个五年计划（1966 年）开始，用 15 年时间，即在 1980 年以前，建成一个独立的比较完整的工业体系和国民经济体系；第二步，在 20 世纪内，全面实现农业、工业、国防和科学技术的现代化，使我国国民经济走在世界前列。但 1957 年下半年，在反右派运动的同时，开始批判此前为调整国民经济失衡问题而掀起的反冒进政策。为推动对"反冒进"的批判，毛泽东提出了一系列推动"大跃进"的理论。从中央的决策看，"大跃进"的推动旨在加快社会主义现代化建设，通过加以达到克服社会主义建设过程中可能出现的摇摆不定问题，使朝着社会主义方向的发展趋势变得更加明确，通过速度来解决社会可能出现的各种矛盾。

三年的"大跃进"，经过全国人民的努力，我国的经济建设，特别是重工业

---

① 中共中央文献研究室：《建国以来重要文献选编》（第 9 册），中央文献出版社 1994 年版。
② 邓小平：《邓小平选集》（第 3 卷），人民出版社 1993 年版，第 269 页。
③ 顾龙生：《毛泽东经济年谱》，中共中央党校出版社 1993 年版，第 554—555 页。

建设取得许多成就。然而，这三年也是人民生活困难的三年，因而出现过 1959 年的庐山会议反省，但大幅度调整的战略决策是在党的七千人大会结束后不久。在经济调整的同时，党内还出现了关于阶级是否存在、关于"包产到户"与集体化的道路选择的讨论。1962 年 9 月，党的八届十中全会发表的全会公报指出，"在无产阶级革命和无产阶级专政的整个历史时期，在由资本主义过渡到共产主义的整个历史时期（这个时期需要几十年，甚至更多的时间）存在着无产阶级和资产阶级之间的阶级斗争，存在着社会主义和资本主义这两条道路的斗争……"①阶级斗争和道路斗争后来在"文革"中被进一步概括为"无产阶级专政下继续革命"的理论，并在日后成为"文化大革命"的指导思想、在 1963 年演变为一场在城乡开展的"四清"运动、社会主义教育运动。城乡"四清"运动虽然严重干扰了国民经济的全面调整工作，但总体上，整个社会的经济、社会建设还在艰苦前行，人民渡过了最为困难的时期，人民的生活有了一定程度的改善，其他各项社会事业也得到了一定的发展。

第二节　劳动至上：重建社会实践主体

新中国成立之初的几年，中国共产党着力于迅速建立联合政府、致力于与资产阶级的合作，对资产阶级最开始采取的是团结利用的方针，后来则转向了"利用、限制、改造"的逐步消灭资产阶级的政策。之所以并没有一刀切地按照苏联模式快速、果断地消灭资产阶级，缘于当时中国共产党是以中国国情为基础，强调了中国实际与人民生活，将"发展生产、繁荣经济"作为建设的更加优先的目标。

1956 年，在客观分析了国内形势和主要矛盾变化的基础上，通过党的第八

---

① 中华人民共和国国家农业委员会办公厅编：《农业集体化重要文件汇编》下册，中共中央党校 1981 年版，第 617 页。

次代表大会，中国共产党宣布，中国的社会主义改造已经取得决定性的胜利，我国无产阶级同资产阶级之间的矛盾已经基本解决，国内的主要矛盾，已经是人民对于建立先进的工业国的要求同落后的农业国的现实之间的矛盾，已经是人民对于经济文化迅速发展的需要同当前经济文化不能满足人民需要的状况之间的矛盾。这一矛盾的实质是，在我国社会主义制度已经建立的情况下，也就是先进的社会主义制度同落后的社会生产力之间的矛盾。党在今后的根本任务就是保护和发展生产力。

中国共产党始终重视劳动与"人民"的等值关系。与"人民"等值的"劳动"的大力提倡便意味着人的主人翁精神、人的积极性、人的"公而无私"的一面。资产阶级的"唯利是图""投机取巧"显然与这一内涵不相容，因此，即便在 1956 年前相对包容的民族资产阶级政策中，始终强调的也是对资产阶级的"自利"特征的限制、改造。

1956 年后，资产阶级从所有制、从实体上没了存在空间，但社会中却依然存在着对"自利"的追求，以及各种利益主张。为此，毛泽东指出，《论十大关系》就是要"围绕一个基本方针，就是要把国内外一切积极因素调动起来，为社会主义事业服务"。《论十大关系》将中国社会主义现代化建设中面临的各种问题与关系，尤其利益关系的规律性问题、平衡性问题予以实事求是的解析、探索。这一讲话发表的第三天，也即 1956 年 4 月 28 日，毛泽东在中共中央政治局扩大会议上提出了至今仍然在新中国科学文化建设史上具有重大意义的"百花齐放、百家争鸣"原则。他指出，"艺术问题上的百花齐放，学术问题上的百家争鸣，我看应该成为我们的方针"。过了几天，在主持召开最高国务会议第七次会议时，毛泽东对"双百"方针作了再次强调："在艺术方面的百花齐放的方针，学术方面的百家争鸣的方针，是有必要的。"①

之前，也就是 1956 年的 1 月，中共中央在北京召开全国知识分子问题会议。这是新中国成立后第一次把知识分子问题、发展科学技术问题作为全党必

---

① 　毛泽东：《关于正确处理人民内部矛盾的问题》，《人民日报》1957 年 6 月 19 日。

须密切关注的重大工作郑重地提了出来。为准备这次的会议，党中央于 1955 年年底特别向北京、上海、天津、武汉等大城市提出，要调查了解新中国成立 6年间知识分子的状况和关于知识分子政策在执行中的问题。会上，周恩来代表党中央作了大会的主题报告——《关于知识分子问题的报告》。报告首先对我国知识分子状况作出了分析、判断，随后，周恩来代表党中央郑重宣布，我国知识分子"已经是工人阶级的一部分"。报告同时还用相当大的篇幅阐述了"向现代科学进军"的问题。报告指出："科学是关系到我们的国防、经济和文化各方面的有决定性的因素。"在科学技术的巨大和迅速进步面前，我们"必须急起直追"，"必须赶上世界先进科学水平"。为此，今后党中央要通过各项政策措施最大限度地发挥知识分子作用，通过战略部署和规划大力发展科学技术。显然，党对知识分子定位的变化与党关于国家社会主义现代化建设战略目标定位有关。科学技术的发展需要充分发挥知识分子的作用，报告对知识分子阶级属性的确认也与当时中国共产党关于社会结构的最新判断一致。

知识分子对中国共产党的认同源于他们对中国将成为一个世界上独立、自主、富强、文明的国家的期待，以及他们对近百年的中华民族屈辱的记忆。实现民族独立和国家富强是中国共产党的理想，也是中国知识分子的理想。新中国成立之初，不同处境的知识分子学习和接受马克思主义，参加新中国建设实践，其核心在于使知识分子成为劳动者阶级的一员。

到 1957 年上半年"关于正确处理人民内部矛盾问题"观点发表前后，与经济的平稳恢复发展相应，中国社会进入了春暖花开的"解冻"时期：科技发展、文化思想活跃，一些讨论开始触及民主与自由。文化界，如钟惦棐的《电影的锣鼓》、王蒙的《组织部新来的年青人》、流沙河的《草木篇》等等，或是揭露和批判官僚作风，或是呼唤民主与自由。费孝通的《知识分子的早春天气》则表达了民主党派和知识分子对"百家争鸣"与现代化发展的期待。

1958 年初开始，为加快农业社会主义现代化建设，党中央先后多次召开各省份书记会议，在不断加大力度批评"反冒进"的同时，党希望通过技术革命、合作化运动升级以及人民群众不断高涨的生产热情，将经济建设驶入快车道，这便是"大跃进"时期的来临。在其中的成都会议上，毛泽东提出了"鼓足干劲、力争上游、多快好省地建设社会主义的总路线"，还重新提出了1955年就讲过的小社并大社的主张。随后，中央政治局会议批准了这次会议通过的《关于把小型的农业合作社适当地并为大社的意见》。全国各地迅速开启了小社并大社也就是人民公社化运动。

迅速在全国推动的人民公社化运动成为批评"反冒进"、启动"大跃进"的引擎。之所以如此，一个非常关键的原因是，在毛泽东等领导人看来，人民公社将是建成社会主义和逐步向共产主义过渡的最好的组织形式，它将发展成为未来共产主义社会的基层单位。①

1953年之前，刚刚获得土地的农民再次出现富裕农民经济现象，一种看法是，在新民主主义阶段应当允许富裕农民经济发展，允许暂时的两极分化，因为可以通过工业发展、机器发展，逐步启发农民走互助合作道路。在毛泽东看来，应当在农村还没有发生分化的情况下，依靠贫下中农，"趁热打铁"把农民引上社会主义道路。1951年底，中共中央《关于农业生产互助合作的决议（草案）》下发到县、区委，其指出，"农民在土地改革基础上所发扬的生产积极性，表现在两个方面：一方面是个体经济的积极性，另一方面是劳动互助的积极性……但是，党中央从来认为，要克服很多农民在分散经营中发生的困难，要使广大贫困的农民能够迅速地增加生产而走上丰衣足食的道路，要使国家得到比现在多得多的商品粮食及其他工业原料，同时也就提高农民的购买力，使国家的工业品得到广大的销场，就必须提出'组织起来'，按照资源和互利的原则，发展农民劳动互助的积极性"。"农民的这些生产积极性，是迅速恢复和发展国民经济和促进国家工业化的基本因素之一。"②

1955年《关于农业合作化问题》的报告中，毛泽东指出，中国人多地少，

---

① 中共中央党校中共党史教研室编：《中共党史学习文献简编（社会主义革命时期）》，中共中央党校出版社1983年版，第126—129页。

② 中华人民共和国国家农业委员会办公厅编：《农业集体化重要文件汇编》，中共中央党校出版社1981年版，第37—40页。

时有灾荒，以及经营方式落后，使得广大农民的生活，虽在土改后有所改善，但他们中的大多数人仍不富裕，生活仍有困难。土改后的两极分化，可能使这些农民面临更多的困难以及更趋贫困的危险。对于他们来说，为了摆脱贫困，改善生活，为了抵御灾荒，除了联合起来向社会主义道路前进，再无别的出路。为此，需要特别珍惜占农村人口 60%—70% 的贫农和非富裕的农民走社会主义道路的积极性。毛泽东强调，"我们应当爱惜农民和干部的任何一点微小的社会主义积极性，而不应当去挫折它"。① 1958 年，《中国农村的社会主义高潮》一书出版，毛泽东为这些材料写了按语，指出该书要贯彻"群众走社会主义道路的积极性"的精神。

1955 年 4 月召开的最高国务会议上，毛泽东明确了关于群众积极性的想法，强调广大农民社会主义积极性是主流，与此相反的现象都是支流。1956 年，党的八大召开前后，作为经济调整的一部分，城镇的个体经济和自由市场有所恢复，农村也允许一部分生产资料如鱼塘、菜地、桑园、成片林木暂不入社，还增加了自留地，允许副业等。对此，毛泽东等开始是认可并支持的，但随着形势的变化，1957 年夏季以后，对于农村合作化过程中出现的问题，毛泽东认为，和城市一样，在农村中，仍然有或者社会主义或者资本主义，这样两条道路的斗争。在毛泽东等领导人主导下，关于农村合作化的优越性、各项政策与制度安排开展了一场社会主义与资本主义道路的大辩论，这次辩论某种程度上进一步扩大了农村平均主义理想的影响力。

从这个过程中也可以看出，毛泽东等共产党领导人坚持推进农村合作化运动，除了要保护人民群众中出现的革命性的创造精神，另一个理由在于，必须确保广大的贫困农民在社会主义发展中始终是受益者，得到真正的保护。而要达到这一目的，必须始终坚持集体化的发展道路。

1953 年 2 月 15 日中共中央通过的《关于农业生产互助合作的决议》指出："要克服很多农民在分散经营中所发生的困难，要使广大贫困的农民能够

---

① 《毛泽东文集》第 6 卷，人民出版社 1999 年版，第 424 页。

迅速地增加生产而走上丰衣足食的道路，要使国家得到比现在多得多的商品粮食及其他工业原料，同时也就提高农民的购买力，使国家的工业品得到广大的畅销，就必须组织起来。在浙北农村，乡村政府根据党中央的指示，积极推进合作化运动，努力造成一种有利于合作化的文化氛围，他们主要从三个方面开展工作，第一，批判个体经济，指出'分散的个体生产是封建统治的经济基础'，第二，讲透小农经济的脆弱性，第三，讲清互助合作的优越性和灿烂远景。"①

在《中国农村的社会主义高潮》一书的按语中，毛泽东指出："一切合作社有责任帮助鳏寡孤独缺乏劳动能力的社员（应当吸收他们入社）和虽然有劳动能力但是生活上十分困难的社员，解决他们的困难。"1956 年 6 月，一届全国人大第三次会议通过的《高级农业生产合作社示范章程》规定："农业生产合作社，对于缺乏劳动能力或者完全丧失劳动能力、生活没有依靠的老、弱、孤、寡、残疾的社员，在生产和生活上给予适当的安排和照顾，保证他们的吃、穿和柴火的供应，保证年幼的受到教育和年老的死后安葬，使他们生养死葬都有依靠。"②

历史地看，作为帮助劳苦大众实现社会主义、集体主义理想的合作形态探索，最早可以溯源到圣西门、傅立叶、欧文等的空想社会主义，十月革命后，这一理想传到苏维埃俄国，那里先后出现了农业公社、农业劳动组合、共耕社等农业合作组织。而中华人民共和国成立之前，自 20 世纪 20 年代起，一批知识分子相继深入到面临内忧外患的中国腹地，开展乡村建设以及农村合作互助的试验。基于这些历史积累，中国共产党人相信，建立高级社或人民公社，是引导落后的小农走向共同富裕的必需的社会主义道路，与此同时，人民公社也肩负着组织、教育一盘散沙又贫穷落后的农民的重任。"党在农村中工作的最根本任务，就是要善于用明白易懂，而为农民所能够接受的道理和办法去教育和

---

①　张乐天：《告别理想——人民公社制度研究》，上海人民出版社 2005 年版，第 50—51 页。

②　中共中央文献研究室：《建国以来重要文献选编》第 8 册，中央文献出版社 1994 年版，第 47 页。

促进农民群众逐步联合组织起来，逐步实行农业的社会主义改造，使农业能够由落后的小规模生产的个体经济变为先进的大规模生产的合作经济，以逐步克服工业和农业这两个经济部门发展不相适应的矛盾，并使农民能够不断地摆脱贫穷的状况而取得共同富裕和普遍繁荣的生活。"

人民公社这一来自基层实践创新很快成为中国共产党构建中国基层社会（不仅仅是农村）的制度与生活架构。1958 年 8 月，毛泽东在政治局扩大会议上对人民公社发展提出了这样的判断：（1）"人民公社"实践表现出的群众自发性是一种不断革命的精神的体现。（2）人民公社"一大二公"的特点是："大"即规模大，"公"即公社所有制；"公"就是比合作社更加社会主义，它没有资本主义残余，通过"政社合一"，最终的理想是没有政权，通过半公共食堂、托儿所、缝纫组、全体劳动妇女都可以得到解放。（3）人民公社的建立，标志着对资产阶级法权的进一步破坏。（4）人民公社发起于农村，但终将扩大到城市，城市也将成为社会主义的大公社。1958 年 8 月 29 日，中共中央通过《关于在农村建立人民公社问题的决议》，掀起了人民公社化的高潮，大量高级社并入人民公社。在此之前，也就是 1958 年 7 月 1 日，《红旗》杂志第 3 期发表的《全新的社会，全新的人》一文指出，要"把一个合作社变成一个既有农业合作又有工业合作基层组织单位，实际上是农业和工业相结合的人民公社"。[①] 从此，人民公社将按照共产主义大协作的精神成为组织广大群众的基本组织。

新的人民公社体制下，所有权、经营权归于公社，按照专业化、合作化的精神，人民公社既是生产组织，也是基层政权，是一种"政社合一"组织，实行组织军事化、行动战斗化、生活集体化。

1958 年，《户口登记条例》颁布，由此，一项承载了劳动就业、医疗保健与教育，涉及转业安置、通婚子女落户等社会生活多个领域的、措施配套、组织严密、影响至今的户籍制度体系成为中国社会发展与管理的重要内容。1964 年，国务院转批公安部户口迁移相关规定的基本要点时提出两个"严加限制"：

---

① 中共鄂城县委会：《全新的社会，全新的人》，《红旗》1958 年第 3 期。

对从农村迁往城市、集镇的要严加限制；对从集镇迁往城市的要严加限制。这一日益严格的管理制度使得社会的利益过多考虑了城市人口。可以说，1956年以后，随着城市居民委员会和人民公社制度的发展，党组织不断在生产队、城市单位中建立相应基层组织，这使党对社会的动员整合能力进一步增强。

第三节　以劳动为中心的分配与福利制度构建

如前述，由于坚持社会发展道路上"一个不能少"，坚持要让贫困群众过上好日子，为此，党的意识形态不断强化集体主义思想与集体化发展的政策，并不断通过意识形态与政策策略消除社会发展中出现的各种"私有化"现象，比如恢复自留地、退出合作化。1956年前，中国的发展比较积极地以苏联模式为蓝本，1956年后，中国逐渐开始探索中国式发展道路，但总体上，这一对"不能落下贫困群众"的坚持依然是与马克思主义关于社会主义的理想结合在一起的。

恩格斯曾指出：社会主义应当"结束牺牲一些人的利益来满足另一些人需要的情况"，使"所有人共同享受大家创造出来的福利"。最终的目的在于，建立一个平等的，没有剥削和压迫的社会。如何实现这一平等的社会，在制度安排之外，马克思更是从哲学层面确立了改造旧世界、建立新世界的劳动观。

马克思主义理论的精髓在于唯物史观和剩余价值的提出，而劳动是马克思主义理论的中心范畴。马克思看到了劳动在资本主义社会中产生的问题即劳动异化：人与人的劳动关系被表面的经济关系所遮蔽，人与人的关系变成了物与物的关系，变成了资本家对劳动力的占有、对财富的占有。因此，按照马克思主义理论，人类的解放，在社会主义阶段，要消灭资本主义的这种剥削关系，将剩余价值变成社会大众的财富。

1956年，国务院通过《关于工资改革的决定》，这是新中国进行的第一次全国性工资改革。工资改革废除了过去的供给制、工资包干制，是分配制度领域突出专业化、现代化的表现。此前，以农村为中心的艰苦的革命战争环境造就了一定程度上平均主义的关于革命干部分配上的供给制度，解放后，供给制与沿袭旧传统的城市工资体系间的差距渐渐显现，进而，也带来了实施供给制的党政工作人员与在工资制中受益较多的城市知识分子群体间的不平衡。

中华人民共和国成立初期，由于各个方面都倾向于借鉴苏联经验，关于社会主义的讨论也相应地特别强调"按劳分配"原则，按照"按劳分配"原则，就需要打破劳动观上的简单平均主义观念和分配形式。基于此，社会分配形式逐步地"从平均的供给制到混合工资制，再进入全面工资制"，其中的理念变化则表现为，"从绝对平均主义到相对平均主义，逐渐过渡到按劳得酬"。

另一个事实是，随着社会主义现代化建设目标的确定，全面的现代化建设渐渐启动，现代化的内涵不断丰富，在工业、农业、科学技术现代化概念基础上，人才培养、专业化分工、专业化的福利与薪酬体系及纳税也是其中一部分。比如，1953 年以后，随着"一五"计划的全面实施，人才紧缺的矛盾日益突出。1955 年下半年，受中共中央统战部的委托，民盟中央文教委员会花了两三个月的时间，对知识分子的思想状况以及他们的愿望和要求，作了一次广泛的调查，发现存在六大类问题：一是对知识分子的政治进步和业务水平估计不足，二是信任不够，三是安排不妥，四是使用不当，五是待遇不公，六是帮助不够。这简称为"六不"。此后，党和政府采取了一系列措施，以改善知识分子的工作条件和生活待遇。这一内容体现在了 1956 年的工资改革中。

工资改革建立了国家机关、企事业单位等几大类分配制度。其中党政机关实行职务等级工资制，把干部分为三十个行政等级，最高 560 元，最低 18 元；企业工人分为 8 个（个别工种为 7 个）技术等级，专业人员，如工程技术人员、教师、医务工作者、文艺工作者也都相应有了自己的等级系列，且各系列之间大致可以互相换算。定级标准采用一职数级、等级线上下交叉的做法，依据职务、参考德、才和资历进行评定。为反映出各地生活成本差异，全国被分为 11

个工资区，第 11 类区工作人员工资比第 1 类区同级别人员工资高出 30%。

新的工资制度旨在消除"供给制""包干制"与"工资制"多种制度并存导致的社会群体矛盾，实现"同工同酬"，同时"刺激技术进步和发展生产"，"反对和防止平均主义"。新的工资制度拉大了社会不同群体的工资差距。1956 年 6 月，国务院再度对国家机关工作人员工资标准进行调整，将原本只享受少量补贴的大批乡镇工作人员列入国家干部，享受工资制待遇。新的工资等级制度下，工资差别达到 36.4 倍，这一巨大的工资差别与当时正在兴起的倡导集体主义、社会平等的理念是不一致的。在党的八届二中全会上，党政机关干部脱离群众成为随后党的整风运动的缘起之一。

1958 年，毛泽东在总结苏联相关问题之后提出："绝不要实行对少数人的高薪制度。应当合理地逐步缩小而不应当扩大党、国家、企业、人民公社的工作人员同人民群众之间的个人收入的差距，防止一切工作人员利用职权享受任何特权。"[①]1959 年 2 月和 1960 年 10 月，中共中央两度下令降低高级干部工资，以缩小等级差距、降低工资差别。总体看，这一工资改革的影响是深远的，奠定了此后 30 年之久的劳动工资制度基础。

随着农业合作社进一步向人民公社转变，工分制也日渐完善与统一，成为集体经济时期落实"按劳分配"制度的一项重要措施。工分制源于苏联集体农庄，是社会主义分配制度上的创新，随着党的根据地互助合作模式的出现，工分制被引入中国。解放后，工分制随着农业合作社的发展而不断完善起来。1955 年 11 月，全国人大通过《农业生产合作社示范章程（草案）》，工分制也在这个章程中得到较完整和权威的界定与诠释，该章程规定，"农业生产合作社对社员劳动报酬，实行'按劳计酬、多劳多得'的原则"。[②] 显然，与工资制一样，工分制也是社会主义现代化发展过程中的一项颇具现代性的分配计算与激

---

① 毛泽东：《无产阶级专政的历史教训》，1964 年 7 月 14 日，中文马克思主义文库，https://www.marxists.org/chinese/maozedong/1968/5-098.htm。

② 《农业生产合作社示范章程（草案）》，1955 年 11 月，中国网，http://www.china.com.cn/guoqing/2012-10/11/content_26762973.htm。

励方式，它变革了封建时期、资本主义时期的契约式计酬体系，以及契约式人际关系。

总的来看，从1956年（以及更早）到1966年，集体主义原则下的农村互助合作组织快速发展，与集体主义、社会主义相应的社会分配原则、制度构建也因此一直处于不断探索之中，中间不乏在"在两条路线斗争"上的徘徊，以及在追求效率与纯化意识形态之间的矛盾。[①] 这种内在的矛盾在此后不但激化，而党中央对于中国社会主义发展阶段的劳动分配与激励体制也随之在不断的探索与实践之中。其中，始终不变的是党对激发"劳动人民首创精神"的坚持不懈。

人民公社制度推行初期，以公社为基本核算单位，生产、分配的权力统归于公社，公社制定统一的生产计划，一切生产资料与劳动力均由公社统一调配，农、林、牧、副、渔等一切生产由公社统一经营；公社决定一切收益分配。各公社根据经济条件的不同，大体上有过粮食供给制、伙食供给制和生活基本需要供给制三种形式。而粮食供给制和伙食供给制是最为普遍的表现形式。

1956年到1966年的十年也是社会主义现代化建设中各项民生与福利保障制度形成的重要时期。1955年第三次全国民政工作会议以后，政府原来内务部的业务出现较大调整，主要负责优抚安置、救灾救济、社会福利、婚姻登记、行政区划及政府机关人事管理，[②] 这是基本完成社会主义改造后，国家在社会福利、社会保障向着专业化、正规化方向发展的一个标志。

早期，民生与福利保障方面的主要工作是改造和救济散兵游勇、改造和救济流氓群体、改造和救济娼妓、禁烟禁毒、疏散遣送与救济流民贫民以及改造旧中国的慈善团体等。1953年，中央人民政府内务部制定《农村灾荒救济粮款发放使用办法》，把无劳动能力、无依无靠的孤老残幼定为一等救济户。1954

---

① 张江华：《工分制下的劳动激励与集体行动的效率》，《社会学研究》2007年第5期。

② 成海军：《计划经济时期中国社会福利制度的历史考察》，《当代中国史研究》2008年第5期。

年内务部、轻工业部、农业部发出《关于加强盐民生产救济的通知》《关于加强渔民救济的通知》，推动了对盐民、渔民的救济。

农业合作化时期，党和政府十分重视妥善安置无依无靠的鳏寡孤独残疾人的生活。毛泽东在《中国农村的社会主义高潮》一书的按语中指出："一切合作社有责任帮助鳏寡孤独缺乏劳动能力的社员（应当吸收他们入社）和虽然有劳动能力但是生活上十分困难的社员，解决他们的困难。"当时妥善安排无依无靠的鳏寡孤独残疾人入社，参加力所能及的劳动，照顾他们的工分，主要由集体经济负担他们的生活，并逐步形成制度。

1956 年 6 月，一届全国人大第三次会议通过的《高级农业生产合作社示范章程》规定："农业生产合作社，对于缺乏劳动能力或者完全丧失劳动能力、生活没有依靠的老、弱、孤、寡、残疾的社员，在生产和生活上给予适当的安排和照顾，保证他们的吃、穿和柴火的供应，保证年幼的受到教育和年老的死后安葬，使他们生养死葬都有依靠。"[1] 由于这个文件规定了对生活没有依靠的老弱孤寡残疾社员，给予保吃、保穿、保烧，年幼的保证受到教育和年老的保证死后安葬，便简称为"五保"，享受"五保"的农户便称为"五保户"，形成了独具中国特色的"五保"制度的雏形。"五保"制度便载入中国的史册，成了中国共产党在农村的一项长期政策，成了各级党和政府以及民政部门的一项经常性工作。[2]

经历 1959 年至 1961 年三年严重困难时期后，农业合作化经过调整退回到"三级所有，队为基础"的小集体模式，并一直维持到 20 世纪 70 年代后期。关乎生产服务、社会保障等农民福利在这一期间被进一步规范：占公共积累大部分的公积金主要用于生产队内农业基础设施的建设；而占公共积累小部分的公益金主要以社区机制来实现对生活贫困社员及其家庭的救助，主要针对生活没

---

[1]　中共中央文献研究室：《建国以来重要文献选编》第 8 册，中央文献出版社 1994 年版，第 47 页。

[2]　"五保"的内容和供养经费在中国经历了一个曲折的发展过程，随着中国的经济体制改革而变化。内容为"保吃、保穿、保住、保医、保葬（孤儿保教）"。1956—1978 年，主要依靠集体公益金运行，由生产队或生产大队组织实施的集体供养模式。

有依靠的老弱孤寡残等或遭到不幸事故、生活发生困难的社员，生活有困难的烈士家属、军人家属和残废军人，劳动力匮乏的家庭以及因公负伤或因公死亡的社员家庭等。与此前的集体福利不同的是，这一阶段的农民福利又重新凸显了家庭的作用。

1956 年年底内务部第一次提出"社会福利生产"的概念。1957 年，内务部、财政部和中国人民银行联合下发《关于城市烈属、军属和贫民生产单位税收减免和贷款辅助问题的联合通知》；1958 年，内务部、国家经委、商业部供销合作总社等发布《关于解决烈属、军属、残疾军人、贫民生产原料困难问题通知》，开展贫苦农民、城市贫民和残疾人的生产自救工作。20 世纪 50 年代中期以后，国家和社会通过兴办各种形式的福利工厂，为残疾人提供广泛的就业机会；制定一系列扶持政策，保护残疾人充分行使劳动的权利；通过兴办各类福利设施，为孤老残幼等提供社会救济和福利服务。

随着中央政府对社会福利生产的认可和相关优惠政策的落实，我国的社会福利生产在这一时期取得重要成就。到 1957 年年底，全国已有社会福利生产单位 8000 多个，参加生产的人员约 58 万人。随着"大跃进"运动的影响，我国福利生产发展更加迅速。1958 年 9 月，全国建立了 812667 个福利单位，参加人数 163 万人。1964 年，国家计委、内务部发出《关于民政部门领导的社会福利生产纳入地方计划的通知》，使福利生产走向了正常轨道。①

1957 年，毛泽东在《关于正确处理人民内部矛盾的问题》的讲话中提出，当前社会中受教育者应该德、智、体全面发展。这次讲话对新中国社会主义教育事业的发展影响重大。1958 年国家发布《关于教育工作的指标》，其中指出，在全国范围内消除文盲，要努力培养出一批"又红又专"的社会主义知识化工人。我国教育的目的只有一个，那就是培养有社会主义觉悟的劳动者。1966 年之前，党关于社会建设的思想在徘徊中形成一种总体上的平衡。

---

① 成海军、陈晓丽：《计划经济时期中国共产党社会福利思想研究》，《中国浦东干部学院学报》2011 年第 5 期。

第四节　徘徊前进中的社会建设实践

到 20 世纪 60 年代，我国已形成一套将意识形态、社会管理、福利事业与资源配置有机融为一体的社会建设方式。此后，从 1966 年起的十年间，在剧烈的社会政治动荡背景下，党的社会建设思路继续朝着平均主义倾向的方向发展，其间，不断出现来自现实的政策调整，试图缓解和变通那些激进的政策，这使得这十年间的社会建设实践呈现出徘徊前进态势。

20 世纪 60 年代的中后期，在特定的社会政治气候下，城市户籍中的绝大部分劳动力被编入单位体系，他们的工资收入、福利保障、社会活动、身份合法性都来自单位，单位成了国家对社会、对个人进行直接行政管理的组织设置。通过"单位办社会"的形式，在城市中，国家—单位—个人形成稳定的纵向社会支配结构，国家与单位之间建立起领导与被领导、支配与被支配的关系，单位与个人之间建立起控制与被控制、支配与被支配的关系，国家利用单位及其附属的制度安排着人们的经济生活、政治生活与社会生活。在乡村，国家对社会的管理，对社会生活的支配主要依靠人民公社制这种形式实现，在某种意义上，人民公社可以看作单位在农村社会的复制。

这是政治事务、经济事务、社会事务、文化事务乃至意识形态工作合一的社会管理体制，这一体制下，党的群众工作和行政工作与意识形态工作合为一体，经由单位化格局实施对社会的分类管理。在地域类别上，党和政府将全国分为城市和乡村两类，而且以户籍制度的方式将城市人员与农村人员区分，限制城乡之间的流动，仅仅留出升学、参军等有限的城乡流动渠道，准确地说是从乡村跨入城市的渠道，如就业这种最利于城乡流动的渠道是被限制的或者说是被禁止的。在身份类别上，要求所有符合要求的就业人员都参加工作，并将这些工作人员分为干部、知识分子、工人、农民等几个大类，这些人员之间不能自由流动，其身份的转化或提升需要严格的制度筛选和制度审定。

为保障社会成员服从所属类别的管理，国家除了通过控制资源分配，也通过对不服从者的惩罚来确保该目标达成，比如不属于任何单位的城市人员往往成为被社会重点关照的对象，而不参加公社劳动的人员得不到工分。同样，属于干部身份的社会成员其采用的是干部管理制度，工人身份的社会成员采用的是工人管理制度，这样每一个社会成员被分属于不同的类别，只需要对照自己的身份类别就可以指导适合于自身的治理方法和行为模式。这一方式在"文革"期间曾有过一些变化。"文革"初期，一些单位被要求：由生产者直接掌握生产资料；废除工资差别和奖金，建立一个更平均的分配制度；废除临时工和合同工制；工人有在自己选择的，而不是由国家分配的工厂和企业工作的自由权利；废除党对工会的控制等。但这一举措并没有持久。

1970年8月，为稳定农村政策，一些政策重提，包括，中央原来规定的三级所有、队为基础的制度；反对平均主义的按劳分配原则；在服从国家统一计划的前提下，允许生产队因地制宜开展种植；提倡社会主义协作但反对穷富拉平的"一平二调"错误……① 这一年，为调动地方积极性，中央对中央企业、事业单位进行大规模下放，同时推动地方加快地方"五小"（小钢铁、小机械、小化肥、小煤窑、小水泥）工业的发展。

1975年邓小平恢复工作后，开始经济社会政策上的"全面整顿"。而"全面整顿"其中一项重要任务就是解决之前社会动乱产生的地方与单位的"派性"问题。以铁路整顿为突破口，1975年2月，在"全国工业书记会议"上，中共中央作出《关于加强铁路工作的决定》，要求全国所有铁路单位必须贯彻"安定团结"方针，实行以铁道部为主的管理体制。文件强调了铁路的统一管理，集中指挥，以及反对资产阶级派性，建立健全必要的规章制度，整顿运输秩序，同各种破坏行为作斗争，加强组织性纪律性，确保运输安全正点。会上，刚刚恢复工作的邓小平发表讲话，强调加强集中统一，反对派性，建立必要的规章

---

① 中华人民共和国国家农业委员会办公厅编：《农业集体化重要文件汇编》（下），中共中央党校出版社1981年版，第891—892页。

制度。邓小平说，对闹派性的人要再教育。教育过来，既往不咎，再不转变，严肃处理。[①] 与此同时，党大力开展恢复科研、教育以及生产秩序的整顿工作，包括制定中国科学院的整顿计划、中国社会科学发展规划等，以及为恢复高等教育作准备。在此背景下，被下放到五七干校等一些知识分子、专家陆续回到工作岗位，文艺界甚至出现了"小百花齐放"。[②] 1976 年 10 月，粉碎"四人帮"为以后的改革开放扫清了障碍。

在"以阶级斗争为纲"的意识形态支配下，绝对平均主义的指导思想基本伴随了意识形态与行政化的群众运动。在"总体性社会结构"之下，平均主义通过意识形态将新的资源配置政策传递到社会各个角落。

1963 年年底，经过三年多的艰苦奋斗，我国石油战线的工人阶级通过自身的努力，开发了大庆油田，结束了中国人靠"洋油"过日子的时代，而且还培养、锻炼出一支有一定技术素质、有组织纪律、能吃苦耐劳、能打硬仗的石油工业队伍，涌现出了"铁人"王进喜这样的先进典型。石油部从 9 个方面总结了大庆石油会战的经验：（1）革命精神；（2）科学态度；（3）群众运动；（4）"三基"工作（基础工作 / 质量 / 设备、基本功、基层岗位责任制）；（5）集中优势兵力打歼灭战；（6）严细作风；（7）思想政治工作；（8）机关革命化；（9）全面关心职工生活。随后，党中央发出通知，号召全国其他部门学习大庆油田的经验。"要把冲天的革命干劲同严格的科学态度结合起来，大搞技术革新、技术革命，多快好省地完成生产任务"，"把革命干劲和科学实验结合起来"，"大庆是全国的标兵，每个城市、每个县、每个厂矿还要树立自己的'大庆'，每个工厂、车间、班、小组都要有自己的标兵"，"处处有大庆，就可以有秩序地学，持久地学，不是学一阵就停下来了。过去就有这种毛病，今后就可以克服，把学先进持久地进行下去"。[③]

---

①　《整顿从铁路突破》，人民网文史频道，http://history.people.com.cn/n/2014/0814/c387654-25468457.html。

②　傅高义：《邓小平时代》，生活·读书·新知三联书店 2012 年版，第四章。

③　《工业学大庆》，中国国家人文地理，http://rwdl.people.cn/n1/2018/0711/c419569-30140631.html。

"大庆精神"中所强调的科学精神、专业与精细精神曾一度被视为"唯生产力论"的典型，大庆的基本经验也被攻击为"修正主义"的东西遭到批判。1971年6月20日，《人民日报》发表著名社论《工业学大庆》，其文开篇写道："大庆，是毛主席提倡的一面红旗。工业学大庆，是毛主席向全国人民发出的伟大号召。"中央的社论一出，全国各地掀起风潮。特别是在20世纪70年代以后，从沿海到内陆再到边疆，农业大省、轻工业大省纷纷开展相关学习活动，上海市更明确要求企业和车间干部必须用一半时间做管理工作，还有一半时间要参加生产劳动。从提出"大庆精神"到"全国工业学大庆"运动的发起，中间的政策起伏，体现着"红"与"专"、"革命"与"生产"的路线差异，以及对集体主义精神内涵的调整。

20世纪的60至70年代，"工业学大庆，农业学大寨，全国人民学解放军"是广大中国人民最为熟悉的口号。"大寨"被树立为全国典型，主要源于两大事迹。一是，1963年8月爆发了一场特大洪涝灾害，党支部书记陈永贵提出，要坚决依靠群众、依靠集体力量战胜灾害、克服困难。他坚定果断地采取先治坡后治窝的辩证方法，使大寨闯过了难关，奇迹般地夺取了当年的好收成。在此过程中，他提出了著名的"三不要"（不要国家救济粮、救济款、救济物资）、"三不少"（向国家卖粮不少、社员口粮不少、集体库存不少）的救灾方案，受到党中央和各级地方政府的表彰。1964年在党和国家制定"三五"计划时，国防建设任务吃紧，毛泽东指出，"要自力更生，要像大寨那样，它不借国家的钱，也不向国家要东西"。"大寨经验"之二是，"文革"开始后，陈永贵也同很多革命群众一样，积极参与并支持造反派的夺权斗争。但与众不同的是，他在昔阳县的夺权大会上明确宣布：要抓革命，促生产。团结百分之九十五以上的干部和群众，3至5年将昔阳建成大寨县。从1968年冬季开始，在当时缺乏政府投资的情况下，他将农民组织起来，主持了一个个农田水利基本建设工程。据有关资料介绍，几年里昔阳共修筑了1000多公里大坝，垦整了6万多亩土地。①

---

① 贺吉元：《"大寨红旗"从升起到飘落的演变过程和轨迹》，《党史博采》，http://cpc.people.com.cn/GB/64162/64172/85037/85038/6271385.html。

继 1970 年人民日报发表社论《农业学大寨》后，1975 年 9 月，党中央、国务院召开全国农业学大寨会议，会上发出"全党动员，大办农业，为普及大寨县而奋斗"的号召。

"农业学大寨"在全国范围兴起，激发了各地通过集体劳动的方式开展农田水利基本建设的热情。各地农村纷纷在冬季农闲时，组织农民进行农田基本建设、兴修水利。在继续发展蓄水引水灌溉同时，重点打井、建排灌泵站，发展提水灌溉。1972 年华北大旱，国务院决定拨出专款和设备支持北方 17 省打井工作，到 1976 年全国机井数量达到 240 万眼，比 1965 年增加了 10 倍。到 1976 年全国有效灌溉面积达到 6.8 亿亩，其中井灌面积 1.2 亿亩，除涝面积达到 2.4 亿亩，粮食总产量达到 2860 亿公斤。[①]

作为"农业学大寨"运动的一个重要组成部分，这一时期的水利基本工程建设也取得了一批重要成就。1969 年，著名的红旗渠、江都水利枢纽工程全部完工。1970 年，湖北汉北河竣工，全长 110 多公里，建成后扩大灌溉面积 100 多万亩。1972 年竣工的辽河治理工程，上游和支流共修建水库 220 座，共修筑堤防 4500 公里，流域共建电力排灌站 920 处，可灌溉农田 1100 多万亩。1973 年完成的海河治理工程，前后用了十多年的时间，共修筑防洪大堤 4300 多公里，开掘、疏浚河道 270 多条，新建涵洞、桥、闸六万多座，修建大中型水库 80 多座（总库容达 130 多亿立方米）。在黄河流域，1974 年完成黄河三门峡水利枢纽工程的改建工程，以及刘家峡、盐锅峡、青铜峡等水库和水电站的建设。同时完成了对黄河下游的治理，共修建和加固堤防 3000 多公里，沿岸建成涵闸 60 多座、引水虹吸等灌溉工程 80 多处，扩大灌溉面积 800 多万亩。1973 年还完成长江流域的丹江口大型水利枢纽工程，该工程是由我国自行勘测、自行设计、自行施工建造的一座具有防洪、发电、灌溉、航运、养殖等综合效益的大型水利工程。其他工程还有很多。至 1979 年，全国各地共建成大中小型水库

---

① 国务院发展研究中心"完善小型农田水利建设和管理机制研究"课题组：《小型农田水利建设和管理机制的历史演变与现状》，http://www.chinareform.org.cn/Economy/Agriculture/Practice/201108/t20110823_119528.htm。

（库容 10 万立方米以上的）8 万多座。同时，开掘、兴建人工河道近百条，新建万亩以上的灌溉区 5000 多处。灌溉面积达到 8 亿亩，是 1949 年的三倍。这些，至今仍在农业生产中发挥着基础性和中坚性作用。

1978 年后，农村包产到户、包干到户等家庭联产承包责任制得到推广，基于集体主义劳动原则的大寨模式被大规模替代，大寨的集体经营模式在少数一些村社得以保留。回望历史，无论是"大寨精神"还是"大庆精神"，都代表了"艰苦奋斗，自力更生"的原则，还代表了一种去"私利"、去"计算"的集体主义奉献精神与社会主义协作精神。这种精神，进一步升华了平均主义的社会主义分配原则，它是社会团结的凝聚力量。与这一原则相匹配的，是社会建设与资源分配上对绝对平等、资源均衡分布的进一步强调。正是基于党的这一社会建设精神，在高积累发展战略背景下，我国通过大规模的城乡基础设施建设，让广大民众获得了普遍性的基础福利。

这一时期，对平等分配资源的强调使得农村在总体上比城市获得了更多的资源与发展机会。除了前述大规模的农田水利设施，广大农民的资源获得机会还表现在普及教育方面。

这一时期，党的教育与生产劳动相结合的思想得到进一步发展。尽管高等教育大幅收缩，中小学教育，主要是农村教育则得到了极大发展。由于强调平均主义，各种职业技术性质的教育、城市中的重点学校制度被取消，农村普通教育得到快速发展，全国普遍实行小学 5 年、中学 4 年的新学制，从而使中小学教育由原先的 12 年减为 9 年。

从统计数字看，1976 年全国小学生数比 1965 年增加了 29.1%；普通中学的发展更为迅速，1976 年中学学生总数达 5836.58 万人，比 1965 年增加 6.25 倍，其中高中生 1483.64 万人，增加 11.3 倍；初中生 4352.94 万人，增加 5.4 倍。教育重心下降，面向农村的发展是实质性的：初中生中农村学生的比例，从 1965 年的 33.7% 提高为 1976 年的 75.2%；高中生中农村学生的比例，从 1965 年的 9.0%，提高为 1976 年的 62.3%。这一数字大致与 1997 年的水平相近（初中生中农村的比例为 83.01%，高中生为 62.96%）。

20 世纪 60 年代中期以后，农村中小学随即卷入一场轰轰烈烈的"教育革命"，其重要内容之一就是将公办小学、中学下放到公社、大队去办。1971 年，全国教育工作会议《纪要》又提出争取在"四五"期间在农村普及小学 5 年教育。于是，在"教育革命"和普及教育政策的推动下，农村小学、中学跨入一条异乎寻常的发展轨道。

首先，农村中小学数量、规模快速增长。1971 年，农村小学数量为 93.1 万所，1973 年这一数字达到 99.6 万所，1975 年增至最高峰，达到 105.7 万所。1976 年后，这一数字趋于减少。办学规模上，这期间在校学生数量逐年增加，平均年增加 783.76 万人，教学班的数量也大幅攀升。

其次，农村普及教育获得前所未有的发展。1974 年 5 月，国务院印发《关于 1974 年教育事业计划（草案）的通知》，提出大力普及农村小学五年教育、农村有条件的地区普及七年教育、逐步在大中城市普及十年教育。从此，全国掀起了社社办高中、队队办初中、小学附设初中班的热潮，原有的农业中学几乎全部变成普通中学。1965 年，全国农村初中有 10906 所，学生占全国初中学生总数的 57.9％，1971 年，猛增至 75720 所，学生比例提高到 81％。到 1976 年，农村初中的数量是 1965 年的 11.9 倍，在校生总数占全国初中在校生总数的 84.4％。[①]

尽管这一时期基础教育的普及还只是低重心、实用型的，但它毕竟在更大程度上满足了基数庞大的农村学生基本的学习需求，固然是低水平的，但切合实用，首先解决了"有无"的问题。[②] 它为未来基础教育的质量提升奠定了基础，它对劳动实践的强调是党的劳动与群众至上精神的反应。

这一阶段，如同高度农村基础教育的普及以及教育资源向基层、向农村的倾斜，党对农村实行合作医疗制度也一样高度重视。1966 年后的十年也是中国农村合作医疗制度突飞猛进大发展的十年，全国兴起了大办农村合作医疗的高潮。

---

① 王慧、梁雯娟：《"文革"时期农村普及教育的发展及其历史认识》，《内蒙古师范大学学报》（教育科学版）2014 年第 12 期。

② 参见杨东平：《中国教育制度和教育政策的变迁》，http://www.aisixiang.com/data/6728.html。

当时的合作医疗有着较强的多样性，但总体上，多数是生产大队办，也有社办、社队联办和产队办等形式。一般按自愿参加、集体互助的原则办事，办法大体是：参加合作医疗的社员每年交纳一定数量的现金（也有的交中草药代替现金），另由人民公社或生产大队抽取一部分公益金，作为合作医疗基金。管理机构由干部、"赤脚医生"、社员代表组成，群众有权对合作医疗进行监督。

乡村的医生最早是一些乡村不脱离农业生产劳动的保健员，后来，这些经过培训的保健员逐渐转为卫生员。1968年9月，"卫生员"的名称被"赤脚医生"取而代之。"赤脚医生"是农村合作医疗制度的产物，是农村社员对"半农半医"卫生员的亲切称呼，这些人员一般没有固定编制，有一定医疗知识和能力，他们经乡村或基层政府批准和指派，受当地乡镇卫生院直接领导和医护指导。"赤脚医生"主要采用就地培养、学用结合、短期速成和复训提高的办法培养而成，培训地点在公社卫生院或县医院，初训时间为3至6个月不等。其他一些"赤脚医生"也可能来自医学世家，或者是公认有一定医护能力的自学成才者。赤脚医生一般亦农亦医，农忙时务农，农闲时行医，或是白天务农，晚上送医送药。在党的政策大力推动，缺医少药的条件下，通过振兴中医、利用中草药和自制药及培养赤脚医生的途径，以较小投入有效地满足了农民的医疗服务需求，极大地提升了农民的医疗保健水平，他们在广大农村地区普及爱国卫生知识、除"四害"、根除吸血虫病等方面作出了巨大贡献。

到1976年，全国实行合作医疗制度的生产大队（行政村）的比重高达93％，覆盖了全国农村人口的85％。1977年，全国赤脚医生达150多万人，生产队的卫生员、接生员共有390多万人，最鼎盛时期，农村从事医疗卫生工作（不脱产）的人员达500多万。[①]中国成为世界上第一个在全国范围内建立起合作医疗制度的大国，合作医疗与"赤脚医生"、农村三级卫生服务体系，被称为解决中国农村"缺医少药"问题的"三大法宝"。1966年后的十年，是中国经

---

① 卫生部基层卫生与妇幼保健司编：《农村卫生改革与发展文件汇编（1951—2000）》，中国医药科技出版社2001年版。

济非常困难的十年，人民生活水平依然不高，但以集体经济为基础的合作医疗制度的普遍建立，初步改变了当时我国农村长期以来缺医少药的局面，有效地为广大农村居民提供了基本的医疗卫生保障，促进了农村社会发展。到 20 世纪 70 年代末，中国人民的健康指标大幅改善，平均预期寿命从 1949 年以前的 35 岁增加到 1980 年的 68 岁，婴儿死亡率也从 1949 年以前的约 250‰减少到 1980 年的 50‰以下。[①]

普惠性的农村基本合作医疗制度的建立受到了广大农民的热烈欢迎。这一时期中国医疗卫生服务的公平性和可及性也在国际上受到高度赞誉，它被认为是世界唯一的特例，"以最小投入获得了最大健康收益"的"中国模式"，[②]并成为世界卫生组织在全球范围内推广初级卫生服务运动的样板。[③]联合国妇女儿童基金会在 1980 年至 1981 年的年报中称："中国的赤脚医生制度在落后的农村地区提供了初级护理，为不发达国家提高医疗卫生水平提供了样板"，世界卫生组织总干事马勒博士也高度评价这一时期我国农村合作医疗发展所取得的成就，认为合作医疗和赤脚医生是解决中国广大农村缺医少药的组织制度和卫生力量的两大核心。

这一时期半农半医、不离土又不离乡的农村合作医疗制度适应了农村经济发展的客观需要，它所留下的诸多成功经验，它所创造的制度财富跨越了时空距离，至今依然具有借鉴意义。这一制度提高了农民团结起来共同战胜困难的信心和勇气，为改革开放后农村新型合作医疗体制的建立奠定了良好基础。

三线建设是党在这一时期为实现资源的均衡分布以及国家经济社会均衡发展所作的又一努力。与国防建设有着密切关联的三线建设在客观上推动了资源向老少边穷山区的转移，对缩小东西部发展差距具有积极的意义，而伴随工厂

---

① 王绍光：《学习机制与适应能力：中国农村合作医疗体制变迁的启示》，《中国社会科学》2008 年第 6 期。

② Kenneth W. Newell，*Health by the People*，Geneva：World Health Organization，1975.

③ World Health Organization. *Primary Health Care：Report of the International Conference on Primary Health Care*. Geneva：World Health Organization，1978.

迁移到三线地区的知识青年与普通工人，对当地的经济和社会发展也作出了一定贡献。三线建设开始之时，中国正处于较为紧张的国际环境之中，美国对越南战争还在升级，同时美国还利用中国的周边国家及地区对中国造成了强大的威胁，中印战争刚刚结束，中苏关系交恶和两国间的小规模武装冲突时有发生，这样的局势使党中央意识到，全面战争随时可能爆发。1963 年，原本正在讨论中的"三五"计划的奋斗目标是，应集中力量解决人民的吃、穿、用。为此，1964 年 4 月下旬，国家计委提出了《第三个五年计划（1966—1970）的初步设想（汇报提纲）》，规定基本任务是：（一）大力发展农业，基本上解决人民的吃穿用问题；（二）适当加强国防建设，努力突破尖端技术；（三）与支援农业和加强国防相适应，加强基础工业。然而，国际形势变幻使得党中央意识到，必须从存在着战争严重威胁的估计出发，加强后方建设。"三五"计划要全力解决全国工业布局不平衡的问题，要搞一、二、三线的战略布局，加强三线建设，防备敌人的入侵。

1965 年，毛泽东对"三五"计划作出指示，要在逐步解决吃穿用问题的同时，加强三线建设。毛泽东指出，"三五"计划要考虑三个要素：一是老百姓，不要丧失民心；二是打仗；三是灾荒。他还说："农轻重的次序要违反一下，是倒过来了。搞农业要靠学大寨，农业投资不要那么多"，"吃穿用，不要降低现在水平，每年略有增加就好"。在 1965 年三线建设小高潮之后，1970 年在"备战备荒为人民"的大旗之下，三线建设再次出现新的高潮。这时的三线投资额为 163.13 亿元，占国家预算内基本建设投资总额的 55.3%。[1]1969 年至 1971年，"三线"建设全面铺开，初步建成了一批国民经济骨干企业。在"备战备荒为人民""好人好马上三线"口号的号召下，在中西部建了 1100 多个大中型工矿企业、基础设施、科研单位和大专院校，大批的技术人员和技术工人、干部、知识分子、军人因此流向西部地区，这些人成为了以后西部工业发展的种子和骨干，使西部工业的星星之火逐渐形成燎原之势。这一时期，建设了成昆铁路、

---

① 王年一：《大动乱的年代》，河南人民出版社 1988 年版，第 364 页。

攀枝花钢铁基地、中国二汽等重点项目，绵阳、德阳、贵阳等地的小城市甚至乡镇由此被建设成为具有大量现代制造业和科研机构的城市。

加速内地和战备后方的三线建设是以举全国之力、以全国人民节衣缩食为代价的，在实践中，这一战略改善了内地与沿海发展不平衡的状况，有效地缩小了东西差距。1963 年，西部云、贵、川、陕、甘、宁、青七省的工业总产值占全中国的 10.5%，到 1978 年，这一占比上升到全国的 13.26%。"三线"建设大大改善了我国西部工业经济发展落后的布局，西部很多省份因此第一次形成了门类比较齐全的工业体系，这为西部工业的发展打下了良好基础。而且，三线建设改变了中国西南和西北地区工业经济落后的面貌，许多交通不便甚至与世隔绝的地区通过大三线建设得以与外界联系了起来，开始步入工业化时代。三线建设提高了西部主要城市如西安、兰州、重庆、成都、贵阳等的竞争力，四川绵阳、攀枝花，湖北十堰等地从农业占主导到建立现代化工业。三线建设对当地经济发展、产业转型和城镇化水平的推进作用一直持续到改革开放后很多年。三线建设使很多三线大型工厂家属区演变为村镇、集市，乃至城市，大批移民进入这些地区，实现了多地区语言、风俗与文化的大融合。

新中国成立以后，党通过城市单位化，城市居委会制度的建设，通过农村合作社到人民公社制度的建立，通过户籍制度，通过党支部建在"村（队）"上，建在每个单位中，通过这一系列制度建设，形成了党对社会的组织网络覆盖，以及对社会的控制、管理与动员。这样的政策实践与制度探索有助于增强党在基层社会的权威，增强党和人民群众的联系。在党的领导下，我国逐步建立起一套包括单位制、人民公社制、户籍制、阶级分类制以及高度一元化的意识形态在内的社会管理体系。[①] 依赖这套社会管理体系，中国社会表现出鲜明的总体性支配特征，国家几乎掌控了对社会各种资源的分配权，这些资源不仅

---

① 李友梅、黄晓春、张虎祥等：《从弥散到秩序："制度与生活"视野下的中国社会变迁》，中国大百科全书出版社 2011 年版。更多有关新中国社会变迁的详细描述，可参考李友梅等：《中国社会生活的变迁》，中国大百科全书出版社 2008 年版；《社会的生产：1978 年以来的中国社会变迁》，上海人民出版社 2008 年版；《中国社会治理转型（1978—2018）》，社会科学文献出版社 2018 年版。

包括物质财富，也包括人们生存和发展的机会与空间，甚至人与人之间的社会交往也被限定在国家允许的范围内。

20世纪60年代中期，中国共产党领导全国各族人民在有步骤地实现从新民主主义到社会主义的转变，并快速完成社会主义改造之后，迅即转入全面的大规模社会主义建设中。我国在实现了全国工业固定资产的快速增长的同时，棉纱、原煤、发电量、原油、钢和机械设备等主要工业产品的产量都有巨大的增长，从1965年起实现了石油全部自给。这时我国的电子工业、石油化工等一批新兴的工业部门建设了起来；工业布局有了改善；农业的基本建设和技术改造开始大规模地展开，并逐渐收到成效；全国农业用拖拉机和化肥施用量、农村用电量大幅增长；教育普及与教育质量得到显著提高，科学技术工作也有比较突出的成果。总之，这一时期中国共产党通过不断摸索，为经济文化与社会建设培养了大量骨干力量，积累大量实践经验以及现代化建设的物质技术基础。

这一快速而高效的建设成果是在理想主义的社会发展逻辑下实现的。1949年以来，中国共产党关于实现人民利益的社会建设目标，与革命战争年代传承下来的战斗热情和革命浪漫色彩的理想主义情绪、逻辑结合在一起。正是在一种理想目标、理想价值的指引下，在以毛泽东为主要代表的中国共产党人的感召下，中国实现了社会价值观念、经济与社会改造、社会管理与福利体系建设的统一与整合。党按照理想主义、逻辑、原则建构实践着对社会生活的改造、干预和治理，这一共产主义和社会主义的理想图景成功动员了社会广大群众积极投入社会主义现代化建设中。从迅速恢复经济、完成向社会主义过渡，到随后的社会主义改造、"一五"计划、农业合作化运动的提前完成，这些既是马克思主义、社会主义现代化建设的理想图景的实现，也进一步极大地激励着党的理想主义社会发展走向。

第三部分 改革开放：活力与秩序相平衡的渐进发展理念（1978—2012）

1978年党的十一届三中全会结束了"以阶级斗争为纲"的思想路线，作出了把党和国家工作中心转移到经济建设上来、实行改革开放的历史性决策。自此，在经过28年的以集体主义的再分配体制为核心的社会主义建设实践后，中国共产党开启了新的市场驱动的、以激发生产活力为主的社会主义建设道路。这一时期党的社会建设思想紧紧围绕广大群众的生活改善，坚持以经济建设为中心，并以开放的姿态与时俱进不断地丰富自身关于现代化、关于社会建设的目标内涵。这一时期，党提出了建立社会主义市场经济体制的目标，先后将"邓小平理论""三个代表""科学发展观"确立为党的指导思想，随着温饱问题的日益改善，党提出了建立和谐的"小康社会"的社会发展目标。

1978年前，党确立的以工业化带动社会发展的发展道路由于高度重视工业发展所需积累而导致了人民群众实际生活的诸多困难，社会的自主性和权益意识也被遮蔽起来。1978年后，党开启了改革开放的步伐，这一时期党的社会建设的思路是，通过"放权让利"，通过释放更多资源与行动空间，激发社会自下而上的生产活力，以切实提高人民生活水平。在思想解放中，发展了"两手抓、两手都要硬""一个中心、两个基本点"和"四项基本原则"的社会主义现代建设原则。

20世纪90年代以后，市场机制在资源配置中的作用不断增强，私人生活领域逐步从集体主义生活中独立出来，国家控制下的单位不再是资源获取的唯一途径，个人对单位的依附程度不断下降。社会在市场转型中不断分化，社会多样性和"个体化"不断增加，社会的再整合问题、社会利益关系协调问题日益凸显。对此，党对社会的发展变化作出了科学、及时的判断。首先，通过法制体系的完善，使得党形成以法制体系平衡利益、调控社会的治理能力。其次，不断探索建立合理的社会利益诉求表达机制、社会利益关系协商对话机制，以及缓解社会矛盾的利益协调机制。第三，推进了教育、卫生、科研、文化等领域的社会事业和生活保障建设，使保障性的社会福利政策、共享性的公共事业政策以及公益性的公共安全建设日益联结成和谐的有机体。比如，2002年，朱镕基总理在《政府工作报告》中第一次使用了"弱势群体"这个名词。最低生活保障制度、基本医疗保险、养老保险制度等都相继建立起来。第四，在面临大量人口流动时，基于单位与户籍的传统的社会控制机制不再能够有效地发挥作用时，各具特色的社区建设模式发展起来，与此同时，社会组织参与社会治理的规模、质量和深度都在提升，项目化治理与工具性动员的社会管理体制也得到进一步的发展。

第五章 "全面搞活"与重视发展

党的十一届三中全会作出把党的工作中心转移到经济建设上来，实行改革开放的历史性决策，实现了新中国成立以来党的历史上具有深远意义的伟大转折，开启了我国改革开放和社会主义现代化建设新时期。以邓小平为主要代表的中国共产党人，团结带领全国各族人民成功开创了中国特色社会主义。这一时期，经济与政治建设、思想解放运动如火如荼地展开着，多种力量催生着社会的急剧变革。这一时期，党坚持实事求是的路线方针，一方面以经济与民主建设双轮不断激发社会活力，另一方面又坚持物质文明与精神文明的"两手抓"，这一辩证唯物主义的建设策略为巨变社会的到来提供了方向与框架。这一时期，党的社会建设的核心在于"摆脱贫困"，"改善人民生活"，"有助于人们的富裕幸福"。与此同时，党也开始探索与人的自主性、组织自主性建设相适应，强调个体责任、多方参与的新的社会保障机制与社会支持系统，在此过程中，党通过加强民主与法制建设、精神文明建设，探索新的社会条件下的社会协调机制。

第一节 重启自发性：开创社会主义现代化建设新局面

中国共产党领导中国人民建立和巩固了工人阶级领导的、以工农联盟为基础的人民民主专政（即无产阶级专政的国家政权），也建立了集体主义、平均主义的价值体系，完整、庞大且强大的组织体系，以及全包全管的社会管理与福利制度。社会主义制度和"总体性社会"的建立，是我国历史上一场深刻的伟大社会变革，是我国此后一切进步和发展的基础。这些成就的取得，都是中国共产党在"一穷二白"条件下领导中国人民一点点"奋斗"出来的。其中，中国共产党自身经历由"党建国家"到"党治国家"的转变过程，也经历全面习得政治、经济、社会、文化等建设经验的过程，这也是一个需要对变化的情势与未来走向不断地作出研判与选择的过程。所有这些都同时存在着成功与失败的可能与风险。这使得已有的社会建设显得那么艰难，跌跌撞撞。到 20 世纪70 年代中期，党的社会主义社会建设的探索经历了跌宕起伏的变化。动员危机、经济资源的匮乏和民生境况的恶化以及意识形态的刚性化，这些因素共同推动形成了制度和结构变迁的临界点。[①]

在这种情况下，高积累的建设路线通过赋予民众消费的未来期许以不断压缩民众的生活消费。由于长期的高积累，社会剩余资源日渐贫乏，民生状况日渐恶化。一是农民收入水平很低，到 1976 年，全国农民人均收入为 125 元，与 1966 年的 106 元相比，11 年只增加了 19 元。二是城市职工收入水平下降，1966 年，全民所有制各部门职工人均年工资为 636 元，到 1976 年，则下降为605 元，减少 31 元。城镇中普遍存在"买东西难""吃饭难""做衣难""修理难"等亟待改善的民生问题，农村中的大量知识青年则期盼能早日回到城市。

在 1978 年 12 月召开的中央工作会议上，陈云在东北组发言指出，"我们不能到处紧张，要先把农民这一头安稳下来。农民有了粮食、棉花、副食品、油、糖和其他经济作物就都好解决了。摆稳一头，就是摆稳了大多数，七亿多人口稳定了，天下就大定了。建国三十年了，现在还有讨饭的，怎么行呢？要放松一头，不能让农民喘不过气来"。[②]

党的领导人意识到，我们迫切需要新的努力，重新唤起人们对于社会主义、

---

① 汤艳文：《分权的意义——1978—1988 年财政包干制的政治学研究》，复旦大学出版社 2020 年版。
② 《陈云文选》第 3 卷，人民出版社 1995 年版，第 236 页。

对于中国共产党领导的信心和热情。1975 年 8 月，邓小平指出："坚持按劳分配原则，这在社会主义建设中始终是一个很大的问题。……如果不管贡献大小、技术高低、能力强弱、劳动轻重，工资都是四五十块钱，表面上看来似乎大家是平等的，但实际上是不符合按劳分配原则的，这怎么能调动人们的积极性？"1977 年，刚刚恢复工作不久的邓小平在党的十届三中全会上讲话，进一步强调党要发扬实事求是的优良传统和作风，要"用准确的完整的毛泽东思想作指导"，[①]陈云则指出，"是否坚持实事求是的革命作风，实际上是区别真假马列主义、真假毛泽东思想的根本标志之一"。[②]

这期间，中央开始提出要放开手脚搞建设。1977 年 8 月，党的十一大报告提出："对于广大人民群众，在思想教育上大力提倡共产主义劳动态度，在经济政策上则要坚持实行各尽所能、按劳分配的社会主义原则，并且逐步扩大集体福利。要在发展生产的基础上，逐步改善人民生活。"1977 年 4 月和 6 月，连续两次召开按劳分配理论讨论会，这一年，国家重申计件工资和计时工资一样，都是贯彻按劳分配的有效形式，而计件工资在 1958 年受到冲击后几乎没有再允许。1978 年 5 月，国务院发出《关于实行奖励和计件工资制度的通知》，指出，"实行奖励和计件工资制度，是关系到企业生产和职工切身利益的大事。各地区和各部门要加强领导，认真总结过去的经验，依靠广大群众，有计划、有步骤地进行，不要一哄而起"。同时出现的松动的政策还包括落实知识分子政策，提倡科技与教育发展。党的领导人多次发表讲话，"一定要在党内造成一种空气：尊重知识，尊重人才。要反对不尊重知识分子的错误思想"，"不论脑力劳动、体力劳动，都是劳动。从事脑力劳动的人也是劳动者"。1978 年 12 月 13 日，在中共中央工作会议上，邓小平指出："当前最迫切的是扩大厂矿企业和生产队的自主权，使每一个工厂和生产队能够千方百计地发挥主动创造精神。一个生产队有了经营自主权，一小块地没有种上东西，一小片水面没有利用起来

---

① 《邓小平文选》第 2 卷，人民出版社 1994 年版，第 42 页。
② 陈云：《坚持实事求是的革命作风》，《人民日报》1977 年 9 月 28 日。

搞养殖业，社员和干部就要睡不着觉，就要开动脑筋想办法。"①

综上所述，中国共产党在领导中国人民向着美好社会主义社会迈进的过程中，不断出现的新情况、新问题为中国共产党的社会建设提供了大量实践课题，党的社会建设"取得了社会主义建设的许多成就，同时也遭到了严重挫折"。党的十一届三中全会的召开表明，中国共产党再次展现了其化问题为动力、以问题倒逼改革，以改革促进党领导社会主义建设事业的主动性、创造性与敢于革命的巨大勇气。②

党的十一届三中全会标志着我们党一个新的伟大历史时期的开始。全会重新确立了党的实事求是的思想路线，并决定停止使用"阶级斗争为纲"的口号，而是将工作重点转移到社会主义现代化建设上来。以"赶上时代"为目标，党的十一届三中全会讨论和解决了许多有关党和国家命运的重大问题。

改革开放的大幕是在深刻反思问题和教训中自主开启的。不同于过去的社会建设高度强调共产主义理想、集体化道路对现代个体的塑造道路，新的社会主义社会建设所要努力的是重拾社会自发性。如前所述，在高度集体化、计划化的制度设计之下，自主性的个体、组织依然悄然生长，1978年后，作为激发社会活力的新举措，始终坚持"以人民为中心"的中国共产党开始重拾内存于社会秩序之中的自发性，③这是一条全新的革命性的道路，但依然是一条以人民为中心的社会发展道路。

这一时期，党在重拾社会自发性方面的实践探索包括：对"解放思想、实事求是"思想路线的坚持，对客观规律的重视与遵循，以及对"放权让利"与"松绑"政策的贯彻落实。这些实践探索极大地激发了广大群众的社会建设热情。十一届三中全会《公报》说，这次会议真正实现了毛泽东所提倡的"又有集中又有民主，又有纪律又有自由，又有统一意志，又有个人心情舒畅、生动

---

① 邓小平：《解放思想，实事求是，团结一致向前看》，1978年12月13日邓小平同志在中共中央工作会议闭幕会上的讲话，http://www.cctv.com/special/756/1/50113.html。

② 参见李友梅：《谈谈改革开放中的倒逼机制》，《人民日报》2018年10月24日第7版。

③ 汤艳文、刘春荣：《找回草根：上海居委会自治家园研究》，上海人民出版社2019年版。

活泼，那样一种政治局面"。会议决定，一定要把这种风气扩大到全党全军和全国各族人民中去。这一会议《公报》以及邓小平的会议讲话《解放思想、实事求是，团结一致向前看》成为新时期继往开来的里程碑。

会议《公报》指出，实践证明，保持必要的社会政治安定，按照客观经济规律办事，我们的国民经济就高速度地、稳定地向前发展，反之，国民经济就发展缓慢甚至停滞倒退。会议指出，城乡人民的生活必须在生产发展的基础上逐步改善。[①] 不同于以往的重视高积累，这次会议提出，要"把全党工作的着重点和全国人民的注意力转移到社会主义现代化建设上来"，"城市人民生活中多年积累下来的一系列问题必须妥善解决"。邓小平在会议上用较长篇幅论述了思想僵化、本本主义对解放思想、从实际出发的危害，"一个党，一个国家，一个民族，如果一切从本本出发，思想僵化，迷信盛行，那它就不能前进，它的生机就停滞了，就要亡党亡国"。"只有解放思想，坚持实事求是，一切从实际出发，理论联系实际，我们的社会主义才能顺利进行。"[②] 根据《公报》，党将"改变一切不适应的管理方式、活动方式和思想方式"，"为生产力发展服务"。会议对用物质激励手段激发工人、农民的积极性的做法予以了肯定。会议对经济改革给出了具体方案，其中包括，"应该坚决实行按经济规律办事，重视价值规律的作用……充分调动干部和劳动者的生产积极性……认真实行考核、奖惩、升降等制度。……充分发挥中央部门、地方、企业和劳动者个人四个方面的主动性、积极性、创造性……"对于农民，《公报》指出，将通过提高农产品价格，使农民切实得到实惠。

在发展中对客观规律、价值规律等的强调使得改革与开放政策一步步往前推进，十年间，从充分调动劳动者积极性到肯定商品经济在社会主义建设中的作用，党不断根据新的社会变化更新着关于社会主义社会建设的概念与内涵。

1978年迎来了一个全新的改革时代。改革中率先入场的是"农村家庭联产

---

① 《中国共产党第十一届中央委员会第三次全体会议公报》，《人民日报》1978 年 12 月 24 日。

② 《邓小平文选》第 2 卷，人民出版社 1994 年版，第 143 页。

承包责任制"，显然，这一将农民重新个体化然后放进市场的方式与过去集体掌握生产资料集体分配总体收成的方式不同，农民获得了更多的劳动自主性。在家庭联产承包责任制全面合法化之前，国家在主导性政策上对农村主要采取的是"让"——调整农产品价格、进口粮食等一系列减轻农民负担的政策，和"放"——允许农村开展多种经营、发展家庭副业的政策。[①] 这些政策，尤其是"放"的政策，实际上已对依然在运行的刚性的意识形态构成一定程度的冲击——与"文革"时期把多种经营与家庭副业都划归"资本主义"范畴相比。当然，这一时期的"放"与"让"政策还广泛施惠于城市居民与城市中的国有企业，包括调整工资、实施价格补贴、扩大企业自主权等，家庭联产承包责任制是"放"与"让"的国家农村政策的进一步发展。更重要的是，家庭联产承包责任制在国家政策不断"松绑"的支持下，悄然承担起了"解放思想"的先锋角色。

党的十一届三中全会重申了毛泽东的《论十大关系》的意义，扩大了"放权让利"的适用范围，不仅扩及农村以及对外经济关系；还更加注重扩大企业的自主权；以财政放权为基础的中央与地方的行政性放权相对更加持久并持续向前；"放权让利"政策下，允许一部分人"收入先多一些，生活先好起来"，这样的政策思路把人们积蓄既久的利益动机和致富欲望调动起来了。总之，所谓放权、让利、松绑式改革，主要针对四个方面：一是对农民，二是对国有企业，三是对地方政府，四是对城镇居民。[②]

1978 年党的十一届三中全会召开，中国共产党号召党和人民要"解放思想、实事求是，团结一致向前看"，对新中国、新社会建设的目标的确立因此更加理性、务实。"摸着石头过河"意味着党的建设目标将始终实事求是地以人民为中心。"经济上，迅速发展社会生产力，逐步改善人民的物质文化生活；""政

---

① 粉碎"四人帮"后，国家还曾试图继续推行"农业学大寨"这一有着强烈理想主义色彩与精神动员意义的举措，以全面调动人民积极性提高劳动生产率，争取国民经济的迅速恢复。然而，无论是国家财力，还是当时农民的实际生活状况都使其难以达到预期效果。在此背景下，另一种生产动员模式——在"解放思想，实事求是"旗帜下不断扩大的家庭联产承包责任制——就成为替代"大寨"式动员模式的先锋。

② 萧冬连：《放权、让利和松绑：中国经济改革的起步》，《中共党史研究》2018 年第 3 期。

治上，充分发扬人民民主，保障全体人民真正享有通过各种有效形式管理国家、特别是管理基层地方政权和各项企业事业的权力，享有各项公民权利……调动人民群众的积极性。"[1]

这一时期，党形成的"以人民为中心"的"社会建设"目标内涵包括：第一，高度重视改善人民生活。1979 年，邓小平在与日本友人谈话中首先提出了社会建设"小康"目标的概念，这既是对 20 世纪中国发展目标的具体化，也是对此前"全面实现四个现代化"设想的调整。这种调整，是邓小平对中国国情，特别是对中国与世界发达国家之间的差距认识深化的结果。此后，我们党以及党的领导人通过多个会议、多次讲话，强调"社会主义必须大力发展生产力，逐步消灭贫穷，不断提高人民的生活水平"。"社会主义的特点不是穷而是富，但这种富是人民共同富裕。"[2]"社会主义的首要任务是发展生产力，逐步提高人民的物质和文化生活水平。""要摆脱贫穷，就要找出一条比较快的发展道路。贫穷不是社会主义，发展太慢也不是社会主义。否则社会主义有什么优越性呢?"[3]

第二，发展生产力。党的十二大后，党对中国特色社会主义的认识不断加深，党也认识到，要开创社会主义现代化建设新局面，"社会主义的首要任务、中心任务、根本任务是发展生产力"。发展生产力，是巩固和发展社会主义制度的基础，是实现共同富裕的前提。

第三，分步走的社会主义道路。党的十一届三中全会以后，党不断总结过去曲折发展的历史经验，强调从中国实际出发建设社会主义现代化道路。1982 年，党的十二大提出了二十年翻两番的奋斗目标，但很快中国工农业生产总值大大超过原定计划，针对这一情况，邓小平指出，各项工作都要有助于建设中国特色的社会主义，但要汲取过去计划定得过高的深刻教训，形成积极的、留有余地的、经过努力能达到的计划。1984 年，邓小平在会见日本首相时指出，

---

[1] 邓小平:《党和国家领导制度的改革》,《人民日报》1980 年 8 月 18 日。

[2] 《邓小平文选》第 3 卷，人民出版社 1993 年版，第 10、265 页。

[3] 同上书，第 255 页。

到 20 世纪末在中国建立一个小康社会。这个小康社会，叫做中国式的现代化。翻两番、小康社会、中国式的现代化，这些都是我们的新概念。这一年的 10 月，党的十二届三中全会召开，会议通过《关于经济体制改革的决定》，会议确定，要建设有中国特色的社会主义，要建立自觉运用价值规律的计划体制，发展社会主义商品经济。会议指出，要突破把计划经济同商品经济对立起来的传统观念，要懂得并自觉依据和运用价值规律。商品经济的发展，是社会经济发展不可逾越的阶段。中国特色社会主义道路在党的十三大上得到更进一步的深化。会议形成关于社会发展的"社会主义初级阶段"的新概念。"我们必须从这个实际出发，而不能超越这个阶段。"

第四，社会主义精神文明建设。改善人民生活、让人民群众富裕起来，这是党的十一届三中全会以后大力发展生产、加强经济建设的根本目标，与此同时，党认识到，只有走社会主义道路才能真正实现最广大人民群众的普遍富裕，"社会主义的目的就是要全国人民共同富裕，不是两极分化。如果我们的政策导致两极分化，我们就失败了"。① 同时，确立"翻两番"的目标，建设小康社会，人民将不仅可以解决基本的吃穿用问题，还可以因此很大程度地改变精神面貌和文化水平。换言之，尽管反复强调要"以经济建设为中心"，但中国共产党始终是将经济与物质建设作为社会发展的基础与条件。1979 年 3 月，在党的理论工作务虚会上，邓小平发表题为《坚持四项基本原则》的讲话，指出，要在中国实现四个现代化，就必须坚持社会主义道路；坚持无产阶级专政；坚持共产党的领导；坚持马列主义、毛泽东思想。只有坚持了四项基本原则，才能坚定地向着我们的宏伟目标前进。

随后，党的十二大政治报告设专门章节对社会主义精神文明建设予以阐述。"社会主义精神文明是社会主义的重要特征，是社会主义制度优越性的重要表现。过去在讲到社会主义特征的时候，人们往往强调剥削制度的消灭和生产资料的公有，按劳分配，国民经济有计划按比例的发展，以及工人阶级和劳动人

---

① 《邓小平文选》第 3 卷，人民出版社 1993 年版，第 110—111 页。

民的政权。人们还强调高度发达的生产力和比资本主义更高的劳动生产率，但是还不足以完全包括社会主义的特征。社会主义还必须有一个特征，就是以共产主义思想为核心的社会主义精神文明。没有这种精神文明，就不可能建设社会主义。""社会主义精神文明的建设大体可以分为文化建设和思想建设两个方面。这两方面又是互相渗透和互相促进的"，其中，"文化建设指的是教育、科学、文学艺术、新闻出版、广播电视、卫生体育、图书馆、博物馆等各项文化事业的发展和人民群众知识水平的提高"，思想建设的主要内容，概括起来说，"最重要的就是革命的理想、道德和纪律"。"我们不仅要努力提高每一个社会成员的精神境界，而且要在全社会建立和发展体现社会主义精神文明的新型社会关系。这就是国内各民族之间、工人农民知识分子之间、干部群众之间、军民军政之间以至全体人民内部的团结一致、友爱互助、共同奋斗、共同前进的关系。"①

以此为基础，党的十二届六中全会通过《关于社会主义精神文明建设指导方针的决议》，《决议》在明确加强社会主义精神文明建设的重要意义之后指出，社会主义精神文明建设的根本任务是培育有理想、有道德、有文化、有纪律的社会主义公民，提高整个中华民族的思想道德素质和科学文化素质。《决议》还指出，要用共同理想动员和团结全国各族人民，把我国建设成为高度文明、高度民主的社会主义现代化国家，这就是现阶段我国各族人民的共同理想。为了实现这个共同理想，一切有利于建设四化、振兴中华、统一祖国的积极思想和精神，一切有利于民族团结、社会进步、人民幸福的积极思想和精神，一切用诚实劳动争取美好生活的积极思想和精神，都应当加以尊重、保护和发扬。《决议》还提出具体的关于社会主义道德建设的基本要求，那就是，爱祖国、爱人民、爱劳动、爱科学、爱社会主义。其他内容还包括加强社会主义民主、法制、纪律的教育；普及和提高教育科学文化。

---

① 《全面开创社会主义现代化建设的新局面》，中国共产党新闻网，http://cpc.people.com.cn/GB/64162/64168/64565/65448/4526430.html，1982 年 9 月 1 日。

第五，民主与法制建设。1978 年开始，党将激活"人民民主"作为动员社会、实现中国社会全新发展的双轮之一（另一轮是经济建设）。在党的领导人看来，"解放思想，开动脑筋，一个十分重要的条件就是要真正实行无产阶级的民主集中制。……当前这个时期，特别需要强调民主。因为在过去一个相当长的时间内，民主集中制没有真正实行，离开民主讲集中，民主太少"。①在 1978 年底的中央工作会议闭幕会上的讲话中，邓小平以人民民主为核心价值，围绕着思想解放对民主发展的实际要求，提出了关于中国社会民主建设的比较完整的构想：健全民主集中制；在党内和人民内部发展有集中有民主，有纪律有自由，有统一意志又有个人心情舒畅、生动活泼的政治生活；宪法和党章要保障公民、党员权利；党的领导要善于集中人民群众的正确意见，真正实行"双百方针"；通过放权充分调动国家、地方、企业和劳动者个人四个方面的积极性；扩大基层生产单位的自主权，使其能够千方百计地发挥主动创造精神，力求重视广大群众的物质利益和调动广大群众革命精神的平衡；切实保障工人农民个人的民主权利，包括民主选举、民主管理和民主监督；加强法制建设，必须使民主制度化、法律化，要做到有法可依、有法必依、执法必严、违法必究；国有国法，党有党章。

在《解放思想，实事求是，团结一致向前看》的讲话中，邓小平进一步明确指出，民主是解放思想的重要条件，要充分发扬民主，切实保障工人农民个体的民主权利，要让群众敢于讲话，要让工人农民有民主选举、民主管理和民主监督的权利。而为了保障民主，就必须加强法制建设。随后，在 1979 年 1 月召开的理论务虚会期间，邓小平提出，"需要想办法使人民感觉到是自己国家的主人"。1980 年 8 月，在中共中央政治局扩大会议上，邓小平发表了题为《党和国家领导制度改革》的讲话，这一讲话，与《关于建国以来党的若干历史问题的决议》，1982 年宪法的修改，党的十二大、十三大会议等，都充满了党对新时期社会主义民主建设展开的大量的理论与实践探索。

---

① 《邓小平文选》第 2 卷，人民出版社 1994 年版，第 144 页。

党的十二届六中全会《决议》指出，民主建设是这一时期整个中华民族的共同理想之一。这一时期，民主与法制建设的推进既是整合与动员社会的社会建设的重要内容，也在很大程度上推进了新社会空间的生成与调整。党不断努力回到实事求是的路线方针上，以人民民主价值为核心，通过政策和制度供给来积极回应民众需求。

第二节 流动性激活与"总体性"结构的松动

1978 年，党的十一届三中全会决定停止使用"以阶级斗争为纲"的口号，并开始纠正"文化大革命"及以前的"左"的错误。随着改革开放和拨乱反正工作的展开，之前按照集体主义、平均主义理想构建的总体性的、单位化的社会结构开始焕发新的力量，原本隐秘的自主性被释放出来，新的流动性机制被激活。

一、生产责任制与知青回城激活城乡新兴群体

在农村，由恢复和发展"小段包工、定额计酬"的责任制到包产到户的家庭联产承包责任制，将广大农民从集体化劳动中解放出来，随后，以大包干为主的承包制迅速向农村非种植领域扩展，在短短一年时间里就囊括了农村经济的所有领域，林、牧、渔、副、工业等领域也纷纷采取承包制。允许农村开展多种经营的政策使得农民的流动与自由择业成为必然。离城市比较近的农民最先进城，他们将自己生活必需之外的剩余农产品运到城市销售。在这个过程中，一些农民逐渐分化出来在城乡之间专职从事农副产品销售。

在城市，随着城市知识青年"上山下乡"和干部下放改造相关政策的松动，迅速回升的城市人口使城市就业压力陡增。为解决城市就业压力，拓展就业渠道，个体户经营被允许，新经济形式出现。城市与农村的流通渠道一步步被打开，"统购"与"统销"体制渐渐被突破，很快，在这些获得经济活动自由权的

人中，一部分人"先富起来"，渐渐成为新兴社会群体。这些群体的兴起表明，新的以职业、以财富获得能力为标志的新社会阶层开始在我们这个社会显现，新的价值与群体排序出现，这一价值与排序变动必不可免会对已有价值、已有的社会结构与群体关系造成冲击。

农村生产责任制激活社会的过程表现为，1978年后，农村改革大大激发了农民的生产积极性，农户利用剩余劳力和资金发展多种经营，这使得农村分工分业进一步发展：一部分农户向多种种植和养殖业发展，成为各种类型的种养专业户；一部分农户开始在更大规模和更新的层次上从事粮食生产，即把粮食作为商品来进行生产和经营，从而成为粮食专业户；还有一些人则离开土地向工商业发展，成为个体工商户。从业务上看，他们基本上是专业从事种植、养殖或加工、商业、运输业的专业户，还有相当一部分富余劳动力在农村或城镇从事个体经营。当时的"两户"，即农村加工和运输专业户、种养业重点户是80年代初热闹一时的万元户的主要来源。这些"万元户"作为"先富起来"的典型，得到党和政府的热情鼓励和赞扬，并一度成为新闻和舆论所关注和追踪的热点。为激发农民富裕起来，一些地方的乡镇、工商部门以出现的"万元户"数量作为评比的指标，一些"万元户"被邀请到一些场合作报告、演讲，戴大红花巡游。

在城市，城镇的"个体户"也相继发展起来。一些老工商业者、一批下放农村返回城市后无业的市民、劳改劳教释放者先后参与到个体经济活动中。他们在城镇从事的行业大部分属于第三产业，主要是手工业、建筑业（房屋修缮）、运输业、零售商业、饮食业、服务业、修理业等。据1985年第4期《半月谈》报道，个体户的客、货运车辆已相当于交通运输部门汽车拥有量的一半。经营领域拓宽，有些个体户开始经营高档商品，一些文化程度较高的个体户开办了书场、信息中心、科技咨询站等"新兴行业"。资金的宽裕使经营条件也得到了改善。室内经营逐渐增多，"坐摊""地摊"逐渐减少。1985年以后，相当一部分个体户开始新辟店铺，部分个体经营开始向合伙经营方式转换。①

---

① 高光等：《中国社会主义社会阶级结构和阶级斗争》，中共中央党校出版社1990年版，第122—123页。

随着经营规模的不断扩大，劳动力不足的问题便凸显出来。不久，他们中的部分人就提出了增加雇工人数的要求。1980年全国个体工商户户均从业人员1.16人，1983年为1.26人。同时，个体工商户内部正在分化，小部分通过雇工和增加投入而扩大经营规模，发展成为雇工大户。如河北雄县雄州镇的王宝安，1974年初，从部队复员回到农村后，靠着在部队当卫生员的基础，进入城关卫生院当了6年的"临时医生"。1980年，他弃医从工，自筹资金8000元，雇工28人，从事塑料印花工艺。[①]

雇工大户在各地不断出现，引起社会各界的普遍关注，这方面问题的内部讨论也一直不停地进行着。对于这一新的经济现象，1982年国务院发布《国务院关于城镇非农业个体经济若干政策性规定》，明确允许个体工商户可以"请一、两个帮手，带三、五个学徒"。1983年中共中央1号文件又指出，"我国是社会主义国家，不能允许剥削制度存在。但是我们又是一个发展中的国家，尤其在农村，生产还比较低，商品生产还不发达，允许资金、技术、劳力一定程度的流动和多种方式的结合，对发展社会主义经济是有利的"。并指出，农村个体工商户和种养业有能手，请帮手、带徒弟，参照《国务院关于城镇非农业个体经济若干政策性规定》执行。[②]从1983年起，雇工超过8人这一政策界限的私营企业以各种隐蔽的形式迅速产生和发展起来。

在党和政府的社会激活政策之下，私营业主也迅速发展起来。在城乡个体经济发展过程中，家庭经济特色明显，他们大多靠私营企业家个人的魅力、毅力或关系使企业得到发展并管理有效。比如，中国内地最大的私营企业集团之一的刘家四兄弟"希望集团"，是从1982年起他们兄弟先后辞去公职，兴办饲料厂开始，经过多年努力，终于使小小的饲料厂发展成中国内地最大的私营企业。[③]

---

① 贾铤、秦少相：《社会新群体探秘——中国私营企业主阶层》，中国发展出版社1993年版，第24页。

② 中共中央文献研究室：《十二大以来重要文献选编》(上)，人民出版社1986年版，第260页。

③ 文明：《希望集团：从传统走向现代》，《新华文摘》1998年第3期。

二、"四化"建设激活干部流动机制

给被打倒、受到不公正待遇的老干部平反也是推动拨乱反正向纵深发展的一个重要动力。党的十一届三中全会召开前夕的中央工作会议上，原定讨论主题主要是农业与工业问题，后来之所以发生议题的重大转移，为老同志平反是一个重要导火线。此前，约 4600 名在"文化大革命"中被打倒的干部官复原职。[①] 党的十一届三中全会以后，通过复查和平反，约 300 多万干部推倒了以往政治斗争和运动加在他们身上的一切诬陷不实之词，很多人恢复了职位，他们本人及其子女档案中的有关材料被销毁，受到牵连的人的问题也得到了解决。

与此同时，党和国家也着力推动干部升职标准的改革。改革开放前，担任国家干部领导职务的，主要有两类：一是解放前参加"革命"，扛过枪、打过仗、立过功、受过奖的人员，他们以"战功"获得相应职务；二是解放后在各种生产活动和政治运动中表现出勤恳、积极和忠诚品质的人员。当"阶级斗争"成为国家的主要任务时，决定干部任职的条件是其政治品质、阶级态度与身份属性。随着国家的中心任务转到经济建设、转到发展生产的社会主义现代化建设上来，旧有的干部升职机制已不能适应社会化大生产与知识技术快速发展的要求。在这种背景下，党的领导人开始考虑改革选人用人的政治标准，提出要"发现专家，培养专家，重用专家"。[②] "我们培养一批能按经济规律办事的人，我们需要一些专家、懂行的人，现在不懂行的人太多了，'万金油'干部太多了。我们的干部有一千八百万，缺少的是专业干部，技术人员、管理人员和其他各种专业人员。"[③] 1980 年，邓小平在《党和国家领导制度的改革》中进一步明确了今后党和国家领导制度改革的方向，那就是"打破老框框"，"大量培养、发现、提拔、使用坚持四项基本原则的、比较年轻的、有专业知识的社会主义

---

① 杨继绳：《邓小平时代——中国改革开放二十年纪实》（上），中央编译出版社 1998 年版，第 155 页。

② 《邓小平文选》2 卷，人民出版社 1994 年版，第 151 页。

③ 同上书，第 197 页。

现代化建设人才"。[①]

此后，党对干部人事制度改革作了大量探索，使干部人事任免、升职等制度呈现如下特点：第一，为今后新的干部人事工作奠定了指导思想和干部"四化"（革命化、知识化、专业化、年轻化）方针；第二，建立了老干部离退休制度，实现新老干部交替的正常化与制度化，这在实际上取消了干部任职的"终身制"；第三，进行干部人事管理体制的改革，分类管理思想的出现打破了干部任用上的单一委任模式，出现委任、选任、考任、聘任等多种形式的干部任用模式。

除此之外，党开始探索新的人才流动机制。从 1981 年开始，无锡、常州、襄樊、沙市、四平等城市到外地招聘人才，开了人才市场的先河。1983 年 7 月 15 日，国务院颁布《关于科技人员合理流动的若干规定》。这是国家正式颁布的肯定人才流动的第一个法律性文件。这一年，全国第一个人才交流机构在沈阳诞生了。这一时期，尽管干部—非干部的身份区隔依然很大，人才的自由流动仍受到很大程度的限制，但总的说来，干部领导职务终身制的废除，干部年轻化、专业化、知识化的新要求，使更多有知识、有能力的年轻人有机会走上各级领导岗位，文凭开始在社会流动升职中发挥越来越重要的作用。

三、为知识正名，在流动中塑造新价值、新共识

1978 年党的十一届三中全会开启了重拾自发性的社会建设道路，改革开放战略推动着人民群众积极发挥自身主动性、创造性，其中涵盖了政策的变动，以及政策变动对新价值的引导。

改革的进程离不开知识分子的推动，但由于种种历史遗留问题而被错误对待的老干部、知识分子，被排除在劳动者之外的其他"地、富、反、坏、右"人员需要在解释体系中被列入合适的价值序列。解放之初，工人、农民的政治地位是非常明确的，当时，民族资产阶级作为革命的统一战线的组成部分，也

[①] 邓小平：《党和国家领导制度的改革》，《人民日报》1980 年 8 月 18 日。

属于"人民"的范畴，其政治地位也比较明确。相比之下，知识分子的阶级地位一直没有给予清晰的界定。随着阶级斗争的扩大化，知识分子最后被视为"臭老九"，受到社会的歧视。

党的十一届三中全会后，中共中央在全国范围内开展了大规模的平反与"摘帽"工作。1957 年被划为右派的约 54 万余人，十一届三中全会后，绝大多数得到平反，恢复了工作和原来的工资待遇，并在提职、提级、调整工资、奖励、授予职称等方面获得平等对待。1979 年 1 月 11 日，中央作出《关于地主、富农分子摘帽问题和地、富子女成分问题的决定》，对多年来遵守法令、老实劳动、不做坏事的地主、富农分子及反革命分子、坏分子，一律摘掉帽子，给予人民公社社员待遇，其子女在入学、招工、参军、入团、入党和分配工作等方面不再受任何歧视。据此，全国 2000 多万"地、富、反、坏"分子被摘掉帽子。其他分别落实政策的人员还包括国民党起义、投诚人员，其他本应是劳动者成分的小商贩、手工业者，除此之外，这一时期党还开展了大量的落实民族政策、宗教政策、侨务政策、知识分子政策、民族资产阶级政策等工作。这意味着，曾经受到打压的一大批人将结束 30 年备受歧视的生活，享受到公民权利，他们的子女也从此走出父辈的阴影，获得发展与向上流动的机会。

这一时期，恢复高考这一影响至深的教育政策出台，重开了通过知识取得向上流动机会的通道。1977 年，刚刚恢复工作的邓小平自告奋勇抓科教工作，亲自领导了具有革命意义的"恢复高等学校招生考试"的工作。1977 年 9 月 19 日，邓小平召见教育部主要负责同志，作了具有里程碑意义的重要谈话，他指出，教育部要思想解放，争取主动。招生就是要抓两条，一是本人表现好，二是择优录取。这一修改的政审条件几乎使所有人都获得了平等的上大学的权力。这一年的 10 月，国务院出台文件，规定：凡是工人、农民、上山下乡和回乡知识青年、复员军人、干部和应届高中毕业生均可报考。对于实践经验比较丰富，并钻研有成绩或确有专长的，年龄可放宽到 30 岁，婚否不限，要注意招收 1966 年、1967 年两届毕业生。新的招生制度实行德、智、体全面衡量、择优录取的原则，采取自愿报名，统一考试（省、市、自治区拟题，县、区统一组织考试），地市初选，学校录取，省、直辖市、自治区批准的办法。根据新的高等学校招生考试制度，考试分数几乎成了录取与否的唯一决定因素，这改变了家庭、出身作为获得高等教育资源的不公平方式，由此，高等教育为更多人提供了更为公平的流动机会。

20 世纪 70 年代中晚期以后，中国比从前更为紧迫地面临着加速科学技术发展的问题，而要承认科学技术是生产力，就必须承认科学研究是劳动，从事科学技术工作的人是劳动者。因此，新时期界定知识分子属性问题被异常突出地提了出来。在一定意义上，知识分子阶级属性的界定问题与理论上的拨乱反正是互为推动的。

党和国家领导人花了很多时间反复证明，拥有知识技能的群体已经在品质、内在属性上与工人阶级所要求的政治属性具有一致性。早在 1977 年 5 月，邓小平在同中央两位同志的谈话中呼吁："一定要在党内造成一种空气：尊重知识，尊重人才。要反对不尊重知识分子的错误思想。"他强调，不论脑力劳动，体力劳动，都是劳动。从事脑力劳动的人也是劳动者。"知识分子的名誉要恢复。"①在社会主义社会里，知识分子的"绝大多数已经是工人阶级和劳动人民自己的知识分子，因此也可以说，已经是工人阶级自己的一部分。他们与体力劳动者的区别，只是社会分工的不同"。②

同年，刚刚复出开始工作的邓小平召开了引领科教领域拨乱反正的科学和教育工作座谈会，在他看来，要实现现代化，关键是科学技术要能上去。发展科学技术，不抓教育不行。靠空讲不能实现现代化，必须有知识，有人才。会上邓小平作了题为《关于科学和教育工作的几点意见》的讲话，提出要"尊重劳动，尊重人才"。1978 年后，在社会主义现代化建设、改革和开放的大背景下，科学技术现代化成为现代化建设的关键，党开始着力解决知识分子的阶级定位问题。

---

① 《邓小平文选》第 2 卷，人民出版社 1994 年版，第 50、51 页。

② 同上书，第 89 页。

邓小平在 1978 年的全国科学技术大会开幕式上再次讲话，确认知识分子是工人阶级和劳动人民的一部分。这一年 10 月 31 日，在中共中央组织部召开的落实党的知识分子政策座谈会强调，现在我们的知识分子队伍人数有两千多万，其中绝大多数是解放后我们自己培养出来的；解放初期参加工作或者从旧社会过来的知识分子仅占一小部分，而且经过世界观的改造，其中绝大多数几十年来跟党走，为社会主义事业而努力工作。"因此，我们党在建国后提出来的，以旧社会过来的知识分子为主要对象的团结、教育、改造这个方针，现在已经不适用了。"①

这一年年底，中共中央组织部在《关于落实党的知识分子政策的几点意见》中规定，"我国现有的知识分子队伍，90％以上是解放后党培养教育出来的，70％以上的出身于劳动人民家庭。即使是从旧社会过来的知识分子，经过党的长期教育和业务实践，经过 20 多年的考验和锻炼，在世界观的改造上也有了很大进步"。他们"热爱党、热爱祖国、热爱社会主义，满腔热忱地从事科学文化教育事业，就是在遭受林彪、'四人帮'严重迫害，工作极端困难的条件下，许多人仍然坚守岗位，表现出很高的政治觉悟。他们不愧是工人阶级自己的又红又专的知识分子队伍，是党的依靠力量"。②

1982 年，中共十二大政治报告宣布："知识分子同工人、农民一样是我们建设社会主义的依靠力量。"这一年，五届全国人大第五次会议通过新的宪法修正案，其"序言"明确规定"社会主义的建设事业必须依靠工人、农民和知识分子，团结一切可以团结的力量"。在这里，把知识分子和工人、农民并列，意在强调知识分子与工人、农民只是劳动方式不一样，但都是社会主义建设事业的依靠力量。知识分子的阶级属性与政治地位从正式制度上得到了解放后从未有过的明确而坚定的界定。经过党和国家领导机关和领导人的不断申说和经过舆论的不断宣传和呼吁，尊重知识、尊重知识分子的观念和社会风气逐步确立

---

① 中共中央组织部、中共中央文献研究室：《知识分子问题文献选编》，人民出版社 1983 年版，第 48—49 页。

② 同上书，第 53 页。

起来，从而为有关知识分子的各项具体政策的落实和日后知识分子理论与政策的发展奠定了基础。

为与这种重塑价值序列的思想相一致，1978 年后，党先后出台落实了有关知识分子的多项具体政策，包括：恢复专业技术职称，保证专业科研时间；改变用非所学、用非所长的状况；改善工作和生活条件；充分信任，放手使用；等等。

党要求各级党委政府、地方组织要从政治上关心知识分子，对符合无产阶级先进知识分子条件的，要及时吸收入党；要把政治觉悟高、业务能力强、工作干劲大、群众关系好的知识分子（包括非党知识分子），提拔到适当的领导岗位上来。[①] 根据这一精神，据统计，从 1979 年到 1989 年年底，全国共有 275 万名知识分子加入中国共产党。随着知识分子政策的落实，国家对知识分子的工资进行了调整，工资调整后，知识分子的报酬收入普遍有了较大幅度的增加。然而，新兴群体的出现也对知识分子群体渐渐形成新的冲击，它表现为分配机制上的"脑体倒挂"现象。

第三节 "放权让利"下的利益协调与"共识"整合

1978 年起的这十年，为激发社会活力，充分调动广大人民群众的积极性，自党的十一届三中全会起，党开启了"放权让利"的改革开放发展路线。新的发展思路着眼于提高人民生活水平，并通过"松绑"释放社会活力，把人们从过去的思想禁锢中解放出来。除此之外，这一时期，党的社会建设的另一项重要实践是对新社会条件下的"共识"整合机制的探讨。

一、利益的"放"与"让"

为调动广大人民群众的积极性，党的十一届三中全会强调了"放权让利"

---

① 中共中央组织部、中共中央文献研究室：《知识分子问题文献选编》，人民出版社 1983 年版，第 57 页。

的改革思路：将更多的决策权下放给地方政府和生产单位，给予地方、企业和劳动者个人更多的利益。在农村，采取的"让"的政策包括调整农产品价格、进口粮食等一系列减轻农民负担的政策，"放"的政策则包括允许农村开展多种经营、发展家庭副业。"放"的政策有时也称为"松绑"政策，但显然，"松绑"的内涵要更广泛一些，实施家庭联产承包责任制也是其中一种典型的松绑。之后，农民被允许发展家庭副业，寻找脱贫致富的门路，农村的集体生产制度、人民公社制度等都随之解体。"松绑"还包括整个社会的精神世界，随着"解放思想"的强调，家庭的、个体的自主性都萌生出来，或者得到进一步的张扬。利益格局与人的行为方式、价值观念变革的共同作用无疑改变着过去的社会结构、意识形态结构，它给党对社会的领导带来了新的挑战，需要党对新的形势予以及时回应。

"让"与"放"的核心是改善人民生活。1978 年以后，新的政策开始大幅度提高农产品收购价格。资料显示，1978 年前的近 30 年时间里，整个社会农副产品收购价格总共提高了 117％，平均每年递增 2.8％，而 1979 年至 1982 年的四年间，农副产品收购价格提高了 24.5％，其中，1979 年一次提高了 21.1％。如果包括议价、加价和市场收购部分，农副产品收购价格共提高41.6％，平均每年提高 9.1％。[①] 除此，国家还调低了征购任务，实行超购加价、奖售政策，减免了税收和降低了农业生产资料价格。这一时期的"放"与"让"政策还广泛施惠于城市居民与城市中的国有企业，包括调整工资、实施价格补贴，扩大企业自主权等。总的来讲，这一时期党和国家肩负起了归还大量堆积的历史欠账的责任：有企业管理的，有经济结构的，有基本建设的，还有社会生活消费等方面的。

20 世纪 80 年代，除了一些一次性的"欠账"补贴，价格补贴也十分突出：价格补贴年均增长 18.7％，到 1990 年，补贴总额已达 380.8 亿元。此外，在价

---

① 商业部商业经济研究所：《新中国商业史稿》，中国财政经济出版社 1984 年版，第 385、386、397 页。

格补贴迅速增加的同时，财政对国有企业亏损的补贴，也随亏损额的增加而直线上升，由 1979 年的 116.8 亿元提高到 1989 年的 749.6 亿元，财政当年补亏额为 598.38 亿元（见表 5.1）。①

表 5.1　价格补贴与财政收入情况对比

年份	价格补贴（亿元）	财政收入（亿元）	价格补贴占国家财政收入（％）
1978	93.86	1121.10	8.37
1979	180.71	1067.20	16.93
1980	242.47	1042.40	23.23
1981	327.72	1016.40	32.24
1982	318.36	1083.90	29.37
1983	341.66	1211.17	28.24
1984	370.00	1424.56	25.97
1985	298.02	1776.55	16.78
1986	287.87	2122.05	13.56
1987	294.6	2368.9	12.44
1988	316.82	2628.02	12.06
合　计	3072.29	16862.05	18.22

注：财政收入，不包括国内外借款。资料来源：《中国统计年鉴 2000》，中国统计出版社 2001 年版。②

据计算，20 世纪 80 年代对企业减税让利及其他形式的财政支持，净额为 3100 亿元。③ 物价、工资等方面的改革引起的减收增支因素，也属于"支持成本"。在治理整顿时期的 1989 年和 1990 年，国有工业企业职工平均工资，分别上升 12.74％和 10.66％。

1978 年后，由于大批知青返城，就业形势非常严峻，同时，城市建设的诸多欠账等问题也很多。为解决这一历史遗留的社会问题，为广开就业渠道，各

---

① 贾康、阎坤：《转轨中的财政制度变革》，上海远东出版社 1999 年版，第 36 页。

② 这里显示的 1986 年价格补贴与王丙乾所作《关于 1986 年国家预算执行情况和 1987 年国家预算草案的报告》中的补贴数额有出入。在王丙乾的报告中，价格补贴为 242 亿元。

③ 《经济日报》1991 年 2 月 8 日。

省份采取多种方法发展集体企业，诸如由城镇街道兴办小集体企业，把部分全民所有制企业转为集体企业，大集体企业用"母鸡下蛋"的办法一厂变多厂，由市或局（区）直接投资办新的集体企业等等。此外，还有一批集体企业是利用可以自由处置的知青安置费筹办起来的。如辽宁省沈阳市，自 1979 年初至 1980 年上半年，由全民所有制企业扶持兴办了 655 个集体企业，安置待业青年 11 万人，占全市安置待业青年总数的 41%。陕西省西安市，在 1979 年采取劳动部门介绍就业和群众自谋出路就业的"两扇门"政策，兴办集体经济，一年安置 96000 人就业，占待业人员总数的 90.6%。江苏省常州市，从 1978 年 10 月至 1979 年年底，在先后安置的 51600 名就业人员中，安置在集体企业的 42190 人，基本上解决了劳动就业问题。山东省威海市采取发展集体经济，扩散工业产品，吸收待业劳动力的方法，1979 年全市有劳动能力的人，全部得到安排。有材料显示，1978 年到 1982 年，城镇集体企业安置就业人员 603 万人，集体企业产值增长 49%。[①]

1986 年开始了"价格闯关"的进程，但宏观经济环境的制约和日益加剧的通货膨胀，使人们本来就较脆弱的心理更加恐慌，在全国不少地区掀起了抢购风，"闯关"设想难以落实。最后国家作出了"治理通货膨胀，深化价格改革"的决定。为此，中央要求各级政府层层落实物价的目标责任制，并要求除控制零售市场商品价格外，还要拓宽到社会再生产的全过程，通过发展生产、搞活流通、合理分配、指导消费来系统地控制物价，变物价的事后控制为事前控制。根据中央要求，各地政府在稳定副食品价格过程中，都把工作重心放在搞好"菜篮子"工程建设上。为稳住蔬菜价格，北京市从增加蔬菜供应量入手，蔬菜种植面积由 1988 年的 16 万亩增加到 22 万亩，增长 38%。南京市政府组织各方面力量，大力支持全市 10 大养鸡场、20 个养猪场和 30 个综合水产养殖场的建设。这些措施，为平抑副食品价格，带动其他商品价格的稳定，提供了有

---

① 国家经济体制改革委员会历史经验总结小组：《我国经济体制改革的历史经验》，人民出版社 1983 年版，第 119—120 页。

力的物质保证。在工业消费品方面，许多地方实行生产、销售和价格的必保制度。北京、天津分别确定 26 种和 19 种必保商品；上海市对 19 种监控商品宣布 1989 年不涨价；广东、河北、江苏、辽宁、甘肃、广西等多数地区的政府都确定十几种至二十余种必保商品。[①] 这些为百姓谋福利的"菜篮子工程"受到群众的广泛好评，这一制度也因此在各地得以发扬并坚持至今。

二、大力改善人民生活

其他备受关注的百姓实事工程包括就业、住房等。20 世纪 70 年代末，随着大量知青返城，城市中的就业和住房压力陡然上升。在资源严重短缺的情况下，过去由政府和单位安排就业及分配住房的制度难以为继，不得不作出改革。由此开启了就业分配制度和住房分配制度改革。

1978 年前，由于长期奉行"先生产，后生活""高积累，低消费"方针，住宅被看作纯粹耗费资源的"非生产性"支出，发展非常缓慢。资料显示，到 1978 年，居民住宅欠账已达 2 亿平方米左右。[②]1980 年，黑龙江 11 个城市中，无房住户达到 13.7 万户，老少三代同堂的、几家合用一个厨房的 18.1 万户，住房十分拥挤的 25.7 万户，人均居住面积不到 2 平方米的 11.5 万户。房屋居住质量也差，如齐齐哈尔市，80% 是平房和土坯房。[③] 在上海，1976 年或 20 世纪 70 年代后期，人均居住面积也就只有 4.5 平方米，从 1949 年到 1976 年，人均居住面积仅增加了 0.6 平方米。[④]

1978 年以后，党开始高度重视改善人民群众的基本生活状况。在 1978 年城市住宅建设会议上，谷牧传达邓小平关于改善住房问题的指示，"解决住房问题能不能路子宽些，譬如允许私人建房，或者私建公助、分期付款，把个人手

① 童宛生、邹向群：《中国改革全书（1978—1991）价格体制改革卷》，大连出版社 1992 年版，第 24、30 页。
② 陈如龙：《当代中国财政》，中国社会科学出版社 1988 年版，第 264 页。
③ 王雅林、李金荣：《城市职工家务劳动研究》，《中国社会科学》1982 年第 1 期。
④ 宋奇波等：《上海四十年住房变迁史》，《新闻晨报》2018 年 8 月 28 日。

里的钱动员出来，国家解决材料，这方面的潜力不小"。之后，邓小平又多次指出，"要考虑城市建筑住宅、分配房屋的一系列政策"。此后，在党的领导下，我国开始逐步加强推进住房建设，探索推进城镇住房制度改革。与整个社会建设思路一致的是，住房改善也从调动各单位、各企业的建房积极性开始。

在上海，在市委书记指出"住房是天字第一号问题，是爆炸性的问题"后，上海各级政府都开始重视住房这一当时社会矛盾的首要问题，住宅建设被列为政府的议事日程，安排的投资也逐步增加。当时上海市政府的举措有二：征地新建；旧区危房棚户简屋改造。为调动各方面的建房积极性，上海采取了各单位的职工住房困难由各单位自己解决的办法。政府和企业在解决住房问题上形成了这样的职责分工：机关事业单位的职工或者公务员由政府来解决；企业单位的职工住房困难由单位自己筹资建房解决。这一放权行为大大调动了各单位、各企业的建房积极性。[①]1986 年至 2001 年间，上海住宅建设每年被列为市政府为民办实事项目。这样，在整个 80 年代，上海市的住宅竣工面积总计 4000 多万平方米。20 世纪 80 年代末，上海市人均居住面积已经超过 6 平方米。[②]在整个 80 年代，除了鼓励各方力量参与解决人民群众的住房困难问题，还围绕建立和培育住房市场的目标，开始了以面向职工出售公有住房的试点。

为匹配不断深入的经济体制改革与经济所有制结构的变革，1978 年以后，党和国家相应地、渐次地改变着此前已逐渐形成的国家负责、单位（集体）包办、全面保障、封闭运行的社会保障与福利分配制度。

三、社会化的保障制度初探

从 1978 年起开始的"扩大企业自主权"的改革逐渐将企业带到合同关系之中。1983 年，劳动人事部门下发《关于积极试行劳动合同制的通知》，对劳动合同制进行试点，初步确定劳动合同制的形式，并明确用人单位和劳动者的权

---

① 沈冠军：《1980 年代上海"天字第一号问题"是如何解决的？》，http://history.eastday.com/h/20131012/u1a7708346.html。

② 宋奇波等：《上海四十年住房变迁史》，《新闻晨报》2018 年 8 月 28 日。

利及义务。1986 年，国务院颁布四项规章制度，完善劳动合同制、雇佣程序、劳动保险、劳动纪律和管理者权利等方面的法律规定。同年 10 月 1 日，劳动合同制成为我国的就业政策，并在全国范围内实施推广。劳动合同制改变了企业的劳动关系，带动了原来由企业负责的劳动保险、退休养老、医疗等方面的制度改革。1985 年，国家开始逐步建立社会养老保险基金，形式是实行企业退休费统筹，1986 年 10 月上海首先开始实施。相应出现的还有关于国有企业职工退休金和医疗费统筹的改革。社会保障社会化开始替代社会保障单位化，个人亦开始承担有象征意义的缴费责任。

面对城市综合体制改革不断深入、社会福利需求日益增长和广大群众举办福利的积极性不断高涨的趋势，党的社会福利事业也开始由救济型向福利型、由供养型向供养健康复型、由封闭型向开放型转变。1984 年 11 月，民政部在漳州召开全国城市社会福利事业单位改革整顿经验交流会，会议提出，坚持社会福利社会办的方向，面向社会，多渠道、多层次、多种形式地举办各种社会福利事业，强调国家办的社会福利事业单位主要起示范作用，而安置孤老残幼主要靠社会、靠基层来解决。之后，社区服务在全国大中城市普遍开展。1987年，社区服务的概念正式表述为，"在政府的倡导下，发动社区成员开展互助性的社会服务活动，就地解决本社区的社会问题"。同年，在武汉召开的社区服务工作座谈会对社区服务的内容作了进一步的扩展，"社区服务是在社区内为人们的物质生活和精神生活所提供的各种社会福利与社会服务"，提出要把社区服务引向深入。随后社区服务开始逐渐在全国各大中城市展开。

劳动关系合同制度、社区服务概念的出现表明，随着"放权让利"与"松绑"式改革的推进，新的利益需求与利益格局正在出现，而党和国家也几乎同时启动了关于新利益格局的规制与协调探索。社区服务的兴起带来的转变包括：将向传统民政对象提供福利服务转为向一般居民提供便民利民服务，党的基层组织建设也相应出现了转变态势，1991 年，更具有综合性的"社区建设"得以提出并实践，党的社会建设增加了新的内涵。值得一提的是，1985 年，居民身份证制度建立，这一制度不仅是对人口流动日益频繁需求的适应，同时也有力地促进了"单位人"、农村人向"社会人"、自由人的过渡。

四、"松绑"后的社会管理与整合

在农村，家庭联产承包责任制的推行，打破了原有的"三级所有、队为基础"格局，农村社会建设新问题浮现出来：土地承包下去了，村里的公共事务、公益事业，如修路、水利、封山育林、办小学、办养老院等管理难题出现。于是有些地方出现了村民自治会、村民自治组、村民委员会等组织。① 1980年2月，偏远闭塞的"三不管"地区——广西宜州市合寨村的果作等6个生产队的85户农民，无记名推选产生了我国历史上第一个村民委员会——果作村民委员会，这一事件开了中国"村民自治"的先河。

乡村农民自我组织起来管理本村事务的创举受到党和国家领导人的重视。事实上，1978年开始，党开始谋求通过激活人民民主激发社会活力，赢得更大的社会信任与支持。1980年，修宪问题提上议事日程，为此，邓小平强调："要使我们的宪法……能够切实保证人民真正享有管理国家各级组织和各项企业事业的权力，享有充分的公民权利。"1981年6月通过的《关于建国以来党的若干历史问题的决议》也进一步提出："在基层政权和基层社会生活中逐步实现人民的直接民主"。1981年9月2日，邓小平在政治局会议上首次提出："农村还有一件事，就是政社分开，这件事情要做，不能太迟。"

在上下两种力量作用下，1982年4月，《中华人民共和国宪法修改草案》发布。宪法修改草案总结了各地建立村委会的经验，正式将村民委员会写入宪法条文，并向社会公布，广泛征求意见。1982年12月五届全国人大第五次会议审议通过《中华人民共和国宪法》。《宪法》第111条规定："城市和农村按居民居住地区设立的居民委员会或者村民委员会是基层群众性自治组织。居民委员会、村民委员会的主任、副主任和委员由居民选举。居民委员会、村民委员

① 白益华：《〈村民委员会组织法〉诞生记》，中国共产党历史网，http://www.dswxyjy.org.cn/n/2015/0731/c244516-27391836.html。

会同基层政权的相互关系由法律规定。""居民委员会、村民委员会设人民调解、治安保卫、公共卫生等委员会，办理本居住地区的公共事务和公益事业，调解民间纠纷，协助维护社会治安，并且向人民政府反映群众的意见、要求和提出建议。"

1987年3月，六届全国人大第五次会议召开前夕的人大常委会会议上，彭真说，旧中国留给我们的，没有什么民主传统。我国民主生活的习惯是不够的。这个问题怎么解决？还是要抓两头，上面，全国人大和地方各级人大认真执行宪法赋予的职责，发展社会主义民主，健全社会主义法制；下面，基层实行直接民主，凡是关系群众利益的，由群众自己当家，自己做主，自己决定。上下结合就会加快社会主义民主的进程。把村民委员会办好，等于办好8亿农民的民主训练班，使人人养成民主生活的习惯，这是发展社会主义民主的一项很重要的基础。随后的六届全国人大第五次会议召开，《村民委员会组织法（试行）》获得通过。《村民委员会组织法（试行）》从起草到通过历时4年，经历了三次全国人大常委会会议和一次全国人民代表大会审议，彭真先后发表7次重要讲话，反复修改30次（稿）。

《村民委员会组织法（试行）》开始实施是1988年6月1日，十年后，村委会组织法摘掉"试行"的帽子，正式颁行，这一试十年，足见在中国发展基层民主的艰难。1989年，《城市居民委员会组织法》通过并于次年1月1日起施行，这是1982年《宪法》对城市居民自治赋予同样权利的结果。

发展基层直接民主，是1982年修宪的一个基本精神，也是整个80年代党关于中国社会发展方向的一个基本旋律。这一内容在80年代党的领导人的讲话中被多次提及。1986年，在改革步入深化面临瓶颈之时，邓小平强调改革的目标之一，还是"调动基层和工人、农民、知识分子的积极性。这些来搞改革的一条经验，就是首先调动农民积极性，把生产经验的自主权力下放给农民。农村改革是权力下放，城市经济体制改革也要权力下放，下放给企业，下放给基层，同时广泛调动工人和知识分子的积极性，让他们参与管理，实现管理民主化。""调动积极性是最大的民主。""把权力下放给基层和人民，在农村就是下放给农民，这就是最大的民主。我们讲社会主义民主，这就是一个重要内容"。① 这一讲话精神随即体现在了党的报告中。1987 年 10 月，党的十三大报告指出："在党和政府同群众组织的关系上，要充分发挥群众团体和基层群众性自治组织的作用，逐步做到群众的事情由群众自己依法去办。"

改革开放以后，党积极发展人民民主，不同于 1966 年后的通过大规模群众运动重构社会的战略，1978 年后的人民民主运动一开始便伴随了法制化的进程。党的十一届三中全会《公报》这样强调："为了保障人民民主，必须加强社会主义法制，使民主制度化、法律化，使这种制度和法律具有稳定性、连续性和极大的权威，做到有法可依，有法必依，执法必严，违法必究。从现在起，应当把立法工作摆到全国人民代表大会及其常务委员会的重要议程上来。"邓小平也在讲话中强调，"为了保障人民民主，必须加强法制。必须使民主制度化、法律化，使这种制度和法律不因领导人的改变而改变，不因领导人的看法和注意力的改变而改变。……应该集中力量制定刑法、民法、诉讼法和其他各种必要的法律……做到有法可依，有法必依，执法必严，违法必究。国家和企业、企业和企业、企业和个人等等之间的关系，也要用法律的形式来确定；它们之间的矛盾，也有不少要通过法律来解决"。②

在民主建设中，"要学会使用和用好法律武器"。显然，法制建设是党在新的利益格局形成中对社会规制与建设现代化、制度化的探索。这十年间，党不仅催生了大规模的"立法潮"，如，先后制定或修订《地方组织法》《选举法》《法院组织法》《检察院组织法》《刑诉法》《中外合资经营法》等等，颁布《民法通则》和《刑法》等一系列法律；党灵活运用多种形式对广大干部、群众开展法制教育，通过开展法制教育，提升公民法律素养。1985 年 11 月 5 日，中共中央、国务院转发《关于向全体公民基本普及法律常识的五年规划》的通知。同月 22 日，六届全国人大常委会第十三次会议作出《关于在公民中基本普及法

---

① 《邓小平文选》第 3 卷，人民出版社 1993 年版，第 180、242、252 页。

② 《邓小平文选》第 2 卷，人民出版社 1994 年版，第 146—147 页。

律常识的决议》，并对普法工作的具体要求、安排等作了认真部署。第一个五年普法（1986—1990 年）规划，又称"一五普法"由此拉开序幕。

五、理想教育与"共识"整合

改革开放头十年所谋求的首要共识是对改革与开放战略的共识。党的十一届三中全会强调"解放思想、实事求是、团结一致向前看""允许观察""允许争论"，这些无疑把各方力量从过去强烈的思想禁锢中解放了出来，由此，党通过从意识形态上不断提升改革开放的合法性从而为各地的发展需求打开了通道。

1978 年后，自上而下与自下而上的两种力量推动着"真理问题"大讨论。青年率先喊出"从我做起，从现在做起""团结起来，振兴中华"的时代强音，吹响了投身"四化"建设的进军号角。各地团组织纷纷开展"争当新长征突击手"活动、"四小"（小发明、小革新、小建议、小窍门）等多种形式的生产竞赛活动，青年突击队竞赛活动也出现新的高潮。从"真理标准问题"大讨论到"人道主义"论战，对"人性""人的情感""人的权力与自由""人道主义""人的价值"等认识，成为自由浪漫思想的最初寄生地，一些打着"民主自由"旗号的主张也纷纷亮相。面对这种情况，中共中央旗帜鲜明地提出要坚持"四项基本原则"，1981 年又作出关于报刊新闻广播宣传方针的决定，"既要继续解放思想，纠正'左'的错误，又要严格防止借口批'左'而否定四项基本原则。对怀疑、曲解党的路线、方针、政策的言论，要进行耐心的解释教育；对公开反对党的路线、方针、政策的言行，则要进行坚决斗争"。①

1982 年 5 月 4 日，《人民日报》发表社论《当代青年的历史使命》，文章把邓小平的题词延伸为"培养青年成为有理想、有道德、有文化、有纪律、有强健体魄的新一代。这不仅是学校和共青团的责任，而且要靠所有家庭和整个社会的共同努力"。1985 年，全国共青团思想政治工作会议上提出：要加强和改

---

① 中共中央文献研究室：《三中全会以来重要文献选编》（下），人民出版社 1982 年版，http：//www.71.cn/2011/0930/632663.shtml。

进新时期的青年思想政治工作，在四化建设的伟大实践中培养和造就一代有理想、有道德、有文化、有纪律的共产主义新人。从此，做"四有"新人的口号和以此为主题的活动在全国各行各业展开。它包括 1985 年"祖国在我们心中，做四有新人"、1991 年"学雷锋精神，做四有新人"的活动等。

1986 年 9 月党的十二届六中全会通过的《关于社会主义精神文明建设指导方针的决议》指出："社会主义精神文明建设的根本任务，是适应社会主义现代化建设的需要，培养有理想、有道德、有文化、有纪律的社会主义公民，提高整个中华民族的思想道德素质和科学文化素质。"

这一时期，素质教育、爱国主义教育、人生观价值观与世界观等的理论及政策都成为精神文明建设的主要内容。20 世纪 90 年代后，社会主义精神文明建设作为党的社会建设的重要内容得到了更加深入的展开。而在 20 世纪 80 年代，社会主义精神文明建设主要是激发社会自发性背景下的社会规制与引导。

第六章　社会主义市场经济社会秩序

　　进入 90 年代，随着国内外发展环境的变化，中国共产党的社会理念与时俱进，最重要的是推出了以社会主义市场经济为基调的认知与论述框架，体现了对以社会自主性为标志的新社会秩序的探索。一方面，市场经济的发展催生新的社会活力，社会的利益和权利分化不断加剧，社会经济主体日益多样化，企业家群体、富裕群体逐步兴起，新的利益表达方式不断呈现。另一方面，随着社会的进一步开放，经济改革带来前所未有的社会脆弱性，各种利益分化造成的社会心态失衡以及社会冲突也出现了。社会主义市场经济体系的运作，内在性地要求国家和社会的有序参与，因此形成的市场社会有别于新自由主义的理念，呈现出包容社会主体、协调多样化利益、保护社会脆弱性等重要特征。这一新社会秩序的出现，延续了 20 世纪 80 年代社会活力和自发性发展的动力，体现了党在新的历史条件下以人民为中心的社会发展思路。

　　在这个时期，党的社会建设思想演化出三个相互映照的景观：首先，彰显法治意识与精神文明：以法治思维和权利意识来规范社会生活秩序、保障社会正义、调控社会转型中的冲突与断裂现象，这成为党对社会治理的一个日益重要的课题。其次，夯实党的阶级与社会基础：通过意识形态革新，以"三个代表"重要思想来对以民营企业家和中产阶层力量进行政治包容。第三，探索新的社会分配与整合机制：随着"三农"问题的日益突出、国有企业改制和单位体制的转型和各种新社会空间的出现，党和国家开始注重推出托底性的社会保障和民生政策，形成社会保障制度框架，同时通过社区建设，在基层社会空间重建党政组织网络。这些思想和政策，反映出中国的社会主义市场经济不仅仅带来了一种纯粹的市场社会，而且这种资源配置方式自发地需要社会调解和政治保护，它嵌入社会主义社会制度体系之中，体现了一种波兰尼意义上的"双向运动"。[①] 社会主义国家的组织、制度、规范和政策介入，内置于市场经济和社会的发展过程中，深刻地塑造了市场机制的可持续发展和社会转型的进程。2001 年 12 月 11 日，中国成为世界贸易组织（WTO）的第 143 个成员，为中国社会进一步融入全球化奠定了重要基础。

第一节　社会主义市场经济及其社会秩序

20 世纪 80 年代末到 90 年代初，中国共产党和中国社会的发展处于又一个紧要关头。社会生产力的飞速发展、劳动生产率的不断提高，人民群众物质生活和精神生活水准的逐步改善，也带来了经济生活、政治秩序、社会结构和思想意识、价值观念等方面的变化。

一、社会主义市场经济体制的确立

1992 年 10 月，党的十四大召开，大会概括了关于中国特色社会主义理论的基本内容，明确了我国经济体制改革的目标是建设社会主义市场经济体制，中国共产党关于中国社会建设的发展路线图是，"在 90 年代，我们要初步建立起新的经济体制，实现达到小康水平的第二步发展目标。再经过二十年的努力，到建党一百周年的时候，我们将在各方面形成一整套更加成熟更加定型的制度"。[②] 1993 年党的十四届三中全会通过《关于建立社会主义市场经济体制若干问题的决定》，指出社会主义市场经济是同社会主义基本制度结合

---

① 卡尔·波兰尼：《大转型：我们时代的政治与经济起源》，冯钢、刘阳译，江苏人民出版社 2007 年版。

② 中共中央文献研究室：《十四大以来重要文献选编》（上），人民出版社 1996 年版，第 47 页。

在一起的，建立社会主义市场经济体制，就是要使市场在国家宏观调控下对资源配置起基础性作用。除了经济体制，《决定》进一步指出，要建立以按劳分配为主体，效率优先、兼顾公平的收入分配制度，鼓励一部分地区一部分人先富起来，走共同富裕的道路；建立多层次的社会保障制度，为城乡居民提供同我国国情相适应的社会保障，促进经济发展和社会稳定。1995年党的十四届五中全会提出，解决地区发展差距，坚持区域经济协调发展，是今后改革和发展的一项战略任务。这次会议还审议通过《关于制定国民经济和社会发展"九五"计划和2010年远景目标的建议》。1997年，党的十五大会议对社会主义初级阶段作出新的论断：社会主义初级阶段，是逐步摆脱不发达状态，基本实现社会主义现代化的历史阶段；是由农业人口占很大比重、主要依靠手工劳动的农业国，逐步转变为非农业人口占多数、包含现代农业和现代服务业的工业化国家的历史阶段；是由自然经济半自然经济占很大比重，逐步转变为经济市场化程度较高的历史阶段；是由文盲半文盲人口占很大比重、科技教育文化落后，逐步转变为科技教育文化比较发达的历史阶段；是由贫困人口占很大比重、人民生活水平比较低，逐步转变为全体人民比较富裕的历史阶段；是由地区经济文化很不平衡，通过有先有后的发展，逐步缩小差距的历史阶段；是通过改革和探索，建立和完善比较成熟的充满活力的社会主义市场经济体制、社会主义民主政治体制和其他方面体制的历史阶段；是广大人民牢固树立建设有中国特色社会主义共同理想，自强不息，锐意进取，艰苦奋斗，勤俭建国，在建设物质文明的同时努力建设精神文明的历史阶段；是逐步缩小同世界先进水平的差距，在社会主义基础上实现中华民族伟大复兴的历史阶段。

之所以在这一时期要特别强调这一理论，是因为我们党坚持从实际出发，从中国国情出发，把中国的社会主义现代化建设事业视为一项长期的，"需要几代人、十几代人，甚至几十代人坚持不懈地努力奋斗"的历史任务。还因为，这一时期，需要解决种种矛盾，澄清种种疑惑，认识为什么必须实践现在这样的路线和政策。

这样，党通过将经济理论，将社会主义初级阶段和社会主义市场经济写入党章，列入党的会议决议，使得党的纲领、政策及时回应了社会的新需求，解释了社会的新变化，通过对新时期的新问题、新任务赋予时代新意义，党的社会主义基本价值符号体系得以"以人民为中心"，在保持基本价值连贯的基础上，实现了内涵的发展。

2000年2月，江泽民在广东省茂名市高州市考察时提出了"三个代表"论述。他指出："总结我们党70多年的历史，可以得出一个重要的结论，这就是，我们党所以赢得人民的拥护，是因为我们党作为中国工人阶级的先锋队，在革命、建设、改革的各个历史时期，总是代表着中国先进社会生产力的发展要求，代表着中国先进文化的前进方向，代表着中国最广大人民的根本利益，并通过制定正确的路线方针政策，为实现国家和人民的根本利益而不懈奋斗。"[①] 5月，江泽民在江苏、浙江、上海考察时，进一步将这一论断归纳为"三个代表"，指出我们党必须按照"三个代表"的要求，进一步提高执政水平和领导水平，这是我们党的立党之本，执政之基，力量之源，"三个代表"最根本的是代表人民群众的根本利益。

2001年7月1日，在庆祝中国共产党成立80周年大会上，江泽民发表重要讲话。在讲话中，江泽民在系统总结我们党80年的光辉历程和基本经验上，对"三个代表"重要思想的科学内涵作了更加全面的阐述：（1）党要始终代表中国先进生产力的发展要求，就是党的理论、路线、纲领、方针、政策和各项工作，必须努力符合生产力发展的规律，体现不断推动社会生产力的解放和发展的要求，尤其要体现推动先进生产力发展的要求，通过发展生产力不断提高人民群众的生活水平。（2）党要始终代表中国先进文化的前进方向，就是党的理论、路线、纲领、方针、政策和各项工作，必须努力体现发展面向现代化、面向世界、面向未来的，民族的科学的大众的社会主义文化的要求，促

---

① 石仲泉、赵自立：《关于"三个代表"思想提出经过的考察》，http://www.lnsgdb.com.cn/Lnsgdb/publish/html/25/content/2003/1344577470117.html。

进全民族思想道德素质和科学文化素质的不断提高，为我国经济发展和社会进步提供精神动力和智力支持。（3）党要始终代表中国最广大人民的根本利益，就是党的理论、路线、纲领、方针、政策和各项工作，必须坚持把人民的根本利益作为出发点和归宿，充分发挥人民群众的积极性主动性创造性，在社会不断发展进步的基础上，使人民群众不断获得切实的经济、政治、文化利益。代表中国先进生产力的发展要求，代表中国先进文化的前进方向，代表中国最广大人民的根本利益，这"三个代表"是统一的整体，相互联系，相互促进。

"三个代表"理论的提出表明，自十四大以来，经过实践，特别是经过一些困难和危机的考验，党对社会主义条件下的市场经济与社会的运行规律性有了进一步的认识与把握，"三个代表"思想是市场条件下党以新的策略对日渐分化与多样化的社会实施整合、建设的理论新突破。

进入 90 年代后，市场经济的原则不断渗透进社会，形成了以个体自由为基础的市场社会。在实践方面，由于改革开放极大激发了社会活力，原定 2000 年 GDP 比 1980 年翻两番的目标在 1995 年就得到实现，2003 年，国民生产总值更达到 11 万亿多元，经济总量跃居世界第六位。相应地，中国的社会结构也在此期间发生了深刻变化：职业结构、城乡结构大大改变，社会分化和流动机制在快速变化，社会流动普遍加快，工人、农民、知识分子、干部等组成的社会阶级阶层结构发生进一步的分化，阶层间的政治、经济关系变得复杂多样。基于此，党的社会建设的理论内涵也在不断增加包容性：以社会的进步和人民的发展为依归，坚持公有制、国有经济、社会公平、共同富裕、共享发展等社会主义的基本理念，基于社会主义以及"人民至上"的核心价值，加强对资本的利用、引导与规制，并保证权利更多实现、更实质性地体现劳动者的利益，由此，党的"三个代表"理论所开发出的新的社会秩序和西方意义上推动市场发展的新自由主义的信念是完全不同的。

进一步看，从作为"无产阶级"的先锋队到"工人阶级"的先锋队，再到"中国人民和中华民族"的先锋队，"三个代表"思想这一新的表述使中国共产党在理论上进一步拓展了它对更大范围的民族共同体的领导责任，中国共产党将作为分化社会的"整体党"而不是"部分党"构建与市场运行机制相适应的社会正义。

由于制度变迁的起点是把市场经济嵌入社会主义制度，90 年代党的社会建设思路呈现出一个包容渐进而非冲突激进的发展轨迹：市场经济的发展带来了社会利益分化、社会结构和社会心态的变迁、社会自主空间不断增大，但是这些变迁恰恰也构成了社会主义社会政治基本制度自我完善和发展的生长点。换言之，社会主义制度努力吸纳市场发展所带来的新的社会经济主体，在包容社会自主性和多样性的同时，也从根本上塑造新社会秩序的价值基础，对市场带来的社会脆弱性予以纠正和保护。党在国家和社会层面推动的依法治国、社会主义精神文明建设，以及社会政策、社会组织和社区建设的发展，都体现了这种自觉的纠正和保护的努力，它们共同塑造了一种不同于新自由主义的市场社会秩序。

二、扩大党的阶级基础与社会根基

作为配置资源的机制，市场嵌入社会制度之中。在改革开放之前，我国并不存在独立于国家之外的私人经济部门，也不存在相对独立于国家的社会组织或第三部门，改革开放以后，这种局面发生了根本变化，集体、个体、私营经济在过去二十多年间取得长足的发展，与之相应，是社会阶层结构的多样化发展。2002 年的一项研究显示，我国已形成初具雏形的十大社会阶层：国家与社会管理者阶层、经理人员阶层、私营企业主阶层、专业技术人员阶层、办事人员阶层、个体工商户阶层、商业服务人员阶层、产业工人阶层、农业劳动者阶层以及城乡无业、失业、半失业人员阶层。[①]阶层结构的变化一方面使那些与现代经济相联系的职业群体无论是在人数比重还是在社会影响力方面都大为增强，原来相对重合的收入、地位、威望三个社会序列发生分离，另一方面也使

---

① 陆学艺：《中国社会结构与社会建设》，中国社会科学出版社 2013 年版，第 175—177 页。

原有的利益格局发生深刻变化，利益格局处于不断调整过程中：新的资源配置机制使得利益主体不断多样化，随着经济结构的不断多样化，个体私营企业、"三资"企业、乡镇企业等都成为不同的利益主体，与此同时成为利益主体的还有各种新旧"单位"、群体、"社区"、家庭等，各阶层、各群体之间以收入水平为标志的利益差距在扩大，利益主体的多样性带来了利益诉求的复杂性，和社会冲突与矛盾的增加。[1]

1992 年以后，随着社会主义市场体制建设方向的明确，继续本着解放思想、实事求是的思想路线，尊重实践、尊重群众的首创精神，在政策认识上随着实践的发展而逐渐深化对于这一社会结构变化的认识。利益分化与表达的多样化以及与之而来的阶层分化是市场经济在国内发展的必然结果，这一国内的社会结构变迁趋势正与在 90 年代中后期，特别是在世纪之交的世界政治、经济、技术领域的重大变化交织起来。[2]对此，对新型的社会主体和力量进行利益协调和社会政治整合，日益成为一个重要的课题。同时，党要代表人民，还必须引领技术革命，才能立于不败之地。这些都激发党中央着眼于大趋势，从战略上去再造其阶级与社会基础。

1992 年党的十四大明确建立社会主义市场经济体系的目标，这也首次实现了私营经济的理论突破。1997 年，党的十五大把包括私营企业在内的非公有经济看作"我国社会主义市场经济的重要组成部分"，而不只是国有经济的补充，私营经济的主体地位得以明确，他们的社会与政治地位得到明显提升。他们中有越来越多的人开始在当地政协、人大担任职务，受到社会的尊重，还有一些私营企业主在当地党政部门支持下加入中国共产党，并担任领导职务。例如，

---

① 李培林：《新时期阶级阶层结构和利益格局的变化》，《中国社会科学》1995 年第 3 期。

② 网络化在 90 年代中后期得到了大发展。美国在 1993 年率先提出建立信息高速公路。1995 年是互联网发展的第一个高峰期，因而被称为互联网年。与之相伴的是，个人移动通信等技术也得到重大发展，信息技术开始渗透人类社会各个领域带动其他学科的发展，并引发世界范围产业结构的大调整，宣告信息时代在世纪之交全面来临。这也进一步意味着，在全球化的背景下，世界综合国力竞争的焦点和核心已经成为人才和知识的竞争，成为创新能力的竞争。网络社会与信息技术革命带来了深刻的社会经济影响。

1998 年，河北有 114 位非公有制经济人士担任乡镇政府的领导职务，1 人当上了副县长，3 人担任了县外贸局、企业局局长。广西玉林市则有一位私营企业主担任了县长。① 这一年，有 48 名私营企业主被选为第九届全国人大代表，46 名被推选为第九届全国政协委员。②

2001 年，党中央首次提出"新的社会阶层"的说法，并赋予其"社会主义事业建设者"和"党执政的重要群众基础"的定位。这一年，在七一讲话中，江泽民指出，民营科技企业的创始人和技术人员、受聘于外资企业的管理技术人员、个体户、私营企业主、中介组织的从业人员、自由职业者，这些新的社会阶层中的广大人员通过诚实劳动，与工人、农民、知识分子、干部和解放军指战员团结在一起，也是有中国特色社会主义事业的建设者。关于私营企业主，江泽民指出，他们中的"许多人本来就是劳动者"，"他们也是有中国特色社会主义事业的建设者"，他们中的优秀分子可以入党。应该把承认党的纲领和章程、自觉为党的路线和纲领而奋斗、经过长期考验、符合党员条件的社会其他方面的优秀分子吸收到党内来，从而不断增强我们党在全社会的影响力和凝聚力。在这次讲话中，江泽民还强调，要重新认识劳动价值论，不能简单地把有没有财产、有多少财产当作判断人们政治上先进与落后的标准，而主要应该看他们的思想政治状况和现实表现，看他们的财产是怎样得来的以及对财产怎样支配和使用。③

这一时期，党的精神文明建设可以看作为应对认同与价值危机所展开的夯实社会根基的努力。90 年代的中国社会出现了所谓的"人文精神危机"和道德风险。1994 年第 3 期至第 7 期的《读书》杂志，连续刊发了以"人文精神寻思录"为题的一组讨论，引发了全国人文学术界对这一话题的讨论。市场社会需要重塑共享的价值观。党通过新的精神文明建设来因应市场转型中所出现的道

---

① 李青：《中国共产党对资本主义和非公有制经济的认识与政策》，中共党史出版社 2004 年版，第 309—310 页。

② 陆学艺：《中国社会结构与社会建设》，中国社会科学出版社 2013 年版，第 158 页。

③ 《江泽民文选》第 3 卷，人民出版社 2006 年版，第 286—287 页。

德与心态问题。1996 年 10 月，《关于加强社会主义精神文明建设若干重要问题的决议》在中共十四届六中全会上获得通过。《决议》直面 90 年代以后社会精神生活领域的突出问题并指出，从 1996 年到 2010 年，是建设有中国特色社会主义事业承前启后、继往开来的重要时期。在这个时期，要巩固和发展十一届三中全会以来取得的伟大成就，促进经济体制和经济增长方式的根本性转变，推动经济发展和社会全面进步；要面对世界范围内各种思想文化相互激荡和科学技术的迅猛发展，迎接综合国力剧烈竞争的挑战；要在前进道路上战胜各种困难，坚持党的基本路线不动摇。这一切，不仅要求物质文明有一个大的发展，而且要求精神文明有一个大的发展。①

党的另一项社会建设努力是法制建设的加强，这可以看作党规范社会的制度化努力。市场经济的发展通过重新界定所有权、确立产权和社会自主性，在更大的社会层面，促进了平等意识、权利意识、契约意识、规则意识、责任意识的形成。这些观念是市场经济在法治轨道上健康持续发展的基础。而这种权利意识的成长，客观上要求党的社会建设对与市场经济相应的法治秩序要求作出呼应。进而，党所领导的法治建设将为调控市场化改革时期日趋多样化的社会利益格局提供制度框架和规范基础。

1997 年，中国共产党第十五次全国代表大会将"依法治国"确立为治国基本方略，将"建设社会主义法治国家"确定为社会主义现代化的重要目标："依法治国，就是广大人民群众在党的领导下，依照宪法和法律规定，通过各种途径和形式管理国家事务，管理经济文化事务，管理社会事务，保证国家各项工作都依法进行，逐步实现社会主义民主的制度化、法律化，使这种制度和法律不因领导人的改变而改变，不因领导人看法和注意力的改变而改变。"②并提出了建设中国特色社会主义法律体系的重大任务。1999 年修宪，将"中华人民共和国实行依法治国，建设社会主义法治国家"载入宪法第 5 条。中国的法治建

---

① 《中共中央关于加强社会主义精神文明建设若干重要问题的决议》，人民出版社 1996 年版。
② 江泽民：《高举邓小平理论伟大旗帜，把建设有中国特色社会主义事业全面推向二十一世纪》，人民出版社 1997 年版。

设揭开了新篇章。2002 年，中国共产党第十六次全国代表大会将社会主义民主更加完善，社会主义法制更加完备，依法治国基本方略得到全面落实，作为全面建设小康社会的重要目标。

这是顺应人民和时代的要求提出的依法治国，是人民的依法治国。这个理念，不仅仅是科学社会主义理论的一个大飞跃，也是整个人类社会文明和进步的一个大飞跃。与资本主义法治相比，社会主义法治以全社会的共同利益为依归，反映全体人民的意志和利益，而非资产阶级的意志和利益。在此框架下，实现国家政治生活、经济生活、社会生活的法制化和规范化，是党领导下的市场化改革的必然要求和自觉追求。

把依法治国作为党领导人民治理国家的基本方略，这是党和人民长期艰难探索和科学总结经验教训的成果。正如一位学者所评述的："这一方略回答了在社会主义社会如何处理社会矛盾，建立和维护社会秩序的问题；回答了人民如何掌握政权，当家作主，享有充分的权利和自由的问题；回答了领袖人物的个人权威与国家法律权威的关系问题；回答了党的领导与依法治国的关系问题。这无疑是对科学社会主义理论的一个重要贡献。"[1]

第二节　社会组织管理与社区建设

一个政党的执政基础最重要、最基本的就是党的群众基础，而其中最根本的是阶级基础，社会阶级、阶层结构的变动无疑会对执政党的社会基础和阶级基础产生直接而明显的影响。显然，90 年代以来，党通过不断的理论与实践创新以及价值阐释与制度跟进，扩大了党的阶级基础与社会根基。

2000 年 5 月，江泽民围绕"加强新时期党的建设"这个题目赴江苏、浙江、上海开展调查研究。在之后发表的讲话中，江泽民指出，新的经济组织和

---

① 王家福：《依法治国，建设社会主义法治国家》，《求是》1997 年第 24 期。

社会活动领域的出现，使得"完全依靠过去的方式实施党的领导，显然是不够的。党的领导如何更加切实有效地覆盖社会和市场发展的广泛领域，是一个我们必须认真研究解决的重大问题"。[①]

为夯实党的社会基础，1993 年，党的十三届六中全会要求党的领导机关要眼光向下，"要面向基层，为基层着想，为基层服务"，1994 年，党的十四届四中全会通过《关于加强党的建设几个重大问题的决定》，正式将基层党建工作摆在极其重要的地位。强调在党建工作上要发挥地方积极性，要求"必须用改革的精神研究新情况、解决新问题，运用已有的成功经验并进行革新和创造，改进基层党组织的活动内容和工作方式"。由此，"创新"开始成为党在新的社会条件下对基层党组织调整和重塑的重要理念。整个 90 年代，面对复杂化的社会情况，党的社会建设实践不再局限于过去单位党建基础上的单一空间、单一事务、单一主体、单一机制，而开始以"创新"的方式寻求联系社会、建设社会的多元路径。

一、社会组织的管理与规范

1989 年至 2002 年，随着社会主义市场经济的不断发展，中国经济呈现出快速发展的态势，虽然 1992 年至 1999 年国内生产总值增长速度经历了一定程度的下滑，但随后又呈现出强劲的增长趋势。这一时期的经济改革为社会组织发展注入了新的活力。1989 年至 1992 年，党和政府对各种社会组织（那时称为"民间组织"）施行了第一次治理整顿，经由重新登记和清理，民间组织的数量在短期内稍有减少。1992 年以后，社会组织伴随着市场经济改革再次快速发展。社会组织的发展一度回升，到 1997 年，全国县级以上的社团组织达到 18 万多个，其中省级社团组织 21404 个，全国性社团组织 1848 个。[②]

1996 年，中共中央办公厅、国务院办公厅下发《关于加强社会团体和民办

---

① 《江泽民文选》第 3 卷，人民出版社 2006 年版，第 6、16 页。

② 参见王名：《中国社团改革：从政府选择到社会选择》，社会科学文献出版社 2001 年版。

非企业单位管理工作的通知》，基于党对社会组织与社会政治安全密切联系的这一认知，党和政府加强了对社会组织的管理，由民政部门换发登记证书，对不合乎规定的社会团体，责令改正，整改后仍然达不到要求的，予以注销，对同一行政区域内存在的相同相似的社会团体予以合并。①

为加强对社会组织的管理，1998 年民政部的社团管理司更名为民间组织管理局，同年，国务院颁布了《社会团体登记管理条例》，再一次提高了社会组织的设立与准入门槛。1999 年 11 月 1 日，中共中央办公厅、国务院办公厅又下发了《关于进一步加强民间组织管理工作的通知》，强调党对社会组织的管理。通过 1998 年修订的《社会团体登记管理条例》、颁布的《民办非企业单位管理暂行条例》以及 2003 年修订的《基金会管理条例》，党领导下的社会组织双重管理架构基本形成，该制度的主要内容是双重负责、分级登记、限制竞争。

党对社会组织的治理策略是在整顿中发展，并且形成一套规范化发展、分类治理的策略。② 经过调整，原来登记的 1853 个全国社会团体保留了 1600 多个，全国县级以上社团总量由 1996 年的 18.7 万个减少至 2001 年的 12.9 万个，整整减少 5.8 万个。在社会团体出现了负增长的同时，民办非企业则出现蓬勃发展态势。1998 年，国务院颁布《民办非企业单位管理暂行条例》，使民办非企业走上规范与快速发展的轨道。截至 2002 年底，全国在民政部门登记的民办非企业单位共有 11.1 万个，比上年增长 35.4%，而社会团体只增长 3.1%。③ 基金会的规范化发展也是这一时期政府对社会组织进行严格管理的又一特征。1996 年 8 月，国务院发布《关于农村金融体制改革的决定》，农村基金会进入整顿发展阶段。1999 年 1 月，国务院正式宣布全国统一关闭农村合作基金会，其债权债务由农村信用社接收。除了农村基金会之外，其他基金会在此期间也

---

① 韩俊魁：《1949 年以来中国社会组织分类治理的发展脉络及其张力》，《学习与探索》2015 年第 9 期。

② 康晓光、韩恒：《分类控制：当前中国大陆国家与社会关系研究》，《社会学研究》2005 年第 6 期。

③ 民政部：《2002 年民政事业发展统计公报》，2003 年 4 月 3 日，http://www.mca.gov.cn/article/sj/tjgb/200801/200801150093829.shtml。

得到一定程度的规范发展。

从 1990 年召开首次全国高等学校党的建设工作会议强调高校党建，1997 年颁布《关于进一步加强和改进国有企业党的建设的通知》部署国企党建，2000 年下发《关于加强社会团体党的建设工作的意见》和《关于在个体和私营等非公有制经济组织中加强党的建设工作的意见（试行）》部署"两新组织"党建，通过对不同领域党建工作的专门性部署，到 2001 年前后，初步形成机关事业单位、高校、国企、两新、社区等基本的基层党建领域。

这些加强基层组织建设的新举措，旨在密切党与人民群众的联系，加强党对转型社会的领导。除了组织建设，党还通过加强自身作风建设，反复强调群众路线的重要性，以密切党与社会的联系。2001 年党的十五届六中全会通过《关于加强和改进党的作风建设的决定》，要求"各级干部要倾听群众呼声，关心群众疾苦，把群众的安危冷暖时刻放在心上，维护人民群众的经济、政治、文化权益，努力为群众办实事"。

二、社区建设

社区建设和治理在 90 年代的市场化改革中被探索出来，这是在快速转型时期应对社会流动性和脆弱性，以基层空间为基础进行的组织与制度创新，对于中国政治而言具有边际革新的意义。[①] 从历史上看，新中国成立以后，党和国家的工作重点从农村转向城市。新中国成立至改革开放的 30 年，中国构建起区、街道、居委会三级城市基层政权组织体系，城市居民委员会开展了公共福利、治安保卫、调解纠纷等工作，为社区建设的产生奠定了基础。

真正意义上的"社区建设"开始于改革开放以后。社区被重新赋予重要意义首先始于改革开放初期城市社会对社区服务与安置就业的社会需要。90 年代后，市场导向的国有企业改革导致城市社会的"去单位化"，一大批没有行政级别、无挂靠单位、无党组织领导的"三无"单位和职工，从行政体系和国有单

---

① 刘春荣：《社区治理与中国政治的边际革新》，上海人民出版社 2018 年版。

位中游离出来，传统社会主义时期的社会管理和社会福利功能也系统地转移到社会之中。

那些工业化程度很高的城市的社会"去单位化"过程中面临的挑战尤为严重。在上海，正如一份报告所指出的，"随着改革向纵深发展和城市大规模改造，大量市中心人口向外扩散，100多万市民动迁；人口流动频繁，200万外来务工人员进城；企业的社会职能加快向社区转移，200万退休职工的属地化管理呼声高涨"。①

1991年到1999年是中国社区建设的探索阶段。1991年，民政部部长崔乃夫指出："社区建设是健全、完善和发挥城市基层政权组织职能的具体举措，是建立'小政府、大社会'的基础工程。"1998年，民政部"基层政权建设司"变更为"基层政权与社区建设司"，社区建设被纳入国家行政职能范围。1999年，民政部制定《全国社区建设试验区工作实施方案》，明确了社区建设的总体要求、基本原则、工作步骤以及工作内容。这一时期中国社区建设突破了社区服务的范畴，具有了更丰富的内涵与内容。上海、青岛、南京、杭州等城市积极探索社区建设的路径，初步积累了社区建设的经验。杭州、天津、上海、石家庄、青岛、南京、沈阳等城市进行社区建设积极的探索，取得了很好的经验。

基于社区服务的社区建设一步步向前发展之时，过去内置于行政系统的党的社会组织模式与工作方法遭到严峻的挑战，基层党组织在群众中越来越难以发挥"战斗堡垒作用""政治核心作用"。② 在上海，随着"两级政府、三级管理"新体制的构建，街区基层党组织领导和管理社区建设的任务大大加重。在行政管理职能下沉、政企政社关系调整的背景下，基层党组织面临着如何改进领导和执政方式的新课题，而同时，随着经济体制改革、产业结构调整和劳动关系的变化而形成的党员的分化、组织空白点和"流动党员"或"隐形党员"现象，从更为迫切的意义上需要基层党组织创新其组织样式。③

---

① 马伊琍：《民政三十年（1978—2008）》（上海卷），中国社会出版社2008年版，第4页。
② 江泽民：《论有中国特色社会主义》，中央文献出版社2002年版，第604页。
③ 刘春荣：《社区治理与中国政治的边际革新》，上海人民出版社2018年版，第75页。

1996 年 3 月江泽民在参加八届全国人大四次会议上海团的讨论时指出，"要大力加强城市社区建设、充分发挥街道办事处和居委会的作用"。江泽民的讲话对社区建设提出了新的更高的要求。之后，青岛、南京、上海等城市积极行动，大胆实践，改革创新，积累了初步的社区建设经验。各地党委、政府开始把推进社区建设作为城市和城区工作的重要内容，摆上党委和政府的议事日程，做到认识到位、工作到位、职责到位，深入基层、深入社区，切实帮助解决社区建设中的困难和问题。

中共上海市委率先提出了"社区党建"的概念。为了拓宽党的工作领域，实现党的基层组织建设的战略调整，1996 年 3 月，上海城区工作会议召开。在大规模社区工作专题调研基础上，会议出台《关于加强街道、居委会建设和社区管理的政策意见》，这是解放以来上海市委、市政府第一次就街道、居委会工作联合发文。以这次会议提出的加强社区党建的新思路为核心，1997 年，上海市委出台的《关于加强和改进社区党的建设工作的若干意见》提出："社区党建工作是以街道党工委和居民区党支部为主体的，由街道辖区内各机关、企业、事业单位基层党组织共同参与的区域性党建工作。"社区党建工作由此全面展开。1999 年市委召开社区党建工作会议，市委组织部提出《关于进一步推进社区党的建设工作的意见（试行）》，首次提出要扩大党的工作覆盖面，切实提高党领导社区工作的能力。通过上述一系列会议的召开、文件的贯彻落实，上海各级党组织对加强社区党建和社区建设的重要性逐步有了清醒认识，增强了责任感和使命感。上海市委书记强调，"只有党组织才能把社区内方方面面的工作从中协调在一起，这是中国社区建设和管理的特色，也是中国共产党的优势"。①

"社区党建"的提出，体现了中国共产党对城市空间及地缘关系的敏感性，是中国共产党作为执政党对社会变迁的一种自觉的组织回应，这种回应既是反

---

① 林尚立：《社区党建与社区政治发展》，《上海社区发展报告（1996—2000）》，上海大学出版社 2000 年版，第 324—325 页。

应性的，也是预防性的。江泽民 1999 年在视察徐汇区康健街道时指出，社区党建大有可为。同年，中组部在上海召开全国街道社区党建工作座谈会，总结推广上海经验。1999 年，浦东嘉兴大厦建立全市第一个楼宇联合党支部。2001 年，静安区静安寺街道创设了全市第一个"党员服务点"。自此，上海开始以填补"两新组织"空白为重点来探索社区党建工作的新领域，这一努力旨在扩大党对社会的覆盖面，切实增强党服务人民群众的功能。

第三节　探索市场条件下的社会分配与保障机制

随着国内市场化与资本全球化的逐渐深入，社会主体性在发生变化，社会脆弱性也不断增生。脆弱性首先表现在"农村、农业、农民"的"三农"问题上。与 80 年代随着家庭联产承包责任制改革而产生的"充满希望的田野"不同，90 年代的中国农村在逐步解决温饱问题的同时，出现了新的矛盾。市场渗透和地方政府驱动下的经济发展，其后果是农村中出现了不稳定因素，包括农民负担沉重、乱摊派、乱集资等社会问题。

如何保护农民、发展农业、振兴农村？90 年代中期开始，国家开始聚焦农民减负问题。1996 年，在对农民负担情况进行为期一年的调研之后，中央出台有关减轻农民负担的若干规定，国务院成立减轻农民负担办公室，专查各种农民负担的恶性案件。在 1998 年，基于既治标也治本的考虑，国家开始在地方经验的基础上酝酿税费改革，决定把各项收费取消，只收农业税，把农业税税率适当提高。2003 年中央农村工作会议提出，要"按照建立公共财政与现代税制的要求，逐步取消一切不应由农民承担的税费"。这为后来取消农业税奠定了重要的基础。[①]

这些针对三农问题的惠民政策，总体上体现了以人民为中心、在发展中解

---

① 2006 年 1 月 1 日起，国家废止《农业税条例》。

决发展问题的思路。90 年代的农村政策，也显示出进一步通过乡镇企业的异军突起和城镇化，来使得农民增收的战略选择，当然，平衡发展、进行结构性改革的压力依然巨大。因为，对农民、农村和农业这"三农问题"起制约作用的因素，除了人地关系紧张这一基本国情，还有城乡二元社会结构矛盾。受制于此，土地随人口增加愈益分割细碎而无法与市场经济接轨的问题，在市场经济作为改革方向确立之后，越发受到改革者的关注。[1] 如何保护处于脆弱状态中的农民权益，尤其是如何避免农村土地过度被工业化并成为乡镇企业原始积累的主要来源，这构成另一个深层次的结构性挑战，有待于在进一步的发展和改革中寻求创造性的方案。

城市的社会脆弱性突出地表现在与国有企业改革相伴生的工人阶级队伍的分化。国企工人在改革开放之前乃至 80 年代都是一个有较强阶级意识、内部相对平等的产业工人群体。在市场导向的改革中，国有企业工人开始经历从中央计划经济向市场机制的艰难转型所带来的阵痛。下岗现象开始于 1987 年的劳动"优化组合"，这一改革的目的是减少国有企业中的多余人员。它给了国有企业经理解雇富余职工的权力，结果是大批的国有企业工人被迫离开自己的工作岗位。1992 年以后，改革步伐明显加快。为了适应市场竞争的要求，国有企业重组的压力越来越大。政府把大量裁减富余人员看成了提高国有企业效率的一项重要措施。[2]1995 年，终身雇佣的就业制度被废除，下岗工人的数量开始猛增，1996 年底，估计已经有 1600 万国家职工失去工作。[3] 为了缓解工人的不满情绪，政府规定国有企业要继续为下岗工人提供一定的生活补贴，保证他们能够生存下去。国家还要求各地搞再就业工程，建立失业保险基金。尽管这些措施给下岗工人提供了一些帮助，但是，许多下岗工人仍然面临生活水平急剧下降、入不敷出的生存危机，并且成为一个重要的社会不稳定因素。

---

[1]　温铁军：《第二步农村改革面临的两个基本矛盾》，《战略与管理》1996 年第 3 期。

[2]　Feng Chen，*Economic Transition and Political Legitimacy：Ideology and Reform*，New York：State University of New York Press，1995.

[3]　胡鞍钢：《中国走向》，浙江人民出版社 2000 年版。

与此同时，两亿多农民工也在城市化背景下作为新工人群体登上历史舞台。"农民工"和"外来妹"是基于农村流入人口的两个新社会群体。以国务院1984年发布的《关于农民进入集镇落户问题的通知》为标志，我国开始允许农民有条件地向城市转移，象征着我国户籍制度对农民流动的限制逐渐放开。大量农村剩余劳动力进入非农领域，但由于户籍与公民切身利益分配相关的城市公共服务诸如教育、医疗、社会保障等福利相挂钩，没有城市户籍的务工农民很难享受到这些福利待遇，这部分群体被称为"农民工"。农民工对社会经济的发展作出了重大的贡献，对农民工的保护也构成社会支持体系建设和制度改革的重要内容。[①] 针对这种不断增生的脆弱性，党开始探索社会保护的体制和机制，而社会保障制度的核心使命与卓越功能就是以确定的制度和政策安排来应对不确定的人生风险。

随着总体性结构下的单位体制的瓦解，一套与市场化体制发展相关联的社会保障事业被重新从无到有推进开来。在90年代，社会保障制度大致经过试点探索进入初步形成框架体系的阶段。不同于传统计划体制下的党和国家全权包办，新的社会保障事业在国家加大财政专项投入的同时也强调了积极调动社会多方主体力量。这一时期，党和国家不再像改革开放之前那样完全承担对教育、医疗和养老的责任，主要福利制度逐步纳入市场化的范畴。1994年以后，随着住房改革的深化，福利房政策取消，个人积累性的住房公积金制度推行；1996年确立统账结合筹资模式的医疗保险制度；90年代末教育领域也逐步引入市场机制，"教育产业化"得到政府部门的认可。这些改革措施都表明，90年代中后期以来，市场正在福利供给中发挥越来越大的作用，政府在社会保障、公共医疗卫生、教育和社会福利服务等方面的开支水平，相对于GDP的比例总体上呈现出单边下降趋势。尽管如此，90年代的社会保障体系在内容上出现逐渐完善，在保障范围与保障力度呈现逐渐提升的态势。

在80年代，由于社会生产力水平不高，经济发展程度不均衡，加之市场经

---

① 韩长赋：《中国农民工的发展与终结》，中国人民大学出版社2007年版。

济开放程度较低，国有企业仍占据经济格局的绝大部分，社会保障的任务交由各个企业，企业负担极重。虽然不少国企推行"企业保险"，但此时的"企业保险"在出资构成上主要还是依赖企业拨款，不是现代意义上的"社会保险"，这一时期，我国社会保障制度仍在萌发阶段。20 世纪 80 年代后期，国家开始吸引外资，放活经济，允许私人经济发展，带来了企业职工身份的社会化，因此国家适时地对分配制度和管理制度进行改革，建立了劳动合同制度，推动了社会养老保险、大病医疗保险的社会化改革，并合理确定国家、企业以及个人缴费比例。社会制度的革新，需要顺应时代的潮流，需要与社会的政治环境、经济结构、文化氛围相匹配，同时，又要具有预见性，能够超前地预测制度走向，未雨绸缪地进行改革。我国社会保障制度从"国家化"过渡到"社会化"正是适应了经济社会发展的需要，有力地配合了经济发展，保障了人民权益。

20 世纪 90 年代，社会主义市场经济体制改革目标在我国各界基本形成共识，使我国社会保障制度改革开始转向为建立与社会主义市场经济体制相配套的轨道上来。20 世纪 90 年代，在经济向好的刺激下我国社会保障制度加速构建，各项内容逐步建立，社会保障制度总体框架基本形成。这些成就主要体现在两个方面：一是覆盖范围逐渐增大，各项社会保险制度都采用了保险费用社会统筹的模式，保障对象普遍向非公有制经济从业人员扩展，为各类企业平等参与市场竞争创造条件。二是内容结构趋于合理，除养老保险外，医疗保险、失业保险等社会保险内容也开始成形，与社会救助、社会优抚等保障系统紧密配合，为社会主义市场经济的发展提供了制度保障。

在先前养老保险制度运营的经验基础上，国家意识到单一的养老保险制度只能解决职工退休后的基本生活，其抗风险能力与民众期待仍有差距。因此，1991 年，国家着手建立多层次养老保险制度，将国家基本养老保险与个人储蓄性养老保险、企业补充养老保险相衔接、配合，全方位保障职工退休后的权益。多层次养老保险体系充分考虑到我国当前经济发展的阶段和企业、个人的承受能力。首先，基本养老保险涉及人数众多，牵动利益格局复杂，是社会保障制度改革的难点与重点。基本养老保险的缴费比例，这是前期试点改革中反映最为集中的焦点问题，既不能回到财政全包的局面，也不能增加刚刚踏入市场经济的企业的负担。因此，国务院提出了社会缴费的基本原则——以支定收、略有结余、留有部分积累，合理确定国家、企业与个人缴纳比例。其中，企业补充养老保险，作为企业留用人才和履行社会责任的重要举措，是根据企业经济实力量力而行的。企业从经营结余中提取部分作为补充养老基金，国家则根据企业负债水平以及转型升级压力给予税收优惠，激励企业为职工提供合理的补充养老制度。职工个人储蓄性养老保险，是根据职工经济情况，自愿参加，从而提升自身养老水平。国家通过多层次养老保险体系的建立，合理调动其他社会主体的积极性，既降低了财政负担的压力，也适应了经济发展的阶段，又保障了职工的生活稳定。

社会保障制度的推进，前提是社会保险费筹资渠道与办法的解决，否则，无法保障社会保险金的及时发放。1993 年国家体改委、劳动部等部门经过深入调研，向党中央和国务院提交《社会保障体系专题调研报告》，建议社会保险费的缴纳既要坚持保障性，又要照顾民众需求，并提出了操作意见。1993 年党的十四届三中全会通过的《关于建立社会主义市场经济体制若干问题的决定》提出，职工养老保险以及医疗保险由单位和个人共同负担，公共财政不再负担，并且推行社会统筹与个人账户相结合，确保社会保障的平稳发展，又照顾职工的日常需求。社会保险制度的核心是社会统筹和个人账户相结合，换言之，是指社会统筹和部分积累制，并于 1994 年在江苏省镇江市和江西省九江市进行试点。1997 年国务院颁布《关于建立统一的企业职工基本养老保险制度的决定》，明确了"统账结合"，并规划到 2000 年建立省级统筹，统一管理和调度使用基本养老保险基金。随着决定的贯彻，我国养老保险的有关政策渐趋统一，正式确立了养老保险制度的基本框架。

生育保险与医疗保险也是社会保障制度改革的重点。为解决好这个重点，1994 年劳动部颁布《企业职工生育保险试行办法》，将由原单位负担和管理的生育保障方式，转变为实行社会统筹，并对生育保险的实施范围、统筹层次、基金筹集和待遇支付等进行规范。从 1996 年开始，医疗保险改革的试点城市逐步扩容，覆盖到各行各业。同时，为了配合医疗保险制度的实施，解决医疗保险金额给付标准欠缺的困境，劳动部发布《企业职工工伤与职业病致残程度鉴定标准》，建立伤残职工劳动能力鉴定标准化和制度化，为保险金的发放提供了明确的标准。

总体上看，20 世纪 90 年代是我国社会保障制度体系基本框架形成的重要时期，社会保险体系中的支撑制度都是在这一阶段逐步完善的。养老、失业、医疗、工伤、生育保险等社会保险制度的核心内容逐步适应社会经济发展，不断提高社会统筹的级别，保障了保险金的足额及时发放，为民众提供了最基本的保障。此外，社会救助、社会优抚以及住房保障等社会保障制度也在改革完善当中，为社会稳定提供了坚实的制度保障。当然，改革不可能一步到位，也存在其时代特征和局限性，存在着改革的不同步与地区分割，社会救助的群体分割与各种救助待遇的简单叠加，社会福利服务的分配不均等等问题。相关改革不同步及其对社会保障改革的牵制，是 90 年代社会保障制度尚未成熟、定型的重要原因，这都有待于在以后的全面深化改革中进一步予以完善。①

结 论

实践推动理论创新，理论创新又指导实践的发展。随着经济的发展和社会利益的分化，执政党的责任就在于根据自己的初心与使命，综合各种自下而上的意识形态因素，使其整合成一种新的论述框架。这种新的论述框架在指引政府政策制定的同时也给社会的各阶层指明中国社会的总体发展方向。进入 20 世纪 90 年代以来，以邓小平南方谈话和党的十四大为标志，中国的社会建设迎来了一个新的关键历史节点，党的社会建设思想观念和论述也在与时俱进。随着国际、国内形势的变动，1992 年邓小平发表南方谈话，从理论上回答了长期束缚人们思想的一些重大认识问题，为下一步改革开放指出了方向。

在整个 90 年代，市场导向的社会经济转型催生了新的发展主体和发展动

---

① 郑功成：《中国社会保障 30 年》，人民出版社 2008 年版。

力，也带来了新的社会风险和脆弱性。在改革初期得到一些利益的边缘和弱势群体成为改革代价的承担者。党始终以人民为中心，关注社会群体的演化和人民权益结构的变化；形成法治国家、精神文明建设纲领，通过"三个代表"重要理论的建构，探索具有"去商品化"性质的社会保护和具有空间治理意识的社区建设的政策框架。总体上看，90年代是一个新的伟大的进步年代，中央进一步意识到要把发展社会生产力作为推进社会建设的动力，以此实现科技教育文化、人民生活水平、地区经济文化"三转变"。中国社会在国家权力结构的延续和包容之下推动了市场化进程，社会的内在活力与韧性得到持续提升，并在这一国家政策的主导之下，成为全球经济体系的积极参与者。

总体来说，90年代的党的社会观或社会共识可以说是推动市场化改革，并通过法治、社区等机制来化解和管理市场化带来的风险。党和国家启动了一个自觉的双向运动：发展市场经济的同时，积极进行政治介入社会保护。在这个时期，中国经济社会日益开放，各种新型的内外风险挑战不断增生。1997年的亚洲金融危机以及1998年夏天的长江流域特大洪水，显示出经受市场洗礼以及外部开放之后的社会发展的内在韧性。党的社会思想在这些议题空间的不断演化和成长，也为以后应对各种非传统的风险积累了重要的实践经验和观念基础。

第七章　社会主义和谐社会建设思想与实践

　　2002 年至 2012 年，是科学发展观和社会主义和谐社会思想逐步形成的十年，也是党和国家积极致力于总体性和谐社会建设与"四位一体"格局中的社会建设的十年。与经济建设、政治建设、文化建设不同，社会建设的重点内容是民生社会事业的发展和社会管理创新。民生社会事业涉及就业、教育、医疗、社会保障、收入调节、农村发展等重要领域，社会管理创新则包括公共安全、矛盾化解、社会组织、社区建设等基本内容。发展民生社会事业是社会和谐的根本保障，也为个人自由发展和社会整体进步提供了基础动力。加强和创新社会管理追求维持社会秩序、激发社会活力的双重目标，是和谐社会建设的直接举措。从社会学的意义上，建设社会主义和谐社会实质上涵盖了对于社会结构、资源配置、利益关系、组织方式、社会纽带等的深刻调整，意味着中国共产党领导下的政府、市场与社会不同领域、不同主体之间关系的逐步改变。

第一节　社会主义和谐社会建设思想

　　世纪之交，随着市场化改革的全面推进和社会主义市场经济的深入发展，城乡差距拉大、贫富分化严重、民生建设滞后、社会保障不健全、社会矛盾纠纷多发等问题愈益凸显，旨在促进经济社会协调发展的科学发展观和社会主义和谐社会建设思想逐步形成，社会建设的地位也被提到前所未有的高度。和谐社会建设既是包括经济、政治、文化、社会和党的建设等在内的总体社会建设，又着重聚焦于包括发展社会事业、促进社会公平正义、建设和谐文化、完善社会管理、增强社会创造活力在内的"四位一体"格局中的社会建设领域。在更大意义上，社会主义和谐社会思想的提出意味着原有片面的经济本位思维让位于更具综合性的社会本位思维，社会建设因而成为应对经济领域各类问题的根本性举措。

一、社会转型提出的新挑战

改革开放以来，我国开启了从计划经济体制向社会主义市场经济体制、从第一产业为主向第二三产业为主、从农村中国向城市中国等多重社会转型的宏大历史进程。随着社会主义市场经济不断发展与工业化、城镇化、经济结构调整加速，我国经济类型、分配方式日益多样化，社会组织形式、就业结构、社会结构的变革不断加快，带来了一些亟待解决的社会矛盾和问题，我国经济社会发展也出现了一些必须认真把握的新趋势新特点。

十六大之前，我国经济发展速度较快，以市场化为方向的国企改革以及教育产业化、住房商品化等社会领域系列改革深入推进，人民生活水平也有所提高。根据 2003 年《政府工作报告》，我国国内生产总值 2002 年达到 10.2 万亿元，人均国内生产总值接近 1000 美元；城乡居民收入持续增加，2002 年城镇居民家庭人均可支配收入和农村居民家庭人均纯收入分别为 7303 元和 2476 元；建立了国有企业下岗职工基本生活保障制度、失业保险制度、城市居民最低生活保障制度；高校从 1999 年开始连续扩招，九年义务教育普及率大大提升；从 2000 年开始试点推行农村税费改革，2002 年试点扩大到 20 个省、自治区、直辖市。①

但另一方面，多重社会转型、市场化导向的改革、进一步扩大开放以及快

---

① 朱镕基：《政府工作报告》（2003 年 3 月 5 日），载中共中央文献研究室编：《十六大以来重要文献选编》（上），中央文献出版社 2004 年版，第 154 页。

速、粗放的经济增长也带来了诸如居民收入增长缓慢、城乡差距拉大、失业人员增多、贫富分化严重、民生建设滞后、社会保障不健全、市场经济秩序不规范、社会矛盾纠纷多发等一系列社会问题。在城乡居民收入方面，1997 年至 2002 年城镇居民家庭人均可支配收入、农村居民家庭人均纯收入的每年增速分别是 8.6%、3.8%，农村居民收入增速远远低于城市居民，城乡居民收入差距进一步拉大，城乡居民收入比从 1997 年的 2.47∶1 扩大到 2002 年的 2.95∶1[①]。在医疗卫生事业发展方面，农村医疗水平过低，2003 年全国卫生人员总数 621.7 万，其中乡村医生和卫生员人数仅 86.78 万，不足七分之一，设有卫生室的村只占行政村总数的 74.1%。在社会管理方面，刑事犯罪案件、社会治安案件持续增加，2003 年的全国刑事犯罪立案 439.4 万件，相比于 2000 年，增长 20%。[②] 从社会结构转型的角度分析，我国工业化水平不断提高，农业增加值在 GDP 中的比重持续下降，但劳动力结构中农业劳动者的比重仍然较高，而城乡结构又进一步滞后于就业结构，社会结构呈现出失衡的局面。[③]

一些国家和地区的发展历程表明，在人均国内生产总值突破 1000 美元之后，经济社会发展就进入一个关键阶段。主要基于对我国进入 21 世纪以来经济社会发展形势的判断，为应对和解决新形势下的各种挑战与问题，中共中央逐渐形成并提出了科学发展观和建设社会主义和谐社会的重大思想。2005 年 2 月，胡锦涛在一篇讲话中系统概括了我国经济社会发展中的新趋势、新特点与新问题，主要包括：资源能源紧缺压力加大，对经济社会发展的瓶颈制约日益突出，转变经济增长方式要求十分迫切；城乡发展不平衡、地区发展不平衡、经济社会发展不平衡的矛盾更加突出，缩小发展差距和促进经济社会协调发展任务艰巨；人民群众的物质文化需要不断提高并更趋多样化，社会利益关系更趋复杂，特别是受经济文化发展水平等多方面的限制，统筹兼顾各方面利益的难

---

① 朱镕基：《政府工作报告》(2003 年 3 月 5 日)，载中共中央文献研究室编：《十六大以来重要文献选编》(上)，中央文献出版社 2004 年版，第 154 页。

② 国家统计局网站，http://data.stats.gov.cn/easyquery.htm?cn=C01。

③ 李培林：《转型背景下的社会体制变革》，《求是》2013 年第 15 期。

度加大；体制创新进入攻坚阶段，深化改革，扩大开放，进一步触及深层次矛盾和问题；劳动者就业结构和方式不断变化，人员流动性大大加强，社会组织和管理面临新问题；人民群众的民主法制意识不断增强，政治参与的积极性不断提高，对发展社会主义民主政治和落实依法治国基本方略提出了新要求；各种思想文化相互激荡，人们受各种思想观念影响的渠道明显增多、程度明显加深，人们思想活动的独立性、选择性、多变性、差异性明显增强；社会上存在的消极腐败现象以及各类严重犯罪活动等也给社会稳定与和谐带来了严重影响，等等。①

上述问题对于促进经济社会协调发展、加强民生建设、维护社会秩序提出了一系列新要求，其主旨即科学发展观与社会主义和谐社会建设思想。科学发展、社会和谐是发展中国特色社会主义的基本要求。② 在科学发展观指导下，党和政府开始推动经济增长方式从粗放向集约转变，积极改变城乡、区域、经济社会发展之间的不平衡现状，着力解决"三农"问题，切实加强民生建设，持续提高人民收入和生活水平。在社会主义和谐社会建设思想的指引下，中国共产党既将这一思想贯彻于总体社会建设的各个方面，又着重在劳动就业、社会保障、收入分配、教育卫生、居民住房等民生领域和社会矛盾化解、社会治安综合治理、社会组织发展、基层社区建设等社会管理领域扎实推动社会建设。

二、科学发展观及其中的社会建设思想

总体而言，科学发展观是中国共产党基于对 21 世纪以来经济社会发展新形势的认知、在应对多重社会转型与市场经济发展所带来的各类挑战和问题的过程中逐步形成和提出的。这一认知过程的起点是 2002 年底出现的非典疫情。正

---

① 胡锦涛：《在省部级主要领导干部提高构建社会主义和谐社会能力专题研讨班上的讲话》(2005 年 2 月 19 日)，载中共中央文献研究室编：《十六大以来重要文献选编》(中)，中央文献出版社 2006 年版，第 695 页。

② 胡锦涛：《高举中国特色社会主义伟大旗帜，为夺取全面建设小康社会新胜利而奋斗》(2007 年 10 月 15 日)，载中共中央文献研究室编：《十七大以来重要文献选编》(上)，中央文献出版社 2009 年版，第 1 页。

是非典疫情的暴发促使党深入反思既有发展方式，从而形成以人为本、统筹兼顾、全面协调可持续的科学发展观。

2002 年 12 月，广州最早发现 SARS 病毒引发的非典型性肺炎疫情。2003 年 3 月，北京发现首例病例。此后两个月非典疫情继续蔓延，特别是广东、北京及华北地区尤为严重，经济运行受到很大冲击。一些行业特别是服务业损失严重，旅游业遭受重创，交通运量大幅减少，饭店、餐饮、商业经营活动明显受挫。部分产品出口减少，有的外商投资延迟。中小企业部分职工失业，大量进城务工农民返乡，农民增收更加困难。在中央的领导下，经过艰苦努力，6 月 24 日，世界卫生组织宣布解除对北京市的旅游限制。

在 2003 年 7 月有关防治非典工作的总结讲话中，胡锦涛提出，从长远发展看，要进一步加强经济社会协调发展的工作，要坚持以经济建设为中心，在经济发展的基础上实现社会全面发展；要更好地坚持全面发展、协调发展、可持续发展的发展观，更加自觉地坚持推动社会主义物质文明、政治文明和精神文明协调发展，坚持在经济社会发展的基础上促进人的全面发展，坚持促进人与自然的和谐；要进一步加强统筹城乡经济社会发展的工作，充分发挥城市对农村的带动作用，促进城乡经济社会一体化发展。同时，还要进一步加强公共卫生建设工作，进一步加强社会管理体制的建设和创新，进一步加强关心群众生产生活的工作。[①] 由此，基于对疫情的反思，初步形成全面、协调、可持续的科学发展观，包括民生与社会管理在内的社会建设也被放在一个更加重要的位置。

2003 年 10 月召开的党的十六届三中全会标志着科学发展观的正式提出。此次会议提出完善社会主义市场经济体制的目标是：按照统筹城乡发展、统筹区域发展、统筹经济社会发展、统筹人与自然和谐发展、统筹国内发展和对外开放的要求，更大程度地发挥市场在资源配置中的基础性作用，增强企业活力和竞争力，健全国家宏观调控，完善政府社会管理和公共服务职能，为全面建

---

① 胡锦涛：《在全国防治非典工作会议上的讲话》（2003 年 7 月 28 日），载中共中央文献研究室编：《十六大以来重要文献选编》（上），中央文献出版社 2004 年版，第 387 页。

设小康社会提供强有力的体制保障。尤其是强调坚持统筹兼顾，协调好改革进程中的各种利益关系；"坚持以人为本，树立全面、协调、可持续的发展观，促进经济社会和人的全面发展"。[①] 胡锦涛进而提出，要树立和落实全面发展、协调发展和可持续发展的科学发展观，这是二十多年改革开放实践的经验总结，是战胜非典疫情给我们的重要启示，也是推进全面建设小康社会的迫切要求。要实现全面建设小康社会的宏伟目标，必须促进社会主义物质文明、政治文明和精神文明协调发展，坚持在经济发展的基础上促进社会全面进步和人的全面发展，坚持在开发利用自然中实现人与自然的和谐相处，实现经济社会的可持续发展。从根本上说，经济发展决定政治发展和文化发展，但政治发展和文化发展也会反过来对经济发展产生作用，在一定条件下还可以产生决定性作用，其中十分重要的一环是要正确处理增长的数量和质量、速度和效益的关系。忽视社会主义民主法制建设，忽视社会主义精神文明建设，忽视各项社会事业的发展，忽视资源环境保护，经济建设是难以搞上去的，即使一时搞上去了最终也可能要付出沉重的代价。[②]

2004 年 2 月，温家宝在谈及科学发展观时重点阐述了经济社会协调发展、城乡协调发展、坚持以人为本原则等问题。在经济社会协调发展方面，经济发展是社会发展的前提和基础，也是社会发展的根本保证；社会发展是经济发展的目的，也为经济发展提供精神动力、智力支持和必要条件。社会发展包括科技、教育、文化、卫生、体育等社会事业的发展，也包括社会就业、社会保障、社会公正、社会秩序、社会管理、社会和谐等，还包括社会结构、社会领域体制和机制完善等。在城乡协调发展方面，需要逐步改变城乡二元经济结构，实行以城带乡、以工促农、城乡互动、协调发展。以人为本是科学发展观的本质和核心。以人为本，就是要把人民的利益作为一切工作的出发点和落脚

---

① 《中共中央关于完善社会主义市场经济体制若干问题的决定》(2003 年 10 月 14 日)，载中共中央文献研究室编：《十六大以来重要文献选编》(上)，中央文献出版社 2004 年版，第 464 页。

② 胡锦涛：《树立和落实科学发展观》(2003 年 10 月 14 日)，载中共中央文献研究室编：《十六大以来重要文献选编》(上)，中央文献出版社 2004 年版，第 483 页。

点，不断满足人们的多方面需求和促进人的全面发展。具体说，就是在经济发展的基础上，不断提高人民群众物质文化生活水平和健康水平；就是要尊重和保障人权，包括公民的政治、经济、文化权利；就是要不断提高人们的思想道德素质、科学文化素质和健康素质；就是要创造人们平等发展、充分发挥聪明才智的社会环境。当前工作的一个重要方面，是着力解决关系人民群众切实利益的突出问题，包括增加就业、加强社会保障、坚决纠正各类侵害人民权益问题等。①

2007 年 10 月召开的中国共产党第十七次全国代表大会对科学发展观进行系统总结。大会指出，科学发展观，是立足社会主义初级阶段基本国情，总结我国发展实践，借鉴国外发展经验，适应新的发展要求提出来的。科学发展观的第一要义是发展，核心是以人为本，基本要求是全面协调可持续，根本方法是统筹兼顾。深入贯彻科学发展观，必须坚持把发展作为党执政兴国的第一要务，要牢牢抓住经济建设这个中心，坚持聚精会神搞建设、一心一意谋发展，不断解放和发展社会生产力，努力实现以人为本、全面协调可持续的科学发展，实现各方面事业有机统一、社会成员团结和睦的和谐发展，实现既通过维护世界和平发展自己，又通过自身发展维护世界和平的和平发展；必须坚持以人为本，要始终把实现好、维护好、发展好最广大人民的根本利益作为党和国家一切工作的出发点和落脚点，尊重人民主体地位，发挥人民首创精神，保障人民各项权益，走共同富裕道路，促进人的全面发展，做到发展为了人民、发展依靠人民、发展成果由人民共享；必须坚持全面协调可持续发展，要按照中国特色社会主义事业总体布局，全面推进经济建设、政治建设、文化建设、社会建设，促进现代化建设各个环节、各个方面相协调，促进生产关系与生产力、上层建筑与经济基础相协调，实现速度和结构质量效益相统一、经济发展与人口资源环境相协调，使人民在良好生态环境中生产生活，实现经济社会永续发展；

---

① 温家宝：《提高认识，统一思想，牢固树立和认真落实科学发展观》(2004 年 2 月 21 日)，载中共中央文献研究室编：《十六大以来重要文献选编》(上)，中央文献出版社 2004 年版，第 755 页。

必须坚持统筹兼顾，要正确认识和妥善处理中国特色社会主义事业中的重大关系，统筹城乡发展、区域发展、经济社会发展、人与自然和谐发展、国内发展和对外开放，统筹中央和地方关系，统筹个人利益和集体利益、局部利益和整体利益、当前利益和长远利益，充分调动各方面积极性。[1] 党的十七大对科学发展观的要义、核心、要求和方法进行了详细阐述。

科学发展观与同时期提出的社会主义和谐社会建设思想存在密切关联，科学发展实践也包含社会建设领域的诸多内容。无论是以人为本的核心原则，还是全面、协调、可持续的基本要求，抑或是统筹兼顾的根本方法，都在不同程度上体现了总体社会建设的方针战略和"四位一体"布局中社会建设重要性的不断提升。科学发展观是从发展理念、发展思路等方面促进社会发展与社会治理，是从发展的角度求和谐；构建社会主义和谐社会则是从社会关系、社会状态方面反映和检验落实科学发展观的成效，是从和谐的角度促发展。[2] 十七大报告指出，科学发展和社会和谐是内在统一的，没有科学发展就没有社会和谐，没有社会和谐也难以实现科学发展。既要通过发展增加社会物质财富、不断改善人民生活，又要通过发展保障社会公平正义、不断促进社会和谐。[3]

在科学发展观的指导下，党中央在统筹城乡发展、统筹区域发展、统筹经济社会协调发展等方面采取了一系列战略措施。以区域发展为例，针对我国东、中、西三大区域发展不平衡的现状，中央不仅持续推动西部大开发战略，还于2006年提出了中部地区崛起战略。西部大开发战略自2000年开始实施，2004年国务院发布《关于进一步推进西部大开发的若干意见》，部署了生态环境、基

---

① 胡锦涛：《高举中国特色社会主义伟大旗帜，为夺取全面建设小康社会新胜利而奋斗》（2007年10月15日），载中共中央文献研究室编：《十七大以来重要文献选编》（上），中央文献出版社2009年版，第1页。

② 曾庆红：《不断提高构建社会主义和谐社会的能力》（2005年2月25日），载中共中央文献研究室编：《十六大以来重要文献选编》（中），中央文献出版社2006年版，第720页。

③ 胡锦涛：《高举中国特色社会主义伟大旗帜，为夺取全面建设小康社会新胜利而奋斗》（2007年10月15日），载中共中央文献研究室编：《十七大以来重要文献选编》（上），中央文献出版社2009年版，第1页。

础设施、农村发展、社会事业、资金保障等重点工作。[①] 2010 年，中央提出深入实施西部大开发战略，规划了到 2015 年、2020 年的不同发展目标。此外，在推动农村发展、改善农民生活、强化民生建设、发展社会事业等方面，中央也积极采取措施，扎实推进社会主义和谐社会建设。

三、社会主义和谐社会建设思想的形成

中国共产党对于构建社会主义和谐社会的思想认识，经历了一个不断探索、不断深化的过程。2002 年 11 月，党的十六大报告在阐述全面建设小康社会的目标时，提出了实现社会更加和谐的要求。2003 年，在应对非典疫情的过程中，民生建设和社会管理的重要性更加凸显。2004 年 9 月，党的十六届四中全会提出构建社会主义和谐社会的重大战略任务，把提高构建社会主义和谐社会的能力确定为加强党的执政能力建设的重要内容，并提出构建社会主义和谐社会的基本要求。2005 年 2 月，在省部级主要领导干部提高构建社会主义和谐社会能力专题研讨班上，中央提出构建民主法治、公平正义、诚信友爱、充满活力、安定有序、人与自然和谐相处的社会主义和谐社会的总目标。2005 年 10 月，党的十六届五中全会把构建社会主义和谐社会确定为贯彻落实科学发展观必须抓好的一项重大任务，并提出工作要求和政策措施。2006 年召开的十六届六中全会将社会主义和谐社会写入现代化的总目标之中，并确定了其性质定位、指导思想和下一步的战略部署。[②] 2007 年 10 月，党的十七大强调社会和谐是中国特色社会主义的本质属性，要求加快推进以改善民生为重点的社会建设。此后，构建社会主义和谐社会的总体目标和包括社会建设在内的"四位一体"总体布局被多次强调，并根据新时代的要求逐步发展为"五位一体"格局。

党的十六届四中全会第一次提出"社会主义和谐社会"的概念，要求坚持

---

① 《国务院关于进一步推进西部大开发的若干意见》（2004 年 3 月 11 日），载中共中央文献研究室编：《十六大以来重要文献选编》（上），中央文献出版社 2004 年版，第 878 页。

② 胡锦涛：《在中共十六届六中全会第二次全体会议上的讲话》（2006 年 10 月 11 日），载中共中央文献研究室编：《十六大以来重要文献选编》（下），中央文献出版社 2007 年版，第 672 页。

最广泛最充分地调动一切积极因素，不断提高构建社会主义和谐社会的能力。此次会议指出，形成全体人民各尽其能、各得其所而又和谐相处的社会，是巩固党执政的社会基础、实现党执政的历史任务的必然要求。要适应我国社会的深刻变化，把和谐社会建设摆在重要位置，注重激发社会活力，促进社会公平和正义，增强全社会的法律意识和诚信意识，维护社会安定团结。具体内容包括：全面贯彻尊重劳动、尊重知识、尊重人才、尊重创造的方针，不断增强全社会的创造活力；妥善协调各方面的利益关系，正确处理人民内部矛盾；加强社会建设和管理，推进社会管理体制创新；健全工作机制，维护社会稳定；坚持党的群众路线，加强和改进新形势下的群众工作。[①] 社会主义和谐社会理念延续了党的群众路线、统一战线思想，从一开始就把激发社会活力和维护社会秩序作为辩证统一的双重目标着重提出。

2005 年 2 月胡锦涛专题阐述了构建社会主义和谐社会的必要性和重大意义、思想渊源与发展脉络、具体含义与建设内容、指导原则和重点工作等。讲话指出，构建社会主义和谐社会，是党从全面建设小康社会、开创中国特色社会主义事业新局面的全局出发提出的一项重大任务，适应了我国改革发展进入关键时期的客观要求，体现了广大人民群众的根本利益和共同愿望。构建社会主义和谐社会，是中国共产党坚持立党为公、执政为民，巩固党执政的社会基础、实现党执政的历史任务的必然要求，也是党实现好、维护好、发展好最广大人民根本利益的重要体现。具体而言，这些要求包括：必须紧紧依靠人民群众，团结一切可以团结的力量，调动一切可以调动的积极因素，把人民群众以及各方面的积极性、主动性、创造性都充分发挥出来，为实现全面建设小康社会的宏伟目标而奋斗；必须正确认识和妥善处理人民内部矛盾和其他社会矛盾，协调好各方面的利益关系，不断在发展的基础上满足人民群众日益增长的物质文化需要，保证人民群众共享改革发展的成果；必须抓紧解决人民群众生产生

---

① 《中共中央关于加强党的执政能力建设的决定》(2004 年 9 月 19 日)，载中共中央文献研究室编：《十六大以来重要文献选编》(中)，中央文献出版社 2006 年版，第 271 页。

活中的突出问题和困难，夯实党执政的阶级基础和群众基础，保持党同人民群众的血肉联系；必须加强社会建设和管理，营造良好的人际环境，保持良好的社会秩序，维护社会稳定，保证广大人民群众安居乐业。[①] 构建社会主义和谐社会，关系到最广大人民的根本利益，关系到巩固党执政的社会基础，关系到全面建设小康社会的全局，关系到党的事业发展和国家的长治久安，具有特别重大的历史意义。

有关社会和谐的思想与理想古已有之，但社会主义和谐社会既不同于我国历史上一些思想家所憧憬的"大同世界"，也不同于空想社会主义者所描绘的"乌托邦"，而是马克思主义关于社会和谐的思想同当代中国实际相结合的产物。[②] 中国共产党提出构建社会主义和谐社会，符合马克思主义的基本原理，符合马克思主义关于社会主义社会的科学设想，是党在社会主义社会建设理论和实践上所取得的新进展。这一思想既是对党执政经验的总结，也是对国外一些执政党执政经验教训的借鉴；既是对我国社会主义建设规律认识的深化，也是对共产党执政规律、社会主义建设规律、人类社会发展规律认识的深化；既是对中国特色社会主义理论的丰富和发展，也是对马克思主义关于社会主义社会建设理论的丰富和发展。[③]

社会主义和谐社会的含义是"民主法治、公平正义、诚信友爱、充满活力、安定有序、人与自然和谐相处的社会"。[④] 民主法治，就是社会主义民主得到充分发扬，依法治国基本方略得到切实落实，各方面积极因素得到广泛调动；公平正义，就是社会各方面的利益关系得到妥善协调，人民内部矛盾和其他社会

---

① 胡锦涛：《在省部级主要领导干部提高构建社会主义和谐社会能力专题研讨班上的讲话》(2005年2月19日)，载中共中央文献研究室编：《十六大以来重要文献选编》(中)，中央文献出版社2006年版，第695页。

② 吴邦国：《构建社会主义和谐社会的纲领性文件》(2006年10月13日)，载中共中央文献研究室编：《十六大以来重要文献选编》(下)，中央文献出版社2007年版，第694页。

③④ 胡锦涛：《在省部级主要领导干部提高构建社会主义和谐社会能力专题研讨班上的讲话》(2005年2月19日)，载中共中央文献研究室编：《十六大以来重要文献选编》(中)，中央文献出版社2006年版，第695页。

矛盾得到正确处理，社会公平和正义得到切实维护和实现；诚信友爱，就是全社会互帮互助、诚实守信，全体人民平等友爱、融洽相处；充满活力，就是能够使一切有利于社会进步的创造愿望得到尊重，创造活动得到支持，创造才能得到发挥，创造成果得到肯定；安定有序，就是社会组织机制健全，社会管理完善，社会秩序良好，人民群众安居乐业，社会保持安定团结；人与自然和谐相处，就是生产发展，生活富裕，生态良好。从以上内容出发，促进社会主义和谐社会建设，需要做好的重点工作包括：切实保持经济持续快速协调健康发展；切实发展社会主义民主政治；切实落实依法治国的基本方略；切实加强思想道德建设；切实维护和实现社会公平和正义；切实增强全社会的创造活力；切实加强社会建设和管理；切实处理好新形势下的人民内部矛盾；切实加强生态环境建设和治理工作；切实做好保持社会稳定的工作。就此而言，社会主义和谐社会是涉及经济、政治、文化、社会、生态等各方面建设的总体性目标纲领。

党的十六届六中全会《关于构建社会主义和谐社会若干重大问题的决定》提出，社会和谐是中国特色社会主义的本质属性，并将和谐社会建设写入现代化总目标，全面深刻阐明了社会主义和谐社会的性质定位、指导思想、目标任务、工作原则和相关部署。会议提出，到 2020 年，我国构建社会主义和谐社会的目标任务是：社会主义民主法制更加完善，依法治国基本方略得到全面落实，人民的权益得到切实尊重和保障；城乡、区域发展差距扩大的趋势逐步扭转，合理有序的收入分配格局基本形成，家庭财产普遍增加，人民过上更加富足的生活；社会就业比较充分，覆盖城乡居民的社会保障体系基本建立；基本公共服务体系更加完备，政府管理和服务水平有较大提高；全民族的思想道德素质、科学文化素质和健康素质明显提高，良好道德风尚、和谐人际关系进一步形成；全社会创造活力显著增强，创新型国家基本建成；社会管理体系更加完善，社会秩序良好；资源利用效率显著提高，生态环境明显好转；实现全面建设惠及十几亿人口的更高水平的小康社会的目标，努力形成全体人民各尽其能、各得其所而又和谐相处的局面。为此，必须坚持以马克思列宁主义、毛泽东思想、邓小平理论和"三个代表"重要思想为指导，坚持以人为本、科学发展、改革开放、民主法治、正确处理改革发展稳定的关系、在党的领导下全社会共同建设的原则，按照民主法治、公平正义、诚信友爱、充满活力、安定有序、人与自然和谐相处的总要求，着力发展社会事业、促进社会公平正义、建设和谐文化、完善社会管理、增强创造活力。

十六届六中全会对构建社会主义和谐社会的具体措施作出部署，主要工作包括：一是加强社会事业建设，包括推进社会主义新农村建设、落实区域发展总体战略、实施积极的就业政策、坚持教育优先发展、加强医疗卫生服务、加快发展文化事业和文化产业、加强环境治理保护；二是加强制度建设，保障社会公平正义，包括完善民主权利保障制度、完善法律制度、完善司法体制机制、完善公共财政制度、完善收入分配制度、完善社会保障制度；三是建设和谐文化，巩固社会和谐的思想道德基础，包括建设社会主义核心价值体系、树立社会主义荣辱观、坚持正确导向、广泛开展和谐创建活动、加强心理健康教育和保健；四是完善社会管理，保持社会安定有序，包括建设服务型政府、推进社区建设、健全社会组织、统筹协调各方面利益关系、完善应急管理体制机制、加强社会治安综合治理、加强国家安全工作和国防建设；五是激发社会活力，增进社会团结和睦，包括增强全社会创造活力、巩固和壮大最广泛的爱国统一战线、加强海内外中华儿女的团结、坚持走和平发展道路。此外，还要加强党对构建社会主义和谐社会的领导。①

社会主义和谐社会思想是马克思主义与中国特色社会主义实践相结合的产物，是总体性的"大社会"与民生为重的"小社会"的统一，是中国共产党社会建设思想的重大突破与创新。构建社会主义和谐社会是由党和国家的根本属性所决定的。中国共产党是工人阶级的先锋队，同时是中国人民和中华民族的先锋队，始终坚持全心全意为人民服务，党除了工人阶级和最广大人民群众的

---

① 《中共中央关于构建社会主义和谐社会若干重大问题的决定》（2006 年 10 月 11 日），载中共中央文献研究室编：《十六大以来重要文献选编》（下），中央文献出版社 2007 年版，第 648 页。

利益，没有自己特殊的利益。中华人民共和国是人民当家作主的社会主义国家，国家的一切权力属于人民。党和国家的这种性质，决定了我国最广大人民的利益在根本上是一致的，我国社会的基本矛盾是非对抗性的，为建设社会主义和谐社会提供了根本政治前提和社会制度保证。社会主义和谐社会既是党和国家的总体发展目标，也对民生社会建设提出了更高要求。在实际工作中，既要从"大社会"着眼，把和谐社会建设落实到包括经济建设、政治建设、文化建设、社会建设和党的建设等在内的党和国家全部工作之中；又要从"小社会"着手，以解决人民群众最关心、最直接、最现实的利益问题为重点，着力发展社会事业、促进社会公平正义、建设和谐文化、完善社会管理、增强社会创造活力，走共同富裕道路，推动社会建设与经济建设、政治建设、文化建设协调发展。[①]

党的十七大继续强调深入贯彻落实科学发展观、积极构建社会主义和谐社会，同时要求加快推进以改善民生为重点的社会建设，在优先发展教育、实施扩大就业的发展战略、深化收入分配制度改革、加快建立覆盖城乡居民的社会保障体系、建立基本医疗卫生制度、完善社会管理六个方面作出重点部署。此后，和谐社会建设更多地落脚于"小社会"即"四位一体"布局中的社会建设，就业、教育、社会保障等民生事业成为社会建设的重点。2011 年 7 月 1 日，在庆祝中国共产党成立 90 周年大会上，胡锦涛指出，党必须从维护最广大人民根本利益和实现国家长治久安的战略高度，坚定不移推进社会主义和谐社会建设。推进社会建设，要以保障和改善民生为重点，着力解决好人民最关心最直接最现实的利益问题。要坚持发展为了人民、发展依靠人民、发展成果由人民共享，完善保障和改善民生的制度安排，把促进就业放在经济社会发展优先位置，加快发展教育、社会保障、医药卫生、保障性住房等各项社会事业，推进基本公共服务均等化，加大收入分配调节力度，坚定不移走共同富裕道路，努力使全

---

① 胡锦涛：《在中共十六届六中全会第二次全体会议上的讲话》(2006 年 10 月 11 日)，载中共中央文献研究室编：《十六大以来重要文献选编》(下)，中央文献出版社 2007 年版，第 672 页。

体人民学有所教、劳有所得、病有所医、老有所养、住有所居。[①]

概括而言，社会主义和谐社会思想是中国共产党立足自身发展实际而提出来的兼具理想目标与工作指南、兼容"大社会"与"小社会"的一整套观念体系，是新时期马克思主义中国化的直接体现。从"大社会"的意义上，社会主义和谐社会思想继承和延续了中国共产党长期坚持的群众路线、统一战线思想，在全社会范围内激发活力、凝聚力量、促进和谐，面向 21 世纪以来经济社会发展的新形势、新特征、新挑战，将中国传统的和谐思想、马克思主义的社会理想与中国特色社会主义的阶段性目标融为一体，对包括经济、政治、社会、文化、生态各方面建设在内的中国现代化进程作出了新的总体性安排。从"小社会"的意义上，以民生为重的社会主义和谐社会建设思想鲜明体现了中国共产党全心全意为人民服务的根本宗旨，彻底扭转了一段时期内重经济、轻社会的发展偏差，形成了更加全面、更为均衡的"四位一体"发展布局。无论从何种意义上，社会主义和谐社会建设思想都是中国共产党新时期社会建设思想的重大突破和创新。

第二节　以改善民生为重点的社会建设实践

人民生活的改善是经济发展的根本目标。在科学发展观与社会主义和谐社会建设思想的指引下，党和政府积极推动以改善民生为重点的社会建设，着力促进农村发展、提高农民收入、强化扶贫工作、调节收入分配，着力发展教育、医疗、就业、社会保障等社会事业，取得了积极成效。与其他时期相比，党的十六大至十八大之间的十年，其最鲜明的时代特征就是将以民生为重的社会建设实践提高到一个前所未有的重要地位。这一时期，农业税被取消，覆盖城乡

---

① 胡锦涛：《在庆祝中国共产党成立九十周年大会上的讲话》（2011 年 7 月 1 日），载中共中央文献研究室编：《十七大以来重要文献选编》（下），中央文献出版社 2013 年版，第 431 页。

的基本医疗、养老保障体系基本建成，城乡收入差距开始缩小，农民工市民化持续推进，扶贫标准进一步提高，教育公平更加彰显，就业创业更加充分，公共卫生体系更加完善，为党的十八大提出全面建成小康社会的战略目标奠定了坚实基础。

一、从农村税费改革到建设社会主义新农村

实现全面建设小康社会的宏伟目标，最繁重、最艰巨的任务在农村。由于长期存在的城乡二元结构，同时由于 20 世纪 90 年代后期乡镇企业的衰落，进入 21 世纪后，农村发展呈现滞后趋势，农民收入增长缓慢，农民生活水平明显低于城镇居民。从 1997 年到 2000 年，农民人均纯收入增长幅度由 4.6% 降到 2.1%，2001 年和 2002 年虽然超过 4%，但基础并不牢靠。[1] 城乡居民收入差距逐渐拉大，1984 年城乡居民收入比为 1.81∶1，1994 年扩大为 2.86∶1，2005 年进一步扩大为 3.22∶1。[2] 此外，农业劳动生产率与农村劳动力教育水平也比较低，农村公共事业发展滞后，农村发展缺少内在动力。从 2004 年开始至今，每年的中央一号文件都将解决"三农"问题作为主题，体现了中央对于农村发展的高度重视。

与农民收入较低直接关联的一个问题是农民税费负担较重。从 2000 年开始，中央即在安徽全省试点启动农村税费改革，探索减轻农民负担的有效途径。2001 年，江苏省亦列入改革试点；2002 年，试点范围扩大到了 20 个省、自治区、直辖市；2003 年，全国全面推开农村税费改革试点工作。2004 年，十届全国人大第二次会议宣布中央将于五年内取消农业税的决定，提出当年农业税税率总体上降低一个百分点，并在黑龙江、吉林两省进行全部免除农业税的试点，取消除烟叶外的农业特产税。同时对种粮农民实行直接补贴、对部分地区农民

---

① 胡锦涛：《在中央农村工作会议上的讲话》（2003 年 1 月 8 日），载中共中央文献研究室编：《十六大以来重要文献选编》（上），中央文献出版社 2004 年版，第 112 页。

② 胡锦涛：《建设社会主义新农村，不断开创"三农"工作新局面》（2006 年 2 月 14 日），载中共中央文献研究室编：《十六大以来重要文献选编》（下），中央文献出版社 2007 年版，第 267 页。

进行良种补贴和购置农机具的补贴，即"两减免、三补贴"。2005 年全面取消牧业税，加快降低农业税税率的步伐，鼓励有条件的省区市自主进行免征农业税的试点，当年共有 27 个省份决定全部免征农业税，另外四个省份中的多数市县也免除了农业税。鉴于条件已成熟，中央决定在全国范围内提前取消农业税。自 2006 年 1 月 1 日起，我国正式废止《农业税条例》，终结了在中国延续了数千年的传统农业社会税赋制度，消除了农民承担不合理税赋的制度性缺陷。

农村税费改革是继土地改革、家庭承包之后的又一次意义深远的重大变革。农村税费改革的发展，不可避免地要求进行乡镇机构、农村义务教育和县乡财政体制等方面的综合改革，带动农村上层建筑的变革和进步。从税费改革到取消农业税，农民负担得以切实减轻。2004 年与 1999 年相比，全国农民减轻负担 815 亿元，人均减负约 91 元；2005 年中央统一安排的加上地方自主决策的免征农业税，又使农民减轻负担约 220 亿元，人均减负 24 元多。[1] 此后历年的中央一号文件均强调推动改革创新、加大投入力度、千方百计提高农民收入。截至 2010 年，中央财政"三农"投入已经累计近 3 万亿元，年均增幅超过 23%，在彻底取消农业税和各种收费后，每年减轻农民负担超过 1335 亿元。建立种粮农民补贴制度和主产区利益补偿机制，农民的生产补贴资金 2010 年达到 1226 亿元。"十一五"时期还建立了种粮农民补贴制度和主产区利益补偿机制，农民的生产补贴资金 2010 年达到 1226 亿元。[2]

几乎与取消农业税同时，中央启动了社会主义新农村建设工作，着力推进农村经济社会全面发展。2005 年 10 月召开的十六届五中全会在有关"十一五"规划的建议中已经提出了社会主义新农村的建设任务，2006 年的中央一号文件则以推进社会主义新农村建设为主题。文件提出，"十一五"时期要统筹城乡经济社会发展，实行工业反哺农业、城市支持农村和"多予少取放活"的方针，

---

[1] 温家宝：《全面推进以税费改革为重点的农村综合改革》(2005 年 6 月 6 日)，载中共中央文献研究室编：《十六大以来重要文献选编》(中)，中央文献出版社 2006 年版，第 915 页。

[2] 温家宝：《政府工作报告》(2011 年 3 月 5 日)，载中共中央文献研究室编：《十七大以来重要文献选编》(下)，中央文献出版社 2013 年版，第 221 页。

按照"生产发展、生活宽裕、乡风文明、村容整洁、管理民主"的要求，协调推进农村经济建设、政治建设、文化建设、社会建设和党的建设。[①] 具体建设任务包括推进现代农业建设、促进农民持续增收、加强农村基础设施建设、加快发展农村社会事业、全面深化农村改革、加强农村民主政治建设等。建设社会主义新农村有利于统筹城乡发展，是通过提高农民收入、贯彻扩大内需方针的必然要求，也是通过维护广大农民群众的根本利益、实现发展成果由人民共享的必然要求。[②]

2008 年召开的党的十七届三中全会聚焦农村改革发展，再次强调把建设社会主义新农村作为战略任务，并根据党的十七大对于实现全面建设小康社会奋斗目标的新要求和建设生产发展、生活宽裕、乡风文明、村容整洁、管理民主的社会主义新农村要求，提出了到 2020 年的农村改革发展目标任务，包括：农村经济体制更加健全，城乡经济社会发展一体化体制机制基本建立；现代农业建设取得显著进展，农业综合生产能力明显提高，国家粮食安全和主要农产品供给得到有效保障；农民人均纯收入比 2008 年翻一番，消费水平大幅提升，绝对贫困现象基本消除；农村基层组织建设进一步加强，村民自治制度更加完善，农民民主权利得到切实保障；城乡基本公共服务均等化明显推进，农村文化进一步繁荣，农民基本文化权益得到更好落实，农村人人享有接受良好教育的机会，农村基本生活保障、基本医疗卫生制度更加健全，农村社会管理体系进一步完善；资源节约型、环境友好型农业生产体系基本形成，农村人居和生态环境明显改善，可持续发展能力不断增强。[③]

社会主义新农村建设涵盖了经济、政治、社会、文化、环境等各方面任务，对于我国农村社会全方位发展提出了总体要求。持续多年的社会主义新农村建

---

① 《中共中央、国务院关于推进社会主义新农村建设的若干意见》（2005 年 12 月 31 日），载中共中央文献研究室编：《十六大以来重要文献选编》（下），中央文献出版社 2007 年版，第 139 页。

② 胡锦涛：《建设社会主义新农村，不断开创"三农"工作新局面》（2006 年 2 月 14 日），载中共中央文献研究室编：《十六大以来重要文献选编》（下），中央文献出版社 2007 年版，第 267 页。

③ 《中共中央关于推进农村改革发展若干重大问题的决定》（2008 年 10 月 12 日），载中共中央文献研究室编：《十七大以来重要文献选编》（上），中央文献出版社 2009 年版，第 668 页。

设取得了明显成效。仅就农村社会事业发展而言，仅 2006 年农村中小学现代远程教育工程就投入 80 亿元，覆盖中西部地区 80% 以上的农村中小学，一亿多名小学生得以共享优质教育资源。[①] 2007 年，全面实现农村免费义务教育，成为我国教育发展史上的重要里程碑；同年，在全国农村全面建立最低生活保障制度，3451.9 万农村居民纳入保障范围，这是保障城乡困难群众基本生活的一项根本性制度建设。[②]"十一五"期间，我国共转移农业劳动力 4500 万人，农村居民人均纯收入年均增长 8.9%，累计解决了二亿一千五百万农村人口的饮水安全问题，全面建立新型农村合作医疗制度，免费义务教育和最低生活保障制度实现城乡全覆盖，新型农村社会养老保险试点覆盖 24% 的县[③]，农村社会发生了前所未有的巨大改变。

二、民生社会事业的快速发展

20 世纪 90 年代以来，社会主义市场经济的发展在激发竞争活力的同时也带来了收入的分化，国企改革造成了大量工人下岗，以市场化为方向的教育、医疗、住房制度改革加重了人民的负担，上学难、看病贵、房价高一度被称作人民生活的"新三座大山"。在中国共产党的领导下，以改善民生为重点的社会建设实践主要聚焦于各类民生问题的解决，通过促进就业、调节收入、推动扶贫、发展教育以及建立包括医疗、养老、低保、住房保障等在内的社会保障体系，有效改变了经济社会发展失衡的现状，显著提升了人民群众的生活质量。

就业是民生之本。2002 年至 2012 年十年间，除了自然增长的新增劳动力需要就业外，还有数以千万计的下岗失业人员需要再就业，同时高校扩招也给大学毕业生就业带来了新的压力，就业再就业的工作任务极为艰巨。2002 年国

---

① 温家宝：《政府工作报告》（2007 年 3 月 5 日），载中共中央文献研究室编：《十六大以来重要文献选编》（下），中央文献出版社 2007 年版，第 318 页。

② 温家宝：《政府工作报告》（2008 年 3 月 5 日），载中共中央文献研究室编：《十七大以来重要文献选编》（上），中央文献出版社 2009 年版，第 291 页。

③ 温家宝：《政府工作报告》（2011 年 3 月 5 日），载中共中央文献研究室编：《十七大以来重要文献选编》（下），中央文献出版社 2013 年版，第 221 页。

务院下发《关于进一步做好下岗失业人员再就业工作的通知》，有关部门研究制定了关于再就业资金管理、有关税收政策、小额担保贷款管理等八个方面的配套文件。为了加快推进再就业工作，国务院建立了各有关部门参加的再就业工作部际联席会议制度，各地普遍建立了再就业工作领导小组或再就业工作联席会议制度，建立就业工作目标责任体系，把就业再就业作为考核各级政府政绩和工作情况的重要指标。据劳动保障部统计，到 2004 年 7 月底，领取《再就业优惠证》的下岗失业人员达 1306 万，有百分之六十实现了再就业。[①]2005年，国务院发布《关于进一步加强就业再就业工作的通知》，要求重点做好国有企业下岗失业人员、集体企业下岗职工、国有企业关闭破产需要安置人员的再就业工作，努力做好城镇新增劳动力的就业工作，积极推动高校毕业生就业工作，改善农村劳动者进城就业环境，减少长期失业人员数量等。[②] 至 2007 年，基本解决了国有企业下岗职工再就业问题，完成了下岗职工基本生活保障向失业保险并轨。[③] 2007 年，《就业促进法》颁布，提出实施积极的就业政策，坚持劳动者自主择业、市场调节就业、政府促进就业的方针，多渠道扩大就业。[④]2009 年，受国际金融危机的影响，新增就业难度加大，劳动者失业风险增加。国务院发出通知，要求实施更加积极的就业政策，紧密结合实施扩大内需促进经济增长的措施，减轻企业负担，加大政策扶持力度，实施特别职业培训计划，千方百计扩大就业。[⑤] 通过采取有效措施，我国成功化解了就业再就业工作的巨大压力，保持了就业形势和人民生活的总体稳定。

---

① 黄菊：《总结经验，发扬成绩，进一步做好就业再就业工作》(2004 年 9 月 3 日)，载中共中央文献研究室编：《十六大以来重要文献选编》(中)，中央文献出版社 2007 年版，第 202 页。

② 《国务院关于进一步加强就业再就业工作的通知》(2005 年 11 月 4 日)，载中共中央文献研究室编：《十六大以来重要文献选编》(下)，中央文献出版社 2007 年版，第 44 页。

③ 温家宝：《政府工作报告》(2008 年 3 月 5 日)，载中共中央文献研究室编：《十七大以来重要文献选编》(上)，中央文献出版社 2009 年版，第 291 页。

④ 《〈中华人民共和国就业促进法〉总则》(2007 年 8 月 30 日)，载中共中央文献研究室编：《十六大以来重要文献选编》(下)，中央文献出版社 2007 年版，第 1143 页。

⑤ 《国务院关于做好当前经济形势下就业工作的通知》(2009 年 2 月 3 日)，载中共中央文献研究室编：《十七大以来重要文献选编》(上)，中央文献出版社 2009 年版，第 858 页。

农民工是改革开放以来在我国城乡二元结构背景下推进工业化、城镇化的特殊产物,农民工问题事关我国经济和社会发展全局。进入 21 世纪,农民工工资被拖欠、劳动权益不受保护、社会保障和公共服务不足等问题严重,维护农民工权益成为新时期需要解决的突出问题。2003 年,中央发文要求各地要按照"公平对待,合理引导,完善管理,搞好服务"的方针,切实做好进城农民工的服务和管理工作,要求继续清理对农民工的歧视性政策和各种乱收费,并集中力量解决好企业拖欠克扣农民工工资、劳动条件恶劣、劳动安全和职业病防护没有保障等突出问题。[①] 2006 年,国务院发布《关于解决农民工问题的若干意见》,提出要坚持以人为本,认真解决涉及农民工利益的问题,要求逐步建立城乡统一的劳动力市场和公平竞争的就业制度,建立保障农民工合法权益的政策体系和执法监督机制,建立惠及农民工的城乡公共服务体制和制度,以促进城乡经济繁荣和社会全面进步。[②] 在农民工工资拖欠方面,至 2006 年底,基本解决了建设领域历史上拖欠工程款和农民工工资的问题,各地偿还拖欠工程款 1834 亿元,占历史拖欠的 98.6%,其中清付农民工工资 330 亿元。[③] 在农民工城市融入方面,国家逐步推动户籍制度改革,促进农民工落户中小城市和小城镇,并为不具备落户条件的农民工提供基本公共服务。2011 年,国务院办公厅发出通知,要求积极稳妥推进户籍管理制度改革,探索建立城乡统一的户口登记制度,把农民工纳入城市公共服务体系,切实为农民工提供相关公共服务,着力解决农民工在劳动报酬、子女上学、技能培训、公共卫生、住房租购、社会保障、职业安全卫生等方面的突出问题。[④]

---

① 《中共中央、国务院关于做好农业和农村工作的意见》(2003 年 1 月 16 日),载中共中央文献研究室编:《十六大以来重要文献选编》(上),中央文献出版社 2004 年版,第 128 页。

② 《国务院关于解决农民工问题的若干意见》(2006 年 1 月 31 日),载中共中央文献研究室编:《十六大以来重要文献选编》(下),中央文献出版社 2007 年版,第 244 页。

③ 温家宝:《政府工作报告》(2007 年 3 月 5 日),载中共中央文献研究室编:《十六大以来重要文献选编》(下),中央文献出版社 2007 年版,第 927 页。

④ 《国务院办公厅关于积极稳妥推进户籍管理制度改革的通知》(2011 年 2 月 26 日),载中共中央文献研究室编:《十七大以来重要文献选编》(下),中央文献出版社 2013 年版,第 190 页。

　　针对收入差距不断拉大的问题，党和国家积极采取措施，通过推动农村发展缩小城乡居民收入差距，通过发展扶贫事业提高贫困群体的收入水平，通过分配制度改革缩小收入差距。中央历来重视扶贫工作，改革开放以来先后出台《国家八七扶贫攻坚计划（1994—2000 年）》《中国农村扶贫开发纲要（2000—2010 年）》，贫困地区面貌得到很大改变，扶贫标准也在不断提高。2003 年，中央提出要以中西部少数民族地区、革命老区、边疆地区和特困地区为重点，以改善生产生活条件和增进农民收入为核心，加大工作力度，切实提高扶贫成效。[①] 2005 年，中央和地方财政安排扶贫资金 162 亿元，农村贫困人口比上一年减少 245 万人。[②] 2011 年，在顺利完成上一轮扶贫开发任务后，中央制定出台《中国农村扶贫开发纲要（2011—2020 年）》，要求坚持开发式扶贫方针，提出了新的扶贫标准和发展目标，到 2020 年，稳步实现扶贫对象不愁吃、不愁穿，保障其义务教育、基本医疗和住房，使贫困地区农民人均纯收入增长幅度高于全国平均水平，基本公共服务主要领域指标接近全国平均水平，扭转发展差距扩大趋势。[③] 中央决定将农民人均纯收入 2300 元（2010 年不变价）作为新的国家扶贫标准，比 2009 年提高 92％，把更多农村低收入人口纳入扶贫范围，我国扶贫开发已经从以解决温饱为主要任务的阶段转为巩固温饱成果、加快脱贫致富、改善生态环境、提高发展能力、缩小发展差距的阶段。[④] 与此同时，中央综合施策，通过提高低收入者收入水平，扩大中等收入者比重，有效调节过高收入，规范个人收入分配秩序，逐步解决收入分配差距过大的问题。在城市，从 2005 年起连续多年提高企业退休人员养老金。全面建立城乡居民最低生

---

　　① 《中共中央、国务院关于做好农业和农村工作的意见》（2003 年 1 月 16 日），载中共中央文献研究室编：《十六大以来重要文献选编》（上），中央文献出版社 2004 年版，第 128 页。

　　② 温家宝：《政府工作报告》（2006 年 3 月 5 日），载中共中央文献研究室编：《十六大以来重要文献选编》（下），中央文献出版社 2007 年版，第 318 页。

　　③ 《国务院关于印发中国农村扶贫开发纲要（2011—2020 年）的通知》（2011 年 5 月 27 日），载中共中央文献研究室编：《十七大以来重要文献选编》（下），中央文献出版社 2013 年版，第 353 页。

　　④ 胡锦涛：《坚决打好新一轮扶贫开发攻坚战》（2011 年 11 月 29 日），载中共中央文献研究室编：《十七大以来重要文献选编》（下），中央文献出版社 2013 年版，第 634 页。

活保障制度，积极开展城乡医疗、教育等社会救助。推进基本公共服务均等化，中央财政转移支付规模不断扩大，2009 年达 24000 亿元。^①深化个人所得税改革，2011 年将个人所得税起征点从 2000 元提高到 3500 元。2011 年的农村居民人均纯收入实际增速为 1985 年以来最高，连续两年快于城镇居民。^②通过调整国民收入分配格局、加大税收对收入分配的调节作用、深化垄断行业收入分配制度改革、规范收入分配秩序、保障城乡低收入困难群众基本生活、抓好农村扶贫工作，有效缓解了收入差距拉大的趋势。

党的十六大以后，在义务教育普及和高校扩招的基础上，中央持续加大投入，着力促进教育公平，我国的教育事业有了长足进步。为配合农村税费改革的推进，中央逐步加大对农村义务教育经费的投入，并率先在农村实现免费义务教育。仅 2006 年，全国财政安排农村义务教育经费 1840 亿元，全部免除西部地区和部分中部地区农村义务教育阶段 5200 万名学生的学杂费，为 3730 万名贫困家庭学生免费提供教科书，对 780 万名寄宿学生补助生活费。^③2007 年，农村义务教育全部免除学杂费、全部免费提供教科书；2008 年秋季起，全面免除城市义务教育学杂费。2006 年至 2010 年，全国财政教育支出五年累计 44500 亿元，年均增长 22.4％，用于国家助学制度的财政投入从 2006 年的 18 亿元增加到 2010 年的 306 亿元，覆盖面从高等学校扩大到中等职业学校和普通高中，共资助学生 2130 万名。^④2010 年颁布的《国家中长期教育改革和发展纲要》提出到 2020 年基本实现教育现代化的目标，具体包括：高中阶段教育的毛入学率达到 90％，高等教育的毛入学率达到 40％，新增劳动力平均受教育年限提高

①　温家宝：《关于发展社会事业和改善民生的几个问题》（2010 年 2 月 4 日），载中共中央文献研究室编：《十七大以来重要文献选编》（中），中央文献出版社 2011 年版，第 470 页。

②　温家宝：《政府工作报告》（2012 年 3 月 5 日），载中共中央文献研究室编：《十七大以来重要文献选编》（下），中央文献出版社 2013 年版，第 848 页。

③　温家宝：《政府工作报告》（2007 年 3 月 5 日），载中共中央文献研究室编：《十六大以来重要文献选编》（下），中央文献出版社 2007 年版，第 927 页。

④　温家宝：《政府工作报告》（2011 年 3 月 5 日），载中共中央文献研究室编：《十七大以来重要文献选编》（下），中央文献出版社 2013 年版，第 221 页。

到 13.5 年，主要劳动年龄人口平均受教育年限提高到 11.2 年，逐步实现基本公共教育服务均等化，切实解决进城务工人员子女平等接受义务教育的问题等。①2012 年，国务院发文要求深入推进义务教育均衡发展，提出到 2020 年，全国义务教育巩固率达到 95%，实现基本均衡的县（市、区）比例达到 95%。文件提出要坚持以流入地为主、以公办学校为主的"两为主"政策，将常住人口纳入区域教育发展规划，加大资源投入，尽力满足进城务工人员随迁子女在公办学校平等接受义务教育。②

2002 年年底至 2003 年的非典疫情凸显了公共卫生体系和医疗卫生事业的重要性。非典之后，党和政府开展了新中国成立以来规模最大的公共卫生体系建设，基本建成了覆盖城乡、功能比较完善的疾病预防控制体系和应急医疗救治体系。同时着力构建广覆盖的基本医疗保障制度，积极推动以公益性为导向的医疗卫生体制改革，以逐步实现人人享有基本医疗卫生服务的目标，提高全民健康水平。针对农村居民长期以来缺少基本医疗保障的现状，2002 年中央出台《关于进一步加强农村卫生工作的决定》，提出逐步建立以大病统筹为主的新型农村合作医疗制度。2003 年开始新农合试点工作，此后不断推进，至2010 年基本实现对 8 亿多农村居民的全覆盖。2007 年，部分城市启动针对非从业人员的城镇居民基本医疗保险制度试点工作，2010 年在全国全面推开。至2010 年底，城镇居民基本医疗保险制度、新型农村合作医疗制度共惠及十二亿六千七百万城乡居民③，此后对这两项制度的财政补助标准不断提高。2009 年，中央发布《关于深化医药卫生体制改革的意见》，提出了到 2011 年基本医疗保障制度全面覆盖城乡居民、2020 年基本建立覆盖城乡居民的基本医疗卫生制度的阶段性改革目标。此轮改革要求坚持公共医疗卫生的公益性质，实行政事分

---

① 《国家中长期教育改革和发展规划纲要（2010—2020 年）》（2010 年 7 月 8 日），载中共中央文献研究室编：《十七大以来重要文献选编》（中），中央文献出版社 2011 年版，第 863 页。

② 《国务院关于深入推进义务教育均衡发展的意见》（2012 年 9 月 5 日），载中共中央文献研究室编：《十七大以来重要文献选编》（下），中央文献出版社 2013 年版，第 1111 页。

③ 温家宝：《政府工作报告》（2011 年 3 月 5 日），载中共中央文献研究室编：《十七大以来重要文献选编》（下），中央文献出版社 2013 年版，第 221 页。

开、管办分开、医药分开、营利性和非营利性分开，强化政府责任和投入，以不断提高全民健康水平，促进社会和谐。[①] 2011 年医改的初期目标实现以后，下一步要坚持把基本医疗卫生制度作为公共产品向全民提供的基本理念，坚持保基本、强基层、建机制的基本原则，坚持统筹安排、突出重点、循序渐进的基本路径，以持续推进医药卫生体制改革，努力实现 2020 年的发展目标。[②] 2012 年，中央进一步制定"十二五"期间深化医药卫生体制改革的规划与实施方案，提出到 2015 年基本医疗卫生服务更加公平可及、政府卫生投入持续增长、群众负担明显减轻、人均预期寿命不断提高、出生婴儿死亡率不断降低等具体指标。[③]

党的十六大至十八大期间，我国社会保障事业发展迅速，基本建立起覆盖全民的社会保障制度体系。十六大之前，我国的社会保障制度主要集中于城市，除了原有的城镇职工养老、医疗保险外，还建立了国有企业下岗职工基本生活保障制度、失业保险制度、城市居民最低生活保障制度，但仍有大量人口尤其是农村居民不在社会保障覆盖范围内。从 2003 年开始，新型农村合作医疗制度逐步建立，《工伤保险条例》颁布，城镇基本养老保险制度持续完善。2007 年开始建立农村居民最低生活保障制度和城镇居民基本医疗保险制度。2009 年在全国开展新型农村社会养老保险试点，出台重点针对农民工的养老保险关系转移接续办法。至 2010 年，中国特色社会保障体系初步建立，基本养老、基本医疗、失业、工伤、生育五项社会保险制度基本建立并逐步完善，城镇居民基本医疗保险制度、新型农村合作医疗制度全面建立，以最低生活保障为重点的城乡社会救助体系基本形成。以农村养老保险为例，2009 年开始新型农村

① 《中共中央、国务院关于深化医药卫生体制改革的意见》（2009 年 3 月 17 日），载中共中央文献研究室编：《十七大以来重要文献选编》（中），中央文献出版社 2011 年版，第 1 页。

② 李克强：《不断深化医改，推动建立符合国情惠及全民的医药卫生体制》（2011 年 11 月 16 日），载中共中央文献研究室编：《十七大以来重要文献选编》（下），中央文献出版社 2013 年版，第 599 页。

③ 《国务院关于印发〈"十二五"期间深化医药卫生体制改革规划暨实施方案〉的通知》（2012 年 3 月 14 日），载中共中央文献研究室编：《十七大以来重要文献选编》（下），中央文献出版社 2013 年版，第 908 页。

社会养老保险试点工作，至 2011 年 5 月底，全国有 27 个省、自治区，838 个县（市、区、旗）和 4 个直辖市的大部分区县纳入试点范围，其中 9 个省份实现制度全覆盖。全国已有一亿九千万人参保，领取基础养老金的 60 岁以上老年人达 5170 万人。[①] 2011 年 7 月，我国又启动城镇居民社会养老保险制度的试点工作，提出到 2012 年基本实现城镇居民养老保险制度全覆盖。在住房保障方面，2007 年国务院出台意见，要求进一步建立健全城市廉租住房制度，改进和规范经济适用住房制度，加快集中成片棚户区改造，积极推进旧住宅区综合整治，多渠道改善农民工居住条件。[②] 2008 年底，为应对国际金融危机冲击，党中央、国务院提出加快保障性安居工程建设。从 2008 年第四季度至 2010 年年底，开工建设保障性住房和棚户区改造住房 1300 万套，竣工 800 万套；其中 2010 年开工 590 万套，竣工 370 万套[③]，上千万户城市困难家庭住上了新房。

除了上述就业、扶贫、教育、医疗、社会保障等主要民生工作以外，党和政府还积极推动养老、助残、公共服务、公益慈善、食品安全、社会救助等各项社会事业的发展。以汶川地震救灾为例，2008 年 5 月 12 日发生的四川汶川特大地震是新中国成立以来破坏性最强、波及范围最广、救灾难度最大的一次地震，涉及四川、甘肃、陕西、重庆等 10 个省份 417 个县（市、区）、4667 个乡（镇）、48810 个村庄，受灾群众 4625 万多人，共造成 69227 名同胞遇难、17923 名同胞失踪，需要紧急转移安置受灾群众 1510 万人，直接经济损失 8451 亿多元。在中央的坚强指挥下，武警官兵以及社会各界人士全力解救被困群众，共抢救出生还者 84000 人，解救和转移 1486000 人，收治伤病人员 296 万

---

① 温家宝：《在全国城镇居民社会养老保险试点工作部署暨新型农村社会养老保险试点经验交流会议上的讲话》（2011 年 6 月 20 日），载中共中央文献研究室编：《十七大以来重要文献选编》（下），中央文献出版社 2013 年版，第 406 页。

② 《国务院关于解决城市低收入家庭住房困难的若干意见》（2007 年 8 月 7 日），载中共中央文献研究室编：《十六大以来重要文献选编》（下），中央文献出版社 2007 年版，第 1112 页。

③ 李克强：《大规模实施保障性安居工程，逐步完善住房政策和供应体系》（2011 年 4 月 16 日），载中共中央文献研究室编：《十七大以来重要文献选编》（下），中央文献出版社 2013 年版，第 315 页。

人次，住院治疗 96000 多人。[①]国务院先后下发《关于地震灾区恢复生产的指导意见》《关于支持汶川地震灾后恢复重建政策措施的意见》《关于做好汶川地震灾后恢复重建工作的指导意见》，制定财政投入、税费优惠、金融支持、用地保障、对口支援、社会募集、人员安置、就业援助、社会保险、倒房重建等方面的一系列政策措施，妥善安置受灾群众，积极防范次生灾害，建立对口支援机制，在较短时间内完成救灾和灾后重建的一系列工作。抗震救灾证明社会主义中国的强大发展活力，体现出我国社会主义制度的优越性、中华民族的优秀品质、人民军队的政治本色和中国共产党的坚强领导是中华民族的显著政治优势。[②]

概括而言，2002 年至 2012 年十年间，中国共产党根据我国经济社会发展形势的变化，按照科学发展观和社会主义和谐社会建设思想的要求，将以改善民生为重点的社会建设与经济建设、政治建设、文化建设相并列，着力推动总体性的和谐社会建设与具体的各类民生社会事业建设，着力解决人民群众最迫切的利益问题，使改革开放与经济社会发展的成果能够为人民所共享，扎扎实实地推进小康社会全面建设，为实现 2020 年发展目标奠定了坚实基础。党的十六大到十八大的十年，也是出台有关民生问题的各类文件最为密集的时期。无论是提高农民收入还是构建广覆盖的低保制度，无论是推进农民工市民化还是推动教育公平，无论是促进下岗工人再就业还是开展保障房建设，无论是开发式扶贫还是调节过高收入，党和政府所采取的各种方针政策都鲜明体现了以人为本、统筹兼顾、全面、协调、可持续的科学发展观的根本要求。从更大的意义上讲，以改善民生为重点的社会建设不仅是构建社会主义和谐社会的基本内容，而且是促进社会和谐的治本之策。人民生活的改善不仅是经济社会发展的最终目标，也是中国社会持续健康发展的基础条件。

---

① 温家宝：《努力做好汶川地震灾后恢复重建工作》（2008 年 9 月 2 日），载中共中央文献研究室编：《十七大以来重要文献选编》（上），中央文献出版社 2009 年版，第 524 页。

② 胡锦涛：《在全国抗震救灾总结表彰大会上的讲话》（2008 年 10 月 8 日），载中共中央文献研究室编：《十七大以来重要文献选编》（上），中央文献出版社 2009 年版，第 630 页。

第三节　以社会管理创新促进社会和谐

党的十六大之后，基于对我国经济社会发展形势的判断，中国共产党愈益重视社会管理，逐渐形成加强和创新社会管理的一系列思想。社会管理是构建社会主义和谐社会的重要组成部分，是维护社会秩序、保障社会稳定、促进社会和谐的直接手段。十六届四中全会以来，党对于社会管理的认识不断深化，通过加强和创新社会管理，既要实现社会安定有序的基本目标，又要注意不能制约人民群众利益诉求的正常表达和经济社会发展的活力。

一、社会管理重要性的逐步凸显

在党的十六届四中全会提出构建社会主义和谐社会之前，社会管理的概念和维持社会稳定的相关职能在党的文件中同样存在，但其地位并未凸显，社会管理主要被视为政府的基本职能之一。1993 年，党的十四届三中全会提出，政府经济管理部门要转变职能，加强政府社会管理职能，保证国民经济正常运行和良好社会秩序。2002 年，党的十六大强调，要完善政府经济调节、市场监管、社会管理、公共服务职能，改进管理方式，保持良好社会秩序。十六大在政治体制改革部分强调要维护社会稳定，内容涉及妥善处理人民内部矛盾、加强社会治安综合治理、改进社会管理、加强国际安全工作等。此时的社会管理只是社会稳定工作范围内的部分内容，尚未成为统括社会稳定各项工作的整体性的代名词。

改革开放启动我国的多重社会转型，尤其是 20 世纪 90 年代中后期以来，社会主义市场经济的加快发展、以市场化为导向的系列改革带来诸多民生领域的社会问题，而且进一步引发大量社会矛盾，各种利益性的群体性事件频频发生，对于维持社会秩序形成巨大挑战。党的十六大以后，我国的人均国内生产总值突破 1000 美元，经济社会进入一个关键的发展阶段。我国工业化和城镇化进程加快，经济结构调整加速，经济市场化程度迅速提高，深化改革进一步触及深层次的矛盾和问题；人民群众的物质文化需要不断提高并更趋多样化，社会利益关系更趋多样化，社会利益关系更趋复杂化，统筹兼顾各方面利益难度加大；人民群众的民主法制意识不断增强，政治参与的积极性不断提高，对发展社会主义民主政治和落实依法治国基本方略提出了新的要求；人们受各种思想观念影响的渠道明显增多、程度明显加深，思想活动的独立性、选择性、多变性、差异性明显增强。① 这种新的经济社会发展形势不仅构成中央提出科学发展观和社会主义和谐社会建设思想的宏大背景，也是中央提出加强和创新社会管理的主要依据。

2002 年底至 2003 年上半年爆发的非典疫情进一步使中央意识到社会管理的重要性。在防治非典疫情的过程中，中央提出沉着应对、措施果断，依靠科学、有效防治，加强合作、完善机制的总要求，成立统一指挥和协调全国防治工作的指挥部，严格疫情监测报告制度，建立省市县三级政府防治工作领导机制，迅速组织起城市、乡村、机关、企业、军队、社区的力量，群策群力、群防群控，取得抗击非典斗争的胜利。在对防治非典工作的总结讲话中，胡锦涛提出要进一步加强社会管理体制的建设和创新，要求建立健全与发展社会主义市场经济相适应的社会管理体制。一是抓紧建立健全各种预警和应急机制，努力形成一套集中领导、统一指挥，结构完整、功能全面，反应灵敏、运转高效的应急机制。二是建立健全社会动员机制，形成组织和动员人民群众参与应对突发事件和调动全社会人力、物力和财力应对突发事件的有效机制。三是建立健全社会管理机制，抓紧建设处理新形势下人民内部矛盾和各种社会矛盾的有效机制、社会治安综合治理机制、城乡社区管理机制等。② 这次讲话将社会管理体制机制建设的重要性提到了一个前所未有的高度，并且从一开始就提出了加强和创新社会管理、维护社会稳定和动员社会力量的双重内涵。

---

① 胡锦涛：《把科学发展观贯穿于发展的整个过程》（2004 年 5 月 5 日），载中共中央文献研究室编：《十六大以来重要文献选编》（中），中央文献出版社 2006 年版，第 60 页。

② 胡锦涛：《在全国防治非典工作会议上的讲话》（2003 年 7 月 28 日），载中共中央文献研究室编：《十六大以来重要文献选编》（上），中央文献出版社 2004 年版，第 387 页。

同时，在应对非典疫情过程中提出来的社会管理概念一方面增加了应急管理的新内涵，另一方面主要还是延续了之前维护社会稳定的思路，即重点在于加强社会治安综合治理、化解人民内部矛盾等。2003 年 5 月 9 日，国务院发布《突发公共卫生事件应急条例》，提出国家和地方应对突发事件的一系列方针、举措，增强应急管理能力和风险管理意识。2003 年 12 月，罗干在讲话中强调要推进社会治安防控体系建设，并通过正确处理人民内部矛盾，维护社会和谐稳定。在矛盾化解方面，必须解决好关系群众切身利益的问题，从根本上预防和化解矛盾纠纷；必须大力开展矛盾纠纷排查调处工作，形成经常性的工作制度；必须及时妥善处置各种群体性事件；必须妥善处理群众上访问题；必须大力加强基层基础建设；必须完善维护稳定的工作机制，使处理人民内部矛盾和群体性事件的工作规范化、制度化。讲话还提出"建立健全党委、政府统一领导协调，政法部门充分发挥职能作用，各部门各负其责、齐抓共管地维护稳定工作机制，落实党政职能部门、社会团体等在维护稳定中的责任，形成整体合力"，① 已经显现出多元主体共同参与的社会管理格局的雏形。

二、社会主义和谐社会思想中的社会管理

2004 年 9 月召开的党的十六届四中全会通过的《关于加强党的执政能力建设的决定》，提出了构建社会主义和谐社会的新的历史任务。在着力促进社会和谐的大框架下，社会管理的重要性进一步提升，甚至成为党领导构建社会主义和谐社会的主体内容。这次会议提出，要坚持最广泛最充分地调动一切积极因素，不断提高构建社会主义和谐社会的能力，而和谐社会建设需要注重激发社会活力，促进社会公平和正义，增强全社会的法律意识和诚信意识，维护社会安定团结，努力形成全体人民各尽其能、各得其所而又和谐相处的社会。② 文

① 罗干：《切实维护社会稳定》(2003 年 12 月 12 日)，载中共中央文献研究室编：《十六大以来重要文献选编》(上)，中央文献出版社 2004 年版，第 538 页。

② 《中共中央关于加强党的执政能力建设的决定》(2004 年 9 月 19 日)，载中共中央文献研究室编：《十六大以来重要文献选编》(中)，中央文献出版社 2006 年版，第 271 页。

件提出的具体举措除了第一条有关增强社会创造活力外，其余内容诸如"妥善协调各方面的利益关系，正确处理人民内部矛盾""加强社会建设和管理，推进社会管理体制创新""健全工作机制，维护社会稳定""坚持党的群众路线，加强和改进新形势下的群众工作"都属于宏观意义上的社会管理。概言之，社会主义和谐社会建设具有激发社会活力、维护社会安定团结的双重基本意涵，而社会管理直接承载了维护社会安定团结的功能。

严格来说，十六届四中全会所讲的社会管理尚未将矛盾化解、维护稳定等具体工作领域统合进来，其内涵还有待明确。《决定》有关加强社会建设与管理部分的内容主要包括：深入研究社会管理规律，完善社会管理体系和政策法规，整合社会管理资源，建立健全党委领导、政府负责、社会协同、公众参与的社会管理格局；更新管理理念，创新管理方式，拓宽服务领域，发挥基层党组织和共产党员服务群众、凝聚人心的作用，发挥城乡基层自治组织协调利益、化解矛盾、排忧解难的作用，发挥社团、行业组织和社会中介组织提供服务、反映诉求、规范行为的作用，形成社会管理和社会服务的合力；健全社会保险、社会救助、社会福利和慈善事业相衔接的社会保障体系；加强和改进对各类社会组织的管理和监督。[①] 从理念创新的意义上，《决定》首次提出"党委领导、政府负责、社会协同、公众参与的社会管理格局"，这一说法延续至今并不断补充完善。从概念内涵的角度，文件中的社会管理主要涉及基层党建、社区自治、社会组织参与等具体工作领域，涵盖面还相对较小。

2005 年 2 月，胡锦涛在讲话中明确了社会主义和谐社会的内涵，即"民主法治、公平正义、诚信友爱、充满活力、安定有序、人与自然和谐相处的社会"，其中的"安定有序"，就是社会组织机制健全，社会管理完善，社会秩序良好，人民群众安居乐业，社会保持安定团结。与实现安定有序目标相对应的，主要是加强社会建设和管理、处理好新形势下的人民内部矛盾两块工作内容，

---

① 《中共中央关于加强党的执政能力建设的决定》(2004 年 9 月 19 日)，载中共中央文献研究室编：《十六大以来重要文献选编》(中)，中央文献出版社 2006 年版，第 271 页。

社会管理与矛盾化解仍是相对独立的两个领域。在社会建设与管理部分，此次讲话提出了社会体制的概念，社会管理的具体内容除了建立社会管理格局、加强基层建设和发挥社会组织作用之外，还增加了完善政府社会管理职能、建设和谐社区、加强公共物品管理等内容。尤其是在完善政府职能方面，提出"推动建立政府调控机制同社会协调机制互联、政府行政功能同社会自治功能互补、政府管理力量同社会调节力量互动的社会管理网络，形成对全社会进行有效覆盖和全面管理的体系"①，从政社关系互动的角度强调了社会力量、社会功能的积极作用。一方面，随着总体性社会主义和谐社会思想的提出，社会管理被定位为和谐社会建设中的部分内容之一；另一方面，社会管理自身的内涵也有所拓展，不仅包括了政府职能完善的内容，而且更加强调了社会多元主体力量的发挥。

这一时期，社会管理与社会治安综合治理的关系也并不明确。二者或者是在维护社会稳定、促进社会和谐总体工作之下的两个独立领域，或者将社会管理纳入到社会治安综合治理的范畴内。社会治安综合治理隶属于党的政法工作，一般包括维持社会治安、打击违法犯罪和预防化解社会矛盾等，是一块专业化程度较高的工作领域。党的十六届五中全会在"积极促进社会和谐"部分将加强社会管理、解决民生问题、建设和谐社区、化解社会矛盾、强化应急管理和加强社会治安综合治理并列提出。② 随后，在由中央政法委、中央社会治安综合治理委员会推动的平安建设工作中，则将加强社会管理的内容纳入其中。③

2006 年 10 月召开的十六届六中全会《关于构建社会主义和谐社会若干重

---

① 胡锦涛：《在省部级主要领导干部提高构建社会主义和谐社会能力专题研讨班上的讲话》（2005 年 2 月 19 日），载中共中央文献研究室编：《十六大以来重要文献选编》（中），中央文献出版社 2006 年版，第 695 页。

② 《中共中央关于制定国民经济和社会发展第十一个五年规划的建议》（2005 年 10 月 11 日中国共产党第十六届中央委员会第五次全体会议通过），载中共中央文献研究室编：《十六大以来重要文献选编》（中），中央文献出版社 2006 年版，第 1061 页。

③ 《中共中央办公厅、国务院办公厅转发〈中央政法委员会、中央社会治安综合治理委员会关于深入开展平安建设的意见〉的通知》（2005 年 10 月 21 日），载中共中央文献研究室编：《十六大以来重要文献选编》（下），中央文献出版社 2007 年版，第 1 页。

大问题的决定》，提出社会主义和谐社会要由"中国共产党领导全体人民共同建设、共同享有"的原则，并明确将"安定有序"的目标要求对应于社会管理工作，要求通过加强社会管理、维护社会稳定，为构建社会主义和谐社会提供良好环境。《决定》的第六部分即"完善社会管理，保持社会安定有序"，具体内容包括七个方面：建设服务型政府，强化社会管理和公共服务职能；推进社区建设，完善基层服务和管理网络；健全社会组织，增强服务社会功能；统筹协调各方面利益关系，妥善处理社会矛盾；完善应急管理体制机制，有效应对各种风险；加强社会治安综合治理，增强人民群众安全感；加强国家安全工作和国防建设，保障国家稳定安全。① 此次会议标志着党对于社会管理的认知有了新的发展，社会管理的地位进一步提升，成为实现社会主义和谐社会"安定有序"目标的总体工作；社会管理的内容也大大拓展，除了之前的完善政府职能、推进社区建设、发展社会组织之外，还将社会矛盾化解、强化应急管理、社会治安综合治理乃至国家安全工作都纳入进来。此后，尽管在不同时期微有调整，社会管理的这一地位和内容框架基本固定了下来。

党的十七大提出全面建设小康社会的新目标，强调加快推进以改善民生为重点的社会建设，社会管理作为社会建设的内容之一被专门强调。十七大报告有关"完善社会管理，维护社会安定团结"的内容包括：健全党委领导、政府负责、社会协同、公众参与的社会管理格局，健全基层社会管理体制；最大限度激发社会创造活力，最大限度增加和谐因素，最大限度减少不和谐因素；妥善处理人民内部矛盾，完善信访制度，健全党和政府主导的维护群众权益机制；重视社会组织建设和管理；加强流动人口服务和管理；坚持安全发展，强化安全生产管理和监督，有效遏制重特大安全事故；完善突发事件应急管理机制；健全社会治安防控体系，加强社会治安综合治理，深入开展平安创建活动，改革和加强城乡社区警务工作，依法防范和打击违法犯罪活动，保障人民生命财

---

① 《中共中央关于构建社会主义和谐社会若干重大问题的决定》（2006 年 10 月 11 日），载中共中央文献研究室编：《十六大以来重要文献选编》（下），中央文献出版社 2007 年版，第 648 页。

产安全；完善国家安全战略，健全国家安全体制，高度警惕和坚决防范各种分裂、渗透、颠覆活动，切实维护国家安全。[①] 十七大报告中关于社会管理的内容领域基本延续十六届六中全会，除了未提及完善政府职能、增加了流动人口服务和管理之外，其余大部分内容改变不大。

概括而言，从党的十六届四中全会到十七大的一段时间内，中央对于社会管理的认识经历了一个探索发展的过程。总体上，随着社会主义和谐社会建设思想的提出，社会管理的地位重要性大大提升，并明确作为实现"安定有序"目标要求的总体性工作任务被不断强调。与地位的提高相适应，社会管理的内容范畴也在不断拓展，最终发展成为包含了政府职能转变、基层社区建设、社会组织发展、社会治安综合治理、社会矛盾预防化解等诸多内容的概念体系，从而与维护社会稳定、维持社会秩序、促进社会和谐等总体范畴融为一体。党的十七大强调"最大限度激发社会创造活力，最大限度增加和谐因素，最大限度减少不和谐因素"，可以视为对于社会管理及其各方面工作在更高层面的整体要求。

三、对于创新社会管理的进一步强调

党的十七大以后的几年，中央对于社会管理地位与内容的认知相对稳定。2010 年召开的十七届五中全会就完善法律法规和政策、健全基层管理和服务体系、发挥群众组织和社会组织作用、健全党和政府主导的维护群众权益机制、正确处理人民内部矛盾、加大公共安全投入、做好流动人口服务管理、加强特殊人群帮教管理和服务、完善社会治安防控体系等方面提出明确要求和工作任务。2011 年 2 月，胡锦涛专门围绕社会管理及其创新发表讲话，系统阐述加强和创新社会管理的重大意义、目标任务以及重点工作，尤其强调了社会管理创新的重要性，掀起了加强和创新社会管理的新一轮热潮。

[①] 胡锦涛：《高举中国特色社会主义伟大旗帜，为夺取全面建设小康社会新胜利而奋斗》(2007 年 10 月 15 日)，载中共中央文献研究室编：《十七大以来重要文献选编》(上)，中央文献出版社 2009 年版，第 1 页。

党的十七大以来，我国社会管理领域面临某些新的突出问题。一是人民内部矛盾多样多发。除了农村土地征用、城镇房屋拆迁、国有企业改制、涉法涉诉等领域发生的矛盾较为集中外，因劳资纠纷、医患纠纷、环境污染、非法集资、股市房市投资受损等引发的矛盾也明显增多。现有矛盾涉及各行业各阶层，触点增多、燃点降低，各类矛盾的关联性增强，"无直接利益冲突"事件增多，行为方式日趋激烈，部分事件形成自发组织。二是信息网络建设管理面临严峻挑战。2011 年前后，我国有近 4.6 亿网民、8.6 亿手机用户，博客用户将近 3 亿。网上违法犯罪活动日益突出，网络信息安全问题日益凸显。虚拟社会的舆论影响力和组织动员力越来越强，各种社会矛盾和热点敏感问题极易在网上快速扩散。此外，还存在流动人口和特殊人群管理和服务问题突出、刑事犯罪居高不下、公共安全事故频发、非公有制经济组织、社会组织管理和服务问题突出等一系列问题。[1] 面对严峻的社会管理形势，必须进一步加强和创新社会管理，为我国经济社会发展营造良好社会环境。

加强和创新社会管理，根本目的是维护社会秩序、促进社会和谐、保障人民安居乐业，基本任务包括协调社会关系、规范社会行为、解决社会问题、化解社会矛盾、促进社会公正、应对社会风险、保持社会稳定等方面。加强和创新社会管理，必须紧紧围绕全面建设小康社会的总目标，牢牢把握最大限度激发社会活力、最大限度增加和谐因素、最大限度减少不和谐因素的总要求，以解决影响社会和谐稳定突出问题为突破口，提高社会管理科学化水平，完善党委领导、政府负责、社会协同、公众参与的社会管理格局，加强社会管理法律、体制、能力建设，维护人民群众权益，促进社会公平正义，保持社会良好秩序，建设中国特色社会主义社会管理体系，确保社会既充满活力又和谐稳定。

加强和创新社会管理，需要抓好以下重点工作。一是进一步加强和完善社会管理格局。切实加强党的领导，强化政府社会管理职能，办好主要由政府承

---

[1]　胡锦涛：《在省部级主要领导干部社会管理及其创新专题研讨班上的讲话》(2011 年 2 月 19 日)，载中共中央文献研究室编：《十七大以来重要文献选编》(下)，中央文献出版社 2013 年版，第 139 页。

担的社会管理和公共服务事务。强化各类企事业单位社会管理和服务职责，引导各类社会组织加强自身建设、增强服务社会能力，支持人民团体参与社会管理和公共服务，加大社会工作人才队伍建设力度，发挥社会各方面的协同作用。发挥群众参与社会管理的基础作用，坚定不移落实依法治国基本方略，把社会管理纳入法治化轨道。二是进一步加强和完善党和政府主导的维护群众权益机制。形成科学有效的利益协调机制、诉求表达机制、矛盾调处机制、权益保障机制，建立健全矛盾纠纷预警机制、社会稳定风险评估机制，最大限度把矛盾纠纷解决在基层、化解在萌芽状态。三是进一步加强和完善流动人口和特殊人群管理和服务。积极稳妥推进户籍管理制度改革，建立健全实有人口动态管理机制，把流动人口管理和服务纳入流入地经济社会发展规划，逐步实现基本公共服务由户籍人口向常住人口扩展。四是进一步加强和完善基层社会管理和服务体系。加强基层组织建设，整合基层管理和服务资源，建立健全以党组织为核心、基层政府行政管理和基层群众团体、自治组织管理相结合的基层社会管理格局，把社区建设成为管理有序、服务完善、文明祥和的社会生活共同体。此外，还要进一步加强和完善公共安全体系，进一步加强和完善非公有制经济组织、社会组织管理，进一步加强和完善信息网络管理，进一步加强和完善思想道德建设，并加快推进以保障和改善民生为重点的社会建设，为社会管理奠定更加坚实的群众基础。①

　　社会管理职责重大、内容广泛，但归根结底是做群众工作，群众工作是社会管理的基础性、经常性、根本性工作。一切社会管理部门都是为群众服务的部门，一定要把全心全意为人民服务的根本宗旨贯彻始终；一切社会管理工作都是为群众谋利益的工作，一定要把实现好、维护好、发展好最广大人民的根本利益贯彻始终；一切社会管理过程都是做群众工作的过程，一定要把群众观点、群众路线贯彻始终。在新的形势下，与时俱进地做好联系群众、宣传群众、

---

　　① 胡锦涛：《在省部级主要领导干部社会管理及其创新专题研讨班上的讲话》(2011年2月19日)，载中共中央文献研究室编：《十七大以来重要文献选编》(下)，中央文献出版社2013年版，第139页。

组织群众、服务群众、团结群众的各项工作，把群众工作渗透到社会管理的各个方面、各个环节，就可以从源头上化解社会矛盾、维护社会稳定、促进社会和谐。①

2011 年的专题讲话全面总结了党对于社会管理的系统认识，深入分析了加强和创新社会管理的重大意义和基本内涵，明确提出了新时期社会管理创新的努力方向。社会管理在构建社会主义和谐社会的总体格局和在以改善民生为重点的社会建设之中的地位更加凸显，承载起了协调社会关系、规范社会行为、解决社会问题、化解社会矛盾、促进社会公正、应对社会风险、保持社会稳定等具有全局意义的重要任务。党的十八大继续将社会管理作为社会建设的重要内容进行部署，十八届三中全会则将"社会管理"概念替换为"社会治理"，更加突出多元主体协同共治的意义，但其具体范畴领域并没有大的变化。进入新时代，我国的社会主要矛盾发生转变，对于加强和创新社会治理提出新的挑战，如何有效应对新形势下的新挑战，仍然需要秉持立党初心，坚持求真务实，持续不断地探索前进。

---

① 习近平:《社会管理说到底是做群众工作》(2011 年 2 月 23 日)，载中共中央文献研究室编:《十七大以来重要文献选编》(下)，中央文献出版社 2013 年版，第 172 页。

第四部分　新时代：为人民更加美好的生活而奋斗（2012 年至今）

2012 年召开的党的十八大标志着中国特色社会主义事业进入了新时代。改革开放促进了我国经济社会持续发展，人民美好生活需要日益增长，同时国内各区域各领域各方面发展不平衡不充分的问题更加突出。党的十九大提出，我国社会主要矛盾已经由人民日益增长的物质文化需要同落后的社会生产之间的矛盾，转化为人民日益增长的美好生活需要和不平衡不充分的发展之间的矛盾。习近平总书记指出，新时代要"让发展成果更多更公平惠及全体人民，不断促进人的全面发展，朝着实现全体人民共同富裕不断迈进"。十九大提出了新的"两步走"战略目标，即中国在 2020 年全面建成小康社会后，将先用 15 年的时间基本实现社会主义现代化，在此基础上，再用 15 年，到 2050 年建成社会主义现代化强国，体现了"永远把人民对美好生活的向往作为奋斗目标"的执政理念。

党的十八大以来，中国共产党以保障和改善民生、加强和创新社会治理为重点，积极推进社会建设各项工作。在民生建设领域，我国积极促进就业创业、提高人民收入水平、坚决打赢脱贫攻坚战、推动教育均衡发展、构建全覆盖可持续的社会保障体系、发展社会福利事业、推动保障性住房建设、发展公益性医疗卫生事业；在社会治理领域，积极完善社会治理体制机制、优化预防和化解社会矛盾机制、加强社会治安综合治理、发展社会组织、推进社区治理体系建设、健全社会心理服务体系。所有各类社会建设实践，都鲜明体现了以人民为中心的社会建设思想，是中国共产党"为人民谋幸福"的立党初心在新时代的集中反映。在新时代，要时刻不忘初心，始终把实现好、维护好、发展好最广大人民根本利益作为最高标准，不断提高保障和改善民生水平，不断促进社会公平正义，着力使全体人民享有更加幸福安康的生活，着力在实现全体人民共同富裕上取得实实在在的新进展。

第八章　新时代社会建设的理念与愿景

　　党的十八大以来，中国共产党秉持为人民谋幸福的初心，在改善民生和创新社会治理中加强社会建设，为2020年我国全面建成小康社会打下了坚实基础。基于对改革开放几十年来国内经济社会发展现状的认识，党的十九大提出我国社会主要矛盾已经变为人民日益增长的美好生活需要和不平衡不充分的发展之间的矛盾，这是我国进入新时代的重要标志。新时代的社会建设更加强调以人民为中心的发展理念，强调以人为本、以民生为重，注重维护社会公平正义、推动共建共治共享。十八大提出到2020年全面建成小康社会的新要求，之后提出的"中国梦"将国家、民族命运和个人发展结合起来，大大增强了社会凝聚力，十九大根据对新时代我国社会主要矛盾发生转化的深刻认识，进一步提出了全面建成小康社会后新的"两步走"战略目标，为未来中国社会总体建设摹划了新的美好愿景。

第一节　新时代与社会主要矛盾的转化

　　中国特色社会主义进入新时代的一个重要标志是社会主要矛盾的转化。党的十九大召开以前，中央有关社会主要矛盾的表述长期以来一直是人民日益增长的物质文化需要同落后的社会生产之间的矛盾。经过改革开放40年的经济社会持续发展，我国稳定解决了十几亿人的温饱问题，总体上实现小康，在2020

年全面建成小康社会。一方面，人民美好生活需要日益增长，不仅对物质文化生活提出了更高要求，而且在民主、法治、公平、正义、安全、环境等方面的要求日益增长。另一方面，我国各区域各领域各方面发展不平衡不充分的问题更加突出。党的十九大报告由此提出，我国社会主要矛盾已经转化为人民日益增长的美好生活需要和不平衡不充分的发展之间的矛盾，这一重大战略判断意味着我国的社会主义现代化建设需要确立更高的目标，同时对党和国家的各项工作提出了新的要求。

一、从物质文化需要到美好生活需要

2012 年 11 月 15 日，习近平总书记在十八届中央政治局常委同中外记者见面时谈道，"我们的人民热爱生活，期盼有更好的教育、更稳定的工作、更满意的收入、更可靠的社会保障、更高水平的医疗卫生服务、更舒适的居住条件、更优美的环境，期盼孩子们能成长得更好、工作得更好、生活得更好"。进而提出"人民对美好生活的向往，就是我们的奋斗目标"。[①] 此后，在中央的多次会议文件和领导讲话中，为人民的美好生活而奋斗成为频繁出现的用语，体现了新时代经济社会发展的新特征和对于中国特色社会主义建设的新要求。

经过改革开放 40 年的发展，我国社会生产力水平总体上显著提高，社会生产能力在很多方面进入世界前列。我国国内生产总值自 2010 年开始稳居世界第二位，货物进出口和服务贸易总额均居世界第二位，对外投资和利用外资分别居世界第二位、第三位，基础设施建设部分领域遥遥领先，高铁运营总里程、高速公路总里程和港口吞吐量均居世界首位。工农业生产能力大幅提高，220 多种主要工农业产品生产能力稳居世界第一位，一些产品甚至出现大量过剩。这说明，我国长期所处的短缺经济和供给不足状况已经发生根本性转变，原有关于社会主要矛盾的陈述中所谓"落后的社会生产"已经不符合中国发展

---

① 习近平：《人民对美好生活的向往，就是我们的奋斗目标》(2012 年 11 月 15 日)，载中共中央文献研究室编：《十八大以来重要文献选编》(上)，中央文献出版社 2014 年版，第 69 页。

的实际。

至党的十八大召开的 2012 年，我国国内生产总值增加到 51.9 万亿元，人民生活水平不断提高。在 2007 年至 2012 年的五年间，城镇居民人均可支配收入和农村居民人均纯收入年均分别增长 8.8%、9.9%，城乡居民相对收入差距逐步缩小；新建各类保障性住房 1800 多万套，棚户区改造住房 1200 多万套；城镇、农村人均住房面积分别比 2007 年增加 2.8 平方米和 5.5 平方米，达到 32.9 平方米、37.1 平方米；城镇居民每百户拥有家用汽车数量比 2007 年增加 15.5 辆，达到 21.5 辆。针对农村发展较为落后的现状，五年内中央财政"三农"累计支出 4.47 万亿元，年均增长 23.5%，城乡发展的协调性明显增强；加强农村水电路气等基础设施建设，新建改建农村公路 146.5 万公里，改造农村危房 1033 万户，解决了 3 亿多农村人口的饮水安全和无电区 445 万人的用电问题，农村生产生活条件不断改善；转移农村人口 8463 万人，城镇化率由 45.9% 提高到 52.6%，城乡结构发生历史性变化。[①] 尤其是制定实施新的十年农村扶贫开发纲要，将扶贫标准提高到 2300 元，为保证全体人民到 2020 年全面进入小康社会提供了条件。

在以民生为重的社会建设领域，从 2007 年至 2012 年，就业、教育、医疗、社会保障等各方面建设成果显著。五年内，累计投入就业专项资金 1973 亿元，实施积极的就业政策，提高职业培训和就业服务水平，新增城镇就业共计 5870 万人，包括高校毕业生就业 2800 万人，城镇就业困难人员就业 830 万人，保持了就业形势总体稳定。在教育领域，国家财政性教育经费支出累计 7.79 万亿元，年均增长 21.58%，2012 年占国内生产总值比重达到 4%；全面实现城乡九年免费义务教育，惠及 1.6 亿学生；国家助学制度不断完善，建立了家庭经济困难学生资助体系，实现从学前教育到研究生教育各个阶段全覆盖，每年资助金额近 1000 亿元，资助学生近 8000 万人次；教育公平取得明显进步，初步

---

① 温家宝：《政府工作报告》（2013 年 3 月 5 日），载中共中央文献研究室编：《十八大以来重要文献选编》（上），中央文献出版社 2014 年版，第 169 页。

解决进城务工人员随迁子女在城市接受义务教育问题，有1260万农村户籍孩子在城市接受义务教育；国民受教育程度大幅提升，高等教育毛入学率提高到30％，15岁以上人口平均受教育年限达到9年以上。在医疗卫生领域，建立新型农村合作医疗制度和城镇居民基本医疗保险制度，全民基本医保体系初步形成，各项医疗保险参保超过13亿人，人均预期寿命达到75岁。在社会保障领域，建立新型农村社会养老保险和城镇居民社会养老保险制度，城乡居民基本养老保险实现了制度全覆盖，各项养老保险参保达到7.9亿人，企业退休人员基本养老金从2004年人均每月700元提高到2012年的1721元；建立健全城镇保障性住房制度，覆盖面逐步扩大，2012年底已达12.5％。[①] 更加充分的就业、更加公平的教育、覆盖面更广的医疗和社会保障，为实现十八大提出的全面建成小康社会目标奠定了坚实的基础。

十八大以后，我国各项建设事业持续发展，2019年的国内生产总值达到99.1万亿元，人民生活持续改善。改革开放40年之际，我国已是世界第二大经济体、制造业第一大国、货物贸易第一大国、商品消费第二大国、外资流入第二大国，外汇储备也连续多年位居世界第一。在民生建设方面，我国居民人均可支配收入增加到2.6万元，贫困人口累计减少7.4亿人，中等收入群体持续扩大；教育事业全面发展，九年义务教育巩固率达93.8％；建成了包括养老、医疗、低保、住房在内的世界最大的社会保障体系，居民预期寿命由1981年的67.8岁提高到2017年的76.7岁。改革开放结束了计划经济时期的资源匮乏、物资短缺状况，创造出丰富的物质财富，推动人民生活从温饱进入小康，"粮票、布票、肉票、鱼票、油票、豆腐票、副食本、工业券等百姓生活曾经离不开的票证已经进入历史博物馆，忍饥挨饿、缺吃少穿、生活困顿这些几千年来困扰我国人民的问题总体上一去不复返了"[②]。

---

① 温家宝：《政府工作报告》（2013年3月5日），载中共中央文献研究室编：《十八大以来重要文献选编》（上），中央文献出版社2014年版，第169页。

② 习近平：《在庆祝改革开放四十周年大会上的讲话》（2018年12月18日），载中共中央文献研究室编：《十九大以来重要文献选编》（上），中央文献出版社2019年版，第720页。

随着人民生活水平不断提高，人民群众的需要呈现多样化、多层次、多领域、个性化的特点，期盼有更好的教育、更稳定的工作、更满意的收入、更可靠的社会保障、更高水平的医疗卫生服务、更舒适的居住条件、更优美的环境、更丰富的精神文化生活，人民群众的民主意识、公平意识、法治意识、参与意识、监督意识、维权意识也在不断增强。人民群众的需要在领域和重心上已经超出物质文化的范畴和层次，要在更广的范畴、更高的层次满足人民群众对美好生活的需求，在全面建成小康社会的基础上追求更高的发展目标，使全体人民共享改革开放的发展成果，逐步实现人的全面发展和社会共同富裕。

二、不平衡不充分的发展现状

尽管我国的经济社会发展取得卓越成就，但距离社会主义现代化目标的实现仍有很长一段路要走。现阶段最为突出的问题是发展的不平衡、不充分，这在很大程度上影响了对人民美好生活需要的有效满足。发展不平衡，主要指各区域、各领域、各方面发展不够平衡，存在"一条腿长、一条腿短"的失衡现象，制约了整体发展水平提升。发展不充分，主要指一些地区、一些领域、一些方面还存在发展不足的问题，发展的任务仍然很重。从社会生产力的角度来看，我国既有世界先进甚至世界领先的生产力，也有大量传统的、相对落后甚至原始的生产力，而且不同地区、不同领域的生产力水平和布局很不均衡。不平衡不充分的发展已经成为当前社会主要矛盾的主要方面，成为制约发展全局的关键问题。

2013 年 3 月，李克强总理在国务院第一次全体会议上发言，着重谈到新一届政府要在改善民生、促进社会公正等方面加强工作，侧面反映了当前经济社会发展不平衡、不充分的现状。一方面是"补短板"。城乡居民仍有 2 亿人没有参加养老保险，保障房要覆盖 20％ 左右的城镇人口，任务艰巨。城镇还有 1000 万户以上群众住在棚户区，如果加上危旧房、不具备现代居住条件的住房等，大概涉及一亿人。另一方面是"兜底线"，主要是解决特困群体的问题。我国仍有 7000 多万低保人口和 8000 多万残疾人（有交叉），还有许多流浪乞讨人员和特困大病患者。此外，还要大力促进社会公正，着力解决所有制差别对待问题、高考公平问题等。① 没有不同阶层人群，尤其是弱势群体的充分发展和生活水平的提高，就难以实现全面建成小康社会的目标任务，满足人民群众的美好生活需要也就难以落实。

　　发展不平衡、不充分的一个主要体现是城乡关系的失调，即计划经济时期形成的城乡二元结构长期存在，农村的发展很大程度上落后于城市发展。改革开放以来，中央高度重视"三农"问题，积极推动以城乡一体化为目标的城乡统筹发展，千方百计提高农民收入，破除阻碍城乡间资源要素流动的各种制度障碍，促进城乡公共服务均等化。经过多年努力，至 2012 年，我国已基本改变农民的事农民办的做法，基本建立了覆盖全国的免费义务教育制度、新型农村合作医疗制度、农村最低生活保障制度、新型农村社会养老保险制度。但在城乡利益格局深刻调整、农村社会结构深刻变动、农民思想观念深刻变化的背景下，也形成了一些农村社会管理方面的突出矛盾和问题。一是许多农村出现村庄空心化、农民老龄化现象，据推算，2013 年农村留守儿童已超过 6000 万，留守妇女达 4700 多万，留守老年人约有 5000 万。二是农村利益主体、社会阶层日趋多元化，各类组织活动和诉求明显增多。三是农村教育、文化、医疗卫生、社会保障等社会事业发展滞后，基础设施不完善，人居环境不适应，还有近 1 亿人属于扶贫对象。四是农村治安状况不容乐观，一些地方违法犯罪活动仍然不少，黑恶势力活动时有发生，邪教和利用宗教进行非法活动仍然较多存在。五是一些地方干群关系紧张，侵害农民合法权益的事件仍有发生，一些地方基层民主管理制度不健全，农村基层党组织软弱涣散，公共管理和社会服务能力不强。② 新时代需要进一步深入推进农村改革，增强农村发展内生动力，保障和改善农村民生，加强和创新农村社会管理，巩固已有的农村发展成果，

---

　　①　李克强：《在国务院第一次全体会议上的讲话》（2013 年 3 月 20 日），载中共中央文献研究室编：《十八大以来重要文献选编》（上），中央文献出版社 2014 年版，第 243 页。

　　②　习近平：《在中央农村工作会议上的讲话》（2013 年 12 月 23 日），载中共中央文献研究室编：《十八大以来重要文献选编》（上），中央文献出版社 2014 年版，第 658 页。

根本扭转城乡关系失衡现状，为城乡一体化发展奠定坚实基础。

　　城镇化是现代化的重要内容，也是推进我国城乡协调发展的必由之路。改革开放以来，我国城镇人口从 1978 年的 1.7 亿增加到 2012 年的 7.1 亿，城镇化率从 17.9％上升到 52.6％，基本达到世界平均水平，城乡差距进一步缩小，城乡协调发展稳步推进。但在城镇化的快速发展过程中也积累了不少突出矛盾和问题：一是 2 亿多进城农民工和其他常住人口还没有完全融入城市，没有享受同城市居民完全平等的公共服务和市民权利，"玻璃门"现象较为普遍；二是一些地方城镇建设规模扩张过快、占地过多，盲目"摊大饼"问题突出，对保护耕地和保障粮食安全构成威胁；三是在城镇化刚刚步入中期阶段的时候，许多城市资源环境承载能力已经减弱，水土资源和能源不足、环境污染等问题凸显；四是相当一部分城市建设规模和速度超出财力，债务负担过重，财政和金融风险不断积累；五是城市社会治理体制和水平滞后于人口流动、社会结构变化、利益诉求多样化的趋势，一些地方城市病的兆头比较明显，社会稳定面临许多挑战。[①] 有鉴于此，国家提出新型城镇化发展战略，制定了《国家新型城镇化规划（2014—2020 年）》，要求"走以人为本、四化同步、优化布局、生态文明、文化传承的中国特色新型城镇化道路，促进经济转型升级和社会和谐进步"[②]。与新型城镇化战略相匹配的户籍制度改革也有重大突破，国家提出到 2020 年，基本建立与全面建成小康社会相适应，有效支撑社会管理和公共服务，依法保障公民权利，以人为本、科学高效、规范有序的新型户籍制度，努力实现一亿左右农业转移人口和其他常住人口在城镇落户。[③] 国务院文件要求建立城乡统一的户口登记制度，城乡协调发展迈出了重要步伐。

　　我国发展的不平衡、不充分不仅体现在城乡关系方面，还体现为不同地区、

---

　　① 习近平：《在中央城镇化工作会议上的讲话》（2013 年 12 月 12 日），载中共中央文献研究室编：《十八大以来重要文献选编》（上），中央文献出版社 2014 年版，第 589 页。

　　② 《国家新型城镇化规划（2014—2020 年）（节选）》（2014 年 3 月 12 日），载中共中央文献研究室编：《十八大以来重要文献选编》（上），中央文献出版社 2014 年版，第 879 页。

　　③ 《国务院关于进一步推进户籍制度改革的意见》（2014 年 7 月 24 日），载中共中央文献研究室编：《十八大以来重要文献选编》（中），中央文献出版社 2016 年版，第 28 页。

不同人群、不同行业之间的发展差距。与东部沿海地区相比，我国中西部地区和东北老工业基地的发展相对落后，还存在大量贫困人口，不同行业、职业之间的收入差距也依然较大。党的十八大以后坚决贯彻科学发展观，并提出创新、协调、绿色、开放、共享的新发展理念，坚持统筹兼顾、协调发展，进一步推进西部大开发战略、中部崛起战略，提出东北老工业基地振兴战略、乡村振兴战略，积极推动新型城镇化，深入开展精准扶贫，坚决打赢扶贫攻坚战，不断提高最低收入标准和退休职工养老金，建立健全城乡统一的社会保障体系，发展壮大中等收入群体，调节不同行业、职业间的过高收入差距，为改变不平衡不充分的发展现状、全面建成小康社会并在更高水平上满足人民群众的美好生活需要作出了扎扎实实的努力，取得了新的辉煌业绩。

三、社会主要矛盾转变的时代意义

我国社会主要矛盾的变化是关系全局的历史性变化，标志着中国特色社会主义进入新时代。社会主要矛盾是划分时代的基本依据，在社会发展进程中起着主导、支配和决定作用，贯通于时代的各个领域、各个层面。我国社会主要矛盾的变化，表明原有的社会主要矛盾已经被新的社会主要矛盾所替代，是中国特色社会主义进入新时代的重要标志。新的社会主要矛盾是新时代的重要内涵和基本特征。从求温饱到求环保，从求生存到求生态；从先富带后富到共建共享；从高速增长阶段转向高质量发展阶段，诸如此类的要求都是新的社会主要矛盾的具体表现，也是新时代的具体特征。我国社会主要矛盾的变化表明，新时代中国特色社会主义具有鲜明的时代特征和时代内涵，同以往几十年相比已不是处于同一个水平，而是社会主义初级阶段中新的发展阶段。[①]

经过长期努力，中国特色社会主义进入了新时代，这是我国发展新的历史方位。这个新时代，是承前启后、继往开来、在新的历史条件下继续夺取中国特色社会主义伟大胜利的时代，是决胜全面建成小康社会、进而全面建设社会

---

① 颜晓峰：《我国社会主要矛盾变化的重大意义》，《人民日报》2018 年 1 月 4 日。

主义现代化强国的时代，是全国各族人民团结奋斗、不断创造美好生活、逐步实现全体人民共同富裕的时代，是全体中华儿女勠力同心、奋力实现中华民族伟大复兴中国梦的时代，是我国日益走近世界舞台中央、不断为人类作出更大贡献的时代。新的社会主要矛盾表明，决胜全面建成小康社会具备了坚实基础和充分条件。新的社会主要矛盾也表明，我国有条件、有能力乘势而上，开启全面建设社会主义现代化国家新征程，向第二个百年奋斗目标进军。

有关社会主要矛盾的新论断更加鲜明地体现了以人民为中心的发展思想。在发展目的和内涵方面，用满足"人民日益增长的美好生活需要"替代原来的"日益增长的物质文化需要"，不仅包括满足人民对物质文化生活的更高要求，而且包括满足人民在民主、法治、公平、正义、安全、环境等方面日益增长的新要求。在发展存在的主要问题方面，用"不平衡不充分的发展"替代原来提的"落后的社会生产"，使发展的重点由物质生产拓展到包括经济、政治、文化、社会、生态文明"五位一体"的发展，要求大力解决发展不平衡不充分问题。[①] 新的社会主要矛盾对党和国家工作提出了许多新要求，需要在继续推动发展的基础上，着力解决好发展不平衡不充分问题，大力提升发展质量和效益，更好满足人民在经济、政治、文化、社会、生态等方面日益增长的需要，更好推动人的全面发展、社会全面进步。

我国社会主要矛盾的变化是经济社会持续发展的必然结果，中央有关社会主要矛盾转变的论述是在对我国发展现状全面、深入认识的基础上作出的实事求是的重大战略判断。社会主要矛盾的变化为中国特色社会主义事业划定了新的历史坐标、提出了新的发展目标，也对党和国家工作提出了新的更高要求。同时必须认识到，我国社会主要矛盾的变化，并没有改变我们对我国社会主义所处历史阶段的判断，我国仍处于并将长期处于社会主义初级阶段的基本国情没有变，我国是世界最大发展中国家的国际地位没有变。新时代的社会建设，要在全面建成小康社会的基础上，继续着力推进协调、均衡发展，持续改变不

---

① 林兆木:《正确认识我国社会主要矛盾的转化》,《人民日报》2018 年 3 月 30 日。

平衡、不充分的发展现状，推动全体人民共享改革开放的发展成果，更好地满足人民群众对美好生活的需求，为社会主义现代化建设目标的最终实现奠定坚实基础。

第二节　新时代社会建设的理念与原则

党的十九大报告提出，必须坚持以人民为中心的发展思想，不断促进人的全面发展、全体人民共同富裕。"以人民为中心"既是新时代总体社会建设与发展的核心思想，也是"五位一体"格局中社会建设的根本理念。基于这一理念，未来一段时间内，我国社会建设需要坚持民生为本、公平正义、共建共享等基本原则。民生为本的原则直接体现了中国共产党为人民谋幸福、为人民美好生活而奋斗的初心和使命，是新时代社会建设需要遵循的首要原则。公平正义是中国特色社会主义的内在要求，更好地维护公平正义应是社会主义优越性的重要体现。人民主体地位从根本上决定了我国社会建设的"共建"原则，国家的社会主义性质则决定了我国社会建设与发展成果的"共享"特征。"以人民为中心"的根本理念和包括民生为本、公平正义、共建共享在内的基本原则构成了中国共产党新时代社会建设思想的主要内容。

一、以人民为中心的根本理念

建党以来，中国共产党秉持为人民谋幸福、为民族谋复兴的初心，始终努力维护人民群众的根本利益，始终高度重视维持党和人民大众的血肉联系。在中国革命、建设、改革的不同阶段，正是由于得到人民发自内心的广泛支持，中国共产党才能取得一次次胜利，不断将民族复兴和中国特色社会主义建设事业推向前进。从一切为了群众、一切依靠群众的群众路线到全心全意为人民服务的党的宗旨，从始终代表最广大人民群众根本利益的指导思想到以人为本的科学发展观，无不渗透着中国共产党的"重民"思想。尽管随着时代的变化，中国共产党重民思想的表述有所差异，但重视民众、关注社会建设的决心和毅力始终是坚定不移的。[①] 在新时代，这种重民思想的最新体现就是以人民为中心的发展思想和根本理念。

2012 年 11 月 8 日，中国共产党第十八届全国代表大会召开，大会的主题是"坚定不移沿着中国特色社会主义道路前进，为全面建成小康社会而奋斗"。大会提出，在新的历史条件下夺取中国特色社会主义新胜利，必须牢牢把握八个方面的基本要求，并使之成为全党全国各族人民的共同信念。在这些基本要求中，与社会建设直接相关的至少有四项：必须坚持人民主体地位、必须坚持维护社会公平正义、必须坚持走共同富裕道路、必须坚持促进社会和谐。[②] 习近平总书记此后的讲话中，无论是"人民对美好生活的向往，就是我们的奋斗目标"[③]，还是"中国梦归根到底是人民的梦，必须紧紧依靠人民来实现，必须不断为人民造福"[④]，均鲜明体现了中国共产党的人民性，是"以人民为中心"思想理念的不同表述。

十八大以来，"以人民为中心"的思想理念表现在党治国理政的各方面工作中。2013 年 11 月 12 日，十八届三中全会通过《关于全面深化改革若干重大问题的决定》，提出社会体制改革的总体要求，即：紧紧围绕更好保障和改善民生、促进社会公平正义深化社会体制改革，改革收入分配制度，促进共同富裕，推进社会领域制度创新，推进基本公共服务均等化，加快形成科学有效的社会治理体制，确保社会既充满活力又和谐有序。一方面是推进社会事业改革创新，实现发展成果更多更公平惠及全体人民，解决好人民最关心最直接最现实的利

① 范海龙、李玉敏：《中国共产党社会建设思想的理论渊源及现实依据》，《重庆社会科学》2014 年第 9 期。

② 胡锦涛：《坚定不移沿着中国特色社会主义道路前进，为全面建成小康社会而奋斗》（2012 年 11 月 8 日），载中共中央文献研究室编：《十八大以来重要文献选编》（上），中央文献出版社 2014 年版，第 1 页。

③ 习近平：《人民对美好生活的向往，就是我们的奋斗目标》（2012 年 11 月 15 日），载中共中央文献研究室编：《十八大以来重要文献选编》（上），中央文献出版社 2014 年版，第 69 页。

④ 习近平：《在第十二届全国人民代表大会第一次会议上的讲话》（2013 年 3 月 17 日），载中共中央文献研究室编：《十八大以来重要文献选编》（上），中央文献出版社 2014 年版，第 233 页。

益问题，努力为社会提供多样化服务，更好满足人民需求。另一方面是创新社会治理体制，着眼于维护最广大人民根本利益，最大限度增加和谐因素，增强社会发展活力，提高社会治理水平，全面推进平安中国建设，维护国家安全，确保人民安居乐业、社会安定有序。[①]十八届三中全会提出全面深化改革，归根结底是为了人民的幸福生活。

党的十八届四中全会着力推进全面依法治国，习近平强调"必须坚持人民主体地位"，"必须坚持法治为了人民、依靠人民、造福人民、保护人民"，"要把体现人民利益、反映人民愿望、维护人民权益、增进人民福祉落实到依法治国全过程，使法律及其实施充分体现人民意志"。[②]党的十八届五中全会提出创新、协调、绿色、开放、共享的新发展理念，并形成以人民为中心的发展思想，其含义包括"把增进人民福祉、促进人的全面发展作为发展的出发点和落脚点，发展人民民主，维护社会公平正义，保障人民平等参与、平等发展权利，充分调动人民积极性、主动性、创造性"。[③]作为十八大以来中国特色社会主义国家治理的根本逻辑，"以人民为中心"也是建设社会治理体制、推进社会治理体系和治理能力现代化必须遵循的基本原则，体现了党对社会主义建设规律认识的不断深化。[④]

2016年7月，在中国共产党成立95周年之际，习近平指出，"坚持不忘初心、继续前进，就要坚信党的根基在人民、党的力量在人民，坚持一切为了人民、一切依靠人民，充分发挥广大人民群众积极性、主动性、创造性，不断把

① 《中共中央关于全面深化改革若干重大问题的决定》（2013年11月12日中国共产党第十八届中央委员会第三次全体会议通过），载中共中央文献研究室编：《十八大以来重要文献选编》（上），中央文献出版社2014年版，第511页。

② 习近平：《加快建设社会主义法治国家》（2014年10月23日），载中共中央文献研究室编：《十八大以来重要文献选编》（中），中央文献出版社2016年版，第182页。

③ 《中共中央关于制定国民经济和社会发展第十三个五年规划的建议》（2015年10月29日中国共产党第十八届中央委员会第五次全体会议通过），载中共中央文献研究室编：《十八大以来重要文献选编》（中），中央文献出版社2016年版，第786页。

④ 李友梅：《中国社会治理的新内涵与新作为》，《社会学研究》2017年第6期。

为人民造福事业推向前进"。① 2017 年 10 月，中国共产党第十九届全国代表大会召开，大会提出，中国共产党人的初心和使命，就是为中国人民谋幸福，为中华民族谋复兴，必须坚持以人民为中心的发展思想，不断促进人的全面发展、全体人民共同富裕，必须"坚持人民当家作主"，"坚持在发展中保障和改善民生"，"必须坚持人民主体地位，坚持立党为公、执政为民，践行全心全意为人民服务的根本宗旨，把党的群众路线贯彻到治国理政全部活动之中，把人民对美好生活的向往作为奋斗目标，依靠人民创造历史伟业"。② 2018 年 12 月，在改革开放 40 周年之际，习近平再次强调"必须坚持以人民为中心，不断实现人民对美好生活的向往"，以最广大人民根本利益为我们一切工作的根本出发点和落脚点，坚持把人民拥护不拥护、赞成不赞成、高兴不高兴作为制定政策的依据，顺应民心、尊重民意、关注民情、致力民生，既通过提出并贯彻正确的理论和路线方针政策带领人民前进，又从人民实践创造和发展要求中获得前进动力，让人民共享改革开放成果，激励人民更加自觉地投身改革开放和社会主义现代化建设事业。③

概言之，"以人民为中心"既是新时代中国特色社会主义事业的核心发展思想，也是指导新时代社会建设的根本理念。"以人民为中心"是一套完整的思想体系，其含义包括以人民美好生活为发展目标、尊重人民主体地位、激发人民创造活力、保障人民权益、反映人民意愿、坚持改善民生、坚持成果共享、创新社会治理、维护公平正义等。"以人民为中心"的思想理念是中国共产党一以贯之的"人民性"本质特征在新时代的新表现，是新时代坚守党的宗旨、践行群众路线的必然产物，是马克思主义中国化在新时代的新发展。"以人民为中心"的思

---

① 习近平：《在庆祝中国共产党成立九十五周年大会上的讲话》(2016 年 7 月 1 日)，载中共中央文献研究室编：《十八大以来重要文献选编》(下)，中央文献出版社 2018 年版，第 341 页。

② 习近平：《决胜全面建成小康社会，夺取新时代中国特色社会主义伟大胜利》(2017 年 10 月 18 日)，载中共中央党史和文献研究院编：《十九大以来重要文献选编》(上)，中央文献出版社 2019 年版，第 1 页。

③ 习近平：《在庆祝改革开放四十周年大会上的讲话》(2018 年 12 月 18 日)，载中共中央党史和文献研究室编：《十九大以来重要文献选编》(上)，中央文献出版社 2019 年版，第 720 页。

想理念需要贯彻到中国特色社会主义事业"五位一体"总体布局中。在具体的社会建设领域，这一理念要求坚持民生为本、公平正义、共建共享等基本原则。

二、社会建设原则之一：民生为本

"天地之大，黎元为本。"民本思想是中国传统文化中的精华，孙中山先生提出的"三民主义"包含以节制资本、平均地权为主要内容的民生主义。中国共产党成立以来，无论是在新民主主义革命时期，还是在新中国成立以后的社会主义建设时期，始终坚守为人民谋幸福的初心，以维护人民大众的根本利益为己任，重视民生和社会事业发展，致力于提高人民生活水平、保障人民平等权利，成功解决了十多亿人民的温饱问题，开启了建设小康社会的新征程。进入 21 世纪，社会主义和谐社会建设的重点内容是民生社会事业的发展，全面建成小康社会突出的短板也主要在民生领域，发展不均衡的问题很大程度上表现在不同群体民生方面的差距。在全面建成小康社会的关键时期，"要按照人人参与、人人尽力、人人享有的要求，坚守底线、突出重点、完善制度、引导预期，注重机会公平，着力保障基本民生，重点加强基本公共服务"。[①] 从这一意义上讲，民生为本是新时代社会建设的首要原则。

党的十八大提出，在新的历史条件下夺取全面建成小康社会的新胜利，必须始终坚持走共同富裕道路。共同富裕是中国特色社会主义的根本原则。坚持社会主义基本经济制度和分配制度，调整国民收入分配格局，加大再分配调节力度，着力解决收入分配差距较大问题，使发展成果更多更公平惠及全体人民，朝共同富裕方向稳步前进。[②] 党的十九大提出，坚持以人民为中心的发展思想，不断促进人的全面发展、全体人民共同富裕，必须在发展中保障和改善民生。

---

① 习近平：《以新的发展理念引领发展，夺取全面建成小康社会决胜阶段的伟大胜利》(2015 年 10 月 29 日)，载中共中央文献研究室编：《十八大以来重要文献选编》(中)，中央文献出版社 2016 年版，第 822 页。

② 胡锦涛：《坚定不移沿着中国特色社会主义道路前进，为全面建成小康社会而奋斗》(2012 年 11 月 8 日)，载中共中央文献研究室编：《十八大以来重要文献选编》(上)，中央文献出版社 2014 年版，第 1 页。

增进民生福祉是发展的根本目的。必须多谋民生之利、多解民生之忧，在发展中补齐民生短板、促进社会公平正义，在幼有所育、学有所教、劳有所得、病有所医、老有所养、住有所居、弱有所扶上不断取得新进展，深入开展脱贫攻坚，保证全体人民在共建共享发展中有更多获得感，不断促进人的全面发展、全体人民共同富裕。建设平安中国，加强和创新社会治理，维护社会和谐稳定，确保国家长治久安、人民安居乐业。[①]

民生为本的首要原则集中体现在扶贫、就业、教育、医疗、养老、收入分配、社会保障等社会建设领域，同时也体现在经济发展、城市建设等其他基础工作中。例如在城市工作领域，也要把握城市建设与发展的根本目的是人的生活，关键就是"衣食住行、生老病死、安居乐业"[②]。坚持民生为本的社会建设原则，需要坚决"补短板""兜底线"，需要推动2亿左右的城乡居民参加养老保险，需要使保障房覆盖20%左右的城镇人口，需要改造1000万户以上的棚户区，需要解决7000多万低保人口、大量残疾人、流浪乞讨人员和特困大病患者的实际困难。[③]在扶贫领域，中央提出到2020年，稳步实现农村贫困人口不愁吃、不愁穿，义务教育、基本医疗和住房安全有保障，确保我国现行标准下农村贫困人口实现脱贫，贫困县全部摘帽，解决区域性整体贫困。[④]在养老服务领域，国家提出到2020年，基本建成以居家为基础、社区为依托、机构为支撑的，功能完善、规模适度、覆盖城乡的养老服务体系。[⑤]在矛盾问题多

[①]　习近平：《决胜全面建成小康社会，夺取新时代中国特色社会主义伟大胜利》（2017年10月18日），载中共中央党史和文献研究院编：《十九大以来重要文献选编》（上），中央文献出版社2019年版，第1页。

[②]　习近平：《做好城市工作的基本思路》（2015年12月20日），载中共中央文献研究室编：《十八大以来重要文献选编》（下），中央文献出版社2016年版，第78页。

[③]　李克强：《在国务院第一次全体会议上的讲话》（2013年3月20日），载中共中央文献研究室编：《十八大以来重要文献选编》（上），中央文献出版社2014年版，第243页。

[④]　《中共中央、国务院关于打赢脱贫攻坚战的决定》（2015年11月29日），载中共中央文献研究室编：《十八大以来重要文献选编》（下），中央文献出版社2016年版，第52页。

[⑤]　《国务院关于加快发展养老服务业的若干意见》（2013年9月6日），载中共中央文献研究室编：《十八大以来重要文献选编》（上），中央文献出版社2014年版，第360页。

发、人民反映强烈的食品安全领域，强调要将食品安全问题作为民生大事、发展工程、政治任务来抓，坚持源头治理、标本兼治，要求用最严谨的标准、最严格的监管、最严厉的处罚、最严肃的问责，确保广大人民群众"舌尖上的安全"。①

2020 年是我国全面建成小康社会的决胜之年，也是全面深化改革、全面依法治国以及"十三五"规划体系各类阶段性目标实现的收官之年。自 2019 年年底至 2020 年上半年，我国爆发新冠肺炎疫情，这是新中国成立以来遭遇的传播速度最快、感染范围最广、防控难度最大的重大突发公共卫生事件，严重影响经济社会持续健康发展，造成前所未有的民生压力。2020 年 5 月，李克强总理在部署本年工作时，强调要优先稳就业保民生，坚决打赢脱贫攻坚战，努力实现全面建成小康社会目标任务。在就业领域，要求千方百计稳定和扩大就业，实现城镇新增就业 900 万人以上、城镇调查失业率 6% 左右、城镇登记失业率 5.5% 左右的工作任务；在扶贫领域，要求坚决打赢脱贫攻坚战，开展消费扶贫、产业扶贫、易地扶贫、定点扶贫，实现现行标准下农村贫困人口全部脱贫、贫困县全部摘帽；在收入分配领域，要求拓展农民就业增收渠道，保持居民消费价格涨幅 3.5% 左右，保证居民收入增长与经济增长基本同步；在医疗卫生领域，要求坚持生命至上原则，加强公共卫生体系建设、提高基本医疗服务水平，进一步加强传染病防治能力建设，提高居民医保人均财政补助标准，提升城乡社区医疗服务能力。在社会保障领域，要求加大基本民生保障力度，上调退休人员基本养老金，提高城乡居民基础养老金最低标准，扩大失业保险、低保保障范围，切实保障所有困难群众基本生活，坚决兜牢基本民生底线。②

概括而言，民生为本的原则直接体现了中国共产党为人民谋幸福、为人民美好生活而奋斗的初心和使命，是新时代社会建设需要遵循的首要原则。十八

---

① 习近平：《在中央农村工作会议上的讲话》(2013 年 12 月 23 日)，载中共中央文献研究室编：《十八大以来重要文献选编》(上)，中央文献出版社 2014 年版，第 658 页。

② 李克强：《政府工作报告》(2020 年 5 月 22 日)，中国政府网，http://www.gov.cn/guowuyuan/2020zfgzbg.htm。

大以来，党积极推动以民生社会事业发展和社会治理创新为主要内容的社会建设，取得辉煌成就，人民群众的幸福感、获得感不断提高。同时，面对国际国内形势的变化和各种突发性的风险挑战，仍然需要紧紧围绕解决新时代社会主要矛盾，着力改变不平衡、不充分的发展现状，积极保障和改善民生，巩固小康社会建设成果和全体人民小康生活水平，在此基础上持续推进民生建设。

三、社会建设原则之二：公平正义

党的十八大提出，要在新的历史条件下夺取中国特色社会主义新胜利，必须坚持维护社会公平正义。公平正义是中国特色社会主义的内在要求。在全体人民共同奋斗、经济社会发展的基础上，加紧建设对保障社会公平正义具有重大作用的制度，逐步建立以权利公平、机会公平、规则公平为主要内容的社会保障体系，努力营造公平的社会环境，保证人民平等参与、平等发展权利。[①]党的十九大报告指出，我国社会主要矛盾已经转变为人民日益增长的美好生活需要和不平衡、不充分的发展之间的矛盾，特别提到人民对于公平、正义的要求在不断增长。坚决维护社会公平正义，是贯彻"以人民为中心"思想理念的基本要求，是新时代社会建设的另一个重要原则。

改革开放以来，我国经济社会发展取得巨大成就，为促进社会公平正义提供了坚实物质基础和有利条件。同时，在我国现有发展水平上，社会上还存在不少有违公平正义的现象。特别是随着我国经济社会发展水平和人民生活水平不断提高，人民群众的公平意识、民主意识、权利意识不断增强，对社会不公问题的反映越来越强烈。新时代，党领导推进全面深化改革必须"以促进社会公平正义、增进人民福祉为出发点和落脚点"，"如果不能给老百姓带来实实在在的利益，如果不能创造更加公平的社会环境，甚至导致更多不公平，改革就

---

① 胡锦涛：《坚定不移沿着中国特色社会主义道路前进，为全面建成小康社会而奋斗》（2012 年 11 月 8 日），载中共中央文献研究室编：《十八大以来重要文献选编》（上），中央文献出版社 2014 年版，第 1 页。

失去意义，也不可能持续"。① 进一步实现社会公平正义，要在经济社会发展的基础上，通过制度安排，更好地保障人民各方面权益，让全体人民依法平等享有充分权利和履行应尽义务。

维护社会公平正义，首先在于创造权利公平、机会公平、规则公平的制度环境，保障全体人民在政治、经济、社会、文化等方面的平等权利，保证机会平等和公平竞争，促进所有人自由而全面的发展。社会公正能够极大调动积极性，社会公正的制度要逐步建立完善，让人人都有平等的机会，着力解决不同所有制企业的差别对待、高考不公正等问题。② 以教育公平为例，十八大以来，党和政府积极推动教育均衡发展和教育质量提升，尤其重视教育类公共服务资源的均等化配置和农村教育事业发展。在 2020 年的《政府工作报告》中，李克强总理强调要完善随迁子女义务教育入学政策，发展普惠性学前教育，扩大高校面向农村和贫困地区招生规模，缩小城乡、区域、校际之间的发展差距，让教育资源惠及所有家庭和孩子③，继续将推进教育公平放在极为重要的地位上。此外，十八大以来，通过实施精准扶贫、乡村振兴、新型城镇化等一系列重大发展战略，通过推动就业、医疗、养老事业发展尤其是持续完善全覆盖的社会保障体系，全体人民公平发展的状况不断改善。

维护社会公平正义，还要坚持法律面前人人平等，坚决维护人民的合法权益，做到严格执法、公正司法。党的十八届四中全会作出全面依法治国的重大决定，提出建设社会主义法治国家、法治政府和法治社会的目标，要求做到有法可依、有法必依、执法必严、违法必究。2014 年 1 月，习近平在中央政法工作会议上提出，政法机关要完成党和人民赋予的光荣使命，必须严格执法、公正司法。如果不努力让人民群众在每一个司法案件中都感受到公平正义，人民

① 习近平：《切实把思想统一到党的十八届三中全会精神上来》（2013 年 11 月 12 日），载中共中央文献研究室编：《十八大以来重要文献选编》（上），中央文献出版社 2014 年版，第 547 页。

② 李克强：《在国务院第一次全体会议上的讲话》（2013 年 3 月 20 日），载中共中央文献研究室编：《十八大以来重要文献选编》（上），中央文献出版社 2014 年版，第 243 页。

③ 李克强：《政府工作报告》（2020 年 5 月 22 日），载中国政府网，http://www.gov.cn/guowuyuan/2020zfgzbg.htm。

群众就不会相信政法机关，从而也不会相信党和政府。[①]2014 年 10 月，习近平强调，平等是社会主义法律的基本属性，是社会主义法治的基本要求。坚持法律面前人人平等，必须体现在立法、执法、司法、守法各个方面。任何组织和个人都必须尊重宪法法律权威，都必须在宪法法律范围内活动，都必须依照宪法法律行使权力或权利、履行职责或义务，都不得有超越宪法法律的特权。任何人违反宪法法律都要受到追究，绝不允许任何人以任何借口任何形式以言代法、以权压法、徇私枉法。[②]

总而言之，中国特色社会主义进入新时代，在经济社会持续发展的基础上，人民群众对于社会公平正义的要求日益高涨，维护公平正义成为党和国家贯彻"以人民为中心"核心理念、推进新时代社会建设必须遵循的重要原则。公平正义是中国特色社会主义的内在要求，更好地维护公平正义应是社会主义优越性的主要体现。维护社会公平正义需要为人民群众创造公平的制度环境、建立公正的制度体系，尤其是要坚决做到法律面前人人平等；需要着力破除各种社会性、文化性的不平等障碍，保障所有人的权利公平、机会公平和规则公平，尤其是提升弱势群体的发展能力，为全体人民实现"中国梦"提供充足的发展空间。

四、社会建设原则之三：共建共享

党的十八大报告指出，要全面建成小康社会、推进中国特色社会主义事业，必须坚持人民主体地位、必须坚持走共同富裕道路，这就提出了新时代社会建设的共建共享原则。坚持人民主体地位，需要发挥人民主人翁精神，坚持依法治国这个党领导人民治理国家的基本方略，最广泛地动员和组织人民依法管理国家事务和社会事务、管理经济和文化事业、积极投身社会主义现代化建设，

---

① 习近平：《严格执法，公正司法》(2014 年 1 月 7 日)，载中共中央文献研究室编：《十八大以来重要文献选编》(上)，中央文献出版社 2014 年版，第 717 页。

② 习近平：《加快建设社会主义法治国家》(2014 年 10 月 23 日)，载中共中央文献研究室编：《十八大以来重要文献选编》(中)，中央文献出版社 2016 年版，第 182 页。

更好保障人民权益，更好保证人民当家作主；坚持走共同富裕道路，需要坚持社会主义基本经济制度和分配制度，调整国民收入分配格局，加大再分配调节力度，着力解决收入分配差距较大问题，使发展成果更多更公平惠及全体人民，朝共同富裕方向稳步前进。[①]十八届三中全会提出改革收入分配制度、促进共同富裕、推进基本公共服务均等化、实现发展成果更多更公平惠及全体人民、创新社会治理体制、增强社会发展活力、提高社会治理水平、确保社会既充满活力又和谐有序等社会体制改革的长远目标和具体任务，同样鲜明体现了共建共享的基本原则。十九大报告提出，必须坚持以人民为中心的发展思想，不断促进人的全面发展、全体人民共同富裕，强调要坚持人民当家作主、坚持在发展中保障和改善民生，并提出打造共建共治共享的社会治理格局。十九届四中全会进一步提出建设人人有责、人人尽责、人人享有的社会治理共同体。一方面是人民充分参与社会建设的"共建"，另一方面是人民平等享有建设成果的"共享"，共建共享是新时代"以人民为中心"思想理念的基本体现，是当前中国特色社会主义事业发展的鲜明特征，也是未来一段时期内我国社会建设需要遵循的重要原则。

人民主体地位从根本上决定了我国社会建设的"共建"原则，国家的社会主义性质则决定了我国社会建设与发展成果的"共享"特征。我国社会主义制度保证了人民当家作主的主体地位，这是我们的制度优势。在全面推进依法治国中，要充分调动人民群众投身依法治国实践的积极性和主动性，使全体人民都成为社会主义法治的忠实崇尚者、自觉遵守者、坚定捍卫者。[②]不仅在依法治国方面，中国特色社会主义事业的各方面建设都需要充分调动广大人民群众的积极性、主动性，紧紧依靠人民群众创造历史伟业。让广大人民群众共享改

① 胡锦涛：《坚定不移沿着中国特色社会主义道路前进，为全面建成小康社会而奋斗》（2012 年 11 月 8 日），载中共中央文献研究室编：《十八大以来重要文献选编》（上），中央文献出版社 2014 年版，第 1 页。

② 习近平：《加快建设社会主义法治国家》（2014 年 10 月 23 日），载中共中央文献研究室编：《十八大以来重要文献选编》（中），中央文献出版社 2016 年版，第 182 页。

革发展成果，是社会主义的本质要求，是社会主义制度优越性的集中体现，也是我们党坚持全心全意为人民服务根本宗旨的重要体现。这方面问题解决好了，全体人民推动发展的积极性、主动性、创造性就能充分调动起来，国家发展才能具有最深厚的伟力。坚持发展为了人民、发展依靠人民、发展成果由人民共享，作出更有效的制度安排，使全体人民朝着共同富裕方向稳步前进，绝不能出现"富者累巨万，而贫者食糟糠"的现象。[①] 就此而言，共建与共享互为条件、相得益彰。共建是共享的基础，共享则既是共建的动力，也是共建的目标。

共建共享原则体现在新时代社会建设的各个领域，"十三五"期间，按照人人参与、人人尽力、人人享有的要求，增加公共服务供给、实施脱贫攻坚工程、提高教育质量、促进就业创业、缩小收入差距、建立更加公平更可持续的社会保障制度、推进健康中国建设等。以收入分配领域为例，"深化收入分配制度改革，要坚持共同发展、共享成果"，具体内容包括：倡导勤劳致富、支持创业创新、保护合法经营；初次分配注重效率，创造机会公平的竞争环境，维护劳动收入的主体地位；再分配更加注重公平，提高公共资源配置效率，缩小收入差距；充分发挥市场机制在要素配置和价格形成中的基础性作用，更好地发挥政府对收入分配的调控作用，规范收入分配秩序，增加低收入者收入，调节过高收入等。[②] 通过持续努力，到 2020 年实现收入分配差距逐步缩小、收入分配秩序明显改善、收入分配格局趋于合理的改革目标，典型体现了以"共享"促"共建"的改革思路。

坚持共建共享原则，要求包括贫困人口在内的全体人民共享改革发展成果，扶贫开发事业的发展尤为重要。扶贫开发事关全面建成小康社会，事关人民福祉。打赢脱贫攻坚战是体现中国特色社会主义制度优越性的重要标志，也是经

---

① 习近平：《以新的发展理念引领发展，夺取全面建成小康社会决胜阶段的伟大胜利》（2015 年 10 月 29 日），载中共中央文献研究室编：《十八大以来重要文献选编》（中），中央文献出版社 2016 年版，第 822 页。

② 《国务院批转发展改革委等部门〈关于深化收入分配制度改革的若干意见〉的通知》（2013 年 2 月 3 日），载中共中央文献研究室编：《十八大以来重要文献选编》（上），中央文献出版社 2014 年版，第 139 页。

济发展新常态下扩大国内需求、促进经济增长的重要途径。[①] 党的十八大以来，扶贫开发工作被纳入"四个全面"战略布局，实施精准扶贫、精准脱贫，加大扶贫投入，创新扶贫方式，扶贫开发工作呈现新局面。我国制定了明确的脱贫目标，通过发展生产、易地搬迁、生态补偿、发展教育、社会保障等方式有序推进脱贫事业，确保到 2020 年实现农村贫困人口全部脱贫、贫困县全部摘帽。同时，实现贫困地区农民可支配收入增长幅度高于全国平均水平，基本公共服务主要领域指标接近全国平均水平。[②] 经过长期不懈的努力，这些目标已逐步实现。

我国的贫困人口主要分布在农村地区，农村的发展是体现共建共享原则的重要领域。全面建成小康社会，最艰巨最繁重的任务在农村，努力在统筹城乡关系、破解城乡二元结构、推进城乡要素平等交换和公共资源均衡配置上取得重大突破，给农村发展注入新的动力。十八大以来，党始终把解决好"三农"问题作为全党工作重中之重，坚持强农惠农富农政策不减弱，推进农村全面小康建设不松劲，加快发展现代农业，加快促进农民增收，加快建设社会主义新农村，不断巩固和发展农业农村好形势。[③] 2012 年至 2020 年，历年的中央一号文件均以推进"三农"工作为主题。2018 年，党又提出了乡村振兴战略，并将其定位为中国特色社会主义进入新时代之后做好"三农"工作的总抓手。[④]当前，我国农业发展水平不断提高、农村各方面建设全面推进、城乡居民收入差距逐步缩小，尤其是农村的社会保障体系日益完善，为广大农民平等参与改革发展进程，共同享受改革发展成果创造了更好条件。

---

① 《中共中央、国务院关于打赢脱贫攻坚战的决定》(2015 年 11 月 29 日)，载中共中央文献研究室编：《十八大以来重要文献选编》(下)，中央文献出版社 2018 年版，第 52 页。

② 习近平：《在中央扶贫开发工作会议上的讲话》(2015 年 11 月 27 日)，载中共中央文献研究室编：《十八大以来重要文献选编》(下)，中央文献出版社 2018 年版，第 29 页。

③ 《中共中央、国务院关于落实发展新理念加快农业现代化实现全面小康目标的若干意见》(2015 年 12 月 31 日)，载中共中央文献研究室编：《十八大以来重要文献选编》(下)，中央文献出版社 2018 年版，第 102 页。

④ 习近平：《走中国特色社会主义乡村振兴道路》(2017 年 12 月 28 日)，载中共中央党史和文献研究室编：《十九大以来重要文献选编》(上)，中央文献出版社 2019 年版，第 141 页。

坚持共建共享原则，需要进一步统筹推进城乡之间、区域之间的均衡发展。在城乡发展一体化方面，十八大以来，国家千方百计增加农民收入，农民收入增速连续多年快于城镇居民；积极推动城乡居民基本医疗和养老制度并轨，要求在 2020 年前全面建成公平、统一、规范的城乡居民养老保险制度，并全面实施城乡居民大病保险；提出新型城镇化战略，进一步推进户籍制度改革，建立城乡统一的户口登记制度，要求到 2020 年，努力实现一亿左右农业转移人口和其他常住人口在城镇落户。[①] 在区域均衡发展方面，十八大以来，中央进一步推动实施西部大开发、中部崛起战略，提出东北振兴战略，致力于缩小东中西部的地区发展差距；深入推进京津冀协同发展、粤港澳大湾区建设、长三角一体化和长江经济带发展，编制黄河流域生态保护和高质量发展规划纲要，推动成渝地区双城经济圈建设[②]，为不同区域内部协同、均衡、一体化发展奠定了坚实基础。

概括而言，面对新时代的社会主要矛盾，中国共产党提出了"以人民为中心"的发展思想和根本理念，并以此为核心形成新时代社会建设需要遵循的三个基本原则，即民生为本、公平正义和共建共享。这些基本原则既是中国共产党传统思想的延续，又具有新时代的新特征、新要求。例如，民生为本原则在党的革命、建设、改革各个阶段均极为重要，是党和人民群众保持密切联系的关键纽带，但在新时代，"民生"的含义已发生改变，亦即新的社会主要矛盾中的民生需求已是"人民日益增长的美好生活需要"，党所领导的社会建设必须适应这种变化，以满足更高水平的民生需求为目标。同时，这些基本原则之间存在密切联系，并不能截然分开。民生需求的满足既需要体现公平正义，也需要坚持共建共享；共建共享的实践领域主要是民生社会事业，而在共建共享的实践过程中同样需要维护公平正义。"以人民为中心"的根本理念和包括民生为本、

---

①《国务院关于进一步推进户籍制度改革的意见》(2014 年 7 月 24 日)，载中共中央文献研究室编：《十八大以来重要文献选编》(中)，中央文献出版社 2016 年版，第 28 页。

② 李克强：《政府工作报告》(2020 年 5 月 22 日)，载中国政府网，http://www.gov.cn/guowuyuan/2020zfgzbg.htm。

公平正义、共建共享在内的基本原则构成了中国共产党新时代社会建设思想的主要内容。

第三节　社会建设新愿景：从小康社会到社会主义现代化

党的十八大提出了全面建成小康社会的发展目标。十八大以来，诸多中央文件提出的建设发展的任务目标，均以 2020 年为期限。"中国梦"体现了中国共产党"为人民谋幸福、为民族谋复兴"这一双重使命的统一，一定程度上实现了国家愿景与个人理想的整合，从而有效发挥了社会团结和社会动员的作用。党的十九大作出社会主要矛盾发生转变的重大论断，提出 2020 年之后新的"两步走"国家发展战略，为我国社会主义现代化进程划定了新的路线图，描绘了新的美好愿景，发出了实现中华民族伟大复兴中国梦的最强音。

一、2020：全面建成小康社会

党的十六大、十七大确立了全面建设小康社会的目标，2012 年召开的党的十八大在此基础上，进一步提出全面建成小康社会的宏伟目标，对我国经济社会发展提出新的要求。根据十八大报告，2020 年全面建成小康社会的目标具体包括[①]：

——经济持续健康发展。转变经济发展方式取得重大进展，在发展平衡性、协调性、可持续性明显增强的基础上，实现国内生产总值和城乡居民人均收入比 2010 年翻一番。科技进步对经济增长的贡献率大幅上升，进入创新型国家行列。工业化基本实现，信息化水平大幅提升，城镇化质量明显提高，农业现代化和社会主义新农村建设成效显著，区域协调发展机制基本形成。对外开放水

---

① 胡锦涛：《坚定不移沿着中国特色社会主义道路前进，为全面建成小康社会而奋斗》（2012 年 11 月 8 日），载中共中央文献研究室编：《十八大以来重要文献选编》（上），中央文献出版社 2014 年版，第 1 页。

平进一步提高，国际竞争力明显增强。

——人民民主不断扩大。民主制度更加完善，民主形式更加丰富，人民积极性、主动性、创造性进一步发挥。依法治国基本方略全面落实，法治政府基本建成，司法公信力不断提高，人权得到切实尊重和保障。

——文化软实力显著增强。社会主义核心价值体系深入人心，公民文明素质和社会文明程度明显提高。文化产品更加丰富，公共文化服务体系基本建成，文化产业成为国民经济支柱性产业，中华文化走出去迈出更大步伐，社会主义文化强国建设基础更加坚实。

——人民生活水平全面提高。基本公共服务均等化总体实现，全民受教育程度和创新人才培养水平明显提高，进入人才强国和人力资源强国行列，教育现代化基本实现。就业更加充分，收入分配差距缩小，中等收入群体持续扩大，扶贫对象大幅减少。社会保障全民覆盖，人人享有基本医疗卫生服务，住房保障体系基本形成，社会和谐稳定。

——资源节约型、环境友好型社会建设取得重大进展。主体功能区布局基本形成，资源循环利用体系初步建立。单位国内生产总值能源消耗和二氧化碳排放大幅下降，主要污染物排放总量显著减少。森林覆盖率提高，生态系统稳定性增强，人居环境明显改善。

党的十八大为2020年之前中国特色社会主义事业的建设发展设定了整体目标和全面任务，"全面建成小康社会"成为未来八年团结全国人民共同奋斗的新的美好愿景。从"全面建设小康社会"到"全面建成小康社会"，体现了中国共产党审时度势的大局观和自我加压的责任感，而全面建成小康社会在经济、政治、文化、社会、生态等方面的具体目标也已经呈现出"五位一体"总体布局的结构形态。

十八大以后，党和国家各方面工作均以2020年全面建成小康社会为指引，设定了具体的路线图。十八大报告提出到2020年"城乡居民人均收入比2010年翻一番"，国家随即于2013年设定了收入分配制度改革的具体目标，除了"翻一番"的核心任务，还要力争中低收入者收入增长更快一些，人民生活水平全面提高，并逐步缩小城乡、区域和居民之间收入分配差距，持续扩大中等收入群体，形成"橄榄型"分配结构，使收入分配秩序明显改善、收入分配格局趋于合理。[①] 2013 年 11 月，十八届三中全会就全面深化改革问题作出部署，提出全面深化改革的总目标是完善和发展中国特色社会主义制度，推进国家治理体系和治理能力现代化，具体是到 2020 年，在重要领域和关键环节改革上取得决定性成果，完成文件提出的 336 项改革任务，形成系统完备、科学规范、运行有效的制度体系，使各方面制度更加成熟更加定型。[②] "十三五"时期是全面建成小康社会的攻坚时期，"十三五"规划的总目标即是到 2020 年，国内生产总值和城乡居民人均收入比 2010 年翻一番，年均经济增长在 6.5%以上[③]，同时对"五位一体"建设提出了具体指标任务。此外，无论是在推进新型城镇化、打响脱贫攻坚战、实施乡村振兴等宏大战略方面，还是在建立统一的城乡居民基本养老保险制度、进一步推进户籍制度改革等中观制度层面，乃至在推进农村宅基地使用权确权登记颁证工作等具体工作方面，2020 年都是关键的时间任务节点。

党的十八大提出的全面建成小康社会战略目标，为 2020 年之前我国经济社会发展作出了整体部署，为全面推进"五位一体"总体社会建设提供了发展指引。2020 年，我国将兑现全面建成小康社会的庄严承诺，十八大及以后各届会议、各类文件提出的建设目标也将一一实现，2020 年必将作为中国特色社会主义事业的伟大里程碑而载入历史史册。全面建成小康社会战略目标的提出是中国共产党为人民谋幸福这一立党初心的直接体现，这一目标发挥了凝聚与动员

[①] 《国务院批转发展改革委等部门〈关于深化收入分配制度改革的若干意见〉的通知》（2013 年 2 月 3 日），载中共中央文献研究室编：《十八大以来重要文献选编》（上），中央文献出版社 2014 年版，第 139 页。

[②] 《中共中央关于全面深化改革若干重大问题的决定》（2013 年 11 月 12 日中国共产党第十八届中央委员会第三次全体会议通过），载中共中央文献研究室编：《十八大以来重要文献选编》（上），中央文献出版社 2014 年版，第 511 页。

[③] 李克强：《政府工作报告》（2016 年 3 月 5 日），载中共中央文献研究室编：《十八大以来重要文献选编》（下），中央文献出版社 2018 年版，第 253 页。

社会的积极作用，这一目标的如期实现也将在更大范围内增强党的执政权威、巩固党的执政基础。在全面建成小康社会、实现第一个百年发展目标的基础上，中国共产党将继续团结和带领全国各族人民，将中国特色社会主义伟大事业不断推向前进。

二、"中国梦"：民族复兴与共同奋斗

2012 年 11 月，习近平总书记在参观"复兴之路"展览时提出了"中国梦"的概念，并说"实现中华民族伟大复兴，就是中华民族近代以来最伟大的梦想"。同时，每个人的前途命运都与国家和民族的前途命运紧密相连，"国家好、民族好，大家才会好"。① 从此，具有更沉重历史感、更久远未来感和更美好理想图景的"中国梦"成为中国共产党凝聚人心、团结社会的一面新旗帜。此后，"中国梦"与党的"两个一百年"奋斗目标相结合，演化为全面建成小康社会后的新"两步走"战略目标，为持续推进中国特色社会主义事业、实现社会主义现代化确定了新的时间表和路线图。

2013 年 3 月，习近平总书记在讲话中进一步阐发"中国梦"的细致含义："中国梦归根到底是人民的梦，必须紧紧依靠人民来实现，必须不断为人民造福"。实现中国梦必须走中国道路，这就是中国特色社会主义道路；实现中国梦必须弘扬中国精神，这就是以爱国主义为核心的民族精神，以改革创新为核心的时代精神；实现中国梦必须凝聚中国力量，这就是中国各族人民大团结的力量。要团结全国人民共同奋斗，需要随时倾听人民呼声、回应人民期待，需要保证人民平等权利、维护社会公平正义，需要不断实现好、维护好、发展好最广大人民根本利益，使发展成果更多更公平惠及全体人民，最终实现共同富裕。② 就此而言，"中国梦"既是全民族谋求复兴的整体发展目标，也是每个公

---

① 习近平：《中国梦，复兴路》（2012 年 11 月 29 日），载中共中央文献研究室编：《十八大以来重要文献选编》（上），中央文献出版社 2014 年版，第 83 页。

② 习近平：《在第十二届全国人民代表大会第一次会议上的讲话》（2013 年 3 月 17 日），载中共中央文献研究室编：《十八大以来重要文献选编》（上），中央文献出版社 2014 年版，第 233 页。

民对美好生活的奋斗理想，是民族、国家总体目标和人民个体目标的有机整合。

"中国梦"以通俗易懂的话语将中国共产党"为人民谋幸福、为民族谋复兴"的立党初心宣示给中国人民和全世界，为党领导的最广泛的爱国统一战线注入了新能量。"中国梦"的首要含义是实现中华民族伟大复兴，这是近代以来无数仁人志士披荆斩棘、孜孜以求的终极目标，"振兴中华"的口号激励了包括中国共产党人在内的一代代华夏儿女浴血奋斗。同时，中华民族的伟大复兴必然包含中国人民的幸福生活，全体人民生活幸福才是衡量民族振兴、国家富强的根本标准。"中国梦"也具有每个中国人为自身理想而奋斗的基本含义，没有每个人的努力奋斗，美好生活、民族振兴都将难以实现。中国共产党需要创设每个人自由、平等而全面发展的社会和制度环境，需要以全体人民的美好生活为奋斗目标，团结带领全国各族人民为"中国梦"而长期奋斗，实现个人理想与国家目标的统一。

三、新的"两步走"发展战略

改革开放以来，中国共产党根据经济社会发展状况，在不同时期曾提出不同内容的"三步走"发展战略。1987年，党的十三大最先提出社会主义现代化建设的"三步走"战略目标：第一步从1981年到1990年，实现国民生产总值比1980年翻一番，解决人民的温饱问题；第二步从1991年到20世纪末，实现国民生产总值再增长一倍，人民生活达到小康水平；第三步是到21世纪中叶，使人民生活比较富裕，基本实现现代化。在前两个目标顺利实现的基础上，1997年党的十五大提出了新的"三步走"发展战略和"两个一百年"奋斗目标：在21世纪第一个十年，实现国民生产总值比2000年翻一番，使人民的小康生活更加宽裕，形成比较完善的社会主义市场经济体制；到中国共产党成立一百年时，使国民经济更加发展，各项制度更加完善；然后再奋斗三十年，到新中国成立一百年时，基本实现现代化，把我国建成富强民主文明的社会主义现代化国家。此后，党的十六大、十七大均以全面建设小康社会为主要目标，十八大则提出到2020年全面建成小康社会的新要求。

站在历史发展新的更高起点上，中国共产党第十九次全国代表大会综合分析国际国内形势和既有发展条件，对新时代推进社会主义现代化建设作出新的顶层设计，提出从 2020 年到本世纪中叶，在全面建成小康社会的基础上，分两步走全面建成社会主义现代化强国，即新的"两步走"战略目标。从全面建成小康社会到基本实现现代化，再到全面建成社会主义现代化强国，是新时代中国特色社会主义发展的战略安排。

第一个阶段，从 2020 年到 2035 年，在全面建成小康社会的基础上，再奋斗十五年，基本实现社会主义现代化。到那时，我国经济实力、科技实力将大幅跃升，跻身创新型国家前列；人民平等参与、平等发展权利得到充分保障，法治国家、法治政府、法治社会基本建成，各方面制度更加完善，国家治理体系和治理能力现代化基本实现；社会文明程度达到新的高度，国家文化软实力显著增强，中华文化影响更加广泛深入；人民生活更为宽裕，中等收入群体比例明显提高，城乡区域发展差距和居民生活水平差距显著缩小，基本公共服务均等化基本实现，全体人民共同富裕迈出坚实步伐；现代社会治理格局基本形成，社会充满活力又和谐有序；生态环境根本好转，美丽中国目标基本实现。

第二个阶段，从 2035 年到 21 世纪中叶，在基本实现现代化的基础上，再奋斗十五年，把我国建成富强民主文明和谐美丽的社会主义现代化强国。到那时，我国物质文明、政治文明、精神文明、社会文明、生态文明将全面提升，实现国家治理体系和治理能力现代化，成为综合国力和国际影响力领先的国家，全体人民共同富裕基本实现，我国人民将享有更加幸福安康的生活，中华民族将以更加昂扬的姿态屹立于世界民族之林。①

新时代"两步走"战略安排，丰富了"两个一百年"奋斗目标的内涵，尤其是细化了第二个百年目标的具体内容。新的"两步走"战略把基本实现现代化的时间提前了十五年，并且提出全面建成社会主义现代化强国这一更高目

---

① 习近平：《决胜全面建成小康社会，夺取新时代中国特色社会主义伟大胜利》（2017 年 10 月 18 日），载中共中央党史和文献研究院编：《十九大以来重要文献选编》（上），中央文献出版社 2019 年版，第 1 页。

标，发出了实现中华民族伟大复兴中国梦的最强音。在内容上，有关第二个百年奋斗目标的表述更加完整。原来的目标是到新中国成立一百年时建成"富强民主文明和谐的社会主义现代化国家"。党的十九大对此作出两处调整：一是加上"美丽"两个字，即"富强民主文明和谐美丽的社会主义现代化强国"，以与"五位一体"总体布局相一致，体现了伟大事业与伟大梦想的有机统一；二是把原来的"国家"改成"强国"，提升了第二个百年奋斗目标的内在要求。①

新的"两步走"发展战略延续全面建成小康社会的第一个百年发展目标，对实现第二个百年发展目标提出更为具体的路线图和时间表，将民族振兴的"中国梦"与社会主义现代化建设和中国特色社会主义事业紧密联系起来，成为指导中国未来三十年发展的航灯。新的"两步走"战略对我国社会主义现代化建设提出了更高的要求，这是适应新时代社会主要矛盾的转变、在对中国经济社会发展实际的认识基础上作出的实事求是的调整，也是中国共产党在新时代致力于为人民谋幸福、为人民更美好生活而奋斗的必然结果。新的"两步走"战略为中国社会未来三十年的建设发展描绘了新的理想图景，是涵盖了民族振兴、生活幸福、个人发展在内的"中国梦"的具体呈现，成为新时代中国共产党凝聚人心、团结人民、动员社会的新的核心愿景，也成为新时代社会建设的总体指南。

---

① 中共中央宣传部：《习近平新时代中国特色社会主义思想三十讲》，学习出版社 2018 年版，第 130 页。

第九章　全面建成小康社会与民生社会事业新预期

　　党的十八大提出全面建成小康社会的奋斗目标以来，以习近平同志为核心的党中央不断攻坚克难、全面深化改革，为人民更加美好的生活追求不懈努力继续奋斗，2020 年全面建成小康社会的目标即将实现。在这个过程中，小康社会建设一直是我们党提出的团结带领人民创造美好生活的一个重要的实践和价值目标，发挥着凝聚党和人民密切联系、引领社会预期、增进社会认同并提升社会信心的重要作用，以最大合力共同推进中国特色社会主义现代化进程。

　　站在新的历史起点上，党的十九大提出了新时代是决胜全面建成小康社会、进而全面建设社会主义现代化强国的时代，是全国各族人民团结奋斗、不断创造美好生活、逐步实现全体人民共同富裕的时代，是全体中华儿女勠力同心、奋力实现中华民族伟大复兴中国梦的时代，是我国日益走近世界舞台中央、不断为人类作出更大贡献的时代。[①] 我们处在"两个一百年"奋斗目标的历史交汇期，决胜全面建成小康社会之时，又要乘势而上开启全面建设社会主义现代化国家新征程。面对新的目标任务，从全面建成小康社会到基本实现现代化，再到全面建成社会主义现代化强国，在中国特色社会主义现代化新征程上，我国民生社会事业的发展不断呈现新预期和新愿景。

---

　　① 习近平：《决胜全面建成小康社会，夺取新时代中国特色社会主义伟大胜利》，载《习近平谈治国理政》第 3 卷，外文出版社 2020 年版，第 9 页。

第一节　小康社会建设：中国式现代化实践

作为改革开放以来中国经济社会发展的主要目标，全面建成小康社会是中国共产党带领中国人民创造的经济快速发展和社会长期稳定"两大奇迹"的集中体现。[①] 小康社会建设凝聚了中国共产党几代领导集体的智慧和经验，团结带领广大中国人民为之共同奋斗。20 世纪 80 年代初，邓小平首先用"小康"来诠释中国式现代化，提出到 20 世纪末要在中国建立一个小康社会。随着人民对美好生活的需求不断增长，小康社会的内涵和标准也有一个不断调整和变化的过程。党的十六大提出在 21 世纪头 20 年全面建设惠及十几亿中国人口的更高水平的小康社会，党的十八大提出到 2020 年实现全面建成小康社会的宏伟目标。习近平强调，到 2020 年全面建成小康社会，实现第一个百年奋斗目标，是我们党向人民、向历史作出的庄严承诺。

"小康社会建设"的实践探索历程体现出了中国社会现代化的独特路径。现代化是人类社会历史上一次重大的社会变革，影响到世界各个领域和方面，也引起众多理论关注。罗兹曼认为，现代化指的是一个以农业为基础的人均收入很低的社会走向着重利用科学和技术的都市化和工业化社会的巨大转变。[②] 布莱克将现代化看作一个社会过程，这个社会过程伴随着工业革命和科技革命，不仅使人类对环境的控制成为可能，而且使人类知识也空前增长。[③] 相对于西方早期的现代化，中国社会的现代化起步较晚，但速度更快，既受到自身历史文化传统、革命传统、计划经济传统等多种传统的影响，又受到全球化带来的

---

① 任理轩：《兑现向人民向历史作出的庄严承诺——写在中国共产党成立 99 周年之际》，《人民日报》2020 年 6 月 30 日。

② ［美］吉尔伯特·罗兹曼：《中国的现代化》，国家社会科学基金"比较现代化"课题组译，江苏人民出版社 2010 年版，第 2 页。

③ 参见［美］布莱克：《现代化的动力——一个比较史的研究》，景跃进、张静译，浙江人民出版社 1989 年版。

西方现代文化和科学技术变迁的影响，以及全球化不确定性增加的风险和挑战。正是在这样复杂而独特的社会历史条件之下，中国共产党团结带领中国人民不断探索中国社会现代化的道路，不断丰富马克思主义中国化的现实路径。正如学者提出，中国"天下为公"的大同理想犹如共产主义理想社会，而现实社会却是实实在在的"天下为家"，正是"奔小康"这个极其朴实的目标成为改革开放以来中国人理解社会主义初级阶段、发展市场经济制度的一种政治动员。①

一、从"温饱小康社会"到"富裕小康社会"

一个国家在从传统社会转向现代社会和开放社会的过程中，尤其在既定制度规则受到全球化大潮的迅猛冲击，在外部压力和内部张力的双重影响下，如果选择了切合实际的发展战略和发展所需的内在动力，并构画出一个清晰可行的、能够为绝大多数成员接受的宏观蓝图，这对于调动更多积极因素的可能性就会更大。因而，20世纪80年代初提出的"建设小康社会"在当时起到调试社会共识和扩大社会认同的重要作用。从第一代党中央领导人提出要实现工业、农业、国防与科学技术"四个现代化"，到邓小平提出小康社会的目标，再到总体建成小康社会，最后到全面建成小康社会，这个过程成为考量中国改革开放以来重大成就的主线，贯穿于各方面工作之中。不管是在全国层面，还是在地方层面，小康社会的目标及阶段性进步，已经成为党和国家各级领导人判断自己是否实现历史使命的重要依据。

传统美好生活愿景和中国社会现代化目标的结合。"民亦劳止，汔可小康。"小康社会自古以来就是老百姓孜孜以求的美好生活理想。《诗经》中用"小康"这个词来表示安乐的生活状态。《礼记》中则将小康社会定义为，"今大道既隐，天下为家。各亲其亲，各子其子，货力为己。大人世及以为礼，城郭沟池以为固。礼义以为纪，以正君臣，以笃父子，以睦兄弟，以和夫妇，以设制度，以立田里，以贤勇知，以功为己"。回顾历史，小康社会的标准随着社会生产力的

---

① 卢汉龙：《构建和谐社会：探索中国特色的社会主义发展模式》，《毛泽东邓小平理论研究》2007年第1期。

发展而发展，始终在不断调整、不断提高。小康社会既来自传统社会的美好想象，又来自中国传统社会对现代发展的实践需求。

新中国成立后，第一代党中央领导集体提出了建设四个现代化的宏伟目标。1954 年召开的第一届全国人民代表大会，第一次明确提出要实现工业、农业、交通运输业和国防四个现代化的任务。1956 年又一次把这一任务列入党的八大所通过的《党章》。1964 年 12 月 21 日，周恩来在第三届全国人大第一次会议上宣布，调整国民经济的任务已经基本完成，并代表党中央提出，"在 20 世纪内，把我国建设成为一个具有现代农业、现代工业、现代国防和现代科学技术的社会主义强国"。1975 年 1 月，在第四届全国人大第一次会议上，周恩来遵照毛泽东的指示，在《政府工作报告》中重申了在第三届全国人民代表大会第一次会议《政府工作报告》中提出的"分两步走、全面实现四个现代化的战略"。周恩来在《政府工作报告》中宣布："从第三个五年计划开始，我国国民经济的发展，可以按两步来设想：第一步，用 15 年时间，即在 1980 年以前，建成一个独立的比较完整的工业体系和国民经济体系；第二步，在本世纪内，全面实现农业、工业、国防和科学技术的现代化，使我国国民经济走在世界的前列"。

提出解决温饱问题的小康社会理想和战略规划。新中国成立直至改革开放前，城乡居民的生活水平虽然明显改善，但总体上仍然处于奋力争取温饱的阶段。1949 年我国居民人均可支配收入仅为 49.7 元，1978 年居民人均可支配收入 171 元。1978 年城镇居民和农村居民的恩格尔系数分别为 57.5% 和 67.7%。按照 2010 年农村贫困标准，1978 年末我国农村贫困人口 7.7 亿人，农村贫困发生率高达 97.5%。

正是在这样的国情基础上，邓小平在规划中国社会发展蓝图时提出了小康社会的概念。1979 年 12 月 6 日，邓小平在会见日本首相大平正芳时说："我们的四个现代化的概念，不是像你们那样的现代化的概念，而是'小康之家'。"① 这是党和国家领导人第一次用"小康"来描述中国的现代化。随后，小康社会

---

① 《邓小平文选》第 2 卷，人民出版社 1994 年版，第 237 页。

的概念和内涵界定逐渐更加清晰，目标更加明确化，战略部署也更为具体化。1984年3月25日，邓小平在会见日本首相中曾根康弘时说："翻两番，国民生产总值人均达到八百美元，就是到本世纪末在中国建立一个小康社会。这个小康社会，叫做中国式的现代化。翻两番、小康社会、中国式的现代化，这些都是我们的新概念。"[①]"小康社会"这个新概念的提出，为我国的现代化建设提出了一个明确的奋斗目标。

1982年党的十二大报告提出，从1981年到20世纪末的二十年，使"人民的物质文化生活可以达到小康水平"。报告指出，不断满足人民日益增长的物质文化需要是社会主义生产和建设的根本目的。"一要吃饭，二要建设"，是指导我国经济工作的一项基本原则。[②]从当时人民生活水平还比较低的实际出发，小康目标成为中国经济发展战略目标，这一时期的设想是达到"虽不富裕，但日子好过"的温饱型小康社会。

1987年党的十三大报告指出，党的十一届三中全会以后，我国经济建设的战略部署大体分三步走。第一步，实现国民生产总值比1980年翻一番，解决人民的温饱问题。这个任务已经基本实现。第二步，到20世纪末，使国民生产总值再增长一倍，人民生活达到小康水平。第三步，到21世纪中叶，人均国民生产总值达到中等发达国家水平，人民生活比较富裕，基本实现现代化。[③]这个三步走战略是建立在对我国不同地区经济社会发展基础之上的，当时我国十亿人口中的绝大多数过上了温饱生活，部分地区开始向小康生活前进，还有部分地区，温饱问题尚未完全解决，但也有了改善。可以看到，本次大会提出我国经济建设的"三步走"战略，从解决人民的温饱问题到人民生活总体上达到小康水平，再到"中等发达国家水平"的社会主义现代化，其主要指标是经济发

---

① 《邓小平文选》第3卷，人民出版社1993年版，第54页。

② 《全面开创社会主义现代化建设的新局面》，载《十二大以来重要文献选编》(上)，中央文献出版社2011年版，第11—12、16页。

③ 《沿着有中国特色的社会主义道路前进》，载《十三大以来重要文献选编》(上)，中央文献出版社2011年版，第5、14页。

展方面的"GDP 翻番"，只有国力发展才能为小康社会提供坚实的物质基础保障。这一时期提出了要让人民群众过上"比较殷实的小康生活"，如报告中所言，在我们这样一个人口众多而又基础落后的国家，人民普遍丰衣足食，安居乐业，无疑是一项宏伟壮丽而又十分艰巨的事业。

1992 年党的十四大报告指出，十一亿人的温饱问题基本解决，正在向小康迈进。1997 年党的十五大再次强调，提高人民生活水平是改革开放和发展经济的根本目的。在经济发展的基础上，使全国人民过上小康生活，并逐步向更高水平前进。本次大会站在世纪之交提出"新三步走"战略：第一步，展望 21 世纪最初十年的目标是使"人民的小康生活更加宽裕"，形成比较完善的社会主义市场经济体制；第二步，再经过十年到建党一百年时，使国民经济更加发展，各项制度更加完善；第三步，到 21 世纪中叶新中国成立一百年时，基本实现现代化，建成富强民主文明的社会主义国家。这一时期的小康社会指标已经开始转向以经济、政治、文化协调发展为基础，"小康生活"的内涵开始扩充，"在改善物质生活的同时，充实精神生活，美化生活环境，提高生活质量。特别要改善居住、卫生、交通和通信条件，扩大服务性消费。逐步增加公共设施和社会福利设施。提高教育和医疗保健水平。实行保障城镇困难居民基本生活的政策。国家从多方面采取措施，加大扶贫攻坚力度，到本世纪末基本解决农村贫困人口的温饱问题。"① 这一时期尤其注意到了"小康社会人民群众日益增长的文化需求"，在我国经济体制改革不断深入的过程中，政治体制改革和民主法制建设，以及有中国特色社会主义文化建设的重要性和紧迫性逐步提上日程。

二、从"全面建设小康社会"到"全面建成小康社会"

从"进入小康社会"到"总体达到小康社会"。世纪之交，中国提前实现了邓小平提出的"翻两番"任务，即人均国民生产总值已经超过 800 美元，据国

---

① 江泽民：《高举邓小平理论伟大旗帜，把建设有中国特色社会主义事业全面推向二十一世纪》，载《十五大以来重要文献选编》(上)，中央文献出版社 2011 年版，第 4、16—17、25 页。

家统计局数据显示，2000 年中国的人均 GDP 达到 7942 元，按当时汇率计算超过 900 美元，2001 年人均超过 1000 美元。[①] 但从总体来看，随着改革开放进程的不断推进，区域之间发展不平衡的情况开始出现，不同地区分别处于不同的发展阶段，有着不尽相同的发展议题，有的地区提前进入小康社会，也有地区还处于脱贫阶段。提前解决温饱问题之后也并不意味着社会问题的消失，而是有新的民生议题随之而来。因而，我们对小康社会目标的界定和认识也是在实践中不断与时俱进向前发展的，这个过程就是经济社会战略发展目标不断贴合社会生活实际的过程，也是适应人民不断增长的物质文化需要，更好地为人民谋幸福的奋斗过程，更加体现了马克思主义中国化的不断丰富和发展。正是围绕着"为人民谋幸福"这一不变的初心，社会建设的具体实践根据实际需求而不断调整和适应。从进入小康社会到总体上达到小康社会，从全面建设小康社会到全面建成小康社会，这个过程既体现社会建设成就的累积，又彰显党和国家对社会生活实际的认识和把握的能力和境界不断提升。

从"全面建设小康社会"到"全面建成小康社会"。党的十六大报告的主题是"全面建设小康社会，开创中国特色社会主义事业新局面"，报告指出，我国进入全面建设小康社会、加快推进社会主义现代化的新的发展阶段。[②] 大会提出的"全面建设小康社会的奋斗目标"，一方面指出我国人民生活总体上实现了由温饱到小康的历史性跨越，"人民生活总体上达到小康水平"。城乡居民收入稳步增长，城乡市场繁荣，商品供应充裕，居民生活质量提高，衣食住用行都有较大改善，社会保障体系建设成效明显，"八七"扶贫攻坚计划基本完成。

另一方面表明，我国正处于并将长期处于社会主义初级阶段，现在达到的小康还是低水平的、不全面的、发展很不平衡的小康。巩固和提高目前达到的小康水平，还需要进行长时期的艰苦奋斗。报告还指出，大会确立的全面建设

[①]　国家统计局数据，http: //data.stats.gov.cn/easyquery.htm?cn=C01&zb=A0201&sj=2000；http: //data.stats.gov.cn/easyquery.htm?cn=C01&zb=A0201&sj=2001。

[②]　江泽民：《全面建设小康社会　开创中国特色社会主义事业新局面》，载《十六大以来重要文献选编》（上），中央文献出版社 2005 年版，第 5、15—16 页。

小康社会的目标，是中国特色社会主义经济、政治、文化全面发展的目标，是与加快推进现代化相统一的目标，符合我国国情和现代化建设的实际，符合人民的愿望，意义十分重大。各地各部门都要从实际出发，采取切实有效的措施，努力实现这个目标。有条件的地方可以发展得快一些，在全面建设小康社会的基础上，率先基本实现现代化。

在经济指标方面，党的十六大报告提出要实现国内生产总值到 2020 年力争比 2000 年翻两番，全面建设惠及十几亿人口的更高水平的小康社会。党的十七大报告提出要增强发展的协调性，在转变发展方式取得重大进展，在优化结构、提高效益、降低消耗、保护环境的基础上，实现人均国内总产值到 2020 年比 2000 年翻两番。党的十八大报告明确提出到 2020 年全面建成小康社会并对其进行了新的部署，提出全面建设小康社会的新要求。这一时期特别注重将经济总量倍增与人均可支配收入倍增的目标同时提出，即"实现居民收入增长和经济发展同步"，强调发展的平衡性、协调性和可持续性。全面建成小康社会直接表现为人民生活水平和质量的提高，从最初的解决温饱问题，到党的十八大对全面建成小康社会的新愿景，其内涵从单纯追求经济增长转变到"五位一体"总体布局下的更加美好的生活追求，具体表现为以下各领域有机统一相互协调的发展图景：经济持续健康发展，人民民主不断扩大，文化软实力显著增强，人民生活水平全面提高，资源节约型环境友好型社会取得重大进展。

习近平在党的十九大报告中指出："我们稳定解决了十几亿人的温饱问题，总体上实现了小康。"在此基础上，党中央又提出"进入小康社会"以后，还有怎样"建设小康社会"的问题。决胜全面建成小康社会遇到了新的历史条件。以"决胜全面建成小康社会，夺取新时代中国特色社会主义伟大胜利"为主题的党的十九大上，习近平提出"新两步走"和"两个十五年"的新战略谋划。全面建成小康社会既承继着改革开放以来一以贯之的经济社会发展目标和任务，同时又是到 2035 年基本实现社会主义现代化、到 21 世纪中叶建成社会主义强国的重要基础，全面建成小康社会是实现中华民族伟大复兴中国梦的关键一步。

党的十八大以来，我们党把人民对美好生活的向往作为奋斗目标，攻坚克难，砥砺前行，全面建成小康社会取得历史性成就。2019 年数据显示，我国经济总量接近 100 万亿元，国内生产总值稳居世界第二位。人均 GDP 超过 1 万美元，人均可支配收入突破 3 万元。城乡融合机制不断完善，城镇化率突破 60％。[1] 从人民生活水平来看，不仅有量的提升，而且有质的飞跃。随着城乡居民人均收入的增长，家用电器的普及从无到有，七八十年代作为结婚礼物的"三大件"自行车、手表、缝纫机还是稀缺物品，如今汽车已经进入寻常百姓家，传统家电在新技术的不断创新更迭下加速升级换代，各种智能电器和工具正在改变我们的生活和交往方式。而且，住房条件显著改善。2017 年我国城镇和农村居民人均住房建筑面积分别为 36.9 和 46.7 平方米，高于一些发达国家。习近平总书记指出，自改革开放之初党中央提出小康社会的战略构想以来，经过几代人一以贯之、接续奋斗，总体而言，我国已经基本实现全面建成小康社会目标，成效比当初预期的还要好。[2]

在我们这个占世界五分之一人口的大国，人民过上小康生活，是一件了不起的大事。我国发展水平和人民生活水平提高是实实在在的，是广大人民的生活中看得见的变化、感受得到的获得感。小康社会建设之所以能够取得这么大的成就，一个重要原因在于它及时回应社会关切，形成良好的生活预期，并不断坚定了国家经济社会发展的信心。这也反映出小康社会建设是一个可以凝聚中国各族人民美好理想的发展路线图与时间表，同时也是国家引导人民大众对美好生活向往、增强社会信心的一个重要途径。小康社会建设从"温饱小康"到"富裕小康"，从"全面建设小康"到"全面建成小康"，从"经济标准的小康"到"全面发展的小康"，这个过程成为考量中国改革开放以来重大成就的一个主线，也体现了中国共产党在领导经济社会发展中始终坚持"以人民为中心"的基本原则，是为人民谋幸福的生动体现。

小康社会建设的基本内涵和衡量标准在实践中不断丰富和发展，这符合人

---

① 宁吉喆：《中国经济运行呈现十大亮点》，《宏观经济管理》2020 年第 3 期。
② 习近平：《关于全面建成小康社会补短板问题》，《求是》2020 年第 11 期。

民大众对不断改善民生的需求，发挥着引领社会预期的重要作用，因而成为中国社会现代化建设的"内在发展动力"。小康社会建设所发挥的内生性发展动力作用，不仅体现出对内在期待的引领并稳定预期的共建信念，同时也体现了发展的目的在于改善民生福祉的共享理念，真正实现了改革成果的共享。在这个过程中，中国共产党对社会发展阶段的认识也在不断提升。小康社会建设的思想丰富和发展了中国特色社会主义理论，加深了对社会主义初级阶段理论的认识，是对马克思主义中国化的重要发展。

第二节 "五位一体"总体布局下的社会建设

社会建设与人民幸福安康的生活息息相关。自党的十七大报告提出"加快推进以改善民生为重点的社会建设"以来，我国经济社会发展在注重经济发展的基础上，更加注重社会建设，着力保障和改善民生。党的十八大报告提出在"改善民生和创新管理中加强社会建设"，并指出社会建设是社会和谐稳定的重要保障。这一时期的社会建设注重基本公共服务体系完善、加快推进社会体制改革，在保障和改善民生的同时，加强和创新社会治理。"社会建设"成为"五位一体"总体布局下的重要领域。随着我国社会建设战略意义的不断提升，社会建设的核心内涵从维护安定团结到民生保障、社会事业发展，从物质利益满足再到更高水平的不同利益群体的秩序协调与积极平和的社会心态培育，从改善民生到创新治理，得到不断的丰富和发展。

民生改善一直是社会建设的重点和目标，但不同时期的民生工作内容及其与社会秩序的关系格局不尽相同。党的十七大报告提出要"加快推进以改善民生为重点的社会建设"，包括教育、就业、收入分配、覆盖城乡居民的保障体系、医疗公共卫生体制、完善社会管理，维护社会稳定和团结六个方面。2010年，党的十七届五中全会《关于制定国民经济和社会发展第十二个五年规划的建议》指出，"加强社会建设，建立健全基本公共服务体系"。2012年，党的十八大报告提出"在改善民生和创新管理中加强社会建设"，要加快形成社会管理体制、基本公共服务体系、现代社会组织体制和社会管理机制。这一时期社会管理和民生并列作为社会建设的重要内容，注重实现从社会管理格局到社会管理体制的转变，并强调社会管理与依法治国相结合。党的十九大报告提出"提高保障和改善民生水平，加强和创新社会治理"，"使人民获得感、幸福感、安全感更加充实、更有保障、更可持续"。

另外，民生改善与社会治理相互关连的内在逻辑在于民生问题发生重要变化。李培林认为，过去的民生问题是温饱问题基础上的民生问题，是短缺经济和物质基础满足下的民生问题，而现在新的短缺发生在政府的公共物品和服务领域，这个变化引发人们对转变政府职能、建设服务型政府的要求。[①] 如今，民生问题可以归结为人们对美好生活的向往，其中既有古老的民生，过上更加富裕的生活，也有崭新的民生，人们对社会公平、正义的需求在不断提升，民生的层次随着物质生活水平的提高也在不断提升。

由上可知，社会建设主要是由国家力量推动的建设社会实践。有学者指出，社会建设是指按照社会发展规律，通过有目的、有规划、有组织的行动，构建公平合理的社会利益关系，增进社会全体成员共同福祉，优化社会结构，促进社会和谐，实现社会现代化的过程。[②] 社会建设的基本目标就是要实现社会的现代化。陆学艺总结了社会建设的四种主要主张，分别是民生事业论、社会管理论、社会结构论和社会重建论。陆学艺将社会建设的内涵演变划分为三个阶段：从改善民生事业、社会事业、加强创新社会管理为第一阶段；着力推进社会体制改革，实现城乡一体化，理顺社会关系，形成与社会主义市场经济体制及现代经济结构相协调的开放包容合理的现代社会结构为第二阶段，实现民主法治、公平正义、诚信友爱、充满活力、安定有序，人与人和谐相处的社会主义和谐社会的社会现代化是第三个阶段。[③] 因此可以说，"以民生为重点的社会

---

① 李培林：《社会建设也需要"中国经验"》，《北京日报》2008 年 4 月 22 日。

② 陆学艺：《当代中国社会建设》，社会科学文献出版社 2013 年版，第 19 页。

③ 陆学艺：《社会建设就是建设社会现代化》，《社会学研究》2011 年第 4 期。

建设"是对我们党长期实践的总结，不同的历史时期民生的内容会发生变化，但其内含着的以人民为中心、为人民谋幸福的社会建设思想始终如一。

一、以民生为重点的社会建设不断推进

党的十八大以来，中国共产党以保障和改善民生、加强和创新社会治理为主题，以创新、协调、绿色、开放、共享的新发展理念作为指导理念，积极推进社会建设各项工作，既要继续不断提高人民物质文化生活水平，这是改革开放和社会主义现代化建设的根本目的；又要多谋民生之利，多解民生之忧，解决好人民最关心最直接最现实的利益问题，在学有所教、劳有所得、病有所医、老有所养、住有所居上持续取得新进展，努力让人民过上更好的生活。

党的十八届三中全会提出，社会事业改革创新的主要领域和重点工作包括：深化教育领域综合改革、健全促进就业创业体制机制、形成合理有序的收入分配格局、建立更加公平可持续的社会保障制度、深化医药卫生体制改革等。创新社会治理体制则主要聚焦于改进社会治理方式、激发社会组织活力、创新有效预防和化解社会矛盾体制、健全公共安全体系等。[1]社会体制改革以民生建设为基础，衡量社会体制改革成败的标准，就是要看是否有利于提高人民的生活水平和生活质量，是否有利于满足人民日益增长的物质文化需求，是否有利于提高社会的运行效率和管理水平。[2]

党的十九大报告指出，带领人民创造美好生活，是中国共产党始终不渝的奋斗目标。必须始终把人民利益摆在至高无上的地位，让改革发展成果更多更公平惠及全体人民，朝着实现全体人民共同富裕不断迈进。保障和改善民生要抓住人民最关心最直接最现实的利益问题，既尽力而为，又量力而行，一件事情接着一件事情办，一年接着一年干。坚持人人尽责、人人享有，坚守底线、突出重点、完善制度、引导预期，完善公共服务体系，保障群众基本生活，不

---

① 参见《中共中央关于全面深化改革若干重大问题的决定》(2013 年 11 月 12 日中国共产党第十八届中央委员会第三次全体会议通过)，载《十八大以来重要文献选编》(上)，中央文献出版社 2014 年版。

② 李培林：《转型背景下的社会体制变革》，《求是》2013 年第 15 期。

断满足人民日益增长的美好生活需要，不断促进社会公平正义，形成有效的社会治理、良好的社会秩序，使人民获得感、幸福感、安全感更加充实、更有保障、更可持续。

加强社会保障体系建设。社会保障是民生安全网、社会稳定器，与人民幸福安康息息相关，事关国家长治久安。建立和完善社会保障制度，保障人民的基本生活需求是实现为人民谋幸福的重要手段。随着经济社会的不断发展，我国社会保障制度逐步完善。新中国成立以后，中国建立了针对"五保户"的生存保障、针对城乡居民的初级卫生保障和针对国有企业事业单位的保障制度。可以说，由于经济发展限制，这一时期我国的社会保障制度仍处于比较初级的阶段，社会保障体系尚未成为系统。1991 年，国务院颁布《关于企业职工基本养老保险制度改革的决定》，提出逐步建立起基本养老保险、企业补充养老保险和职工个人储蓄性养老保险相结合的制度，实行国家、企业、个人三方共同负担建立养老费用社会统筹的制度，启动了城镇职工基本养老保险制度改革进程，1997 年国务院颁布《关于建立统一的企业职工基本养老保险制度的决定》，标志着全国统一的统账结合城镇企业职工基本养老保险制度正式建立。2007 年，中国在农村全面建立农村居民最低生活保障制度。2009 年、2011 年，中国先后提出建立新型农村养老保险制度和城镇居民社会养老保险制度。

人民健康是民族昌盛和国家富强的重要标志。实施健康中国战略，完善国民健康政策，实现"病有所医"也是党的社会保障制度工作的重点，充分体现了我们党重视健康在促进人的全面发展和经济社会协调发展中重要作用的整体思路，也回应了广大人民群众的急切期盼。2003 年国务院出台《关于建立新型农村合作医疗制度的意见》，开始实行新型农村合作医疗制度，2007 年实施城镇居民基本医疗保险制度。2016 年国务院印发《关于整合城乡居民基本医疗保险制度的意见》，要求推进城镇居民医保和新农合制度整合，逐步在全国范围内建立起统一的城乡居民医保制度。

从 20 世纪 90 年代开始，在党中央的领导下，我国仅用了 20 多年时间就建立了世界上覆盖人群最多的社会保障制度，社会保险覆盖范围从城镇扩大到

乡村，从国有企业扩大到各类企业，从就业群体扩大到非就业群体。截至 2019
年年底，我国基本养老、失业、工伤保险参保人数分别达到 9.67 亿人、2.05 亿
人、2.55 亿人，基本医疗保险参保人数超过 13.5 亿人，基本实现了全民参保。
中国社会保障体系建设取得的辉煌成就也得到国际社会的高度评价。2016 年，
国际社会保障协会将"社会保障杰出成就奖"授予中华人民共和国。总结我国
社会保障制度积累的核心经验，就是坚持以人民为中心的发展思想，增进社会
公平正义，促进全民共建共享。中国政府始终坚持以人民为中心的发展思想，
把增进人民福祉、促进人的全面发展作为工作的出发点和落脚点，坚持公平正
义、共建共享、尽力而为、量力而行的基本原则，把人民对美好生活的向往作
为政府的奋斗目标。通过建立覆盖全民的社会保障制度，让人民群众共享改革
发展成果。正是基于这些理念，中国政府始终把社会保障制度建设放在经济社
会发展的突出位置，持续推动，不断取得新进展。

二、脱贫攻坚与共同富裕

进入新时代以来，党中央高度重视扶贫开发工作，把精准扶贫、脱贫攻坚
放到治国理政的重要位置，纳入"四个全面"战略布局，动员全党全国全社会
力量，大力实施精准扶贫。习近平提出"让老百姓过上好日子是我们一切工作
的出发点和落脚点"。脱贫攻坚是决胜全面建成小康社会的重要任务。党的十九
大报告部署了坚决打赢脱贫攻坚战的任务要求，并指出"让贫困人口和贫困地
区同全国一道进入全面小康社会是党的庄严承诺"。[①] 新中国成立特别是改革开
放以来，中国共产党带领人民经过长期努力，成功走出了一条中国特色扶贫开
发道路，使七亿多贫困人口成功脱贫，为全面建成小康社会打下了坚实基础，
对世界减贫贡献率超过 70％。这个成就表明了增进民生福祉是中国经济社会发
展的根本目的，并向世界证明中国特色社会主义制度的鲜明特色。

---

① 《决胜全面建成小康社会，夺取新时代中国特色社会主义伟大胜利》（2017 年 10 月 18 日），载
《习近平谈治国理政》第 3 卷，外文出版社 2020 年版，第 37 页。

打赢脱贫攻坚战也是全面建成小康社会的重中之重。2015 年，中共中央、国务院印发《关于打赢脱贫攻坚战的决定》，提出到 2020 年，稳定实现农村贫困人口不愁吃、不愁穿，义务教育、基本医疗和住房安全有保障（"两不愁三保障"）；实现贫困地区农民人均可支配收入增长幅度高于全国平均水平，基本公共服务主要领域指标接近全国平均水平；确保我国现行标准下农村贫困人口实现脱贫，贫困县全部摘帽，解决区域性整体贫困。

精准扶贫战略的提出建立在党对中国贫困问题高度关注的基础上，旨在消除贫困群体生活困境，提升人民群众的获得感和幸福感。2013 年 11 月，习近平在湖南湘西调研扶贫攻坚工作时，首次提出精准扶贫的重要思想，提出扶贫工作要坚持"科学规划、规模控制、分级负责、精准识别、动态管理"的原则。2015 年 6 月，在贵州召开的部分省区市党委主要负责同志座谈会上，习近平进一步提出扶贫工作的"六个精准"的要求，即"对象精准、项目安排精准、资金使用精准、措施到位精准、因村派人精准、脱贫成效精准"。2015 年 11 月，中共中央、国务院发布《关于打赢脱贫攻坚战的决定》，将精准扶贫上升为全国战略，并明确要求到 2020 年要解决区域性整体贫困问题，实现现行标准下的农村贫困人口全部脱贫。党的十九大报告进一步提出：让贫困人口和贫困地区同全国一道进入全面小康社会是我们党的庄严承诺。要动员全党全国全社会力量，坚持精准扶贫、精准脱贫，要深入实施东西部扶贫协作，重点攻克深度贫困地区脱贫任务，确保到 2020 年我国现行标准下农村贫困人口实现脱贫，贫困县全部摘帽，解决区域性整体贫困，做到脱真贫、真脱贫。这些都充分显示了党解决贫困问题的勇气和决心。有数据显示，精准扶贫战略实施以来取得了巨大的成效。自 2013 年以来，我国每年减贫人数均保持在 1000 万以上，到 2018 年农村已累计减贫 8239 万人 [1]，为全球减贫作出了巨大贡献。

---

[1]　国家统计局：《扶贫开发持续强力推进　脱贫攻坚取得历史性重大成就——新中国成立 70 周年经济社会发展成就系列报告之五》，http://www.stats.gov.cn/tjsj/zxfb/201908t20190812_1690526.html。

与我国建设小康社会的历程一致，扶贫政策既一脉相承又显现出不同时期的阶段性特征。中国扶贫理念经历了以下几个阶段的演变：第一阶段：救济式扶贫理念（1949—1977），主要与集中计划经济体制下的"平均分配"相适应，由政府提供以实物为主的社会救助、救济与优抚安置等。第二阶段：发展式扶贫理念（1978—1985），主要体现为通过农村经济体制改革（家庭联产承包责任制等）提高农民生产积极性，以此来解决温饱问题。第三阶段：开发式扶贫理念（1986—2000），这一时期在国家扶持下以市场需求为导向，依靠科技进步，开发当地资源，发展商品生产，使我国人民生活总体达到小康水平。第四阶段：综合扶贫治理理念（2001—2011），细化专项扶贫、区域发展及农村保障政策等，如"取消农业税"的惠农政策、"西部大开发"，不断推进全面建设小康社会进程。第五阶段：精准扶贫理念（2012— ），这一时期由国家动员社会协同因人因地精准施策，采用发展生产、异地搬迁、生态补偿、发展教育、社会保障兜底"五个一批"工程模式，决战全面建成小康社会。

在不同的社会发展阶段，由于我国的贫困标准不同，国家财政对扶贫供给也不一样，总体上经历了一个从确保贫困人口生存、保障食物供给逐步转向在国力允许的条件下促进个体和社会更高需求的满足和发展。1986年，中国政府运用恩格尔系数法确定1985年的农村扶贫标准为人均纯收入206元，当年全国农村贫困人口为1.25亿人。1994年国家出台的《国家八七扶贫攻坚计划》提出力争在20世纪末基本解决8000万贫困人口的温饱问题。这是优先解决温饱问题的阶段，进入21世纪以来，我国扶贫政策开始兼顾非食品需求扶贫，主要标志是2001年《中国农村扶贫开发纲要（2001—2010）》调整扶贫标准，开始将非食品需求纳入统计范围，考虑到贫困人口对于生活日用品、医疗、卫生等实际需要，并实现了低收入标准和扶贫标准的统一。以此为基础，国家扶贫政策逐渐开始兼顾人的适度发展需要。2011年国家出台《中国农村扶贫开发纲要（2010—2020）》，将扶贫标准上调至2300元。伴随贫困标准的上调，贫困人口相应扩大到1.6亿。《纲要》提出，预计到2020年，"两不愁、三保障"（不愁吃、不愁穿，义务教育、基本医疗、住房安全有保障）预定目标可实现。

　　农业农村发展是社会发展的题中之义，脱贫攻坚是实现社会全面发展的重要环节，是到 2020 年全面建成小康社会的关键一步。改革开放以来，尤其是 21 世纪以来，党中央高度重视"三农"问题，始终坚持把解决好"三农"问题作为全党工作的重中之重。党的十九大报告提出实施乡村振兴战略，再次强调"农业农村农民问题是关系国计民生的根本性问题，必须始终把解决好'三农'问题作为全党工作的重中之重。要坚持农业农村优先发展，按照产业兴旺、生态宜居、乡风文明、治理有效、生活富裕的总要求，建立健全城乡融合发展体制机制和政策体系，加快推进农业农村现代化"。

　　脱贫攻坚在深层次上关系到农民的现代化问题。党的十八大报告提出要"促进工业化、信息化、城镇化、农业现代化同步发展"。农业现代化进程相对缓慢，已成为中国"四化同步"建设进程中的短板，脱贫攻坚任务仍然艰巨。有研究指出，中国农业现代化与美国农业相比仍有 40 年差距。也就是说，当前中国的农业现代化水平与美国 20 世纪 60 年代末期的水平相当，与英国 20 世纪 80 年代初期的水平相当，与日本 20 世纪 90 年代初的农业现代化水平相当。[①] 这就意味着扶贫工作不仅体现在物质上的丰腴、生活水平的提高上，更体现在帮助贫困群众认识的提高、思想观念的转变上。脱贫攻坚注重"扶贫同扶志、扶智相结合"，意味着社会主义社会发展既要极力避免助长"等靠要"的观念，而且注重把握和引领人们改善民生的内在动力，从而形成上下齐心的发展"合力"。

　　党的十九大报告指出，农业农村农民问题是关系国计民生的根本性问题，必须始终把解决好"三农"问题作为全党工作的重中之重，实施乡村振兴战略。2018 年 1 月 2 日，中共中央、国务院发布《关于实施乡村振兴战略的意见》。

---

　　① 胡志全等：《基于产业要素年代差距分析的农业现代化水平国际比较研究》，《中国农业科学》2018 年第 7 期。

提出，到 2020 年，乡村振兴的制度框架和政策体系基本形成，各地区各部门乡村振兴的思路举措得以确立，全面建成小康社会的目标如期实现；到 2022 年，乡村振兴的制度框架和政策体系初步健全，探索形成一批各具特色的乡村振兴模式和经验，乡村振兴取得阶段性成果；到 2035 年，乡村振兴取得决定性进展，农业农村现代化基本实现；到 2050 年，乡村全面振兴，农业强、农村美、农民富全面实现。[①]2018 年 9 月，中共中央、国务院印发《乡村振兴战略规划（2018—2022 年）》，为坚决落实乡村振兴战略、扎实推进农村发展提供了具体指南。

我国减贫事业取得巨大成就，贫困人口规模不断降低。按照我国现行农村贫困标准（2010 年价格水平每人每年 2300 元）测算，1978 年我国农村贫困人口为 7.7 亿人，贫困发生率为 97.5%。2018 年年底农村贫困人口 1660 万人，比 1978 年减少 7.5 亿人；贫困发生率 1.7%，比 1978 年下降 95.8 个百分点，平均每年下降 2.4 个百分点。从教育扶贫方面来看，粗文盲率由 1982 年的 22.8% 降到了 2018 年 4.9%，高中及以上受教育程度人口由 1982 年 7.2%，提高到 2018 年的 29.3%，呈现稳步提升态势。2019 年，我国脱贫攻坚年度目标全面完成。340 个左右贫困县摘帽，1109 万农村贫困人口脱贫，连续 7 年减贫 1000 万人以上，年底农村贫困人口降至 551 万人；贫困人口相对较多的云南、贵州、四川农村居民人均可支配收入名义增速分别快于全国农村居民人均可支配收入 0.9、1.1 和 0.4 个百分点。[②]

国家发展和改革委员会发布数据显示，1952 年至 2018 年，中国人均 GDP 从 119 元提高到 6.46 万元，实际增长 70 倍。[③]2018 年我国居民人均可支配收入达到 28228 元，较之 1949 年 49.7 元，名义增长 566.6 倍，扣除物价因素实际增长 59.2 倍，年均实际增长 6.1%。

---

① 参见《中共中央、国务院关于实施乡村振兴战略的意见》，载中共中央党史和文献研究院编：《十九大以来重要文献选编》（上），中央文献出版社 2019 年版。

② 宁吉喆：《中国经济运行呈现十大亮点》，《宏观经济管理》2020 年第 3 期。

③ 国家发改委：《中国人均 GDP 达 6.46 万元》，中国新闻网，2019 年 9 月 24 日。

表 9.1　我国居民人均收入变化

可支配收入（元）	城镇居民人均	农村居民人均	全体居民人均
1949 年	99.5	44	49.7
1978 年	343	134	171
2018 年	39251	14617	28228

数据来源：国家统计局《人民生活实现历史性跨越　阔步迈向全面小康——新中国成立 70 周年经济社会发展成就系列报告之十四》，中华人民共和国中央人民政府网，http：//www.gov.cn/xinwen/2019-08/09/content_5420006.htm；新华社：《40 年来，我国居民人均可支配收入增长超过 22 倍》，新华社新媒体，2018 年 11 月 28 日。

脱贫攻坚具有的世界意义包含两个方面：一个是在现实层面，中国的减贫奇迹对世界减贫事业做出了突出贡献，实现了让贫困人口共享发展成果，成为真正实实在在改善民生的重要举措，为世界其他国家和地区减少贫困提供经验和启示；另一个是在理论层面，中国脱贫攻坚经验能够丰富和发展马克思主义关于社会主义要实现共同富裕的理论。

从根本上说，"打赢脱贫攻坚战"是对社会主义本质认识上的升华。共同富裕是马克思主义的一个基本目标。邓小平对社会主义的本质的界定是：解放生产力、发展生产力，消灭剥削、消除两极分化，最终达到共同富裕。习近平总书记指出，"消除贫困、改善民生、逐步实现共同富裕，是社会主义的本质要求，是我们党的重要使命"。[①] 共同富裕是社会主义的本质要求，也是最高目标。改革是社会主义制度的完善和发展，改革通过激发社会成员的活力、主动性、创造性，先富起来，要实现的最终目标也是共同富裕。打赢脱贫攻坚战意味着"此时而不是将来就应当把这一目标提到实现日程"，这是全面建成小康社会的题中应有之义和深刻理解社会主义本质的核心。[②] 这也就是说，脱贫攻坚既是兑现全面建成小康社会的承诺的重要内容，也是推进共同富裕逐步实现的一种具体方法和途径。共同富裕其实有两个对手，一个是平均主义，另一个是两极分化。共同富裕把先富作为手段，把共富作为目标，避免了要求同步同时富裕

---

① 习近平：《习近平总书记系列讲话读本》，学习出版社 2016 年版，第 219 页。

② 王俊文、俞思念：《论"打赢脱贫攻坚战"的理论与实践意义》，《科学社会主义》2019 年第 1 期。

实际上却是同时贫困的局面，从而克服了平均主义的不良影响。[①] 脱贫攻坚与改革开放形成了一种互生性逻辑，先富和共富并不矛盾而是相互统一。社会建设发展到一定阶段后，不仅是物质方面的需求，还有更多的公平正义的要求。

随着我国经济社会发展水平和人民生活水平的不断提高，人们的公平意识和权利意识不断增强，社会的公平正义越来越成为社会建设的应有之义。党的十九大提出要"不断满足人民日益增长的美好生活需要，不断促进社会公平正义，形成有效的社会治理、良好的社会秩序，使人民获得感、幸福感、安全感更加充实、更有保障、更可持续"。[②] 新时代的社会建设不断回应人们的物质需求和更高层次的对于民主法治、公平正义、环境安全等方面的新预期和新期待。

第三节　民生社会事业新预期

党的十八大以来，以习近平同志为核心的党中央以巨大的政治勇气和强烈的责任担当，推动党和国家事业发生历史性变革，民生社会事业不断取得新进展。民生既是社会之基，也是政治安定团结和经济持续发展的重要保障。党和国家在宏观制度设计层面适时加强社会治理制度建设，不断回应社会建设提出的新需求。党的十八届三中全会提出，"紧紧围绕更好保障和改善民生、促进社会公平正义深化社会体制改革，改革收入分配制度，促进共同富裕，推进社会领域制度创新，推进基本公共服务均等化，加快形成科学有效的社会治理体制，确保社会既充满活力又和谐有序"，并提出创新社会治理体制的新要求：改进社会治理方式、激发社会组织活力，以及创新有效预防和化解社会矛盾的体制。[③]

---

① 陈培永：《中国改革大逻辑》，广东人民出版社 2018 年版，第 74 页。

② 习近平：《决胜全面建成小康社会，夺取新时代中国特色社会主义伟大胜利——在中国共产党第十九次全国代表大会上的报告》，北京人民出版社 2017 年版，第 45 页。

③ 参见《中共中央关于全面深化改革若干重大问题的决定》，载《十八大以来重要文献选编》（上），中央文献出版社 2014 年版，第 513、539—540 页。

中国特色社会主义进入新时代，社会主要矛盾发生了转变，这意味着我国社会建设和发展需要新的制度支持。

当前，我国社会主要矛盾已经发生关系全局的历史性转化，从"人民日益增长的物质文化需要同落后的社会生产之间的矛盾"转变为"人民日益增长的美好生活需要与不平衡不充分的发展之间的矛盾"。一方面，人民美好生活需要日益广泛，不仅对物质文化生活提出了更高要求，而且在民主、法治、公平、正义、安全、环境等方面的要求日益增长。另一方面，我国各区域各领域各方面发展不平衡不充分的问题更加突出。其中，发展不平衡的问题主要有发展区域不平衡、发展领域不平衡以及发展成果共享不平衡等，具体来说，城市和乡村、东部和西部等区域间的发展不平衡，在发展领域方面既有世界先进水平的生产力，也有大量传统落后的生产力；既存在产能过剩，又存在有效供给不足的问题，特别是在群众就业、教育、医疗、居住、养老以及社会文明和生态文明建设领域有不少"短板"；在发展成果共享方面，收入分配仍旧存在较大差距；发展的不充分主要表现在创新能力不强，实体经济水平有待提高，发展能力、发展质量和效益还不高，转变发展方式处于攻坚阶段，存在发展不够稳定和不持续的情况。

人民日益增长的美好生活需要，旨在"需要内涵"的扩展和"需要层次"的提升；"需要"与"生产"的矛盾转向了"需要"与"发展"的矛盾。这表明人民日益增长的美好生活需要，除了物质文化需要，还包括人们的主观价值判断和选择，在民主、法治、公平、正义、安全、环境等方面的追求，已经从物质文化领域扩展到物质文明、精神文明、社会文明、制度文明、生态文明各个领域；也表明了党和国家要更加重视解决发展不平衡和不充分的问题。

在深刻认识我国社会主要矛盾发生历史性转变的基础上，2017年党的十九大提出，必须坚持以人民为中心的发展思想，不断促进人的全面发展、全体人民共同富裕，并将"坚持以人民为中心""坚持人民当家作主""坚持在发展中保障和改善民生"等原则作为习近平新时代中国特色社会主义思想的基本方略郑重提出。党的十九大提出，中国在2020年全面建成小康社会后，将先用15年的时间基本实现社会主义现代化；然后在此基础上，再用 15 年，到 2050 年建成社会主义现代化强国，开启了以在更高水平上为人民谋幸福为目标的中国现代化建设的新征程。

一、传统民生和新的民生需求相互交织

从社会民生发展来看，党的十八大以来我国社会的民生社会事业发展到了一个更高的水平和阶段。中国社会科学院《改革开放 40 年中国民生发展》的研究报告指出：党的十八大以来，以习近平同志为核心的党中央坚持以人民为中心的发展思想，推动改革发展成果更多更公平惠及全体人民，从织密民生保障网到推进脱贫攻坚战，从扩大就业到深化教育、医疗、养老等领域改革，一系列实实在在的惠民举措落地实施，显著增强了人民的获得感。比如，在就业结构上，到 2017 年，三大产业就业比重调整为 27.0％、28.1％和 44.9％。三大产业就业比重排序从"一、二、三"的发展模式升级为"三、二、一"的现代模式，就业结构更加合理。国民收入方面，城乡居民收入增长迈向全面小康水平。2017 年，全国城乡居民人均可支配收入达到 25974 元，扣除价格因素，比 1978 年实际增长 22.8 倍。生活消费质量明显优化。到 2017 年年底，城镇居民每百户拥有计算机 80.8 台，农村居民每百户拥有计算机 29.2 台。手机和电脑的普及，推动着中国互联网用户爆发式增长，网民规模全球最大。到 2017 年年底，中国固定互联网宽带接入用户总数达 3.49 亿户，移动宽带用户总数达 11.32 亿户。医疗卫生保障体系基本实现人口全覆盖。截至 2017 年年底，农村新型合作医疗制度、城镇居民基本医疗保险制度和城镇职工基本医疗保险本制度等三项基本医保制度参保人数超过 13 亿人，参保率稳固在 95％以上。社会保障基本实现应保尽保。中国养老保险覆盖人数超过 9.25 亿人，基本医疗保险覆盖人数超过 13.5 亿人，基本实现全民参保。失业、工伤、生育保险的参保人数均达到 2 亿人左右，覆盖了绝大多数职业群体。[①]

[①] 中国社科院课题组：《改革开放 40 年中国民生发展》，《人民日报》2018 年 12 月 20 日。

新时代的社会建设涵盖民生改善和治理创新的主要工作内容，二者之间紧密相关。民生改善与社会治理相连的内在逻辑在于民生问题发生了重要变化，而民生发展是社会稳定的内在要求，人民安居乐业是维持社会和谐稳定的首要目标指向。当前的民生议题中既有传统的民生议题（比如就业就学、医疗卫生、基本社保等），也有崭新的民生议题（比如公平公正、协商民主、责任分担等）。因而可以说，社会治理制度建设和社会治理共同体建设也是民生发展到一定阶段的必然需求，人民对美好生活的向往推动着国家治理体系和治理能力的现代化。新时代社会建设的目标就是要切实满足人民日益增长的美好生活需要，着力解决人民最关心最直接最现实的利益问题，进一步提高保障和改善民生水平，使人民生活更加幸福；就是要积极促进社会公平正义，建设人人有责、人人尽责、人人享有的社会治理共同体，确保人民安居乐业、社会安定有序，让人民群众有更多获得感、参与感、幸福感、安全感。

建党百年来我国经济社会发展成就斐然，中国社会从温饱不足迈向全面小康，从积贫积弱迈向繁荣富强，人民生活发生翻天覆地的变化。在教育方面，教育普及程度大幅提高。解放初期，学龄儿童入学率只有 20% 左右。2018 年，九年义务教育巩固率达 94.2%；普通本专科在校学生 2831 万人，比 1978 年增长 32 倍；15 岁及以上人口平均受教育年限由 1982 年的 5.3 年提高到 9.6 年。我国高等教育毛入学率已达 48.1%，高于中高收入国家平均水平。2018 年全国教育经费总投入达 4.6 万亿元，国家财政性教育经费占 GDP 比例连续 7 年超过 4%。在科研方面，我国自 2013 年起成为世界第二大研发经费投入国，研发人员总量、发明专利申请量分别连续 6 年和 8 年居世界首位。2018 年，全社会研究与试验发展经费支出 19657 亿元，比 1995 年增长 55.4 倍；与国内生产总值之比为 2.18%，比 1995 年提高 1.61 个百分点，超过欧盟 15 国平均水平。在医疗卫生和健康方面，医疗卫生条件和水平大幅提升，居民预期寿命由解放初的 35 岁提高到 2018 年的 77.0 岁。1978 年末我国医疗卫生机构 17 万个，床位数 204 万张，卫生技术人员 246 万人，但医疗卫生事业总体水平依然不高。改革开放以来，公共卫生领域投入不断加大，医疗科技水平迅速提高，医疗卫生体系建立健全。2018 年年底，全国共有医疗卫生机构 99.7 万个，比 1949 年年底增长 271 倍；卫生技术人员 952 万人，增长 17.8 倍。在交通运输发展方面，2018 年年底，我国铁路营业里程达 13.1 万公里，比 1949 年年底增长 5 倍，其中高速铁路达 2.9 万公里，占世界高铁总量 60% 以上，以"四纵四横"为主骨架的高铁网基本形成；公路里程 485 万公里，增长 59 倍，其中高速公路从无到有，2018 年年底达 14.3 万公里；内河航道里程 12.7 万公里，增长 72.7%；定期航班航线里程 838 万公里，比 1950 年年底增长 734 倍。[1]

以人民为中心的社会建设思想，是中国共产党"为人民谋幸福"之立党初心在新时代的集中反映。在新时代，要时刻不忘初心，始终把实现好、维护好、发展好最广大人民根本利益作为最高标准，不断提高保障和改善民生水平，不断促进社会公平正义，着力使全体人民享有更加幸福安康的生活，着力在实现全体人民共同富裕上取得实实在在的新进展。

从人类社会的发展进程来看，不论低层次的生活需要还是高层次的发展需要，都是人类社会不断向前发展的重要推动力量。从一个阶段向另一个更高阶段的发展，往往就构成了经济社会的转型过程，这也是所有国家在现代化转型过程中都需要面对的挑战。然而，并不是所有国家都可以在这么短的时间内实现这么大体量的经济社会转型发展，而且同时经历传统社会、工业社会、信息社会的发展逻辑，这既增加了我国社会建设和社会治理的难度和复杂性，又在一定程度上成为推进新时代社会建设和社会治理创新的新契机。

二、社会预期新特征显现[2]

从全球范围来看，新时代我国社会建设所面对的国内外环境更为复杂，多

① 国家统计局：《人民生活实现历史性跨越　阔步迈向全面小康——新中国成立 70 周年经济社会发展成就系列报告之十四》，中华人民共和国中央人民政府网，http://www.gov.cn/xinwen/2019-08/09/content_5420006.htm。

② 该部分内容参见李友梅等：《中国社会变迁（1949—2019）》，社会科学文献出版社 2020 年版，第 67—69 页。内容有删改。

种风险和挑战的不确定性和不稳定日益增加。与此同时，信息时代的新技术不断改变着人们的生产和生活方式，不仅加速着原有的社会结构和社会流动的变化，而且对网络社会群体的分化也产生了新的影响。进入 21 世纪以来，中国社会日益呈现出后工业社会的特征。随着社会生活情境的变化以及社会主要矛盾的转变，人们的社会预期也出现了更多变化的可能性。所谓社会预期一般指社会成员对于未来社会生活的理想目标及其可实现程度的基本想象。从社会学的角度来看，社会预期是判断社会心态、预测社会发展方向、影响社会发展进程的重要因素。社会预期不同于个人预期，而是众多社会成员在个体预期基础上叠加产生相互影响，极大程度上受到重大社会事件影响、重大社会政策调整以及重要社会成员的影响等共同作用的结果。[①] 合理的社会预期会有利于社会的良性治理，不合理的社会预期会增加社会治理的难度，增加政府实施社会服务的压力。

社会预期作为一个重要的经济社会问题的提出是在 2015 年 12 月，当年的中央经济工作会议提出："引领经济发展新常态，要努力实现多方面工作重点转变"，"实施宏观调控，要更加注重引导市场行为和社会心理预期"。2018 年的中央经济工作会议再次强调："必须从长期大势认识当前形势，认清我国长期向好发展前景；必须及时回应社会关切，有针对性主动引导市场预期。"值得关注的是，党的十八大以来，人们的社会预期已悄然发生一些较重要的改变。

其一，社会成员在诸多生活领域的社会预期与社会现实之间有较大的差距。中国社会科学院社会学研究所 2016 年社会心态调查发现，有相当部分受访者表示生活满意度较低，且不符合其预期。尤其是在食品安全、个人信息安全以及环境安全方面，现实的安全感远远低于预期，55% 的受访者表示在上述领域安全感较低；在经济压力方面，现实的压力远远高于社会预期。在经济压力来源中，物价、收入位于生活压力首位，其次是子女教育、医疗和交通问题，这些方面的压力较大。公平感方面，倾向于认为社会不公平的占 43.8%，比认为公

---

① 王俊秀：《居民需求满足与社会预期》，《江苏社会科学》2017 年第 1 期。

平的（34.3%）高出近 10 个百分点。①

其二，不同阶层的群体社会预期的内容、方向等存在着巨大的差别。相对而言，受到经济增长速度放缓、通货膨胀、生活成本提高、社会流动相对固化等因素的影响，近年来中国中产阶层的社会预期呈现出明显的不稳定、不安全、焦虑等特征。特别是在子女教育方面，中产阶层的焦虑更加明显。②

其三，不同区域的社会群体对生活的预期存在较大差别。区域间发展的不平衡也极大地影响了不同区域人们的社会预期。比如，北京、上海、广州等特大城市由于在中国城市体系中具有优势地位，各种资源相对聚集，使得这些一线城市居民的预期更多地与城市经济的增长、机会结构等紧密联系，他们更加关心自身的发展机会和生活品质等发展型的问题。对于广大中西部欠发达地区的人们而言，最主要的预期仍然聚焦于就业机会和收入增长等生存型问题。

其四，不同职业群体的社会成员预期存在较大差别。受到新兴产业的冲击和挑战，一些传统行业的职业群体对未来的预期不乐观，比如传统的银行业从业者、传统的手工操作工人等。相反，一些新兴行业的职业群体，由于拥有新的技能、丰富的信息和多样化的机会，对未来生活预期相对乐观和稳定。

其五，新技术的兴起日益成为影响人们社会预期形成的重要变量。近年来，以互联网信息技术、大数据、新材料、AI 智能等为代表的新技术的兴起，以及诸如互联网金融、共享经济的发展，在不断改变人们的生活方式，提升生活福利的同时，也对人们社会预期的形成产生重要的建构性影响。新技术对社会生活的渗透在一定程度上推动了人们对美好生活预期的提升与向往。新技术具有扩大参与、促进沟通协商、信息便捷传播等特质，使得人们能够形成相对明确的生活预期。近年来互联网金融的发展已经极大地改变人们的金融及消费观念，数字支付、互联网借贷等已经成为人们普遍接受的金融生活方式。人们能够通过各种信息网络便捷地获得各种有关金融资产、金融投资的信息，从而增强人们的金融行为和金融市场信心。然而，新技术也会为社会预期的形成，尤其是

---

① 王俊秀：《居民需求满足与社会预期》，《江苏社会科学》2017 年第 1 期。

② 参见李春玲：《中国中产阶级的不安全感和焦虑心态》，《文化纵横》2016 年第 4 期。

社会预期的合理化引导带来重要影响。

互联网对于人们社会生活无处不在的渗透，巨大规模信息的传递，差异化网络社群观念等，都会对社会成员的预期产生较大的冲击。迷失在海量信息、多样化价值观念中，部分社会成员可能变得更加迷茫和迷失，为网络技术与网络虚拟空间所"奴役"，缺乏对问题的理解和判断、丧失社会生活的自主性。同样，互联网也会使得原本高度分化的实体社会通过线上线下的连接变得更加分化，[1] 不同阶层、不同群体、不同行业、不同教育层次的社会成员间很难就某一个议题达成共识，甚至带来潜在的社会风险。典型的现象比如，近年来不断涌现的网络舆情事件在不断地反转、再反转中，人们的价值判断、社会心态、社会期待等，很容易就出现明显的对立和分化。[2]

在预期引领的实践中，党和政府注重共享的价值观的倡导。共享是人类社会发展的重要目标，更是我国社会主义社会建设的主旨所在。党的十八届五中全会《关于制定国民经济和社会发展第十三个五年规划的建议》提出"共享发展"概念，将"坚持发展为了人民、发展依靠人民、发展成果由人民共享，作出更有效的制度安排，使全体人民在共建共享发展中有更多获得感，增强发展动力，增进人民团结，朝着共同富裕方向稳步前进"作为我国"十三五"时期的战略任务。共享已经成为引领我国社会发展的根本理念。

共享价值既是对市场经济发展弊病的纠正，同时也是对我国公共生活的回应，健康的公共生活离不开公共精神，其实质在于建立与他人共享的意识，在共享价值观的引导下划分自我与他人的边界，关心他人、包容他人，以积极的姿态参与公共事务，从而进一步推进公共性的建构，这也构成了积极社会心态培育的应有之义。研究显示，过去五年（2015—2019），在民主、优美的生活环境、公平、良好的教育条件以及社会安定有序方面，民众的获得感较强；在高

①　参见刘少杰：《网络化时代社会认同的深刻变迁》，2016 年 5 月 28 日，搜狐网，http://cul.sohu.com/20160528/n451884307.shtml。

②　参见郑雯、桂勇：《网络舆情不等于网络民意——基于"中国网络社会心态调查（2014）"的思考》，《新闻记者》2014 年第 12 期。

水平的医疗卫生服务、完善的公共服务、法制、正义以及满意的收入方面，民众的获得感较弱。未来五年（2020—2024），民众对民主、公平、安定的生活环境、高水平的医疗服务以及稳定的工作方面的获得预期较高；而对法制、正义和可靠的社会保障方面的获得预期较低。民众普遍认为安全的生活环境、社会安定有序、法制、高水平的医疗卫生服务以及可靠的社会保障方面非常重要。[①]

党的十九大提出要"不断满足人民日益增长的美好生活需要，不断促进社会公平正义，形成有效的社会治理、良好的社会秩序，使人民获得感、幸福感、安全感更加充实、更有保障、更可持续"。[②] 基于此，提升民众获得感不仅可以使民众的幸福感得到提升，也有利于增强社会的凝聚力。积极的获得感体验是个人自我完善和自我成长的能量，也会成为社会不断进步的重要动力。提升民众获得感是一个持续的过程，民众获得感的提升会给社会带来更多的回报和分享，通过让人民群众共享改革成果可以激发民众更多的回报社会和与他人分享的行为，真正实现共享的理念。

在创新社会治理方面，党的十九大提出要培育良好社会心态的新要求，要求通过社会心态的培育，打造出共建、共治、共享的社会治理格局。社会心态的培育是针对社会转型期出现的各种社会问题所诱发的社会矛盾提出来的，在推进这一新举措的过程中，应当着力于发挥我国优秀传统文化的作用，加强社会主义核心价值观教育，建立日益完善的社会心理服务体系并将其纳入法治化轨道，同时形成合力，加快社会治理进程，使社会治理的方式得到创新。人们对生活质量、品质和健康的追求超越了对单纯数量的追求，对于自身权益的诉求和认识更加成熟。这些都对新常态背景下的社会治理提出了更高的要求，尤其是在合理引导人们预期、形成共识等方面的努力变得愈加迫切和重要，围绕保障和改善民生深化社会治理体制改革的必要性更加凸显。

---

① 王俊秀、刘晓柳：《现状、变化和相互关系：安全感、获得感与幸福感及其提升路径》，《江苏社会科学》2019 年第 1 期。

② 《决胜全面建成小康社会，夺取新时代中国特色社会主义伟大胜利》（2017 年 10 月 18 日），《习近平谈治国理政》第 3 卷，外文出版社 2020 年版，第 35 页。

第十章　社会的全面发展与社会治理制度建设

党的十八大以来，国内外环境更加复杂、不确定性复杂性风险持续增加，我国经济社会发展也进入新的发展阶段。挑战和机遇共在。人们对美好生活的需求不断增长，技术创新不断改变我们的生产和生活方式，社会流动不断释放社会发展的活力，生态环境正在逐步改善，公共参与、公共治理意识不断增强，我国社会不断向前发展、趋向全面进步。马克思在《资本论》的序言中写道，"一个社会即使探索到了本身运动的规律……它还是既不能跳过也不能用法令取消自然的发展阶段"。① 尽管马克思著述《资本论》的目的在于揭示现代社会的运动规律，但他仍然不能改变社会的发展阶段，而只"能缩短和减轻分娩的痛苦"。② 这就意味着社会的发展有其自身的内在规律和运行逻辑，如果能够把握这个发展规律，就能够顺势而为，按照其逻辑推动社会发展，相反，如果不能按照其规律逻辑作出相应的制度决策和行为，就会出现阻碍社会发展和进步的情形。

从我国社会治理转型的制度实践来看，党和国家不断推进社会治理的转型体现了实现社会生活的再组织、社会秩序的再协调与社会共识的再凝聚的重要推动力，为确保中国在总体政治经济迅猛发展和转型的同时，最大程度地保持社会有序运行并呈现安稳和谐提供重要的社会基础和支持力量。当今中国与世界正面临百年未有之大变局，在外部压力和内在发展张力并存的情况下，中国依然能够保持发展的积极态势，人民生活水平和质量不断提升，在很大程度上得益于中国特

---

① ② 马克思：《资本论》第 1 卷（节选），《马克思恩格斯选集》第 2 卷，人民出版社 2012 年版，第 83 页。

色社会主义制度的优势。党的十八届三中全会把推进国家治理体系和治理能力的现代化作为全面深化改革的总目标，党的十九大提出打造"共建共治共享的社会治理格局"，党的十九届四中全会提出"人人有责、人人尽责、人人享有"的社会治理共同体建设，这些新的战略思想和理念将有力推动制度优势向治理效能的转化，对于坚持党领导的中国特色社会主义现代化事业、在新时代全球治理中发挥负责任大国的作用，具有重大的现实意义和深远的战略意义。

第一节　制度变迁与日常生活互动下的社会发展

随着我国经济社会的快速发展，人们的社会生活正在发生着巨大的变化。社会物质资料不断丰裕，互联网技术创造了新的经济形式，社会交往的范围不再局限于具体的物理时空，新技术也改变着人们的通信方式、消费方式、出行方式等关乎日常生活的传统惯习。社会是由人们丰富多彩的生产和交往活动构成的生活世界的总体。马克思指出，人类的第一个历史活动就是生产物质生活本身，满足衣食住行等基本生活需要的资料，这是一切历史活动的基本条件。[①] 从这个意义上说，历史从来不是抽象的，也不是超验的，它的基础就是人们每日每时必须从事的为了维持生活的活动，这些活动是"活生生的感性活动"[②]，这是唯物主义者们看到的现实的实践活动，也是一切符合实际的思想和理论产生的基础。正是这些实践活动的不断变化，预示着社会不同的发展阶段出现了新的变化和特征。

一、社会全面发展体现社会建设目标

社会建设是党和国家积极主导的对社会领域的建设规划，而社会发展体现社会建设的目标，社会建设思想反映积极进步的社会发展观。马克思把社会的

---

① 马克思、恩格斯：《德意志意识形态》，《马克思恩格斯选集》第1卷，人民出版社2012年版，第158页。

② 同上书，第157—158页。

全面发展与人的自由的全面的发展统一起来。《共产党宣言》中指出，"每个人的自由发展是一切人的自由发展的条件"。①共产主义理想追求"自由人的联合体"。社会发展是一定历史阶段社会各方面整体性的进步和发展。就一般意义而言，社会发展经历由简单到复杂、由低级到高级的有规律的上升过程。当代社会发展主要指国家在经济、政治、社会、文化、生态等方面整体性的进步和发展。因而，社会的全面发展是社会物质基础发展到一定阶段以后才出现的更高层次、更高质量的发展。

1983 年，全国人大会议把《国民经济五年计划》改成《国民经济和社会发展五年计划》，"社会发展"作为国家层面的宏观发展目标得以确立。我国社会发展主要涵盖城镇人口和乡村人口变化、科研教育支出、教育、医疗卫生等公共服务供给等不同方面。我们还使用恩格尔系数、城乡居民收入比、平均预期寿命、城市居民最低生活保障标准、城镇居民人均可支配收入、农村居民可支配收入、城镇人均住房建筑面积、农村人均住房建筑面积等作为衡量社会发展的主要指标体系。

表 10.1　中国 2000、2010、2017 年社会指标

指标体系	2000 年	2010 年	2017 年
恩格尔系数（%）	45.6	38.4	29.3
城镇恩格尔系数	39.4	35.7	28.6
农村恩格尔系数	49.1	41.1	31
平均预期寿命（岁）	71.4	74.8	76.7
城市居民最低生活保障标准（元／月）	157	251.2	451（2015 年）
城乡居民收入比	2.74	3.23	2.71
城镇居民人均可支配收入	6255.7	18779	36396
农村居民人均可支配收入	2282.1	6272.4	13432
城镇人均住房建筑面积（平方米）	14.9	31.6	36.9
农村人均住房建筑面积（平方米）	24.8	34.1	45.8（2016 年）

数据来源：张翼：《上海市率先全面建成小康社会——全面建成小康社会的比较研究》，上海市人民政府决策咨询研究项目研究报告。

① 马克思：《共产党宣言》，《马克思恩格斯选集》第 1 卷，北京人民出版社 2012 年版，第 422 页。

数据显示，人均可支配收入的提升表明人们生活水平的提高、生活有了非常大的改善。此外，不论城镇还是乡村的恩格尔系数都有了较大幅度下降，表明人们生活质量的逐步提升。在住房改善方面，人均住房面积的增加可以说是改革开放以来中国家庭生活最大的改善。城镇居民的家庭住房建筑面积，已经从 2000 年的 14.9 平方米，上升到 2010 年的 31.6 平方米，并继续增加到 2017 年的 36.9 平方米。农村居民的住房面积，也从 2000 年的 24.8 平方米，增加到 2010 年的 34.1 平方米，并继续上升到 2016 年的 40.8 平方米。

党的十八大以来，我国社会全面发展是在"四个全面"战略布局、"五位一体"总体布局下的社会整体性发展和进步。2012 年，党的十八大提出全面建成小康社会的奋斗目标，2013 年十八届三中全会对全面深化改革作出顶层设计，要实现这个奋斗目标，落实这个顶层设计，就需要从法治上提供可靠保障。2014 年，十八届四中全会研究全面推进依法治国若干重大问题，对全面推进依法治国作出总体部署。中国现代化建设与党自身的建设密不可分。习近平指出，全面从严治党，是我们党在新形势下进行具有许多新的历史特点的伟大斗争的根本保证。中国特色社会主义最本质的特征就是坚持中国共产党的领导，中国的事情要办好首先中国共产党的事情要办好。全面从严治党、全面建成小康社会、全面深化改革和全面依法治国构成"四个全面"战略布局，是新时代我国社会全面发展的总规划和总设计。

"五位一体"总体布局是党在推进现代化建设过程中，依据实践成果和思想成果，逐步形成和丰富发展起来的。"五位一体"总体布局是指经济建设、政治建设、文化建设、社会建设和生态文明建设五位一体全面推进。党的十六大报告提出"三位一体"，即经济建设、政治建设、文化建设；党的十七大报告提出"四位一体"，即经济建设、政治建设、文化建设和社会建设；党的十八大报告提出"五位一体"，即经济建设、政治建设、文化建设、社会建设、生态文明建设；党的十九大报告对"五位一体"更加重视，尤其把生态文明的重要性再次提高。中国特色社会主义社会的全面发展在"五位一体"总体布局下贯彻落实新发展理念，使各领域各项事业实现协调、高水平发展。"五位一体"不仅表现出从三位一体到五位一体的逐步调整变化丰富充实，而且对它们之间的有机联系"一体化"发展要求更高，这就意味着对统筹治理、协调治理的要求更高。党的十八届五中全会在深刻总结国内外发展经验教训、分析国内外发展大势的基础上，鲜明提出了创新、协调、绿色、开放、共享的新发展理念。新发展理念符合我国国情，顺应时代要求，在理论和实践上实现了新的突破，具有重大而深远的意义。

可以说，社会的全面发展是一个相对性概念，不是绝对性概念。实际上，每个发展阶段都对应于一个具体的社会物质基础，这个物质基础相对于之前的发展阶段更为"全面"，而后来的物质基础又是紧密建立在之前的物质基础之上。因而，社会全面发展在实践层面和认识层面上表现出一种螺旋式上升的发展状态。从我国社会建设的制度实践来看，每一个历史时期都注重社会发展的全面性，但由于社会发展的物质基础条件不同，或者说社会主要矛盾主要解决的核心议题不同，"社会全面发展"的深层含义也各有差异。

当前，世界百年未有之大变局加速演进，国际形势中不稳定不确定性明显增加，2020 年初以来的新冠肺炎疫情给各国安全和发展带来新的挑战。这些新风险正冲击着中国社会乃至全球社会惯有的运行机制与认同基础。这是我国全面深化改革和社会全面发展的新风险和新境遇。国内外环境变化带来的新旧困难和不确定的挑战风险，对我国国家治理和社会治理提出了新的要求。党的十八大以来，以习近平同志为核心的党中央坚持以理论创新引领实践创新，不断开辟治国理政新境界。党的十九届四中全会更加重视制度建设，提出了"人人有责、人人尽责、人人享有"的社会治理共同体建设，新理念和新思想不断提升我国社会治理的境界。

二、关于社会发展的理论思考

从理论研究的角度来看，当今世界已经形成了诸多系统化的发展理论，包括现代化理论、依附理论和世界体系理论等，不同的发展理论其理论侧重各有不同，比如现代化理论以"传统—现代"作为对立，并以西方现代化作为其他国家的发展目标；依附理论主要是从现代化理论中发展而来，指出了发达国家对发展中国家不对等的发展关系；世界体系理论则提出了整个世界存在"核心—半边缘—边缘"的关系体系。[1]从总体而言，我们可以借鉴西方社会科学的理论成果，但仍需注意到中国社会建设与发展的独特性在很大程度上超出了西方理论的预期，这也要求我们从社会生活实际出发来理解党在社会建设进程中形成的思想。

在我国经济社会快速转型的过程中，社会结构作为一种结构性力量也在快速地转型和分化，与之相应，人们的生活方式和价值观念也越来越趋向于多样化。在早期研究中就有学者将社会结构视为社会转型的主体，成为影响中国资源配置与经济发展的另一只看不见的手，这也意味着转型并非某些单项发展指标的实现，而是一种总体的和全面的系统性转变。[2]可以说，在社会发展的进程中，我们不断看到社会生活实践的能动性，看到改革开放条件下市场力量对社会发展的极大的助推作用，市场以其配置资源的能力加速了社会的流动，从而带来社会发展的生机与活力。从抽象的意义上来看，在新民主主义革命和新中国社会主义社会建设探索时期，社会和国家的功能往往混合在一起，社会建设既是国家和民族解放的坚实基础，也是其主要内容；在社会主义市场经济的发展过程中，我们逐渐看到了一个能够对市场逻辑作出反应并进行自我保护的社会，根据波兰尼的论述，这就是"能动的社会"。[3]正是能动的社会与市场的相互作用推动社会的整体进步和全面发展。

进入 21 世纪以来，随着我国社会主义市场经济体制改革和建设的不断深入，以公共资源配置为核心的制度安排和社会生活的组织模式发生重要变迁，由此导致社会生活秩序和社会结构特征也发生重要变化。党的十八大以来，党

---

① 参见［美］伊曼纽尔·沃勒斯坦：《现代世界体系：16 世纪的资本主义农业和欧洲世界经济的起源》第 1 卷，郭方、刘新成、张文刚译，社会科学文献出版社 2013 年版。

② 李培林：《另一只看不见的手：社会结构转型》，《中国社会科学》1992 年第 5 期。

③ 参见［英］卡尔·波兰尼：《巨变：当代政治与经济的起源》，黄树民译，社会科学文献出版社2017 年版。

和国家从战略视野考虑以怎样的新制度安排来实现新历史阶段的社会再组织问题。党的十八大报告将"加快形成政社分开、权责明确、依法自治的现代社会组织体制"与加快形成社会管理体制、基本公共服务体系、社会管理机制并列为社会建设的四大任务。2013 年，党的十八届三中全会提出创新社会治理体制，激活社会组织活力的新要求、新部署。这预示着中国社会管理创新走向推进社会治理的新时期，其核心是要形成与加速转型的市场经济相匹配的社会治理体制。党的十八大以来，尤其是党的十八届三中全会以来，我国社会组织发展的制度环境得到极大的优化，但我国并未形成西方意义上结构性主体的社会形态，超越了西方"公民社会"的狭隘预设。

从根本上说，一个良性的社会秩序在本质上是社会价值认同的结果，而一个良性社会秩序的维系有赖于与其相匹配的社会体制的支持。社会体制是围绕社会公共产品的公平公正配置而建立的一系列相互关联的组织制度，直接关系到民生的质量。社会体制以社会为核心维度，而社会既可以是一个抽象概念，也可能被具体化为保障人民的基本生存机会、条件和权利的领域，因而涉及公共产品的配置问题。现实生活中，维系社会的纽带是一些基本的价值、需求和利益。这些基本的价值、需求和利益也是社会的组织、团结和认同的主要基础。从改革开放以来人们的日常生活来看，虽然传统的"个人依赖单位、单位依赖国家"的格局被消解，单位制的社会福利快速退场，个人越来越走向市场，但这个过程并没有使个人在公共产品需求上摆脱对国家的依赖。从深层次看，社会治理的主要对象还包括社会秩序的形成机制及其运行规则，必然涉及不同主体之间的复杂关系，具体指向中国特色社会主义制度下的社会体制与社会治理体制、社会管理体制的关系格局。

从社会内在价值与文化认同的角度看，从阶级社会到小康社会、再到美好社会，中国的社会认同和社会共识不断重塑和再凝聚。前三十年"一元化"管理体制一方面起到组织和凝聚作用，另一方面产生管理僵化的负面后果；改革开放以来，市场机制引入，小康社会建设提供了释放社会活力的内在缓冲力。原有的意识形态缓冲力失效，亟须重塑新的社会认同。市场机制的引入，为小康社会建设提供了释放社会活力的内在缓冲力。改革开放以来中国经济社会发展的主要目标可以被简单刻画为小康社会建设，小康社会建设的基本内涵和衡量标准在实践中不断丰富和发展，体现了人民大众不断改善民生的"内在发展动力"，发挥着引领社会预期的重要作用。另一方面，泛市场化逻辑导致改革共识面临挑战，小康社会标准和内涵不断调整、丰富。进一步说，小康社会不仅仅具有经济含义，而且更"全面"地涵盖了社会文化生态等领域的发展目标和要求。在新的社会主要矛盾下，追求美好生活的社会图景将再次凝聚起新的社会认同。

概括而言，中国的社会生活实践所内含的多元现代性已经在很大程度上超出了"国家与社会"的分析框架，后者植根于西方的经验而且呈现出简单的线性分析视野。我国经济社会转型由党和国家渐进式推进，同时保持了政体连续性和社会稳定性。[①] 一方面，我国社会变迁的价值观念、思维方式和行动方式都极具东方乡土文化特征，又受到全球化、信息化、工业化与后工业化逻辑的影响，这是在复杂的国内外环境背景下进行的史无前例的社会变革。从中国社会转型的实际出发，学者注意到新中国成立以来，尤其是改革开放以来我国以经济为中心的一系列体制、机制和制度变革，其得以立足的基础和所产生的影响已远远超出了经济领域，本质上已经深入中国人的生活世界以及整个社会的组织运行之中。从生活实际来看，20 世纪 90 年代中后期以来，经济体制改革所生成的市场逻辑在较短的时间里蔓延到社会生活和生产的诸多领域，以至于整个社会的组织方式、关系风格、结构特征都发生了重要变化。[②] 这些重要的生活世界的变革不是"国家与社会"所能够涵盖的，而是与我们的制度变革密不可分的。

[①] 国内大多学者对中国社会转型是在政体连续性背景下的渐进式变革有基本共识。参见李友梅：《自主性的增长：制度与生活视野下的中国社会生活变迁》，《2008 年度上海市社会科学界第六届学术年会文集（年度主题卷）》，2018 年 11 月 1 日；孙立平：《社会转型：发展社会学的新议题》，《社会学研究》2005 年第 1 期；沈原：《"强干预"与"弱干预"：社会学干预方法的两条途径》，《社会学研究》2006 年第 5 期。

[②] 李友梅等：《中国社会治理转型（1978—2018）》，社会科学文献出版社 2018 年版；肖瑛：《从"国家与社会"到"制度与生活"：中国社会变迁研究的视角转换》，《中国社会科学》2014 年第 9 期。

现有研究不乏制度分析的理论和视角，然而适用于中国转型社会实际的"制度与生活"分析框架有何不同？在史无前例的中国社会转型进程中，面对人口众多、体量巨大、疆域辽阔的中国社会实情以及不确定的外部环境和风险挑战，如何在变革与稳定之间寻求平衡？可以看到，中国社会发展变化的每个关键时刻都有中国共产党"总揽全局，协调各方"的领导核心作用在统筹改革发展和稳定。党始终具有这一领导核心作用并不是"自封"的，也不是"他赐"的，而是由历史和人民在改革发展实践中验证和授予的。比如，当市场经济领域与社会文化领域出现发展不协调时、当公共服务供给跟不上人们日益增长的需要时、当改革共识因不断积累的社会矛盾而消减时，执政党就会强调提出"人民是否真正得到了实惠，人民生活是否得到了真正改善，是立党为公，执政为民的本质要求"，并以此来凝聚民心，将社会生活纳入良性秩序。

2017 年，党的十九大上习近平提出"新时代中国特色社会主义思想"，从理论和实践上系统回答新时代坚持和发展什么样的中国特色社会主义、怎样坚持和发展中国特色社会主义的重大时代课题。习近平新时代中国特色社会主义思想是紧密联系当下中国社会生活实际的新理论，它的源泉是丰富生动的现实生活，动力来自解决社会矛盾和问题的现实要求。从推进"厕所革命"、解决垃圾分类等人民群众日常生活中的小事，到"一个也不能少"的精准扶贫，以解决人民真正关心关切问题的全面深化改革，都真正切实地做到了"人民有所呼、改革有所应"。新时代中国特色社会主义思想和基本方略是党的十八大以来，在新中国成立特别是改革开放以来我们党推进理论创新和实践创新的基础上，全党全国各族人民进行艰辛理论探索的成果，是全党全国各族人民创新创造的智慧结晶，深刻体现以人民为中心、为人民谋幸福的重要思想。

第二节　社会治理制度创新：秩序与活力的动态平衡

在党领导中国人民进行社会主义现代化事业的进程中，制度建设的重要性日益突出。随着改革开放的逐步深化，我们党对制度建设的认识越来越深入。1980 年邓小平就指出，"领导制度、组织制度问题更带有根本性、全局性、稳定性和长期性"。1992 年邓小平提出，"恐怕再有三十年的时间，我们才会在各方面形成一整套更加成熟、更加定型的制度"。党的十四大提出，到建党一百周年的时候，我们将在各方面形成一整套更加成熟更加定型的制度。[①] 21 世纪之初，党和国家领导人提出要建成一个富强、民主、文明、和谐的现代化国家，但还没有对国家治理提出过现代化的目标。党的十八大在规划 2020 年实现全面建成小康社会时，开始设想构建系统完备、科学规范、运行有效的制度体系。党的十八届三中全会提出要完善和发展中国特色社会主义制度、推进国家治理体系和治理能力现代化，并将其作为全面深化改革的总目标。这意味着我们的制度建设进入了新的征程，要在所有领域推进系统性、整体性、协同性的全面深化改革。党的十九大作出到 21 世纪中叶把我国建设成为富强、民主、文明、和谐、美丽的社会主义现代化强国的战略安排，其中在制度建设和治理能力建设方面的目标是，到 21 世纪中叶要实现国家治理体系和治理能力现代化。

党的十九届四中全会《关于坚持和完善中国特色社会主义制度　推进国家治理体系和治理能力现代化若干重大问题的决定》，提出我国国家制度和治理体系的 13 条显著优势，要坚持和完善支撑中国特色社会主义制度的根本制度、基本制度、重要制度，构建系统完备、科学规范、运行有效的制度体系，加强系统治理、依法治理、综合治理、源头治理，更好地把我国制度优势转化为国家治理效能，为实现"两个一百年"奋斗目标、实现中华民族伟大复兴的中国梦提供有力保证。[②]《决定》指出，社会治理是国家治理的重要方面，必须加强和

[①] 习近平：《关于〈中共中央关于坚持和完善中国特色社会主义制度、推进国家治理体系和治理能力现代化若干重大问题的决定〉的说明》，《习近平谈治国理政》第 3 卷，外文出版社 2020 年版，第 110 页。

[②] 参见习近平：《中共中央关于坚持和完善中国特色社会主义制度　推进国家治理体系和治理能力现代化若干重大问题的决定》，人民出版社 2019 年版。

创新社会治理，完善党委领导、政府负责、民主协商、社会协同、公众参与、法治保障、科技支撑的社会治理体系，建设人人有责、人人尽责、人人享有的社会治理共同体。这次会议将"坚持和完善共建共治共享的社会治理制度"提到更高的位置上，首次与"坚持和完善统筹城乡的民生保障制度"并列构成我国社会建设的两大重要的制度安排。

一、从社会管理制度到社会治理制度的三次调整

从我国社会转型的实践来看，与经济转型过程相一致，我国经历了从社会管理到社会治理的转型过程。其中，"一轴多元"是我国社会治理的基本结构，也是中国社会治理格局的本质规定，即执政党作为轴心的领导地位始终不变，这是我国社会变迁和治理结构转型的根本前提。在这个前提下，社会治理的其他主体有各自的角色定位与行为方式。执政党一直重视其在社会治理结构转型中保持自身的核心地位，比如运用倒逼机制进行自我革命并引领社会革命、不断探索创新党建引领方式等。同时，"一轴多元"治理结构也为社会多方力量参与治理留下了制度性空间，使中国在现有情境下激发社会力量推动治理创新具有一定的可能性。社会治理的目标指向是社会基本秩序的维系，而社会基本秩序维系的基础条件是社会整合、社会认同等内在价值的统一。

随着经济体制改革的不断深化，我国社会治理转型也不断加深。从人们的生活需求来看，多样化的民生需求和多种改革任务已经超出了原有的以单线条任务为特征、自上而下的社会管理体制的治理能力和范围，对自下而上的、复杂的多线程治理任务提出了新要求。社会治理领域尤其是基层治理领域，社会组织活力不断激发，基层政府逐渐摆脱过多服务经济发展的职能转到面向基层社会生活的公共服务型政府的职能转换，不断促使社会协同、公众参与社会治理的能力提升。可以说，社会治理制度建设和社会治理共同体建设是民生发展到一定阶段的必然需求，人民对美好生活的向往推动着国家治理体系和治理能力的现代化。

从总体来看，我国社会管理体制及其与社会治理体制之间的关系大致经历

了三次调整。[①] 第一次调整在改革开放初期到 2002 年期间。改革开放以来随着市场化体制改革的不断深入，新中国成立初期逐步形成的一系列配置公共资源的组织制度，诸如"人民公社制""单位制"等开始较快地解体，与此同时，市场经济逻辑过快向社会福利领域渗透，这也意味着人们的社会生活和社会秩序需要进行再组织和再协调。这一时期，国家适时提出"社会管理"概念，1998年《关于国务院机构改革方案的说明》中提出"社会管理"与公共服务、宏观调控共同构成政府的基本职能。然而，从解决相关社会问题的总思路来看，这时"社会管理"主要的作用还局限于"维护社会稳定"。2002 年，党的十六大报告在谈及"完成改革和发展的繁重任务，必须保持长期和谐稳定的社会环境"时指出，要"坚持打防结合、预防为主，落实社会治安综合治理的各项措施，改进社会管理，保持良好的社会秩序"。当时社会管理所依赖的力量主要是政府部门甚至在政法系统的综治办，该时期的社会管理基本类同于社会治安管理。

第二次调整在 2003 年至 2012 年期间。为了扭转社会福利市场化的问题，回应新形势下凝聚改革共识的需求，社会管理逐步从综合治理范畴中走出来。2003 年，党的十六届三中全会《关于完善社会主义市场经济体制若干问题的决定》指出，"完善社会主义市场经济体制的目标和任务。按照统筹城乡发展、统筹区域发展、统筹经济社会发展、统筹人与自然和谐发展、统筹国内发展和对外开放的要求，更大程度地发挥市场在资源配置中的基础性作用，增强企业活力和竞争力，健全国家宏观调控，完善政府社会管理和公共服务职能，为全面建设小康社会提供强有力的体制保障"。2004 年党的十六届四中全会《中共中央关于构建社会主义和谐社会若干重大问题的决定》将社会管理体系更加完善作为 2020 年构建社会主义和谐社会的目标和主要任务之一，并指出"加强社会管理，维护社会稳定，是构建社会主义和谐社会的必然要求"。这个社会管理格局在党的十八大报告中更新为"党委领导，政府负责，社会协同，公众参与，

---

① 参见李友梅等：《中国社会治理转型（1978—2018）》，社会科学文献出版社 2018 年版，第 7—8页，内容有调整。

法治保障"的社会管理体制。从某种角度看，该管理体制中已经有社会治理格局的意涵。

第三次调整始于 2013 年党十八届三中全会以来，社会治理与社会管理之间的关系愈发清晰化，特别是将"党委领导，政府负责，社会协同，公众参与、法治保障"确定为社会治理格局，而且进一步提出"打造共建共治共享的社会治理格局"，使社会治理成为与社会管理并驾齐驱的、用以保证与促进社会协调发展的重要手段。

中国社会治理转型呈现出来的是渐进式路径，但其始终不是简单的线性进程。现实中，中国社会治理转型既不是传统"单位制"的当代再造，也不是简单的一元化行政管理体制的快速"膨胀"，而是一个在迂回往复中不断获得完善的过程。每当中国社会发展变化的关键时刻，都能看到中国共产党"总揽全局，协调各方"的重要核心作用，正是在这个前提下，中国的社会管理和社会治理的体制机制建设不断被推向更新层次、更新高度和更新境界。中国社会治理转型的路径，既不同于欧美社会与政府形成的齐步并举的演进式路径，也不同于东欧、苏联以大规模社会运动与社会民主化为导向的急剧式路径，而是在中国特色社会主义制度条件下形成的具有渐进式特点的路径。

二、秩序与活力的动态平衡[①]

不同的发展阶段和历史时期，国家一直面临着社会生活如何再组织的问题。保持秩序与活力的动态平衡成为社会变迁和社会治理中的核心关系问题。1949 年以前，中国的乡村社会以家族社会的形态存在，乡村内部依赖于血缘和地缘关系等传统的社会整合纽带而联系在一起，不同家族或宗族之间的组织化联系较少，基本处于分散隔绝的状态。孙中山先生将其称为"一盘散沙"。新中国成立以来，我国经历了波澜壮阔的发展历程，发生了翻天覆地的伟大变化。在这一历史进程中，我国取得经济快速发展奇迹和社会长期稳定奇迹。70 多年来，

---

① 参见李友梅：《秩序与活力：中国社会变迁的动态平衡》，《探索与争鸣》2019 年第 6 期。

无论是社会管理还是社会治理，都为秩序与活力动态平衡关系的把握积累了丰富经验，保持了社会安定有序又充满生机活力。

新中国成立后，我们党带领人民进行社会主义改造，确立了社会主义基本制度，实现了我国历史上最深刻的社会革命。面对一穷二白、百废待兴的局面，我国在较短时间里建立起高度集中的计划经济体制以及与之相适应的一套社会管理体系。在当时的条件下，各项管理制度之间相互匹配、彼此支持，人们的生产生活被有序组织起来，并形成高度一致的社会认同。在此基础上，我国集中力量办大事，初步建立起比较完整的工业体系，取得"两弹一星"、人工合成牛胰岛素、杂交水稻新品种等一系列重大科技成就。

这一时期我国社会建设的主要任务是根据政权建设以及经济基础和社会秩序建设需要，把落后的农业国建成先进的工业国，结束分散小农社会形态，建立起适应于国家工业化建设需要的社会组织形式，"国家—单位—个人"的社会管理体制基本建立。解放初期社会重组的重要内容是建立了以单位为名义的"公家"，这是一个新的组织形态。① 由公家成立的组织遍及城市和乡村，成为人们生产和工作的单位。公家组织的建立，推动了一系列新的行为标准同时提供各种资源的分配，构建起一个不同于家庭归属的单位归属。社会组织的结构通过层层行政联系，形成社会诉求向中心传递的组织化渠道，把个人和国家联系起来。

党的十一届三中全会拉开了改革开放的大幕，极大地释放了经济社会活力。乡镇企业异军突起，劳动力流动加快，个体经济和私营经济如雨后春笋般涌现。党的十四大明确提出建立社会主义市场经济体制的目标，将社会主义基本制度与市场经济有机结合起来。社会主义市场经济体制的建立和完善，不仅为解放社会生产力提供了制度支持，也进一步激发了社会活力。社会流动规模扩大、速度加快，利益主体日益多元、利益诉求更加丰富，呼唤传统社会管理方式进行与时俱进的调整。同时，基层群众自治的积极性日益提高。尤其是随着城市

---

① 张静：《个人与组织：中国社会结构的隐形变化》，《探索与争鸣》2019 年第 6 期。

住房改革快速推进，具有社会属性的业主委员会、带有市场属性的物业公司等应运而生，显现出基层社区自主协商解决问题的动力。政府行政功能与社会自治功能、政府管理力量与社会调节力量互动，促进了社会治理进一步转型，在秩序与活力之间形成新的平衡机制。

这一时期我国社会建设的主要任务是释放社会发展活力，以发展社会生产力为中心，原有的单位制社会组织开始解体，社会分化与社会流动带来繁荣发展的生机与活力。改革开放以来，社会组织结构形态最显著的变化是出现了一系列新的经济或社会组织，离开"单位"代表的体制内组织，在体制外组织就业的人数迅速上升。新业态、新组织和新群体不断涌现，改变了原来仅有科层制架构的组织形态。组织的分化与分工逐渐弱化了"国家—单位—个人"的组织通道和联系。[①] 社会分化和流动充分释放了发展的活力，人力资本在不同地域之间优化配置，产生了巨大的人口红利；而且流动为个人提供了通过自身努力实现自身发展的机会，有利于促进社会阶层结构的优化。总之，社会流动带来繁荣发展的活力，已成为解密中国发展的重要密码。[②] 由于市场组织只分担经济功能，在社会公共服务领域，国家直接面对个人。新的利益协调机制和通道发育还不够完善，这也意味着对新条件下的社会整合提出了更高要求和挑战。

为摆脱"一放就乱、一管就死"的社会治理困境，21 世纪以来我国社会治理逐步实现从社会管理到社会治理的转型，国家十分重视在激发社会活力的同时，保持整体社会平稳有序运行。这也成为中国经济社会发展的宝贵经验和重要成就。当前，新时代改革开放更多面对的是深层次的体制性和机制性问题，对改革顶层设计的要求更高，对改革的系统性、整体性、协同性要求更强，将以更高的制度要求促进秩序与活力关系的再平衡。

党的十八大以来，我国加快推进社会治理体制改革。从"改革社会管理"到"创新社会治理"，从"共建共治共享的社会治理新格局"建设到"社会治理

---

① 张静：《个人与组织：中国社会结构的隐形变化》，《探索与争鸣》2019 年第 6 期。

② 李友梅：《当代中国繁荣发展的重要密码》，《人民日报》2019 年 7 月 26 日。

制度""社会治理体系""社会治理共同体"的建设，不仅体现出治理主体日益多元化多样化，而且彰显了人人有责、人人尽责、人人享有的责任共担意识，显示出我国在处理秩序与活力关系方面的认识和实践的进一步深入。比如，上海以"人民城市人民建、人民城市为人民"的发展理念，推进改革"一网通办""一网通管"，不断激发人民群众参与城市治理活力，在基层社区努力构建政社合作的社会治理共同体，更好为全体居民提供多层次公共产品，提升了群众的获得感、幸福感、安全感。通过加强街道党工委职能作用、有计划购买社会组织的民生服务等方式，基层社区逐步形成以党组织为核心、居委会为主导、居民为主体，业主委员会、物业公司、驻区单位、群众团体、社会组织、群众活动团队等共同参与的治理架构。在这一过程中，社区治理工作者的服务意识逐步增强，人民群众的主人翁精神日益突显，群众参与的制度化保障体系日益完善，共建共治共享的治理机制逐渐显现。

在这一阶段，党的领导下全面深化改革和"五位一体"总体布局，体现党和政府在顶层设计层面为满足人民不断增长的美好生活需求而作出的战略回应。与此相应，政府职能转变也进入全面改革阶段，统筹社会治理，打造共建共治共享的社会治理格局成为新时代推进社会治理转型的重要任务，我国基层社会治理涌现的丰富实践，正是统筹社会治理深化社会体制改革的生动体现。党的十八届三中全会提出全面深化改革的总目标和总任务，就是完善和发展中国特色社会主义制度，推进国家治理体系和治理能力现代化。新时代我国社会建设和社会治理被纳入国家治理体系，主要内容就是回应社会的公共性需求并建构与国家治理相统一的公共性，构建在党的领导下社会多元力量共同参与公共治理的新格局。

第三节　走向共建共治共享的社会治理共同体

新时代我国社会建设思想的重要特征是更加注重共建共治共享的理念，并将这一思想和理念贯彻到社会治理制度建设中。党的十九大提出要"打造共建共治共享的社会治理格局","让改革发展成果更多更公平惠及全体人民","使人民获得感、幸福感、安全感更加充实、更有保障、更可持续"。党的十九届四中全会提出要坚持和完善共建共治共享的社会治理制度，构建"人人有责、人人尽责、人人享有"的社会治理共同体。这些制度安排突出体现了党来自人民、依靠人民、为了人民的发展思想，并把始终坚持以人民为中心、为人民谋幸福的初心真正落实到社会治理的制度建设和规则建构实践中。

一、共建共治共享的社会治理制度 ①

党的十八大以来中国新的治理观，是要调动一切积极力量参与社会建设，促进实现公共事务共治、公共难题共解、公共成果同享的社会治理机制，维护最广大人民的根本利益。② 党的十九大将"加强和创新社会治理，维护社会和谐稳定"作为习近平新时代中国特色社会主义思想的重要内容，对打造共建共治共享的社会治理格局作出新的部署。十九届三中全会《关于深化党和国家机构改革的决定》提出，统筹党政军群机构改革，是加强党的集中统一领导、实现机构职能优化协同高效的必然要求。针对优化政府机构设置和职能设置，提出加强和完善政府经济调节、市场监管、社会管理、公共服务、生态环境保护职能，调整优化政府机构职能，全面提高政府效能，建设人民满意的服务型政府。为进一步深化社会治理体制改革，提出更好发挥群团组织作为党和政府联系人民群众的桥梁和纽带作用，加快实施政社分开，激发社会组织活力，适合由社会组织提供的公共服务和解决的事项，由社会组织依法提供和管理。在党的领导下，持续推动社会治理转型和政府职能转变，实现政府治理与社会调节、居民自治良性互动，开创共建共治共享的社会治理新格局，将使社会建设在全面深化改革和"五位一体"总体布局的统筹推进中发挥更大作用。

---

① 参见李友梅等：《中国社会治理转型（1978—2018）》，社会科学文献出版社 2018 年版，第 106—112 页。内容有调整。

② 朱光磊：《全面深化改革进程中的中国新治理观》，《中国社会科学》2017 年第 4 期。

党的十九大报告提出加强社会治理制度建设，完善党委领导、政府负责、社会协同、公众参与、法治保障的社会治理体制，提高社会治理社会化、法治化、智能化、专业化水平。这表明中国社会治理结构正由传统的体制内单中心治理向党建引领下的多元治理结构转变。与此同时，党建在社会治理创新中的引领作用得到不断拓展，党的组织网络成为社会治理中连接体制内外和不同治理主体的新平台。① 上海、北京、广州已经探索以党建引领政社合作的工作思路，尝试以区域化党建推动多元治理主体之间协作，不断吸纳多方力量参与基层治理，建立多元治理的互动规则，增进统筹治理下的参与技能，共同为基层社会提供公共产品。在基层社会治理中，党组织通过建立区域化党建工作体系，有效对接居民自治与社区共治，探索基层社会治理多样化方式，建立起"活力"与"秩序"良性相依的新格局。在新一轮基层改革中，党建引领的社会体制创新正在更高水平上推动多元治理，也就是让居民个人、群体和社区组织走出私人领域，关注公共议题，培养市民的公共精神。② 实证研究表明，党在统合政府与社会力量方面正在起到越来越重要的作用③，可以肯定的是，党将在未来的社会治理中继续发挥统筹整合功能，事实表明，只有坚持党的全面领导，才有可能推进社会治理转型和政府职能转变的同步同向前进。

在党的全面领导下，我国社会治理体制创新取得重要进展，户籍管理体制、社会信用体制、社会组织管理体制、城乡社区治理体制、社会保障体制等核心领域主动寻求变革和突破，初步构筑起中国社会领域改革的坚实制度支柱。④具体表现为：在户籍管理体制方面，2014 年 7 月，国务院印发《关于进一步推进户籍制度改革的意见》，取消农业与非农业户口区分，统一登记为居民户口，核心要义是逐步实现户籍与福利脱钩，城乡居民都能享受到无差别的公共服务。在社会信用体制方面，2014 年 6 月，首部国家级专项规划《社会信用体系建设

---

① 李友梅：《中国社会治理的新内涵与新作为》，《社会学研究》2017 年第 6 期。
② 黄晓春：《党建引领基层自治共治：实践与理论思考》，《党政论坛》2017 年 3 月。
③ 李朔严：《政党统合的力量：党、政治资本与草根 NGO 的发展》，《社会》2018 年第 1 期。
④ 陈鹏：《党的十八大以来的社会治理体制创新》，《社会治理》2018 年第 3 期。

规划纲要（2014—2020）》颁布和实施。8月，中央文明委印发《关于推进诚信建设制度化的意见》，标志着中国社会开始步入以社会信用体系建设为核心的社会治理变革新阶段。在社会组织管理体制方面，2015年开始，我国相继试点并施行行业协会商会脱钩改革、群团组织体制改革，同年9月，中办印发《关于加强社会组织党的建设工作的意见（试行）》，明确提出社会组织党组织是党在社会组织中的战斗堡垒，发挥政治核心作用。在城乡社区治理体制方面，2017年6月12日，中共中央国务院颁布和实施《关于加强和完善城乡社区治理的意见》，成为新的历史条件下推进中国社区建设和城乡社区治理的纲领性文件。在社会保障体制方面，2016年3月，我国首部《慈善法》颁布，为慈善事业更好弥补基本社会保障制度不足，以及填补社会保障文化缺失，提供了坚实支撑。上述内容仅仅是党的十八大以来我国社会治理改革领域若干具有代表性的举措，足以体现党领导下政府主导参与社会治理朝规范化方向迈进的决心和能力，更重要的是，逐步完善的社会治理体制为持续推进社会治理转型，为各级政府不断满足人民群众的广泛诉求奠定了制度化基础。

共建共治共享治理格局离不开社会公众的参与，相对而言，在政府、市场与社会的三种关系中，社会力量最为弱小，社会发育不足，社会建设、社会治理明显滞后。社会治理体制改革，在于通过社会改革让群众能更多地参与进来，最核心的目标就是激发社会活力。[①]社会组织作为参与社会治理的重要力量，在党的十八大以后迎来发展新时期，朝规范、高效、良性方向进一步迈进。十八大以来，中共中央办公厅印发《关于加强社会组织党的建设工作的意见（试行）》，中共中央办公厅、国务院办公厅联合印发《关于改革社会组织管理制度促进社会组织健康有序发展的意见》。为维护社会组织的良好发展秩序，政府引入社会组织信息公开、年度检查、随机抽查、工作约谈和重大事项报告等监管措施，社会组织在机构设置、内部管理、业务活动等方面的规范性不断增强。在政府开展的等级评估、购买服务、公益招投创投等一系列举措的长期培

---

① 李强：《从社会学角度看现代化的中国道路》，《社会学研究》2017年第6期。

育和支持下，社会组织资源募集、服务供给、政策倡导等能力稳步提升，综合影响力不断增强。[①]

在地方层面，政府坚持对社会组织的支持培育和规范管理并举，促进社会组织导向健康有序发展。以上海市街镇层面购买社会组织服务为例，2015 年全市街镇层面共购买四类社区社会组织服务项目 1282 个，合计 37927.8 万元，覆盖 853 个社会组织；2016 年街镇层面计划购买四类社区社会组织服务项目 1393 个，合计 42911.68 万元，覆盖 860 个社会组织，政社合作日趋紧密。与此同时，上海于 2014 年出台《关于完善社会组织综合监管体系促进社会组织健康发展的指导意见》，并印发《社会组织管理部门职责分工方案》，细化明确登记管理机关、业务主管单位、行业主管部门、相关职能部门的 90 项管理职责，加强对社会组织的规范化管理。在浙江、上海等地的带动下，全国各地纷纷开展社会组织建设创新示范、行业协会自律与诚信创建、社会组织品牌塑造与公益服务活动，着眼于长远发展的社会组织评估工作在全国全面铺开。

除了培育和规范，调动社会力量参与社会建设和社会治理，还需要在两个方面用力：一是公共性的构建，二是政府与多元治理主体间关系的厘清。公共性是指公众通过参与社会公共事务，激发参与意识，培育"公平正义"社会价值，提升社会自我协调和管理能力，进而培养公众理性、负责的参与精神，形成长效、稳定的参与机制。直到今天，我国社会组织尽管在数量上迅速增加，但在参与社会管理和公共服务的主体意识的提升方面还很有限。体制内社会组织具有行政化倾向，专业性社会组织自我发展诉求高于公益诉求，民间性社会组织自娱自乐特征明显，导致公共性难以持续生产，致使社会难以出现具有实质意义的社会协同与公众参与。[②] 下一步如何在确保风险可控的前提下，培育社会公共性进而促进实质性的协同参与，事关社会治理转型与政府职能转变的

---

① 杨宜勇、黄燕芬：《十八大以来中国社会建设的新思路、新成就》，《社会学研究》2017 年第 6 期。

② 李友梅、肖瑛、黄晓春：《当代中国社会建设的公共性困境及其超越》，《中国社会科学》2012 年第 4 期。

方向。

统筹社会治理格局下的多元治理主体功能，其用意在于发挥不同治理主体的相对优势，进而形成治理合力，如果治理格局中多元主体的边界模糊，不仅不利于发挥各自优势功能，还有可能增加统筹整合的成本，增加协调治理主体共同行动时的摩擦。因此，厘清不同治理主体之间的边界和功能，特别是明确政府与其他治理主体之间的边界，就显得尤为必要。按照理想的职能模式划分，政府职能在于提供社会治理的基本规则和监管秩序，确保不同的治理体制和机制的兼容性或一致性，担当政策社群间对话的主要组织者和召集人，整合社会系统和社会凝聚力。市场力量在社会治理中担任机制创新功能，企业负起社会责任，政府扮演市场秩序维护者角色。而作为社会治理的主角，社会主体发挥社会治理的功能和作用，形成现代社会组织体系，建构社群治理模式。① 必须看到，由于我国长期处于政府单中心治理的结构状态，因制度惯性作用，政府在社会治理格局中还将长期处于主导角色，距离边界清晰、功能配合的多元共治新结构还为时尚早。不论是公共性构建，还是治理主体边界厘清，都需要在参与和交往中实现，为今之计，需要聚焦一次又一次的社会公共事务，引领和推动所有社会成员参与社会治理，形成社会治理人人参与、人人尽责的良好局面。

2014 年 3 月 6 日，习近平在参加十二届全国人大第二次会议上海代表团审议时指出，"加强和创新社会治理，关键在体制创新，核心是人，只有人与人和谐相处，社会才会安定有序。社会治理的重心必须落到城乡社区，社区服务和管理能力强了，社会治理的基础就实了"。党的十八大以来，在党中央高度重视下，全国各地基层社区涌现出丰富多彩的治理行动创新，不断将基层的社会治理转型推向深入。2014 年上海市根据特大城市创新社会治理面临的形势要求，对深化街道治理体制改革、完善社区治理体系、完善村级治理体系、组织引导社会力量参与社区治理、深化拓展网格化管理提升城市综合管理效能、加

---

① 周庆智：《基层社会自治与社会治理现代转型》，《政治学研究》2016 年第 4 期。

强社区工作者管理 6 个方面进行深入研究，提出一系列改革措施，为新时代创新社会治理加强基层建设作出有益探索。贵阳市开展的基层治理体制改革，撤销原有的 49 个街道办事处，设立 94 个新型社区，在新型社区实行"一委一会一中心"治理模式，"一委"即区域性建制党委，"一会"即社区居民议事会，"一中心"即社区服务中心，由此形成以社区党委为中心，社区服务中心、居民议事会、居委会、机关企事业单位、社会组织、社区居民等各个层面共同参与的"一核多元"治理体系。[①] 党的十八大以后，基层社区治理创新加快，各地根据实际情况正在探索形成差异化治理机制，而这些创新实践给我们的启示在于：加强和完善城乡社区治理要以基层党组织建设为关键，以居民需求为导向，健全完善城乡社区治理体系，提升城乡社区治理水平，补齐城乡社区治理短板，推动形成党领导下的多元治理互动格局，全面提升城乡社区治理法治化、科学化、专业化、智能化、精细化水平。

基层社会治理领域经过多年的拓展推进，展现出在统筹框架下更为活跃的多元治理特征。"三社联动"基于社区、社工、社团之间的互动，形成"以社区为工作平台、以社工为队伍抓手、以社团为组织载体"分工合作的工作思路，其意义在于通过社区建设、社会组织培育和社会工作现代化体制建立"三社联动"，形成"三社"资源共享、优势互补、相互促进的良好局面，加快形成政府与社会之间互联、互动、互补的社会治理新格局。[②] 2013 年起，民政部将"三社联动"作为基层社会治理创新的重点工作，要求各地在城市社区推进。实践证明，"三社联动"开展较好的地区，社会组织提供的专业服务不仅满足了居民个性化的需要，更重要的是提升了居民的议事能力、协商能力和解决问题的能力。[③] 近年来兴起的网格化管理模式则运用数字化、信息化手段，以社区、网格为区域范围，以事件为管理内容，以处置单位为责任人，通过管理信息平台，

① 杨平：《十八大以来社会治理的发展趋势》，《江汉大学学报》2017 年第 1 期。

② 叶南客、陈金城：《我国"三社联动"的模式选择与策略研究》，《南京社会科学》2010 年第 12 期。

③ 徐永祥、曹国慧：《"三社联动"的历史实践与概念辨析》，《云南师范大学学报》2016 年第 2 期。

实现网格内单位联动、资源共享。^①网格化治理已经在全国各地铺开，这势必进一步强化政府治理的统筹能力，特别是防御重大风险事故和应急管理的能力。伴随智能时代到来，大数据技术被逐渐应用到社会治理领域，行政部门和执法部门借助传感设备和互联网数据，在社会治理实践中，通过加强数据资源的交流，在法律许可范围内和确保安全可靠的前提下，对社会治理相关领域数据进行收集、挖掘及关联分析，及时应对和处理各类公共事件特别是突发事件，进而构建起智能防控、综合应对的公共治理体系。^②

社会治理转型进入新阶段，党全面领导各项事业，持续推进政府职能转变，推进国家治理体系和治理能力现代化建设，从中央到地方各级政府在回应社会需求、协调多元参与、提供公共服务等方面的能力得到大幅提升。在"五个统筹"和"四个全面"战略布局中，通过加强顶层设计，完善治理体制，优化治理机制，调动各方力量，引入新兴技术，从中央到地方再到基层，依托政府行政力量的优化和社会力量的持续发育，迈向新时代的中国正在形成党领导下政府组织、社会组织、市场组织、社会公众等多元参与的社会统筹治理新局面。

党的十九届四中全会对坚持和完善中国特色社会主义制度、推进国家治理体系和治理能力现代化作出全面部署。社会治理现代化是国家治理现代化的重要内容，基层社区治理是社会治理的重要方面。基层社区治理的实践探索为"共建共治共享的社会治理制度"提供了经验支持，从中可以总结梳理出多方力量形成的合作机制，尤其是治理体系的运行方式从政府大包大揽到政府治理和社会调节、居民自治良性互动的转变机制。在此基础上进一步深化对秩序与活力之间动态平衡的认识，将为保持社会长期稳定、国家长治久安贡献更大力量。

二、新时代社会治理共同体建设的重要意义^③

党的十九届四中全会提出社会治理是国家治理的重要方面，将"坚持和完

---

①　龚维斌：《改革开放以来社会治理体制改革的基本特点》，《中国特色社会主义研究》2016 年第 3 期。

②　杨雅厦：《应用大数据提升社会治理智能化水平》，《光明日报》2017 年 4 月 10 日第 11 版。

③　参见李友梅：《新时代社会治理共同体建设的重要意义》，《社会治理》2020 年第 1 期。内容有调整。

善共建共治共享的社会治理制度"单列，与"坚持和完善统筹城乡的民生保障制度"构成新时代社会建设主要工作内容。关于社会治理制度建设，全会还作出具体任务部署：完善党委领导、政府负责、民主协商、社会协同、公众参与、法治保障、科技支撑的社会治理体系；建设人人有责、人人尽责、人人享有的社会治理共同体；构建基层社会治理新格局，健全党组织领导下的自治、法治、德治相结合的城乡基层治理体系；健全社会心理服务体系；加快推进市域社会治理现代化；注重发挥家庭、家教、家风在基层社会治理中的重要作用等。

社会治理共同体建设既需要不断完善的社会治理制度和社会治理体系来保障，同时也是社会治理制度和社会治理体系良序运行的基础性支撑。社会治理共同体、社会治理制度、社会治理体系之间具有社会学意义上的重要关联，它们的联动方式尤其是如何推动"秩序与活力"的相互作用，直接关系到中国社会现代化和中国社会治理现代化走向何方的理论思考。这些问题在深层次上涉及中国社会学的知识传统问题。其实，关注中国社会转型实践的社会学知识生产和积累的一个基本动力就来自我们迫切需要探索和理解中国现代化道路选择。

构建社会治理共同体的政策内涵在于以一种新的社会团结机制推动中国社会治理的现代化以及社会的现代化。在中国特色社会主义新时代，社会治理现代化作为社会现代化的构成部分，其所包含的价值引导、民主协商、合作机制以及社会整合、文化融合、风险治理等方面，会折射出中国社会以何种方式从现代化走向后现代化。可以肯定地说，中国社会治理现代化的实践具有其独特理性，因此更丰富于西方经验基础上提炼出来的现代化概念。中国这个超大规模社会在中国共产党领导下，经历70余年的艰苦奋斗，创造了与"发展奇迹"并驾齐驱的"稳定奇迹"，中国的发展让世界为之震撼的是：中国经济社会建设与发展没有走西方发达国家的"危机转嫁"之路，而且避开了拉美国家的"依附陷阱"，不仅走出中国特色社会主义现代化的道路，而且为发展中国家走向现代化提供一种新的可能。党的十九届四中全会提出的社会治理共同体建设，一方面彰显并将践行着中国社会治理现代化进程中社会治理社会化的制度实践方向；另一方面又重视以共同体的目标、情感、价值为基石，对社会治理体系、制度、机制、架构、方式进行完善与创新，以"共同体"的力量保持基本的社会团结与社会和谐。

社会治理共同体的建设在深层次上涉及不同主体参与治理的行为规则如何构建这一根本问题。在社会治理共同体运行过程中，就其关系构成而言，既有社会内部的，也有社会与政府之间的，或社会与政府、市场之间的。无论是以哪些关系为基础的社会治理共同体，它们在面向具体问题和实际运作时，会有不同的主体构成，但不同主体的角色与功能、关系格局和运行机制，将通过社会治理体系和社会治理制度得以定位，并在此基础上，形成功能有序的、模式化的，且比较稳定的互动关系格局；形成相关主体风险共担、利益共享、协同共进的社会治理局面。

第一，社会治理共同体的建设既是我国社会治理实践探索的新要求，又是推进社会治理制度建设性创新的重要基础。改革开放以来，中国社会治理实践探索的进程，可看作通过"社会治理社会化"、有序激发社会活力，来推动政治社会整体变迁的过程，也是不断认识中国社会运行机制、不断提升执政党总揽全局协调各方的效能、实现"共建共治共享"的过程。

党的十八大尤其是党的十九大以来，我国社会建设的战略意义不断提升，社会建设的核心内涵也不断丰富发展：从维护安定团结到民生保障和社会事业发展；从物质利益满足再到注重更高水平的不同利益群体的秩序协调与积极平和的社会心态培育。当前，我国社会主要矛盾发生了转变。随着人们对美好生活的需求不断增长，对民生发展也提出了新的要求，社会治理共同体建设有必要成为新时代我国社会建设的重要内容。社会治理共同体建设不仅有助于把矛盾化解在初期，而且也可以为推进社会治理制度建设开创新局面。建设"人人有责、人人尽责、人人享有"的社会治理共同体，旨在以党的领导作为根本保证，对不同主体关系行为进行规则引导，调整优化我国社会治理体系及其运行机制，积极探索法治、自治与德治之间的相互衔接与融合，使其能够为化解社会主要矛盾提供广泛的社会支持和社会共识。

第二，社会治理共同体建设的基础是一个充满积极心态和能动活力的社会，也是基于中国文化土壤推进社会治理现代化、社会现代化的重要途径和重要体现。

社会治理的现代化与社会的现代化有着共同的目标指向，二者共同指向在一个飞速发展的多元社会中，通过理性化与文明程度的提升来谋求社会团结，在社会分化中实现新的社会整合，在社会变革与转型进程中凝聚社会共识、再建社会认同。社会治理共同体建设能够发挥确保社会在深刻变革中既和谐有序又充满活力的支撑作用。

社会治理共同体内在的"人人有责、人人尽责、人人享有"的责任共担意识，把获得感和参与感紧密融合，尊重并激发了人民的主体性及其公共性精神。同时社会治理重心落在基层，基层是与人民群众日常生活和利益诉求直接碰面的地方，基层社会治理体系将体现以"政治"强引领，以"德治"强教化，以"自治"强活力，以"法治"强保障，以"科技"强支撑的社会治理体制机制创新。在民众的生活中开辟出"政治行为社会化处理、行政行为社会化合作、社会事务社会化自治"的社会治理社会化途径。

总体来看，社会治理共同体建设是推动社会治理社会化系统工程的重要基础，民主协商和科技支撑为新时代的社会治理现代化创造了更多的"社会化条件"。民主协商是社会治理共同体达成内部共识和相互理解的重要方式，民主协商与法治保障共同构成社会治理体系运行的"软支撑"，能够找到全社会意愿和要求的最大公约数，凝聚社会治理的最大共识，形成社会治理的最大合力。科技支撑提供智能化信息化专业化的治理技术构成社会治理体系运行的"硬支撑"，为社会成员搭建起开放包容的创造空间，让社会活力竞相迸发。

社会治理共同体既强调社会治理的"社会化"，又体现现代社会"共同体"的理论视角。共同体理论对社会治理话语体系的重构，对推动当代中国社会科学理论话语建构与知识体系建设具有重要的价值与意义。社会治理话语中的"共同"源于对人与人及文化与文化间可理解性的信任，基于对共同体及其合作行动中归属感、获得感与安全感的旨归，也为从"共同"处理解人类的行动方式和转变全球治理思维、勾画多样文明共存并进的前景提供了借鉴。

习近平新时代中国特色社会主义思想非常重视共同体话语的建构，不仅在国内层面提出社会治理共同体建设，而且在国际关系层面提出构建人类命运共同体的重要思想。构建人类命运共同体是在一个大的"分化"的世界里寻求合作，这迫切需要人们洞察自身所处的人文世界在新的历史条件下的复杂性，以及能够协调差异、转化冲突、营造重叠共识并推进全球合作治理的能力与智慧。[1]在国内和国际两个层面对"共同体"的构建对于新时代中国特色社会主义现代化的发展具有重要现实意义。从相同的方面来看，两个层面的共同体都区别于传统社会的共同体内涵，更加强调尊重多元化差异基础上进行民主协商的共处方式，而且注重共同体对于共同的归属感和价值感的追求。从治理的议题来看，社会治理共同体更强调生活共同体中的治理问题，尤其是社会治理重心下移到基层社区治理，小区停车难、垃圾分类生活新风尚等更需要"人人有责、人人尽责、人人享有"的责任分担的意识、共同分享治理成果的理念，人类命运共同体关注于全球治理的议题，注重基于共同的自然环境和社会环境背景下对国际关系议题共商共建的倡议和号召，比如在气候问题、恐怖主义、传染性疾病等重大风险问题的应对上，中国以越来越自信和开放的姿态展现了一个发展中大国的历史担当和国家风范。

党的十八大以来，以习近平同志为核心的党中央不忘初心，牢记使命，坚持以人民为中心的社会建设思想，不断推动改革发展成果更多更公平惠及全体人民，不断回应人们对美好生活的向往。民生的内涵和质量持续得到拓展，从织密民生保障网到推进脱贫攻坚战，从扩大就业到深化教育、医疗、养老等领域改革。新时代民生层次的丰富性、多样性和有机性进一步推动了中国共产党对社会领域的体制和机制改革，加快了依法治理和智能服务的进程。幸福生活

---

① 李友梅、汪丹：《在"分化"的世界寻求合作——构建人类命运共同体的一种转型社会学认识》，《社会科学战线》2018 年第 5 期。

离不开每个人的奋斗，未来社会建设将更加注重"人人有责、人人尽责、人人享有"的共同体意识、协商民主意识和责任分担意识。当今世界正经历"百年未有之大变局"，在中国共产党的坚强领导下，我们将在全面建成小康社会、完成第一个百年目标的基础上乘势而上，开启社会主义现代化的新征程，进一步践行中国特色社会主义的制度优势，开创新的发展阶段社会建设的新格局。

结　语

　　站在当下世界正经历百年未有之大变局的历史时点，回看百年来中国社会经历的革命、建设与发展历程，除了感叹其取得的伟大成就之外，我们可以明显地发现，在中国共产党的领导下，我国社会建设领域的思想建构与复杂实践也构成我们理解中国社会百年转型变迁的一个重要线索。中国以自身的独特方式从一个落后的农业国家跃身成为全球第二大经济体、各项社会事业快速进步的社会主义现代化国家，开辟出一条不同于西方现代化的经济社会发展新路径。其中所隐含的社会转型、社会建设及制度变迁的逻辑，充分展现了党始终坚持马克思主义的基本原理与中国社会实际相结合，不断探索符合中国国情、社会现实和人民期待的发展路径，始终坚持为人民谋幸福的政党品格和社会主义制度优势。

　　从转型社会学的视角来看，百年间不畏艰难的历史进程中，中国在实现现代化发展、推动经济体制快速转型的同时，却依然能够最大程度地保持社会有序运行，其中一个重要的原因就是党领导下的中国社会建设始终能够积极回应百年间中国社会提出的重大历史命题，为经济持续增长与社会长期稳定夯实了良好的社会基础。成功的实践源于从国情出发的思想指引，有价值的思想又萃取于鲜活生动的实践。理解党领导的百年社会建设实践，一方面要看到其中所凝结的党始终坚持为人民谋幸福的初心和思想，另一方面也启示我们要从方法论的层面深刻认识和把握中国社会建设何以可能这一深层次命题，即我们这里所说的如何"从实求知"达到"实事求是"的问题。换言之，面对百年以来中国社会建设的伟大实践，如何"从国情出发，从中国实践中来、到中国实践中去"，如何总结中国的经验，使理论创新符合中国实际，正是党领导的百年社会建设思想在当下衍生出来的重要理论议题。

一、"从实求知"：从党的百年社会建设实践中提炼其思想的一个尝试

"从实求知"有两个层面的含义，它既是中国共产党百年来社会建设实践探索的基本工作方法，也是我们认识和理解党的社会建设思想的基本方法论。从第一层含义来看，"实事求是""一切从实际出发"是党的社会建设思想的鲜明特点。这里的"实际"不仅包含经济社会发展的实际状况和水平，也包含人们的物质文化和精神文化等不同领域、不同层次需求的实际变化；不仅包含国内不同阶段的社会主要矛盾所揭示的发展实际，而且包含国际社会对我国社会转型和发展的实际影响及其相互作用。要深刻理解和把握上述"实际"的内涵及范畴，则需要社会建设领域的理论研究者不断养成和提升方法论层面的能力，即"从实际出发"的第二层含义取决于第一层含义，只有对党的社会建设实践不断地"再认识"，才能更好地把握其思想脉络和精神实质。这个过程其实也是"从实求知"的过程，在现实中，虽然"实事求是"早已成为常常萦绕在耳旁的话语，但如何真正做到"实事求是"却并非易事，这是一个需要在实践中摸索和总结、反复求证不断探究的过程。正是从这一理论自觉出发，本书尝试以历史分期的方式"从实求知"，梳理、提炼和呈现党的百年社会建设思想及其演进的历史实践逻辑。

在新民主主义革命时期，中国共产党就形成了为民族谋解放的人民革命思想。鸦片战争以来中华民族被不断解组、饱受创伤。面对着社会凋敝、民不聊生的中国社会，中国共产党在成立伊始就确立了为广大的人民大众谋利益的奋斗目标。随后，中国共产党在艰苦曲折的实践探索中形成了"从群众中来""到群众中去"的群众路线，从群众的迫切需要着手，充分满足和尊重群众的期盼和意见，以有效地动员和组织起人民群众。为夺取抗战胜利，在土地革命后期，中国共产党及时提出抗日民族统一战线的战略方针，进一步放手发动群众，团

结一切能够团结的力量，增进了中华民族的全民团结与凝聚力。总体上，这一时期的社会建设实践不断塑造和形成了中国共产党关于"人民"内涵的基本理解，并在革命进程中不断丰富和发展。

1949 年，从战火硝烟中"站立起来"的新中国实现了主权独立，但却百废待兴。对于从革命政党向执政党转变的中国共产党，其首要的任务就是要重新实现中国社会的组织与整合。为了将积贫积弱的农业社会重新"组织起来"，向着富强、独立的现代化道路前进，党在 20 世纪 50 年代逐步建立起了高度集中的计划经济体制和与之相适应的一套社会管理制度，包括单位制、人民公社制、户籍制、街居制等。从"制度与生活"的理论视野以及社会秩序与活力有机统一的关系角度来看，解放初期的一系列具有集体主义和平均主义原则特征的社会制度把人们的生产与生活有序地组织起来，并形成了社会生活的稳定预期和总体性社会认同，在极短的时间里凝聚了最为广泛的民心和建立了有序的生活。

1978 年后，伴随着市场化改革的深入推进，中国共产党先后实施了诸如"放权让利"、激活要素市场、调整央地关系等在内的一系列改革和开放政策，将切实提高人民生活水平、激发社会活力作为这一阶段党对社会建设进行战略谋划的核心目标，使人民群众的物质生活水平得到明显的提高。然而，作为社会结构转型和制度变迁的非预期后果，原有的经济社会体制变革在释放市场和社会活力的同时，却也对社会秩序的快速调整提出新的挑战和要求。在这样的背景下，党中央又适时地加快从社会管理向社会治理的转型进程，不断探索和调适政府、市场、社会之间良性互促的新型关系，以和谐社会建设推动社会活力与秩序的有机统一。正是从改革开放以来，秩序和活力有机统一的社会发展思想逐渐成型，并逐渐成为党的社会建设思想及其实践的重要特征。

当然，在党领导的社会建设实践中，无论是活力，还是秩序，最终都要落实到广大人民群众的获得感和认同感之上，这也从深层次上体现党对"人民"内涵的提升发展。与党的奋斗宗旨一脉相承，党的十八大以来，在社会建设方面，党中央明确把"坚持以人民为中心的发展思想"写入《党章》，这既体现对党的群众路线的一以贯之，也凸显了社会主要矛盾发生转变背景下中国共产党人"不忘初心"的重要意涵。具体而言，在党的执政理念及社会建设思想中，坚持以人民为中心的发展思想，就是要坚持以增进民生福祉作为经济社会发展的根本目的，努力让改革成果更多更公平惠及全体人民，使人民获得感、幸福感、安全感更加充实、更有保障、更可持续；就是要充分调动广大人民创造美好生活的积极性和主动性，凝聚汇合党和国家与人民同心协力谋求发展的巨大合力和发展动力，共建美好社会，共享发展成果；就是要坚持"五位一体"全面发展观，贯彻创新、协调、绿色、开放、共享的新发展理念，促进人的全面发展和社会的全面进步。总之，进入新时代以来，中国共产党关于共同奋斗美好生活的社会主义幸福观越来越成为普遍共识。伴随脱贫攻坚战的全面胜利，全面建成小康社会的如期实现，党的社会建设实践中以"人民"为中心的思想更是得到最坚实有力的体现和见证。

二、从中国经验到中国知识：机遇与挑战下的理论自觉

百年来的革命斗争与建设实践，使中国共产党在思想与理论上获得丰富的积累与沉淀，尤其是诸如"民生为本""公平正义""共建共享"等社会主义社会建设思想逐渐成熟，并形成自身的独特性。这种思想的独特性至少有两个来源：一是坚持从实际出发的必然要求，二是坚守中国社会"主体性"文化基因的必然结果。从本质上说，坚持"从实求知"与坚守中华文明的"主体性"文化基因是一致的。近代中国在遭遇"古今中西"之问时，文化的主体性问题就成为诸多仁人志士的共同关注，他们在学习西方的同时，并不是全盘接受西方，而是注重从中国社会生活的实际出发，在实践中不断探索符合自身国情的现代化路径。

不论是回望百年来中国社会建设历程，还是展望未来中国社会建设的前景，西方社会都不能为我们提供现成的经验和模板，中国社会建设是在自身的探索实践中逐渐积累了不同于西方国家建设和社会发展的中国经验。同样，中国社会转型的路径既不同于欧美社会与政府形成的齐步并举的演进式路径，也不同于苏联、东欧以大规模社会运动与社会民主化为导向的急剧式路径，而是在中

国特色社会主义制度条件下形成具有渐进式特点的路径。正如中国百年来的历史所验证的，党建引领社会建设是中国特色社会主义社会现代化的重要特征，党的领导是中国稳定奇迹的坚强领导保障。面对"百年未有之大变局"，我们党在长期革命、建设与发展中锤炼出来的领导作用，已然成为其引领中华民族伟大复兴的特殊优势所在。可以说，中国社会建设的经验为中国理论的创新提供了前所未有的机遇。

当今的中国与世界都面临着史无前例的大变革，中国发展与全球格局变迁"双向互嵌"的情境不断复杂化。党领导的百年社会建设实践，也正是在与外部世界的持续深化交流中得以实现的。伴随着中国不断向世界开放以及外部世界对中国崛起的复杂回应，理论上以及实践中，如何与西方社会相处越来越成为中国共产党和中国学者需要认真加以思考的重大课题。因而，我们的知识生产不仅要反映在世界变局中的中国转型实际，而且要回应这个变局中世界对中国提出的新的认知需求。这也就要求，中国特色的社会科学知识体系和话语体系并不是一味强调中国社会科学知识的特殊性和地方性，而是要寻求本体化与国际化、特殊性与普遍性之间的相互联系、相互统一。

面向未来，一方面，我们更需要一种世界性视野，来超越传统意义上的中西方的文化差异，寻求超越冲突、适合多元文明文化共存共荣的相处之道。另一方面，当前世界也在重新认识中国发展的内在动力，中华文明在新的历史时期会以怎样的形态来回应世界认知，我们的认知是否到了可以满足中国自身和世界需求的程度，还有很多工作要做。换言之，西方各界要对新的世界秩序有较为准确的预判和认知，也必须以重新认识中国以及中华文明和价值观为其中的关键内容。因而，中国和全球各界对当下中国发展的阐释和理解也将更加深入地嵌入对世界的认知以及新的世界秩序的重塑过程中。

当前，处于社会主义初级阶段仍是我国最大的实际，如何以高质量发展开启全面建设社会主义现代化国家新征程、向第二个百年奋斗目标奋进是未来我们党领导中国特色社会主义现代化建设的重大任务。站在"两个一百年"奋斗目标历史交汇点上，党的十九届五中全会通过的《关于制定国民经济和社会发展第十四个五年规划和二〇三五年远景目标的建议》，对"十四五"时期的发展大势作出了"我国发展仍然处于重要战略机遇期，但机遇和挑战都有新的发展变化"；"和平与发展仍然是时代主题，同时国际环境日趋复杂，不确定性不稳定性明显增加"；"我国发展不平衡不充分问题仍然突出"等重要论断。全会提出到 2035 年基本实现社会主义现代化的远景目标，基本实现国家治理体系和治理能力现代化；中等收入群体显著扩大，基本公共服务实现均等化；人民生活更加美好，人的全面发展、全体人民共同富裕取得更为明显的实质性进展。

如何才能"在危机中育先机、于变局中开新局"，从知识生产的角度来看，这就需要在机遇和挑战并存的情况下增强理论自觉，不断把中国经验提升为中国知识。这意味着必须进一步从认识论和方法论上反思社会科学知识生产所存在的问题，坚持从实际出发，不断验证所认识的实际，才能够进一步提升知识生产的水平和能力，适应第二个百年目标及新发展阶段对社会学及其他社会科学更新知识生产方式的新要求，以更加深入和全面阐释世界变局下中国经济社会发展的基本面貌与发展逻辑。这也正是习近平总书记"在经济社会领域专家座谈会上的讲话"中强调，"从国情出发，从中国实践中来、到中国实践中去"，"使理论和政策创新符合中国实际、具有中国特色，不断发展中国特色社会主义政治经济学、社会学"的期许之所在。

重要活动和文献节点

【1921 年】

　　※ 7 月 23 日，中国共产党第一次全国代表大会在上海举行。在会议进行过程中，突然有法租界巡捕闯进了会场，会议被迫中断。于是，最后一天的会议，便转到浙江嘉兴南湖的一艘游艇上举行。经过讨论，大会通过中国共产党的第一个纲领和决议，并选举产生党的领导机构——中央局。

　　※ 8 月 11 日，中央局在上海成立中国劳动组合书记部。中国共产党早期指导全国工人运动的第一个公开机关，主要任务是对工人进行宣传教育，建立工会组织，同时领导工人进行经济和政治的斗争。

　　※ 9 月，萧山衙前农民协会成立。中国共产党组织领导的最早的农会之一，共产党员沈玄庐在浙江萧山衙前村创立，其主要宗旨是宣传减租抗息，对农民进行启蒙教育，领导农民开展各种斗争。

【1922 年】

　　※ 5 月 1 日至 6 日，中国共产党以中国劳动组合书记部的名义，在广州召开第一次全国劳动大会。标志着中国工人阶级在中国共产党的领导下开始走上团结奋斗的道路，为后来全国工人运动和工会组织的统一奠定基础。

　　※ 5 月 5 日至 10 日，中国社会主义青年团第一次代表大会在广州举行。团的纲领接受中国共产党的政治主张，提出"铲除武人政治和国际资本帝国主

义的压迫"，从此，社会主义青年团成为党团结教育青年的核心组织。

※ 7 月，中国共产党第二次全国代表大会通过的《关于共产党的组织章程决议案》提出："我们既然是为无产阶级奋斗的政党，我们便要'到群众中去'，要组成一个大的'群众党'"，并将"党的一切运动都必须深入到广大的群众里面去"作为两个重要原则之一。

※ 10 月 23 日，开滦煤矿工人举行罢工。1922 年 10 月 19 日，河北开滦煤矿工人在中国共产党领导下成立开滦五矿工人俱乐部，并向矿局提出增加工资、承认工人俱乐部等要求，遭矿局拒绝。23 日，五矿 5 万多工人举行联合罢工。

【1923 年】

※ 2 月 7 日，安源路矿工人消费合作社正式开业。这是中国共产党领导下安源路矿工人俱乐部创办的第一个商店。

※ 6 月，中国共产党第三次全国代表大会首次通过有关农民问题的专题决议案，表明党将农民运动置于同工人运动、青年运动、妇女运动同等重要的位置。

※ 7 月，陈独秀发表《中国农民问题》一文。对农村的阶级状况进行详细分析，将农民分为中产阶级、小有产阶级、半无产阶级以及无产阶级即佃工四大类七小类。

※ 9 月 16 日，在中共湘区区委领导下，共产党员刘东轩、谢怀德在湖南衡山岳北白果乡开展农民运动的基础上，主持成立"岳北农工会"，简称"岳北农会"。

【1924 年】

※ 5 月，中共中央执行委员会扩大会议通过决议，对农民运动的工作提出新的要求。其中指出，首先是在经济利益方面切实减轻农民负担，其次是推进农民自治，"在农民之中宣传选举代表农民机关的主张（乡村自治会）"。

※ 7 月 3 日，经中国共产党人倡议，第一届农民运动讲习所在广州正式开

学。农讲所每届时间原定一个月，毕业后选派为农民运动特派员。

【1925 年】

※ 5 月 1 日至 9 日，第二次全国劳动大会在广州召开。提出工人阶级目前最迫切的要求是 "加资减时运动，集会、结社、言论、出版自由运动，罢工自由运动，普选运动等"。

※ 10 月，中央执行委员会扩大会议在北京召开。发表《中共中央执行委员会扩大会议告农民书》，重申组织农民协会、选举产生乡村自治机关、由农民协会与乡村自治机关议定最高租额与最低谷价、反对苛捐杂税及预征钱粮等主张，还提出由农民协会组织自卫军的要求。

※ 12 月 1 日，毛泽东在《革命》半月刊上发表《中国社会各阶级的分析》。文章用马克思主义的阶级分析方法，分析中国社会各阶级的经济地位和政治态度。

【1926 年】

※ 7 月，中共中央执行委员会扩大会议通过《农民运动议决案》。提出 "全体农民起来反抗贪官污吏劣绅土豪，反抗军阀政府的苛税勒捐" 的口号，同时要求用全体农民联合的口号，团结佃农雇农自耕农与中小地主，使不积极作恶的大地主中立，只攻击极反动的大地主，如成为劣绅土豪者。

※ 11 月，中共中央发布《中国共产党关于农民政纲的草案》。提出 "建立乡村农民政权之任务于农民协办——革命运动先锋队面前。只有依靠在乡村的农民政权之上，国民党和国民政府才能巩固其地位，并展开反对中国民众敌人的斗争"。

【1927 年】

※ 3 月 5 日，毛泽东发表《湖南农民运动考察报告》。认为农民运动做成了 14 件大事：通过农会将农民组织起来，建立农民武装，建设廉洁政府，破除

迷信与神权，普及政治宣传，严禁牌、赌、鸦片，办农民学校，建立消费、贩卖、信用三种合作社，修道路、修塘坝。

※ 3月7日，以武汉国民党中央农民部名义主办，实际由中国共产党领导的中央农民运动讲习所在武昌开学。课程以研究中国农民运动问题为中心，兼学军事和参加实际革命运动。

※ 4月，中国共产党第五次全国代表大会提出职工运动的新方针，要求"极力从政治上经济上向资产阶级勇猛的进攻，一直到要求没收一切银行、矿山、铁路、轮船、大企业、大工厂等归国有的实现"。

※ 8月3日，中共中央制定《关于湘鄂粤赣四省农民秋收暴动大纲》。指出党应采取新政策，组织农民举行抗租抗税的秋收暴动，争取在湘粤两省建立革命政权。并就组织农民秋收暴动、分配土地等问题作出规定。

※ 8月7日，八七会议在汉口召开。检讨农民运动的保守和中央方针的动摇，提出更为彻底的土地革命目标，并作出发动农民武装暴动的决定。

※ 12月，广州苏维埃政府正式成立。选举产生的平民行政委员会为实现工人阶级及农民的政治经济要求提出一系列政策和措施。对于农民，宣布一切土地收归国有，完全由农民耕种，杀尽一切土豪劣绅，销毁一切田契租约债券，消灭一切田界，各村各区即日成立苏维埃政权。

【1928 年】

※ 6月，中国共产党第六次全国代表大会在莫斯科举行。提出党的总路线是争取群众，党的中心工作不是组织暴动，而是做艰苦的群众工作，积蓄力量。

※ 12月，《井冈山土地法》颁布。否定封建土地所有制，规定"没收一切土地归苏维埃政府所有"，"以人口为标准，男女老幼平均分配"，主要以乡为分配单位。同时对山林土地法、土地税的征收都作出规定。

【1930 年】

※ 3月，《苏维埃土地法》颁布。明确提出依乡村人口数目，男女老幼平

均分配，不以劳动力为标准的土地分配方法；肯定"抽多补少、抽肥补瘦"的原则，并给地主以生活出路，规定豪绅地主及反动派的家属，经苏维埃审查，准其在乡居住而无他种方法维持生活的，得酌量分与田地。

※ 5 月，中国工农兵会议第一次全国代表大会中准委员会全体会议通过《中华苏维埃共和国国家根本法（宪法）大纲草案》。提出"彻底拥护工人利益，实行土地革命，消灭一切封建残余，坚决执行八小时工作制及劳动保护法"等内容。

【1931 年】

※ 11 月，中华苏维埃第一次全国代表大会通过《中华苏维埃共和国宪法大纲》。内容包含苏区在政治、经济、社会、文化、外交、军事、民族、宗教等各方面全方位的建设任务，从保障民权、改善民生的角度出发，苏区在社会建设方面的实践主要涉及劳动保护、土地分配、民主选举、男女平等、文化教育等方面。

※ 11 月，中华苏维埃第一次全国代表大会通过《中华苏维埃共和国劳动法》。主要涉及雇佣手续、集体合同和劳动合同、工作时间、休息时间、工资、女工、青工及童工、劳动保护、工会组织、社会保险等内容，详细规定工人的一系列劳动保护政策。

【1933 年】

※ 8 月 12 日至 15 日，中华苏维埃临时中央政府召开中央苏区南部十七县经济建设大会。毛泽东作题为《粉碎五次"围剿"与苏维埃经济建设任务》的报告，提出党在农村革命根据地进行经济建设的理论和政策。

【1934 年】

※ 1 月 24 日至 25 日，毛泽东在《在第二次全国苏维埃代表大会上的报告》中指出，在民主政权建设方面，苏区实行工农兵代表大会制度，分为乡

（市）、区、县、省和全国五级。各级苏维埃政府广泛吸收工农群众参加政权管理，行使当家作主的权利。

【1937 年】

※ 4 月 15 日，为了巩固国内和平，迅速实现对日抗战，中共中央发出《告全党同志书》，号召全党"为巩固国内和平，争取民主权利，实现对日抗战而斗争"，指出"在目前新阶段内，我党工作中心的一环，应该是抗日的民主运动的发展"。

※ 8 月 22 日至 25 日，中共中央政治局在陕西省洛川县冯家村举行扩大会议。指出要在国民党统治区放手发动抗日的群众运动，在有利于动员全国人民参加抗战的前提下，应争取全国人民应有的政治经济权利；决定将减租减息作为抗日战争时期解决农民问题的基本政策。

【1940 年】

※ 2 月 10 日，中共中央军委发出《关于开展生产运动的指示》，依据毛泽东对陕甘宁边区提出的"自力更生""自己动手""生产自给"的方针，要求全军各部队根据驻地的具体情况和不同条件开展生产运动，做到一面战斗，一面生产，一面学习。

※ 3 月 6 日，中共中央发出《抗日根据地的政权问题》的指示，提出抗日根据地的政权实行"三三制"的原则。规定在政权工作人员中，共产党员、非党的左派进步分子和中间派应各占三分之一。

※ 4 月，中央书记处批准中共中央西北工作委员会拟定的《关于回回民族问题的提纲》，是当时中国共产党领导少数民族工作的指导性文件。

※ 12 月 25 日，中共中央发布由毛泽东起草的《论政策》的党内指示。指示重申"我们的策略原则，仍然是利用矛盾，争取多数，反对少数，各个击破"。根据这些原则、指示全面说明党关于政权组织、劳动政策、土地政策、税收政策、锄奸政策、人民权利、经济政策、文化教育、军事政策等各项具体政策。

【1942 年】

※ 1 月 28 日，中共中央发布《关于抗日根据地土地政策的决定》，规定：我党目前在各抗日根据地的土地政策是一方面实行减租减息，一方面实行交租交息。

【1944 年】

※ 6 月 5 日，中共中央发出《关于城市工作的指示》。指出当前面临的任务是：一方面发展与巩固根据地，建设强大的军队与地方政权；另一方面争取城市及交通要道的千百万群众，瓦解与争取伪军伪警，准备武装起义，一到时机成熟，就可使二者互相结合，里应外合地进攻日寇，占领大城市与交通要道。

【1945 年】

※ 12 月 28 日，中共中央发出由毛泽东起草的《建立巩固的东北根据地》的指示。要求东北局发动群众、依靠群众，在边远城市和广大农村"建立巩固的军事政治的根据地"。强调把东北工作重心放到农村，清剿土匪，建立群众武装和人民政权，开展土改运动，发展生产，支援战争。

【1946 年】

※ 5 月 4 日，中共中央发出《关于清算减租及土地问题的指示》（即《五四指示》）。主要内容为将党在抗战时期施行的削弱封建的减租减息政策，改变为消灭封建剥削，实行"耕者有其田"的政策。各解放区根据《五四指示》，迅速开展土地改革运动。

【1947 年】

※ 2 月 1 日，中共中央政治局举行扩大会议。讨论并发出《迎接中国革命的新高潮》的指示，在巩固解放区方面，必须大力发展农业和工业生产，厉行节约，特别是要在三分之一尚未进行土地改革的地区，继续执行《五四指示》，

放手发动群众，实现"耕者有其田"。

※ 4月29日，中共中央发出《关于中央城市工作部工作方针及各地城市工作部工作办法的指示》。规定中央城工部的任务是在中央领导下，研讨与接管党在蒋管区的一切工作，并负责训练这方面的干部；还规定各解放区的中央局、分局和有关区党委均设城工部，并明确其工作范围和办法。

※ 12月25日至28日，中共中央在陕北米脂县杨家沟召开会议。讨论解放区的土地改革和整党问题。关于土地改革，毛泽东重申中国共产党的方针，并指出必须满足贫农和雇农的要求和坚决地团结中农、不要损害中农利益这两条基本原则。

【1948年】

※ 5月25日，中共中央发出由毛泽东起草的《一九四八年的土地改革工作和整党工作》的党内指示。对土地改革、整党、生产等工作作出部署，提出本年进行土改必须具备三个条件：当地环境已经安定；当地群众的绝大多数已经有了分配土地的要求；党的工作干部在数量上和质量上，确能掌握当地的土地改革工作，指示强调党的各级领导，必须将城市工作和农村工作，将工业生产和农业生产放在领导工作的适当位置。

【1949年】

※ 9月29日，中国人民政治协商会议第一届全体会议通过《中国人民政治协商会议共同纲领》。

※ 10月1日，首都北京30万军民在天安门广场集会，隆重举行开国大典。毛泽东宣读中央人民政府公告，向全世界庄严宣告伟大的中华人民共和国成立。中央人民政府委员会举行第一次会议，中央人民政府主席、副主席、委员全体出席会议，宣布就职。

※ 11月27日，中共中央发出指示，要求新解放地区必须将市、县各界人民代表会议看成团结各界人民，动员群众完成剿匪反霸、肃清特务、减租减息、

征税征粮、恢复与发展生产、恢复与发展文化教育直至完成土地改革的极重要的工具，一律每三个月召开一次。

※ 12月5日，中共中央发出《关于中央政府成立后党的文化教育工作问题的指示》。

※ 12月23日至31日，第一次全国教育工作会议召开。会议提出教育必须为国家建设服务，学校必须为工农开门。

【1950年】

※ 5月1日，新中国成立后制定的第一部法律《中华人民共和国婚姻法》公布施行。规定：实行男女婚姻自由、一夫一妻、男女权利平等、保护妇女和子女合法利益的新婚姻制度。

※ 6月6日至9日，中共七届三中全会召开。中心议题是确定党在国民经济恢复时期的主要任务，以及为此必须进行的各项工作和所应采取的战略策略方针。刘少奇作《关于土地改革问题的报告》，就中共中央起草的准备提交政协全国委员会审议的土地改革法草案作出说明。

※ 6月30日，中央人民政府公布施行《中华人民共和国土地改革法》。到1952年年底，除部分少数民族地区外，土地改革在中国大陆基本完成，封建土地所有制被彻底摧毁。

※ 11月21日，中共中央发出《关于失业救济问题的总结及指示》。指出，自1950年4月中央发出救济失业工人指示后，各地取得一些成绩。实施救济以后，初步解决了失业工人生活上暂时的困难，逐渐消除了失业工人的不满。

※ 12月20日，中共中央发出《关于土地改革中应注意防止"左"倾危险的指示》。指出，在着重纠正土改中的右倾偏向的同时，还应防止"左"倾危险，例如侵犯中农利益，忽视联合中农的重要性，破坏富农经济，对地主普遍地扫地出门，乱打乱杀；在工作方式上的强迫命令，大轰大嗡等。

【1951 年】

※ 3 月 5 日，中共中央发出《关于积极推进宗教革新运动的指示》，强调贯彻党的宗教政策，团结宗教界最大多数，发展和巩固全国宗教界的统一战线。

※ 5 月 11 日，中共中央发出《关于在新区组织和建立供销合作社问题的指示》。指出，目前在新区除尽力建立国营贸易并组织私商来推销土产外，组织农民群众的合作社来推销土产，已成为迫不及待的一个办法。应放手地普遍地在推销土产的基本要求之下来组织新区农村合作社。

※ 7 月 4 日，中共中央批转李立三的《对目前各地调整工资情况的综合报告》。中央指出，工资问题对于工人阶级十分重要，各级党组织应认真研究，正确处理。

【1952 年】

※ 1 月 4 日，中共中央下达《关于立即限期发动群众开展"三反"斗争的指示》。"三反"运动在全国展开，到 1952 年 10 月结束。

※ 1 月 26 日，中共中央发出《关于首先在大中城市开展"五反"斗争的指示》，要求在全国大中城市向违法的资本家开展反对行贿、反对偷税漏税、反对盗骗国家财产、反对偷工减料和反对盗窃经济情报的斗争。"五反"运动到 1952 年 10 月结束。

※ 7 月，中共中央在《关于省以上党委建立农村工作委员会的指示》中指出，全国大规模的经济建设即将开始，各级党委的领导重心，已经或正积极准备转入城市与工业生产。

【1953 年】

※ 2 月 15 日，中共中央通过《关于农业生产互助合作的决议》。推动农业互助合作运动的发展，全国各地开始普遍试办半社会主义性质的初级农业生产合作社。

※ 4 月 3 日至 23 日，中共中央农村工作部在北京召开第一次全国农村工

作会议。邓子恢在会上的报告指出，党的任务是领导农民走组织起来的道路，走互助合作、共同上升、大家富裕的道路。

※ 10月4日，中共中央在华北局《关于纠正农业生产互助合作运动中急躁冒进倾向后的情况及当前工作任务》的报告上批示。指出，在过渡时期内，党在农村的基本任务乃是完成对农业经济的社会主义改造。但在执行这一任务的过程中又必须考虑实际逐渐稳步地前进，否则即会产生"左"的急躁冒进错误。

※ 11月19日，中国科学院党组向中共中央提交《中国科学院党组关于目前科学院工作的基本情况和今后工作任务给中央的报告》。检讨当前存在的主要问题，指出科学工作的方针、任务和重点。

※ 12月16日，中共中央通过《关于发展农业生产合作社的决议》。总结已经开展的农业生产合作运动的经验，指出，经过临时互助组、常年互助组，到初级农业生产合作社，再到完全的社会主义性质的高级农业生产合作社（也就是集体农庄），这种由具有社会主义萌芽，到具有更多社会主义因素，再到完全的社会主义的合作化的发展道路是我们农业实现社会主义政策的正确途径。

※ 12月，社会主义过渡时期总路线的完整表述最终形成："从中华人民共和国成立，到社会主义改造基本完成，这是一个过渡时期。党在这个过渡时期的总路线和总任务，是要在一个相当长的时期内，逐步实现国家的社会主义工业化，并逐步实现国家对农业、对手工业和对资本主义工商业的社会主义改造。"

【1954 年】

※ 3月8日，中共中央对中科院党组报告的批示指出，自然科学和社会科学的发展是把我国建设成为生产高度发达、文化高度繁荣的社会主义国家的重要因素之一。

※ 3月12日，中共中央批转中央农村工作部《关于目前各地建立农村生

产合作社情况与问题向中央的报告》。肯定第三次全国互助合作会议后各地党委办社的热情。要求各地适当地掌握发展合作社的计划数字，并把建设与备耕生产工作结合好。

※ 8 月 10 日，中共中央农村工作部就半社会主义性质的合作社如何逐渐社会主义化问题电复东北并告各地：在今后几年时间内，应首先集中力量普遍发展部分集体所有制的农业生产合作社，使其成为农业生产的主要形式。

※ 10 月 10 日至 31 日，中共中央农村工作部召开第四次互助合作会议。规定我国农业的社会主义改造事业发展的方向。

※ 10 月 24 日，中共中央批发《关于过去几年内党在少数民族中进行工作的主要经验总结》。系统总结过去几年内党在处理民族问题方面的主要经验，阐述过渡时期党在民族问题方面的任务和政策。

【1955 年】

※ 2 月 25 日，中共中央发出《关于在少数民族地区进行农业社会主义改造问题的指示》，要求充分注意民族特点和政治、经济、文化各方面的落后状况，用更多时间和慎重稳进的方针逐步实现社会主义改造，把少数民族地区的互助合作运动健康地推向前进。

※ 3 月 8 日，中共中央召开第一次全国农村基层组织工作会议。

※ 4 月 4 日，中共七届五中全会在北京中南海西楼召开。批准 1955 年 3 月召开的中国共产党全国代表会议通过的《关于中华人民共和国发展国民经济的第一个五年计划草案的决议》。

※ 7 月 4 日，中共中央发布《关于厉行节约的决定》。同意李富春 5 月 13 日在中央各机关、党派、团体的高级干部会议上所作的《厉行节约，为完成社会主义建设任务而奋斗》的报告，并将报告发给各地方和部门的党组织。

※ 10 月 4 日至 11 日，中共七届六中全会（扩大）在北京召开。毛泽东主持全会，并作《关于农业合作化问题》的报告。根据毛泽东《关于农业合作化问题的报告》，通过《关于农业合作化问题的决议》及《农业生产合作社的示范

章程（草案）》。

【1956 年】

※ 1 月下旬，中共中央相继发出《关于私营企业实行公私合营的时候对于财产清理估价中若干具体问题的处理原则的指示》《关于对目前资本主义工商业改造应注意问题的指示》《关于对公私合营企业私股推行定息办法的指示》等。

※ 3 月 14 日，国务院成立科学规划委员会。12 月 22 日，中共中央同意国务院科学规划委员会党组《关于征求〈1956—1967 年科学技术发展远景规划纲要（修正草案）〉意见的报告》。

※ 4 月 25 日，毛泽东在政治局扩大会议上作《论十大关系》的报告。总结我国社会主义建设的经验，提出调动一切积极因素为社会主义建设事业服务的基本方针，对适合中国情况的社会主义建设道路进行初步的探索。

※ 4 月 28 日，毛泽东在中央政治局扩大会议的总结讲话中提出"百花齐放，百家争鸣"，认为艺术问题上的百花齐放，学术问题上的百家争鸣，应该成为我们科学和文化工作的方针。

※ 8 月 22 日至 9 月 13 日，中共七届七中全会在北京举行。通过《中国共产党章程（草稿）》《关于修改党的章程的报告（草稿）》《中国共产党第八次全国代表大会关于发展国民经济的第二个五年计划（1958 年到 1962 年）的建议（草案）》等。

※ 8 月 30 日，中共中央批发劳动部党组《关于城市失业问题的意见的报告》。提出解决城市失业问题，必须和发展生产相结合，把安置失业人员就业和补充工业、农业生产所需要的劳动力这方面的工作结合起来进行。

※ 9 月 15 日至 27 日，中国共产党第八次全国代表大会举行。通过的《关于政治报告的决议》指出：国内的主要矛盾，已经是人民对于建立先进的工业国的要求同落后的农业国的现实之间的矛盾，已经是人民对于经济文化迅速发展的需要同当前经济文化不能满足人民需要的状况之间的矛盾。

【1957 年】

※ 2 月 27 日，毛泽东在最高国务会议第十一次（扩大）会议上发表《如何处理人民内部的矛盾》（后改为《关于正确处理人民内部矛盾的问题》）讲话，提出区分和正确处理两类不同性质的社会矛盾，团结全国各族人民发展经济、文化，为建设社会主义事业服务的思想。

※ 7 月，毛泽东在《一九五七年夏季的形势》一文中指出，党群关系好比鱼水关系。如果党群关系搞不好，社会主义制度就不可能建成；社会主义制度建成了，也不可能巩固。

※ 9 月 14 日至 16 日，中共中央发出《关于整顿农业生产合作社的指示》《关于做好农业合作社生产管理工作的指示》《关于在农业合作社内部贯彻执行互利政策的指示》。

※ 9 月 24 日，中共中央、国务院发出《关于今冬明春大规模地开展兴修农田水利和积肥运动的决定》。指出：为了更好地迎接第二个五年计划的到来，实现进一步发展农业生产的需要，一定要在今年冬季，集中开展一个大规模的农田水利建设运动和积肥工作。

※ 10 月 25 日，中共中央公布《一九五六年到一九六七年全国农业发展纲要（修正草案）》，并发出通知，要求组织全民讨论，开展关于农业生产建设的大辩论，掀起一个生产高潮。

【1958 年】

※ 2 月 12 日，中共中央、国务院发出《关于除四害讲卫生的指示》。指出，消灭苍蝇、蚊子、老鼠、麻雀四害，是我们征服疾病和消灭危害人类的害虫害兽害鸟的一个重要步骤，是我国人民转病弱为健强、转落后为先进的伟大文化革命的一个重要方面。

※ 5 月 5 日至 23 日，中共八大二次会议举行。会议正式通过"鼓足干劲、力争上游、多快好省地建设社会主义"总路线。会后，"大跃进"运动在全国展开。

※ 6 月 10 日，中共中央发出《关于成立财经、政法、外事、科学、文教小组的通知》。指出，这些小组受党中央领导，直属中央政治局和书记处，向它们直接作报告。

※ 8 月 17 日至 30 日，中共中央政治局扩大会议在北戴河召开，通过《关于在农村建立人民公社问题的决议》。会后，全国很快掀起大炼钢铁和人民公社化运动的高潮，以高指标、瞎指挥、浮夸风和"共产风"为主要标志的"左"倾错误严重泛滥开来。

【1959 年】

※ 1 月 12 日至 3 月 1 日，中共中央在北京召开教育工作会议。主要讨论贯彻执行党的教育方针的经验和存在的问题。讨论修改《关于全日制学校的教学、劳动和生活安排的规定》等有关教育工作的一些重要文件。

※ 9 月 26 日，中国石油地质勘探工作取得重大成果——发现大庆油田。

【1960 年】

※ 3 月 9 日，中共中央发出指示，要各地放手发动群众，组织试验各种形式的城市人民公社，可以以大型厂矿和机关学校为中心，也可以以街道居民加一部分农村居民组成。

※ 6 月 12 日，中共中央发出《关于水利建设问题的指示》。党中央同意水利电力部党组关于冀鲁豫皖苏鄂六省水利座谈会的报告和所拟定的今冬明春水利建设纲要，即只搞续建工程和配套工程，不搞新建工程。

【1961 年】

※ 1 月 14 日至 18 日，中共八届九中全会召开。会议正式通过对国民经济实行"调整、巩固、充实、提高"的方针，国民经济转入调整的轨道。

※ 2 月 7 日，中共中央批转中央文教小组《关于 1961 年和今后一个时期文化教育工作安排的报告》。

※ 3 月 15 日至 23 日，中共中央工作会议在广州召开。讨论并通过《农村人民公社工作条例（草案）》(即"农业六十条")，对农村政策进行调整。随后，工业、商业、手工业、科学、教育、文艺领域也进行调整，并相继制定工作条例。

※ 6 月 1 日至 28 日，中央宣传部在北京召开全国文艺工作座谈会（即"新侨会议"）。讨论《关于当前文学艺术工作的意见（草案）》(即"文艺十条")。

※ 7 月 6 日，中央政治局会议讨论批准聂荣臻关于国家科委党组和中国科学院党组若干重大政策问题向中央的请示报告和"科学十四条"草案，并写了批语，于 7 月 19 日颁布试行。

※ 8 月 23 日至 9 月 16 日，中共中央在庐山召开工作会议，被称为第二次庐山会议，主要议程是：粮食问题、市场问题、两年计划和工业问题、工业企业管理问题、高等学校工作问题、干部轮训问题。会议强调切实地执行调整经济的八字方针。

【1962 年】

※ 1 月 11 日至 2 月 7 日，中共中央在北京召开扩大的中央工作会议（即七千人大会）。会议初步总结"大跃进"中的经验教训，开展批评和自我批评，强调加强民主集中制，实质上是党内关系的一次调整。会议强调切实贯彻调整国民经济的方针，以迅速扭转国民经济困难的局面。

【1963 年】

※ 2 月 21 日至 28 日，中共中央工作会议在北京召开。会议决定在农村开展以"四清"（即清理账目、清理仓库、清理财物、清理工分）为主要内容的社会主义教育运动，在城市开展反对贪污盗窃、反对投机倒把、反对铺张浪费、反对分散主义、反对官僚主义的"五反"运动。

※ 11 月 17 日，毛泽东为河北抗洪抢险斗争展览会题词"一定要根治海河"。到 1973 年 11 月，子牙河、大清河、永定河、北运河及南运河 5 大河系和

徒骇河、马颊河等骨干河道得到普遍治理。

※ 11 月，毛泽东对"枫桥经验"亲笔批示"要各地仿效，经过试点，推广去做"。随后，中央又两次对"枫桥经验"作了批转。

【1964 年】

※ 5 月 15 日至 6 月 17 日，中共中央在北京举行工作会议。会前，毛泽东在听取关于第三个五年计划的汇报时指出：农业是一个拳头，国防是一个拳头，要使拳头有劲，屁股就要坐稳，屁股就是基础工业。在这种思想指导下，提出了第三个五年计划的初步设想。

※ 8 月 17 日，中共中央和国务院批转国家经济委员会党组《关于试办工业、交通托拉斯的意见的报告》，批准在全国试办 12 个托拉斯，试图为消除我国现行的用行政办法而不是用经济办法管理工业所产生的各种弊端摸索经验。

※ 10 月 16 日，中国第一颗原子弹爆炸成功。中国政府发表声明：在任何时候、任何情况下，都不会首先使用核武器。中国掌握核武器，完全是为了防御。

※ 10 月 30 日，中共中央批准下发《1965 年计划纲要（草案）》，确定三线建设的总目标，即采取多快好省的方法，在纵深地区建立起一个工农业结合的、为国防和农业服务的比较完整的战略后方基地。

※ 12 月 21 日至翌年 1 月 4 日，三届全国人大一次会议举行。周恩来在《政府工作报告》中提出：要在不长的历史时期内，把我国建设成为一个具有现代农业、现代工业、现代国防和现代科学技术的社会主义强国。

【1965 年】

※ 8 月 23 日，中共中央发出《关于当前农村工作问题的指示》。

※ 9 月 21 日，中共中央批转卫生部党委《关于把卫生工作重点放到农村的报告》。到年底，全国城乡医疗卫生网基本形成，相当一部分农村地区实行合作医疗制度。

【1968 年】

※ 12 月 22 日，《人民日报》发表毛泽东的指示："知识青年到农村去，接受贫下中农的再教育，很有必要。"全国掀起知识青年上山下乡的高潮。

【1977 年】

※ 8 月 12 日至 18 日，中国共产党第十一次全国代表大会举行。华国锋代表党中央作政治报告，总结同"四人帮"的斗争，宣告"文化大革命"结束，提出在 20 世纪内把我国建设成为社会主义的现代化强国，是新时期党的根本任务。

※ 9 月 18 日，中共中央发出《关于召开全国科学大会的通知》，要求抓紧落实党的知识分子政策，迅速恢复被撤掉的科研机构，恢复科研人员的技术职称，建立考核制度，实行技术岗位责任制。

※ 10 月 12 日，国务院正式宣布当年立即恢复高考。1977 年冬和 1978 年夏的中国，迎来了世界历史上规模最大的考试，报考总人数达到 1160 万人。

【1978 年】

※ 4 月 20 日，中共中央作出《中共中央关于加快工业发展若干问题的决定（草案）》(简称《工业三十条》)，发到各工业管理机关、各工交企业试行。这是当时指导工交战线拨乱反正的重要文件。

※ 5 月 11 日，《光明日报》以特约评论员名义发表《实践是检验真理的唯一标准》一文。真理标准问题的讨论在全国展开，为中共十一届三中全会作了重要的思想准备，对党和国家的历史进程产生重大而深远的影响。

※ 10 月 10 日至 11 月 4 日，中共中央组织部分批召开落实知识分子政策座谈会。

※ 11 月 10 日至 12 月 15 日，中共中央工作会议召开。会议讨论从 1979 年起把全党工作着重点转移到社会主义现代化建设上来等问题。

※ 12 月 18 日至 22 日，中共十一届三中全会举行。全会标志着中国共产

党重新确立了马克思主义的思想路线、政治路线和组织路线，实现新中国成立以来党的历史上具有深远意义的伟大转折，开启了改革开放和社会主义现代化的伟大征程。

【1979 年】

※ 1 月 11 日，中共中央发出《关于加快农业发展若干问题的决定（草案）》和《农村人民公社工作条例（试行草案）》。

※ 3 月 30 日，邓小平在党的理论工作务虚会上发表《坚持四项基本原则》讲话。强调，必须在思想政治上坚持社会主义道路，坚持无产阶级专政（后表述为人民民主专政），坚持共产党的领导，坚持马列主义、毛泽东思想。这四项基本原则是实现四个现代化的根本前提。

※ 9 月 24 日，中共中央、国务院批转《全国物价工资会议纪要》。鉴于部分农副产品收购价格提高后出现的购销倒挂、经营部门赔钱等问题，决定从 11 月 1 日起，对部分农副产品提高销售价格，同时对职工实行物价补贴，并给 40% 的职工增加工资。

※ 10 月 30 日至 11 月 16 日，中国文学艺术工作者第四次代表大会在北京召开。邓小平在会上指出，党对文艺工作的领导，不是发号施令，不是要求文学艺术从属于临时的、具体的、直接的政治任务，而是根据文学艺术的特征和发展规律，帮助文艺工作者获得条件来不断繁荣文学艺术事业，创作无愧于我国伟大人民、伟大时代的优秀文学艺术作品。

【1980 年】

※ 8 月 2 日至 7 日，中共中央在北京举行全国劳动就业工作会议。指出，在解决劳动就业问题上，实行在国家统筹规划和指导下，劳动部门介绍就业、自愿组织起来就业和自谋职业相结合的方针。

※ 9 月 27 日，中央印发《关于进一步加强和完善农业生产责任制问题》的会议纪要。肯定党的十一届三中全会以来各地建立的各种形式的农业生产责任制。

【1981 年】

※ 8 月 1 日至 11 日，全国学校思想政治教育工作会议在北京举行。中共中央书记处书记万里、习仲勋会见出席会议的部分代表，并同代表进行了座谈。会议指出，当前加强学校的政治思想工作的关键是要加强和改善党对学校的领导。

【1982 年】

※ 1 月 1 日，中共中央批转《全国农村工作会议纪要》(1982 年中央一号文件)。指出：全国农村已有 90％ 以上的生产队建立了不同形式的农业生产责任制，包括小段包工定额计酬，专业承包联产计酬，联产到劳，包产到户、到组，包干到户、到组等，都是社会主义集体经济的生产责任制，各级党的领导应向干部和群众说明，我国农业必须坚持社会主义集体化的道路，土地等基本生产资料公有制是长期不变的，集体经济要建立生产责任制也是长期不变的。

※ 9 月 1 日至 11 日，中国共产党第十二次全国代表大会在北京举行。邓小平在开幕词中明确提出"建设有中国特色的社会主义"的重大命题。回答进入改革开放新时期后，中国走什么样的道路这一人们最为关心的重大问题，成为指引新时期改革开放和社会主义现代化建设的伟大旗帜。

【1983 年】

※ 11 月 28 日至 12 月 15 日，中共中央在北京举行全国农村工作会议。指出，《当前农村经济政策的若干问题》经过一年的实践，证明是正确的，今后应当继续贯彻执行下去。

【1984 年】

※ 1 月 1 日，中共中央发出《关于 1984 年农村工作的通知》(简称 1984 年中央 1 号文件)。指出：1984 年农村工作的重点是，在稳定和完善生产责任制的基础上，提高生产水平，疏通流通渠道，发展商品生产。

※ 10 月 20 日，中共十二届三中全会在北京召开。一致通过《关于经济体制改革的决定》，提出：进一步贯彻执行对内搞活经济、对外实行开放的方针，加快以城市为重点的整个经济体制改革的步伐，是当前我国形势发展的迫切需要。改革的基本任务是建立起具有中国特色的、充满生机和活力的社会主义经济体制，促进社会生产力的发展。

【1985 年】

※ 1 月 1 日，中共中央、国务院发布《关于进一步活跃农村经济的十项政策》(简称 1985 年中央 1 号文件)。文件指出：打破集体经济中的"大锅饭"以后，农村的工作重点是，进一步改革农业管理体制，改革农产品统购派购制度，在国家计划指导下，扩大市场调节，使农业生产适应市场需要，促进农村产业结构的合理化，进一步把农村经济搞活。

※ 3 月 13 日，中共中央作出《关于科学技术体制改革的决定》。指出，现代科学技术是新的社会生产力中最活跃和决定性的因素，全党必须高度重视并充分发挥科学技术的巨大作用。同时规定了当前科学技术体制改革的主要任务。

※ 5 月 27 日，中共中央作出《关于教育体制改革的决定》，提出教育体制改革的目的，是使各级各类教育能够主动适应经济社会发展的多方面需要。

【1986 年】

※ 1 月 1 日，中共中央、国务院发出《关于 1986 年农村工作的部署》(简称 1986 年中央 1 号文件)。指出：我国农村已开始走上有计划发展商品经济的轨道。农业和农村工业必须协调发展，把"无工不富"和"无农不稳"有机地结合起来。

※ 9 月，党的十二届六中全会作出《关于社会主义精神文明建设指导方针的决议》。党的第一个关于精神文明建设的纲领性文件，为我国精神文明建设的健康发展提供了基本指导方针。

※ 11 月 8 日至 12 日，中共中央、国务院在北京举行中央农村工作会议。整个农村经济改革的根本出发点和目标是发展有计划的商品经济，建设具有中国特色的社会主义新农村。

【1987 年】

※ 1 月 22 日，中共中央发出《把农村改革引向深入》的通知。指出：今后要继续改革统购派购制度，扩大农产品市场；搞活农村金融，开拓生产要素市场；完善双层经营，稳定家庭联产承包制；加强基层组织建设和思想建设，有计划地建立改革试验区等。

※ 10 月 25 日至 11 月 1 日，中国共产党第十三次全国代表大会举行。大会报告《沿着有中国特色的社会主义道路前进》，阐述社会主义初级阶段理论，提出党在社会主义初级阶段的基本路线，制定到 21 世纪中叶分三步走、实现现代化的发展战略。大会通过《中国共产党章程部分条文修正案》。

【1988 年】

※ 12 月 25 日，中共中央发出《关于改革和加强中小学德育工作的通知》。指出：中小学德育工作，要以爱祖国、爱人民、爱劳动、爱科学、爱社会主义为基本内容，以把全体学生培养成为爱国的具有社会公德、文明行为习惯的遵纪守法的好公民为基本任务。

【1989 年】

※ 2 月 17 日，中共中央发出《关于进一步繁荣文艺的若干意见》。指出，文艺要坚持"为人民服务、为社会主义服务"的方向，坚持"百花齐放、百家争鸣"的方针，在努力改善和加强党对文艺事业领导的基础上，加快和深化文艺体制改革，加强文艺队伍的自身建设。

※ 11 月 6 日至 9 日，中共十三届五中全会在北京举行。审议并通过《关于进一步治理整顿和深化改革的决定》。认为，继续坚定不移地执行治理整顿和

深化改革的方针，是克服当前经济困难，实现国民经济持续、稳定、协调发展的根本途径。

【1990 年】

※ 3 月 9 日至 12 日，中共十三届六中全会在北京举行。通过《关于加强党同人民群众联系的决定》，提出应从七个方面坚持不懈地努力加强党同人民群众的联系。

※ 12 月 1 日，中共中央、国务院发出《关于 1991 年农业和农村工作的通知》。指出，农业和农村工作只能加强，不能削弱。各级党委和政府要继续把做好农业和农村工作摆在首位，认真抓好稳定完善以家庭联产承包为主的责任制，建立健全农业社会化服务体系等项工作。

【1991 年】

※ 11 月 29 日，中共十三届八中全会通过《关于进一步加强农业和农村工作的决定》。指出，要把以家庭联产承包为主的责任制、统分结合的双层经营体制作为我国乡村集体经济组织的一项基本制度长期稳定下来，并不断充实完善。

【1992 年】

※ 5 月 16 日，中共中央政治局会议通过《中共中央关于加快改革，扩大开放，力争经济更好更快地上一个新台阶的意见》。

※ 10 月 12 日至 18 日，中国共产党第十四次全国代表大会举行。大会报告《加快改革开放和现代化建设步伐，夺取有中国特色社会主义事业的更大胜利》，总结党的十一届三中全会以来 14 年的实践经验，决定抓住机遇，加快发展；确定我国经济体制改革的目标是建立社会主义市场经济体制。

【1993 年】

※ 2 月 13 日，中共中央、国务院印发《中国教育改革和发展纲要》。指

出，到 20 世纪末，我国要实现基本普及九年义务教育。

※ 10 月 18 日至 21 日，中共中央农村工作会议在北京举行。指出，当前深化农村改革，也应以培育市场主体、健全市场体系、加强宏观指导和对农业的保护为主要内容，加快建立适应社会主义市场经济要求的农村经济运行机制和管理体制。

※ 11 月 5 日，中共中央、国务院印发《关于当前农业和农村经济发展的若干政策措施》，提出在原定的耕地承包期到期之后，再延长 30 年不变。

【1994 年】

※ 3 月 23 日，中共中央召开农村工作会议。江泽民在讲话中强调当前需要着重抓好几项工作：一是保证粮、棉、油和"菜篮子"的生产和供应。二是全面发展农村经济，增加农民收入。三是保持农村社会的稳定，及时处理好群众反映强烈的热点问题。四是搞好农村基层组织建设。

※ 12 月 5 日，《中共中央、国务院关于加强科学技术普及工作的若干意见》发布实施。指出：各级党委和政府要把科普工作提上议事日程，通过政策引导、加强管理和增加投入等多种措施，切实加强和改善对科普工作的领导。

【1995 年】

※ 2 月 24 日至 28 日，中共中央和国务院在北京举行农村工作会议，部署 1995 年农业和农村工作。会议认为，发展社会主义市场经济必须加强农业，大力保护和扶持农业，确保主要农产品有效供给，确保农民收入稳定增加，确保农村社会稳定。

※ 5 月 6 日，中共中央、国务院作出《关于加速科学技术进步的决定》，提出科教兴国的战略。

【1996 年】

※ 10 月，党的十四届六中全会作出《关于加强社会主义精神文明建设若

干重要问题的决议》，对新形势下社会主义精神文明建设作出部署。

【1997 年】

※ 9 月 12 日至 18 日，中国共产党第十五次全国代表大会举行。大会通过报告《高举邓小平理论伟大旗帜，把建设有中国特色社会主义事业全面推向二十一世纪》，着重阐述邓小平理论的历史地位和指导意义；提出党在社会主义初级阶段的基本纲领，明确公有制为主体、多种所有制经济共同发展是我国社会主义初级阶段的一项基本经济制度；强调依法治国，建设社会主义法治国家；明确我国改革开放和现代化建设跨世纪发展的宏伟目标。

【1998 年】

※ 5 月，党中央、国务院在北京召开下岗职工生活保障和再就业工作会议，制定企业富余人员下岗分流和实施再就业工程的措施。

※ 6 月，中央印发《关于切实做好国有企业下岗职工基本生活保障和再就业工作的通知》，指出必须把解决国有企业下岗职工的基本生活保障和再就业问题作为首要任务。

※ 10 月 12 日至 14 日，中共十五届三中全会在北京举行。通过《关于农业和农村工作若干重大问题的决定》，提出农业和农村实现跨世纪发展的目标和任务，要坚定不移地贯彻土地承包期再延长 30 年的政策。

【1999 年】

※ 6 月 13 日，中共中央、国务院作出《关于深化教育改革全面推进素质教育的决定》。提出，全面推进素质教育，培养适应 21 世纪现代化建设需要的社会主义新人。

※ 9 月 29 日，党中央召开民族工作会议，明确提出 21 世纪的第一个十年我国民族工作的主要任务。

※ 9 月 19 日至 22 日，中共十五届四中全会在北京举行。明确提出国家要

实施西部大开发战略，通过优先安排基础设施建设、增加财政转移支付等措施，支持中西部地区和少数民族地区加快发展。

【2000 年】

※ 3 月 2 日，中共中央、国务院发出《关于进行农村税费改革试点工作的通知》，要求通过试点，探索建立规范的农村税费制度和从根本上减轻农民负担的有效办法。农村税费改革是继实行家庭承包经营以来的又一重大改革。

【2001 年】

※ 9 月，中共中央印发《公民道德建设实施纲要》。提出，要把法制建设与道德建设、依法治国与以德治国紧密结合起来，通过公民道德建设的不断深化和拓展，逐步形成与发展社会主义市场经济相适应的社会主义道德体系。

※ 12 月，党中央、国务院召开全国宗教工作会议，江泽民发表重要讲话，全面阐述了 21 世纪初宗教工作的基本任务和重要工作。

【2002 年】

※ 11 月 8 日至 14 日，中国共产党第十六次全国代表大会在北京举行。大会报告《全面建设小康社会，开创中国特色社会主义事业新局面》提出，全面建设小康社会的奋斗目标，阐述全面贯彻"三个代表"重要思想的根本要求。

【2003 年】

※ 春，我国遭遇一场过去从未出现过的非典型肺炎重大疫情。全党全国人民在党中央、国务院的坚强领导下，坚持一手抓防治非典，一手抓经济建设，取得防治非典工作的重大胜利。

【2005 年】

※ 2 月，胡锦涛在省部级主要领导干部提高构建社会主义和谐社会能力专

题研讨班上指出"我们所要建设的社会主义和谐社会，应该是民主法治、公平正义、诚信友爱、充满活力、安定有序、人与自然和谐相处的社会"。

※ 5 月，中共中央、国务院作出《关于进一步加强民族工作加快少数民族地区经济社会发展的决定》，阐述党关于民族理论和民族政策的基本观点，明确进一步加快少数民族地区经济社会发展的重大措施。

※ 12 月 31 日，中共中央、国务院印发《关于推进社会主义新农村建设的若干意见》。指出，要按照"生产发展、生活宽裕、乡风文明、村容整洁、管理民主"的要求，协调推进农村经济建设、政治建设、文化建设、社会建设和党的建设。

【2006 年】

※ 10 月 8 日至 11 日，中共十六届六中全会在北京举行。通过《关于构建社会主义和谐社会若干重大问题的决定》，提出构建社会主义和谐社会重大战略目标，中国特色社会主义事业的总体布局由经济建设、政治建设、文化建设"三位一体"发展为经济建设、政治建设、文化建设、社会建设"四位一体"。

※ 12 月 31 日，中共中央、国务院发出《关于积极发展现代农业扎实推进社会主义新农村建设的若干意见》。

【2007 年】

※ 10 月 15 日至 21 日，中国共产党第十七次全国代表大会在北京举行。大会报告《高举中国特色社会主义伟大旗帜，为夺取全面建设小康社会新胜利而奋斗》，全面阐述科学发展观的科学内涵、精神实质和根本要求，明确科学发展观第一要义是发展，核心是以人为本，基本要求是全面协调可持续，根本方法是统筹兼顾。

【2008 年】

※ 年初，中国南方部分地区遭遇严重低温雨雪冰冻灾害。在中共中央、国务

院、中央军委的领导下，全党全军全国各族人民团结奋斗，取得抗灾斗争的胜利。

※ 5月12日，四川汶川发生里氏8.0级特大地震。在中共中央、国务院和中央军委坚强领导下，组织开展历史上救援速度最快、动员范围最广、投入力量最大的抗震救灾斗争，取得抗震救灾斗争的重大胜利。

※ 8月8日至24日，第29届奥运会在北京举行。有204个国家和地区的代表团1万多名运动员参加。中国体育代表团在奥运会上获得51枚金牌、21枚银牌、28枚铜牌，位居金牌榜第一。

※ 10月9日至12日，中共十七届三中全会在北京举行。通过《关于推进农村改革发展若干重大问题的决定》，要求大力推进改革创新，加强农村制度建设，积极发展现代农业，提高农业综合生产能力，加快发展农村公用事业，促进农村社会全面进步。

【2009年】

※ 3月17日，中共中央、国务院印发《关于深化医药卫生体制改革的意见》。指出，实行政事分开、管办分开、医药分开、营利性和非营利性分开，建设覆盖城乡居民的基本医疗卫生制度。

【2010年】

※ 4月14日，青海玉树发生里氏7.1级地震，造成2698人遇难，270人失踪。在中共中央、国务院、中央军委领导下，全党全军全国各族人民众志成城、团结奋战，夺取了抗震救灾斗争的重大胜利。灾后重建工作随之全面展开。

【2011年】

※ 3月23日，中共中央、国务院印发《关于分类推进事业单位改革的指导意见》，对事业单位改革作出全面部署，提出到2020年建立起功能明确、治理完善、运行高效、监督有力的管理体制和运行机制，形成基本服务优先、供给水平适度、布局结构合理、服务公平公正的中国特色公益服务体系。

※ 7 月 5 日，中共中央、国务院印发《关于加强和创新社会管理的意见》。

※ 10 月 18 日，中共十七届六中全会在北京召开。通过的《关于深化文化体制改革推动社会主义文化大发展大繁荣若干重大问题的决定》，提出坚持中国特色社会主义文化发展道路、努力建设社会主义文化强国的战略任务，明确新形势下推进文化改革发展的指导思想、重要方针、目标任务、政策举措。

【2012 年】

※ 7 月 6 日，胡锦涛在全国科技创新大会上讲话指出，必须把创新驱动发展作为面向未来的一项重大战略，一以贯之、长期坚持，推动科技实力、经济实力、综合国力实现新的重大跨越。

※ 11 月 8 日至 14 日，中国共产党第十八次全国代表大会在北京举行。大会报告《坚定不移沿着中国特色社会主义道路前进，为全面建成小康社会而奋斗》，确定全面建成小康社会和全面深化改革开放的目标，阐明中国特色社会主义道路、中国特色社会主义理论体系、中国特色社会主义制度的科学内涵及其相互联系。

※ 11 月 29 日，习近平在国家博物馆参观"复兴之路"展览时指出，实现中华民族伟大复兴，就是中华民族近代以来最伟大的梦想。

※ 12 月 4 日，中共中央政治局会议通过《十八届中央政治局关于改进工作作风、密切联系群众的八项规定》。

※ 12 月 29 日，习近平在考察河北时指出，全面建成小康社会，最艰巨最繁重的任务在农村，特别是在贫困地区。没有农村的小康，特别是没有贫困地区的小康，就没有全面建成小康社会。

※ 12 月 31 日，中共中央、国务院发布《关于加快发展现代农业进一步增强农村发展活力的若干意见》。

【2013 年】

※ 1 月 5 日，习近平在新进中央委员会的委员、候补委员学习贯彻党的

十八大精神研讨班上讲话指出，只要我们坚持独立自主走自己的路，毫不动摇坚持和发展中国特色社会主义，我们就一定能在中国共产党成立一百年时全面建成小康社会，就一定能在新中国成立一百年时建成富强民主文明和谐的社会主义现代化国家。

※ 3月17日，习近平在十二届全国人大一次会议闭幕会上讲话指出，实现中华民族伟大复兴的中国梦，就是要实现国家富强、民族振兴、人民幸福。实现中国梦，必须走中国道路、弘扬中国精神、凝聚中国力量。

※ 5月9日，中共中央印发《关于在全党深入开展党的群众路线教育实践活动的意见》。2013年6月至2014年9月，全党分两批开展以为民务实清廉为主要内容的党的群众路线教育实践活动，集中整治形式主义、官僚主义、享乐主义和奢靡之风"四风"问题。

※ 8月，习近平在北戴河主持会议研究河北发展问题时提出推动京津冀协同发展。

※ 11月9日至12日，中共十八届三中全会在北京举行。会议通过《关于全面深化改革若干重大问题的决定》。

※ 2013年11月，习近平在考察湖南时提出"精准扶贫"的理念。

※ 12月11日，中共中央办公厅印发《关于培育和践行社会主义核心价值观的意见》。指出，富强、民主、文明、和谐，自由、平等、公正、法治，爱国、敬业、诚信、友善，是社会主义核心价值观的基本内容。

※ 12月12日，习近平在中共中央召开的首次城镇化工作会议上讲话指出，城镇化是现代化的必由之路，推进城镇化既要积极、又要稳妥、更要扎实，方向要明，步子要稳，措施要实。

※ 12月30日，中共中央政治局会议召开。决定成立中央全面深化改革领导小组，负责改革的总体设计、统筹协调、整体推进、督促落实，由习近平任组长。

【2014年】

※ 1月2日，中共中央、国务院印发《关于全面深化农村改革加快推进农

业现代化的若干意见》。指出，把饭碗牢牢端在自己手上，是治国理政必须长期坚持的基本方针；提出抓紧构建新形势下以我为主、立足国内、确保产能、适度进口、科技支撑的国家粮食安全战略。

※ 9 月 5 日，习近平在庆祝全国人民代表大会成立 60 周年大会上讲话指出，坚定中国特色社会主义制度自信，首先要坚定对中国特色社会主义政治制度的自信，增强走中国特色社会主义政治发展道路的信心和决心。

※ 9 月 28 日，中央民族工作会议暨国务院第六次全国民族团结进步表彰大会召开，习近平在会上讲话指出，加强中华民族大团结，长远和根本的是增强文化认同，建设各民族共有精神家园，积极培养中华民族共同体意识，强调要加强各民族交往交流交融。

※ 10 月 15 日，中共中央总书记、国家主席、中央军委主席习近平在北京主持召开文艺工作座谈会并发表重要讲话。他强调，文艺是时代前进的号角，最能代表一个时代的风貌，最能引领一个时代的风气。实现"两个一百年"奋斗目标、实现中华民族伟大复兴的中国梦，文艺的作用不可替代，文艺工作者大有可为。

※ 11 月 6 日，中共中央办公厅、国务院办公厅印发《关于引导农村土地经营权有序流转发展农业适度规模经营的意见》。2016 年 10 月 22 日，中共中央办公厅、国务院办公厅印发《关于完善农村土地所有权承包权经营权分置办法的意见》。

※ 12 月 13 日至 14 日，习近平在江苏考察工作期间讲话指出，要主动把握和积极适应经济发展新常态，协调推进全面建成小康社会、全面深化改革、全面推进依法治国、全面从严治党。

※ 12 月 31 日，中共中央办公厅、国务院办公厅印发《关于农村土地征收、集体经营性建设用地入市、宅基地制度改革试点工作的意见》。

【2015 年】

※ 3 月 13 日，中共中央、国务院印发《关于深化体制机制改革加快实施

创新驱动发展战略的若干意见》。2016 年 1 月 18 日，中共中央、国务院印发《国家创新驱动发展战略纲要》。

※ 10 月 26 日至 29 日，中共十八届五中全会在北京举行。研究关于制定国民经济和社会发展第十三个五年规划的建议。通过《关于制定国民经济和社会发展第十三个五年规划的建议》。同日，习近平在全会第二次全体会议上阐述新发展理念，强调坚持创新发展、协调发展、绿色发展、开放发展、共享发展，是关系我国发展全局的一场深刻变革。

※ 11 月 29 日，中共中央、国务院发出《关于打赢脱贫攻坚战的决定》。

※ 12 月 20 日，中央城市工作会议召开。习近平在会上讲话指出，要坚持人民城市为人民，尊重城市发展规律，在统筹上下功夫，在重点上求突破，着力提高城市发展持续性、宜居性。

【2016 年】

※ 3 月 24 日，中共中央政治局常委会会议召开。听取关于北京城市副中心和疏解北京非首都功能集中承载地有关情况的汇报，确定疏解北京非首都功能集中承载地新区规划选址并同意定名为"雄安新区"。

※ 4 月 25 日，习近平在安徽凤阳县小岗村主持召开农村改革座谈会时指出，新形势下深化农村改革，主线仍然是处理好农民和土地的关系。最大的政策，就是必须坚持和完善农村基本经营制度，坚持农村土地集体所有，坚持家庭经营基础性地位，坚持稳定土地承包关系。

※ 5 月 17 日，习近平主持召开哲学社会科学工作座谈会并发表讲话，阐明哲学社会科学的地位作用，论述坚持马克思主义指导地位的极端重要性，提出加快构建中国特色哲学社会科学的战略任务，回答事关我国哲学社会科学长远发展的一系列根本性问题。

※ 12 月 26 日，中共中央、国务院印发《关于稳步推进农村集体产权制度改革的意见》。

【2017 年】

※ 10 月 18 日至 24 日，中国共产党第十九次全国代表大会在北京举行。通过报告《决胜全面建成小康社会，夺取新时代中国特色社会主义伟大胜利》，作出中国特色社会主义进入新时代、我国社会主要矛盾已经转化为人民日益增长的美好生活需要和不平衡不充分的发展之间的矛盾等重大政治论断，确立习近平新时代中国特色社会主义思想的历史地位，提出新时代坚持和发展中国特色社会主义的基本方略，确定决胜全面建成小康社会、开启全面建设社会主义现代化国家新征程的目标。

【2018 年】

※ 1 月 2 日，中共中央、国务院印发《关于实施乡村振兴战略的意见》。6 月 26 日，中共中央、国务院印发《乡村振兴战略规划（2018—2022 年）》。

※ 5 月 31 日，中共中央政治局召开会议，中共中央总书记习近平主持会议。审议《乡村振兴战略规划（2018—2022 年）》和《关于打赢脱贫攻坚战三年行动的指导意见》。

※ 6 月 15 日，中共中央、国务院印发《关于打赢脱贫攻坚战三年行动的指导意见》。

※ 9 月 10 日，习近平在全国教育大会上讲话指出，教育是国之大计、党之大计，要坚持改革创新，以凝聚人心、完善人格、开发人力、培育人才、造福人民为工作目标，培养德智体美劳全面发展的社会主义建设者和接班人，加快推进教育现代化、建设教育强国、办好人民满意的教育。

※ 11 月 26 日，中共中央政治局召开会议，习近平主持会议。审议《中国共产党农村基层组织工作条例》和《中国共产党纪律检查机关监督执纪工作规则》。认为，修订《中国共产党农村基层组织工作条例》，是坚持和加强党对农村工作的全面领导、提高党的农村基层组织建设质量的重要举措，对于打赢脱贫攻坚战、深入实施乡村振兴战略，推动全面从严治党向基层延伸、巩固党在农村的执政基础，具有十分重要的意义。

※ 12 月 18 日，庆祝改革开放 40 周年大会举行。习近平在大会上讲话指出，改革开放是党和人民大踏步赶上时代的重要法宝，是坚持和发展中国特色社会主义的必由之路，是决定当代中国命运的关键一招，也是决定实现"两个一百年"奋斗目标、实现中华民族伟大复兴的关键一招。

【2019 年】

※ 4 月 19 日，中共中央政治局召开会议。听取 2018 年脱贫攻坚成效考核等情况汇报，对打好脱贫攻坚战提出要求。

※ 10 月 28 日至 31 日，中共十九届四中全会在北京举行。通过《中共中央关于坚持和完善中国特色社会主义制度、推进国家治理体系和治理能力现代化若干重大问题的决定》。提出："必须加强和创新社会治理，完善党委领导、政府负责、民主协商、社会协同、公众参与、法治保障、科技支撑的社会治理体系，建设人人有责、人人尽责、人人享有的社会治理共同体，确保人民安居乐业、社会安定有序，建设更高水平的平安中国。"

【2020 年】

※ 1 月 25 日，习近平在主持中共中央政治局常委会会议时强调，生命重于泰山。疫情就是命令，防控就是责任。各级党委和政府必须按照党中央决策部署，全面动员，全面部署，全面加强工作，把人民群众生命安全和身体健康放在第一位，把疫情防控工作作为当前最重要的工作来抓。

※ 2 月 5 日，中共中央、国务院印发《关于抓好"三农"领域重点工作确保如期实现全面小康的意见》。指出，2020 年是全面建成小康社会目标实现之年，是全面打赢脱贫攻坚战收官之年。

※ 8 月 20 日，习近平在合肥主持召开扎实推进长三角一体化发展座谈会并发表讲话。强调，要深刻认识长三角区域在国家经济社会发展中的地位和作用，结合长三角一体化发展面临的新形势新要求，坚持目标导向、问题导向相统一，紧扣一体化和高质量两个关键词抓好重点工作，真抓实干、埋头苦干，推动长三角一体化发展不断取得成效。

※ 10 月 26 日至 29 日，中共十九届五中全会召开。会议通过《中共中央关于制定国民经济和社会发展第十四个五年规划和二〇三五年远景目标的建议》，这是关系我国现代化建设全局的战略部署，意义重大而深远。

【2021 年】

※ 1 月 1 日，《中华人民共和国民法典》《中华人民共和国退役军人保障法》实施。

※ 2 月 25 日，全国脱贫攻坚总结表彰大会在京召开。经过全党全国各族人民共同努力，在迎来中国共产党成立一百周年的重要时刻，我国脱贫攻坚战取得了全面胜利。

后　记

为纪念中国共产党诞辰 100 周年，作为中国共产党百年系列研究的一种，本书着重从中国共产党对初心和使命的坚守、对群众路线的一以贯之，彰显其始终坚持以人民为中心，谋求民族解放和人民幸福的社会建设思想。

我们接到上海市委宣传部"中国共产党百年社会建设思想研究"课题，立即成立了以李友梅教授担任首席专家的课题组，组织了不同形式的线上、线下讨论，就书稿的主要内容、分析框架、篇章结构等进行了设计和论证，对书稿进行多次认真仔细的修改。本书的具体分工如下：导论、结语（李友梅），第一、二章（金桥），第三、四、五、六章（汤艳文），第七、八章（金桥），第九、十章（相凤），重要活动和文献节点（孙会岩）。除了上述撰稿人以外，张虎祥、梁波、龚顺等多位老师拨冗通读书稿，提出很多宝贵的修改意见，并帮助一起完成了最后的统稿工作，在此向他们表示衷心的感谢。书中难免有错漏和不足之处，敬请读者不吝指正。

图书在版编目(CIP)数据

解码社会建设的思想逻辑/李友梅等著.—上海：
上海人民出版社,2021
(人民至上·中国共产党百年奋进研究丛书)
ISBN 978 - 7 - 208 - 17065 - 0

Ⅰ.①解… Ⅱ.①李… Ⅲ.①社会主义建设-研究-
中国 Ⅳ.①D61

中国版本图书馆 CIP 数据核字(2021)第 072175 号

责任编辑 刘华鱼
封面设计 汪 昊

人民至上·中国共产党百年奋进研究丛书
上 海 市 哲 学 社 会 科 学 规 划 办 公 室
上海市中国特色社会主义理论体系研究中心 组编
解码社会建设的思想逻辑
李友梅 等 著

出 版 上海人民出版社
　　　　 (200001 上海福建中路 193 号)
发 行 上海人民出版社发行中心
印 刷 商务印书馆上海印刷有限公司
开 本 787×1092 1/16
印 张 26
插 页 3
字 数 375,000
版 次 2021 年 5 月第 1 版
印 次 2021 年 5 月第 1 次印刷
ISBN 978 - 7 - 208 - 17065 - 0/D·3754
定 价 105.00 元